CATIA V5

3차원 모델링 방법론

PART 1. SOLID MODELING

Ⅱ 이 권 수 Ⅱ

머리말

이 책은 다년간 CATIA 관련 강의를 하면서 쌓은 노하우를 함께 공유하고 CATIA라는 설계도구의 기능만을 익히는 것에서 더 나아가 설계자들로 하여금 3차원 모델링 기법에 대한 이해를 제고할 수 있도록 하는 목적으로 출간하였다.

또한 이 책은 CATIA에서 제공하는 각종 툴바 및 명령어들의 기본적인 사용법과 적용사례를 담고 있으며 다양한 예제를 통하여 실제 모델링 과정에서 이러한 명령어들을 어떻게 적용하는 지 체득할 수 있도록 각 작업 과정을 단계별로 상세하게 설명하여 수록하였다.

모쪼록 이 책을 통하여 CATIA라는 뛰어난 설계도구를 보다 생산적으로 활용하고 3차원 모델링에 대한 기본적인 개념을 정립할 수 있기를 바란다.

이권수

차례

CATIA V5 시작하기

1

CATIA V5는 프랑스의 닷소시스템(DASSAULT SYSTEMS)에서 개발한 CAD/CAM/CAE 소프트웨어로 3D 기반 모델링 환경을 제공하고 있다.

CATIA V5에서는 워크벤치(WORKBENCH)라고 하는 다양한 설계도구를 제공하고 있는데 본 교재에서는 스케쳐워크벤치(Sketcher workbench), 파트디자인 워크벤치(Part Design workbench), 및 GSD워크벤치(Generative Shape Design Workbench)에 대해 다루고자 한다.

1-1 CATIA V5 WORKBENCH

(1) 스케쳐(Sketcher)워크벤치

스케쳐워크벤치는 파트디자인워크벤치 및 GSD워크벤치의 모델링 작업에 필요한 기본적인 프로파일을 그리는 도구이다. CATIA에서 생성하는 설계요소들은 대부분 스케쳐워크벤치에서 작업한 결과물이며 이를 프로파일(profile)이라 한다. CATIA에서는 이 프로파일을 이용하여 3차원 형상의 솔리드(SOLID) 또는 서피스(SURFACE) 모델을 완성한다.

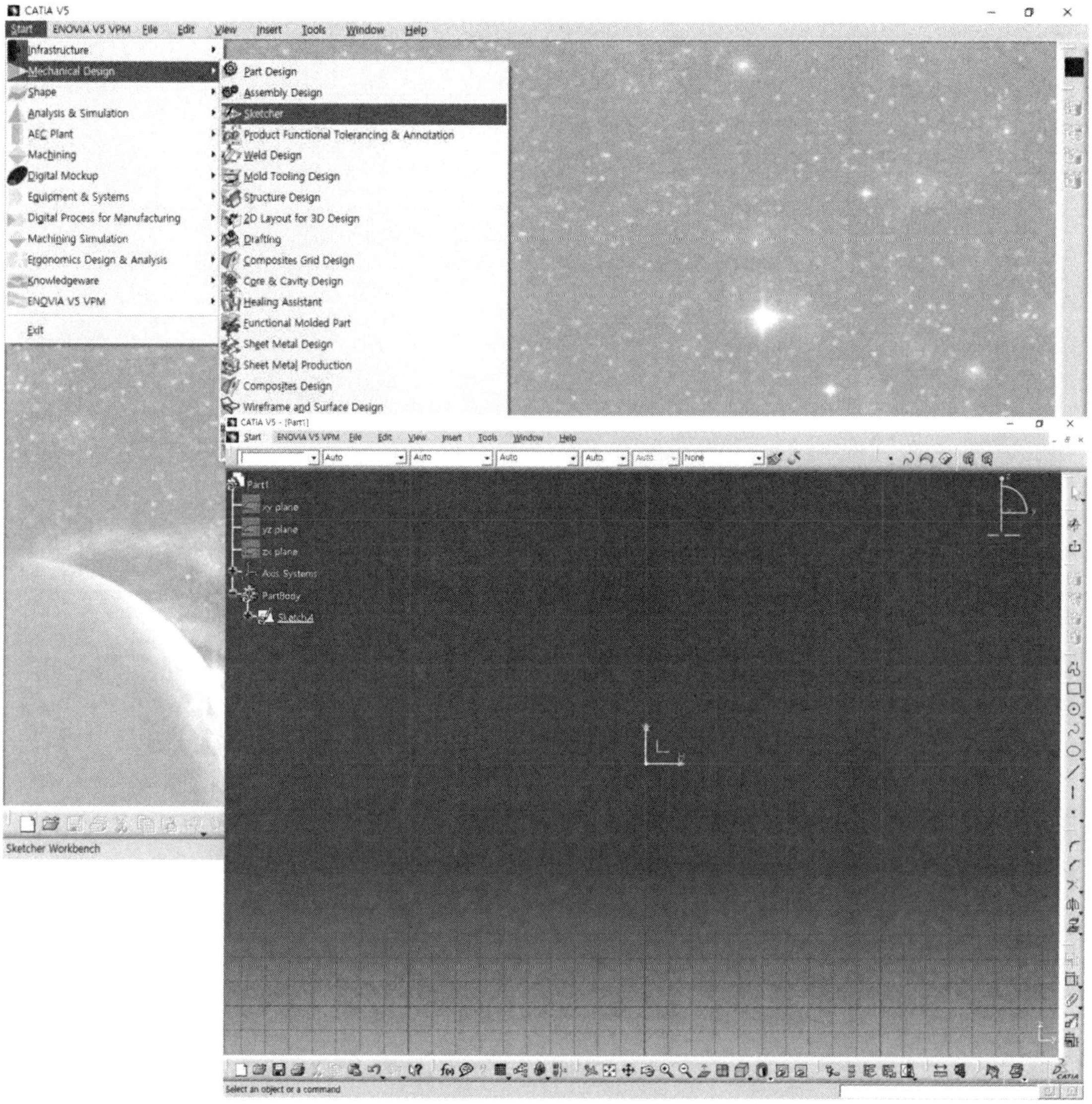

(2) 파트디자인(Part Design)워크벤치

파트디자인워크벤치는 스케쳐워크벤치를 이용하여 생성한 프로파일로부터 3차원 형상의 솔리드모델을 생성한다.

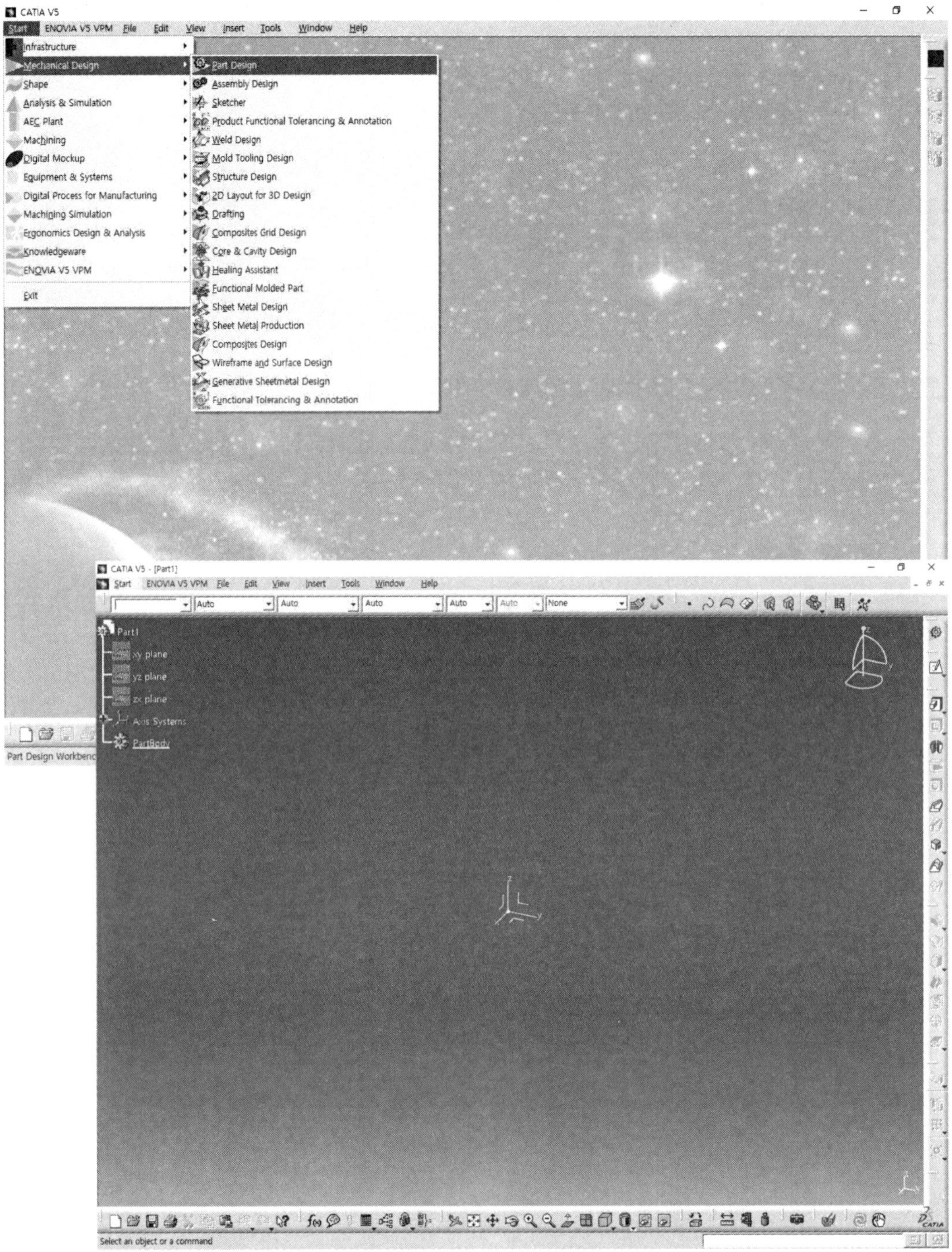

(3) GSD(Generative Shape Design)워크벤치

GSD워크벤치는 스케쳐워크벤치를 이용하여 생성한 프로파일로부터 3차원 형상의 서피스모델을 생성한다. GSD란 Generative Shape Design의 약어로서 사용하며, CATIA에서는 서피스모델을 생성하기 위하여 Wireframe and Surface Design워크벤치와 GSD워크벤치의 두가지 작업환경을 제공하고 있다. 이 두가지 워크벤치는 기본적으로 동일한 모델링 작업이 가능하지만 GSD워크벤치가 Wireframe and Surface Design워크벤치에 비해 생산성 향상을 위한 보다 다양한 기능을 제공하므로 서피스모델링 작업은 GSD워크벤치에서 주로 이루어지고 있다.

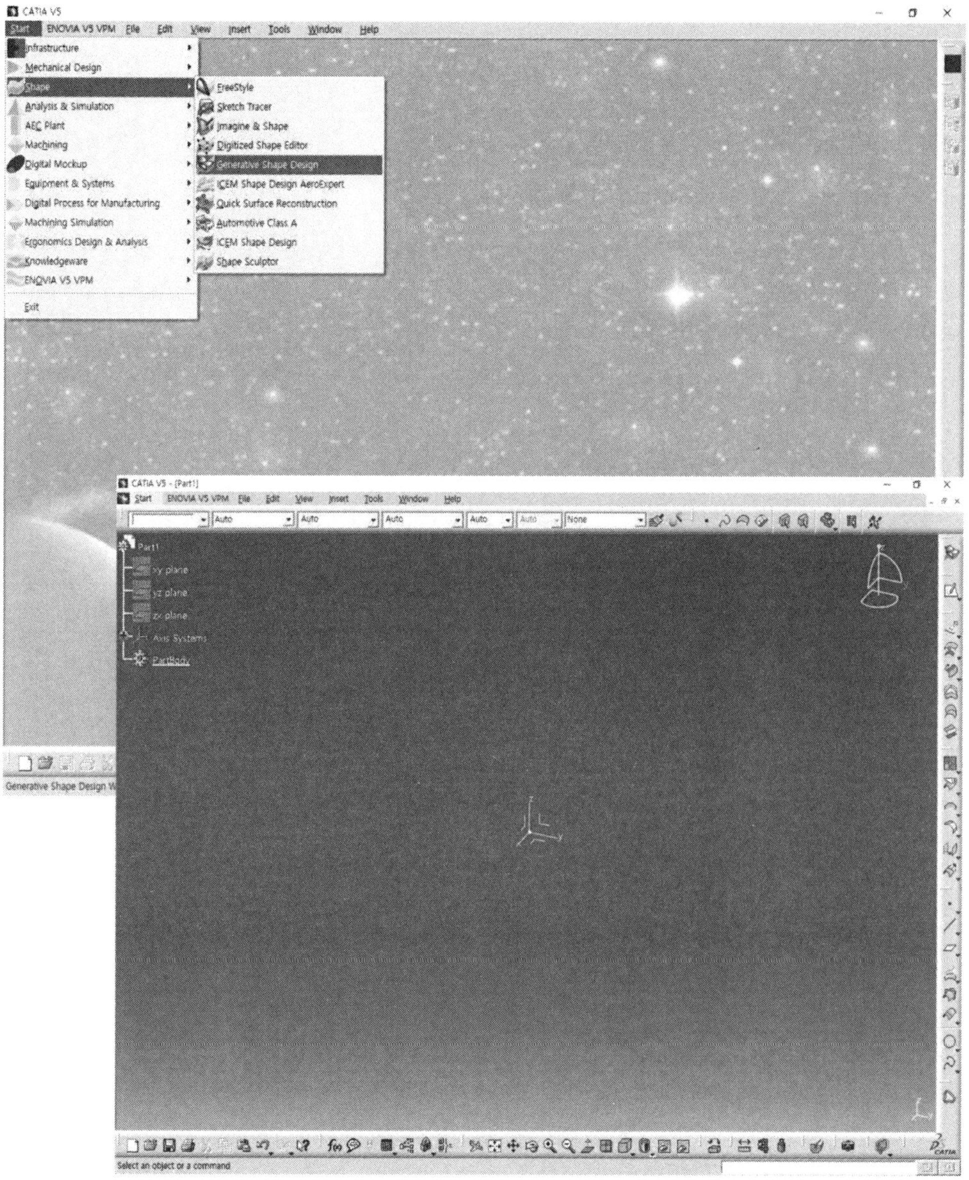

1-2 CATIA V5 화면

아래는 CATIA V5의 초기화면이다.

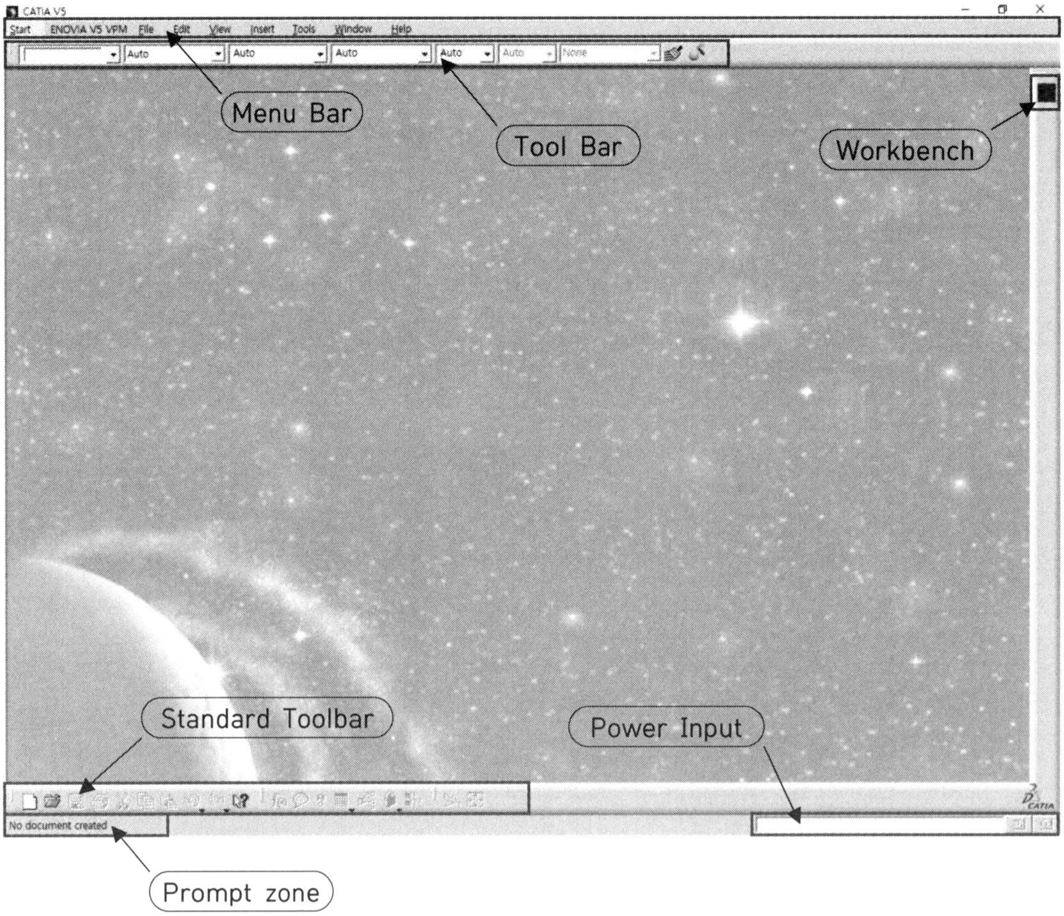

1) 메뉴바(Menu Bar)

CATIA V5의 모든 Menu를 관리한다.

2) 툴바(Tool Bar)

CATIA V5는 GUI환경을 지원하며 명령어를 아이콘을 클릭함으로서 실행할 수 있다. CATIA의 툴바는 각 워크벤치에서 사용하는 명령어를 기능에 따라 분류하여 관리한다.

3) 워크벤치(Workbench)

CATIA의 환경설정 작업을 통해 자주 사용하는 워크벤치를 즐겨찾기로 등록하여 간편하게 호출할 수 있다. 사용자는 워크벤치 아이콘을 클릭하여 즐겨찾기에 등록한 워크벤치를 열 수 있다.

4) 스탠다드툴바(Standard Toolbar)

스탠다드툴바는 새파일, 열기, 저장하기, 출력하기 등 파일관리와 복사-붙여넣기, 실행취소하기-되돌리기 등 CATIA의 기본명령어를 제공하는 툴바이다.

5) 프롬프트존(Prompt Zone)

CATIA 사용시 커서의 위치에 따른 지시사항 및 다양한 정보를 알려준다.

6) 파워인풋(Power Input)

CATIA의 명령어를 직접 입력하여 실행한다.

1-3 CATIA V5 환경설정

CATIA V5를 설치하고 처음 사용하기 전 사용 환경을 일부 조정해야 한다. 다음은 그 방법이다.

(1) 즐겨찾기 등록하기

1) 【메인메뉴-도구(T)-사용자정의...】를 선택한다.

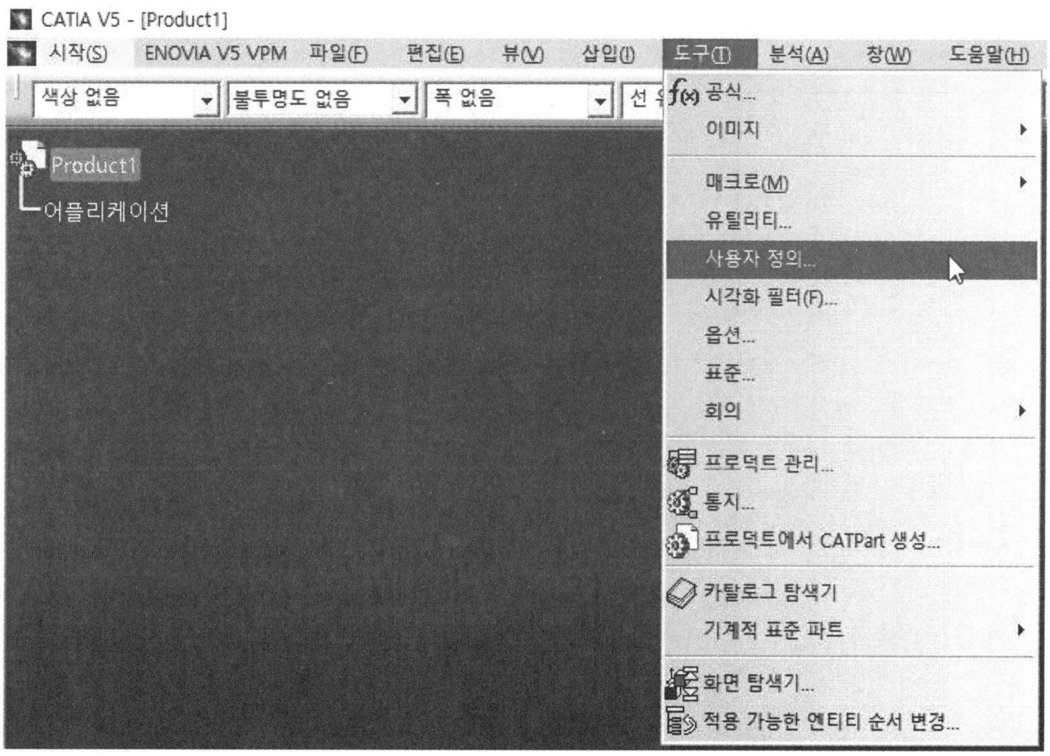

2) "시작메뉴"탭을 선택한다.

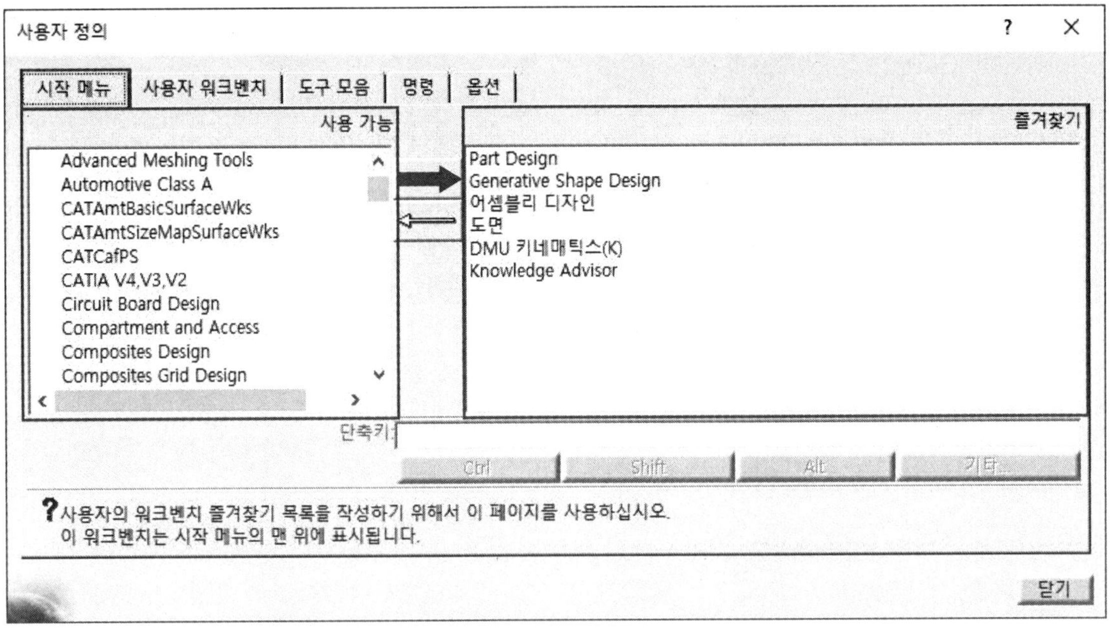

왼쪽창은 사용 가능한 모든 워크벤치를 나타내고 있다. 이 중 주로 사용할 워크벤치를 선택하고 오른쪽 화살표를 클릭하면 즐겨찾기에 등록된다.

(2) 언어설정하기

CATIA V5를 처음으로 실행하면 기본 언어가 한국어(한글)로 되어있다. 사용언어를 영어로 바꾼다.

"사용자정의"메뉴를 실행한 후 "옵션"탭을 선택하고 한국어->영어로 선택한다.

사용언어 변경 후 CATIA를 종료하고 재시작하면 변경된 언어환경이 적용된다.

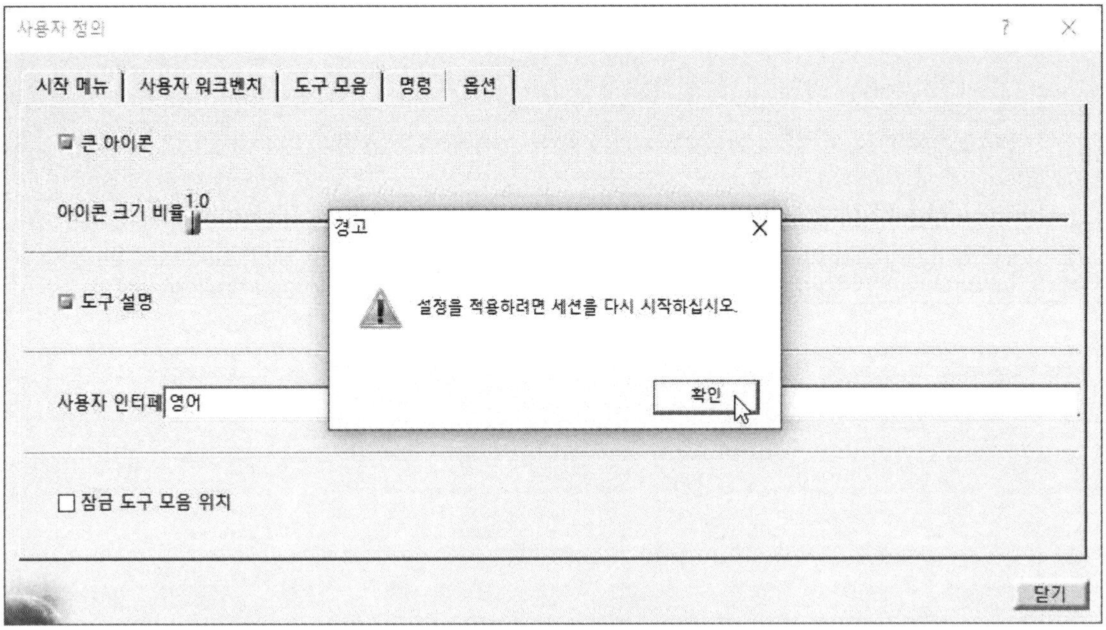
사용자 정의
시작 메뉴
사용자 워크벤치
도구 모음
명령
옵션
큰 아이콘
아이콘 크기 비율
1.0
도구 설명
사용자 인터페
영어
잠금 도구 모음 위치
닫기
경고
설정을 적용하려면 세션을 다시 시작하십시오.
확인

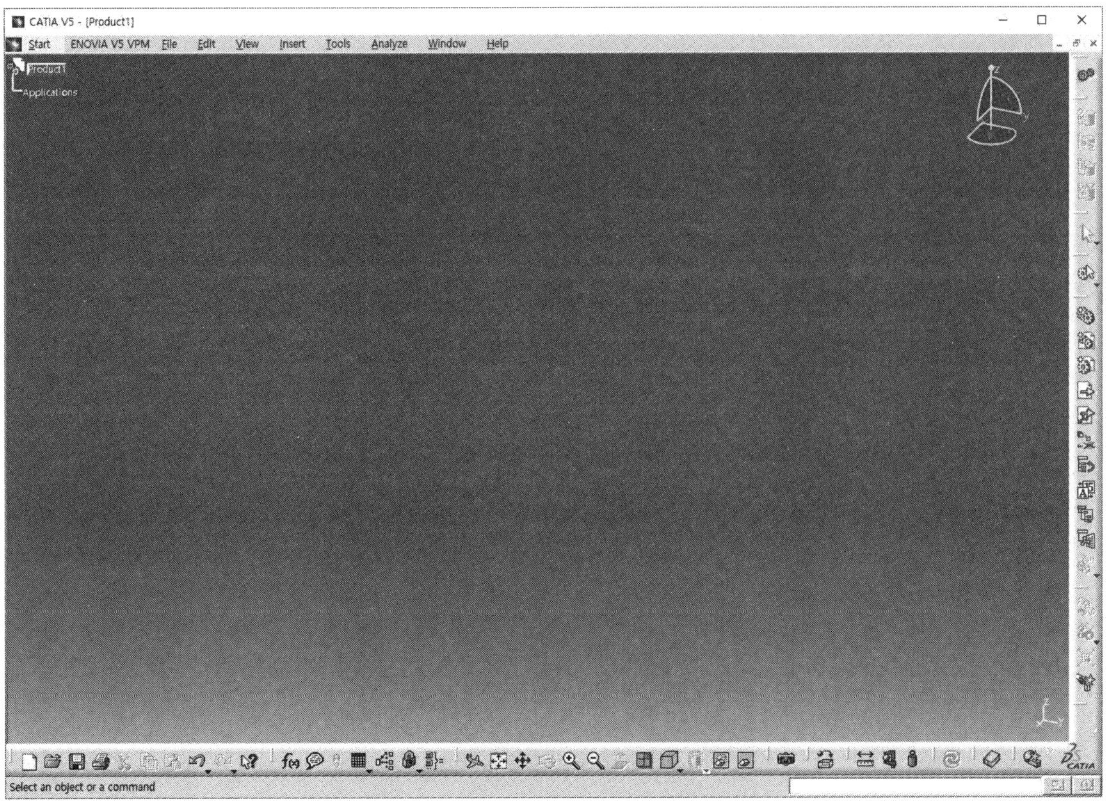
CATIA V5 - [Product1]
Start
ENOVIA V5 VPM
File
Edit
View
Insert
Tools
Analyze
Window
Help
Product1
Applications
Select an object or a command

(3) CATIA V5 화면 설정하기

1) 프로파일(Profile) 해상도 설정하기

【메인메뉴->Tools->Options...】을 선택한다.

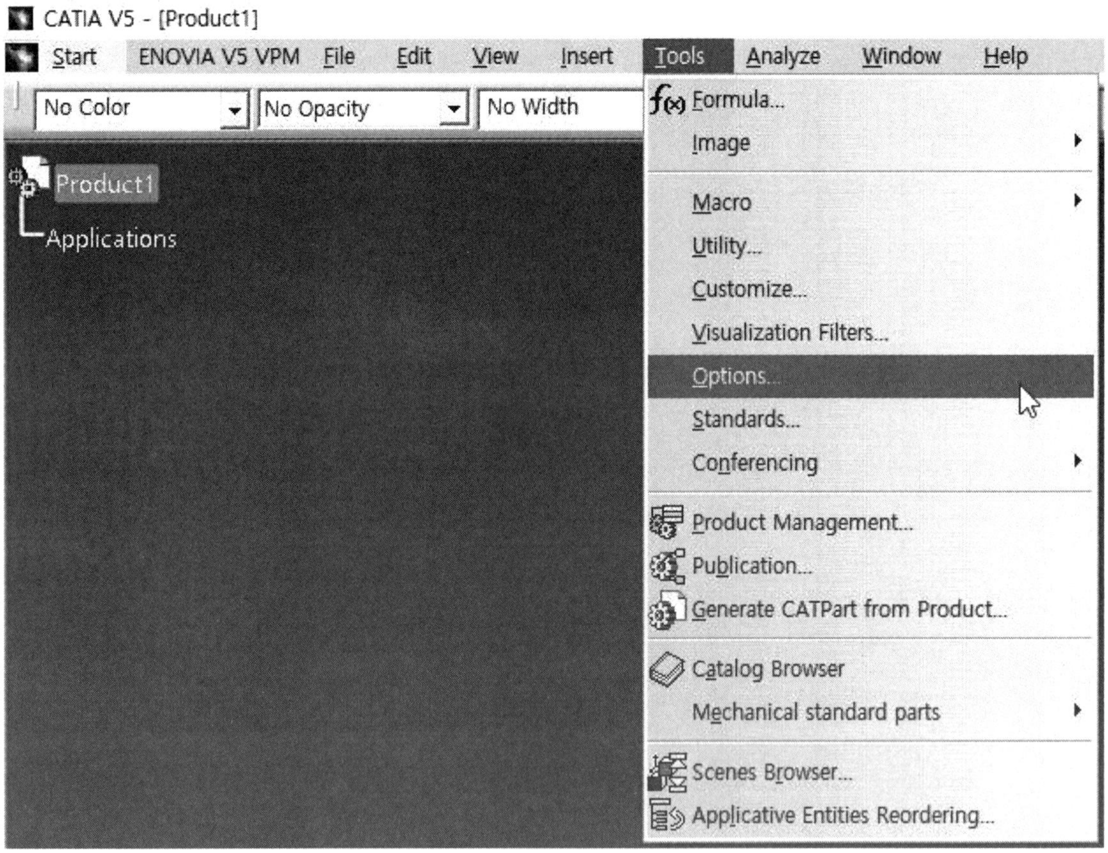

옵션창의 왼쪽에는 각 워크벤치별 설정 환경을 변경할 때 선택 가능한 다양한 메뉴가 존재한다. 먼저 화면 설정을 위하여 왼쪽 메뉴에서 【Options->General->Display 메뉴】를 선택한 후 상단 Tag 중 "Performance" Tag를 선택한다.

여기서 CATIA에서 생성하는 2D 및 3D 프로파일의 표시정밀도를 조정할 수 있다.

3D Accuracy 및 2D Accuracy를 Fixed->Proportional로 변경하고 그 값을 슬라이드 바를 이용하여 최소값(0.01)로 선택한다. 이 메뉴는 화면에 표시되는 프로파일의 표시정밀도를 높이는 것으로 값이 클수록 처리속도가 빨라지지만 가독성은 저하된다. 예전 컴퓨터의 성능이 낮을 때에는 이 값을 높게 설정하여 처리속도를 빠르게 하였으나 현재의 컴퓨터는 그래픽 성능이 높으므로 높은 값으로 설정할 필요는 없다.

2) Surface 사용환경 설정하기

【Options->General->Display 메뉴】를 선택한 후 상단 Tag 중 "Visualization" Tag를 선택하고 "Surfaces Boundaries"를 활성화하여 3D Surface modeling 작업시 분리된 서피스 경계면(Boundary) 색상을 지정한다.

기본적으로 서피스 모델링 작업시 모든 서피스의 경계면은 검은색 실선으로 표시되지만, 이 옵션을 체크하면 연결된 경계면은 검은색 실선으로, 분리된 경계면은 지정된 색상(초록색)으로 표시되어 경계면과 경계면 간의 연결여부를 간편하게 확인할 수 있다.

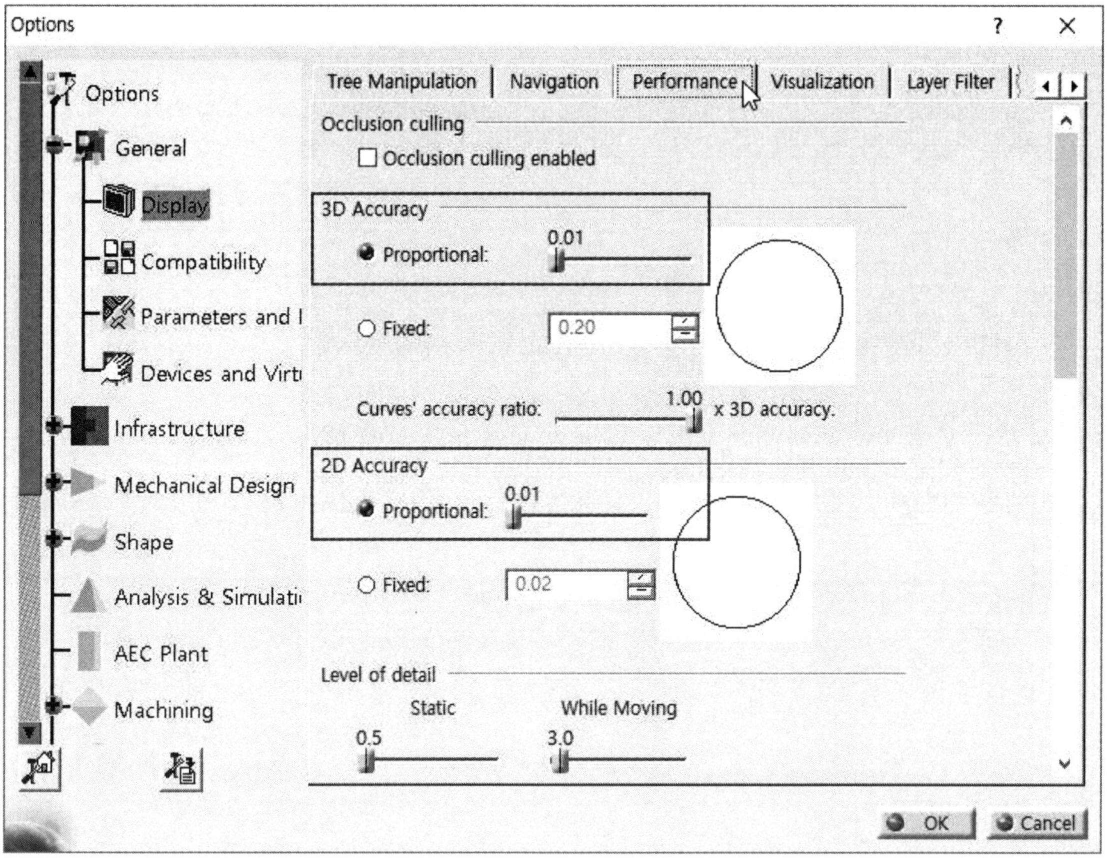

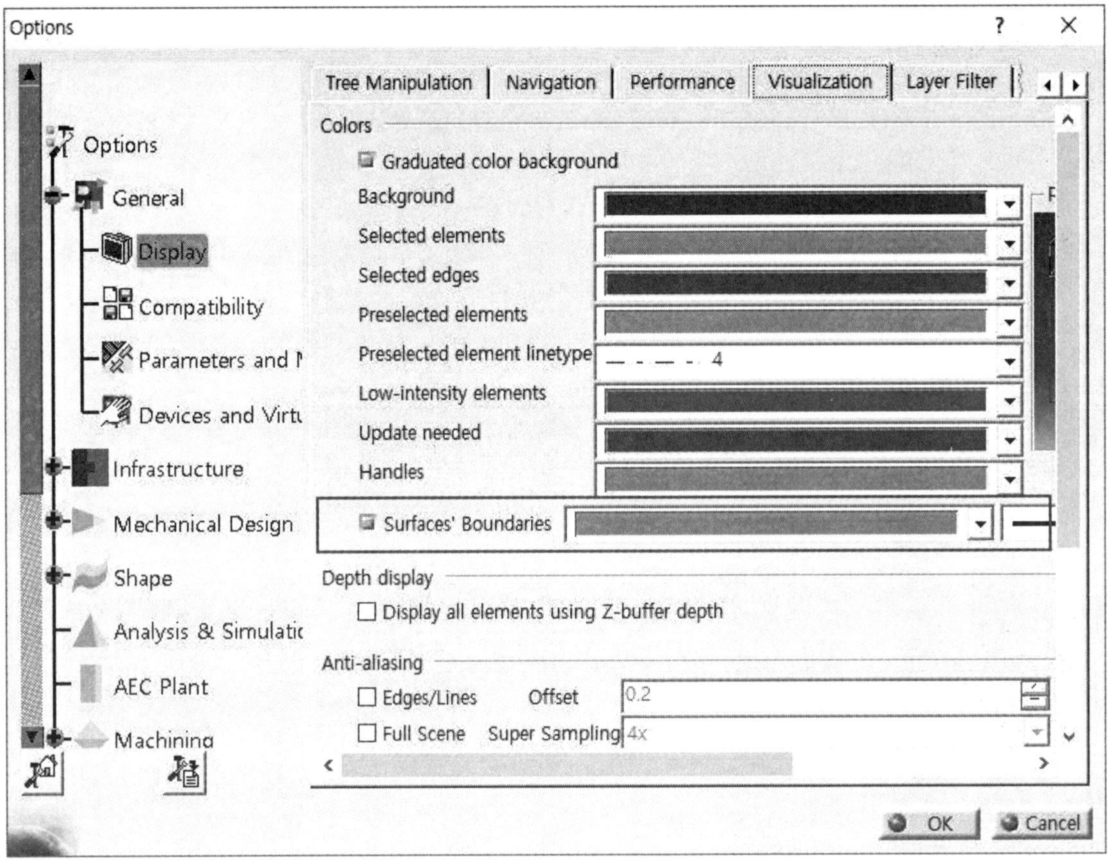
Options
Tree Manipulation
Navigation
Performance
Visualization
Layer Filter
Options
General
Display
Compatibility
Parameters and
Devices and Virt
Infrastructure
Mechanical Design
Shape
Analysis & Simulatic
AEC Plant
Machining
Colors
Graduated color background
Background
Selected elements
Selected edges
Preselected elements
Preselected element linetype
4
Low-intensity elements
Update needed
Handles
Surfaces' Boundaries
Depth display
Display all elements using Z-buffer depth
Anti-aliasing
Edges/Lines
Offset
0.2
Full Scene
Super Sampling
4x
OK
Cancel

(4) 스케쳐(Sketcher) 환경 설정하기

메인메뉴->Tools->Options...를 선택한다.

왼쪽 메뉴에서 【Options->Mechanical Design->Sketcher 메뉴】를 선택한 후 아래와 같이 설정한다.

"Grid"옵션은 스케쳐 화면에 가로-세로 격자를 나타내는 것으로 "Display"옵션에 체크하여 선택한다. 최초 실행시 스케쳐화면 격자의 기본간격은 수평과 수직방향으로 100 mm이며 눈금은 기본간격을 10등분하여 10 mm로 설정되어 있다.

"Snap to Point"는 커서의 위치를 격자의 교차점에 구속하도록 설정하는 것이다. CATIA로 프로파일을 생성할 때 필요에 따라 선택/해제하여 사용한다.

언급한 옵션이외의 옵션은 별도로 설정하지 않고 CATIA V5의 기본 설정값을 사용한다.

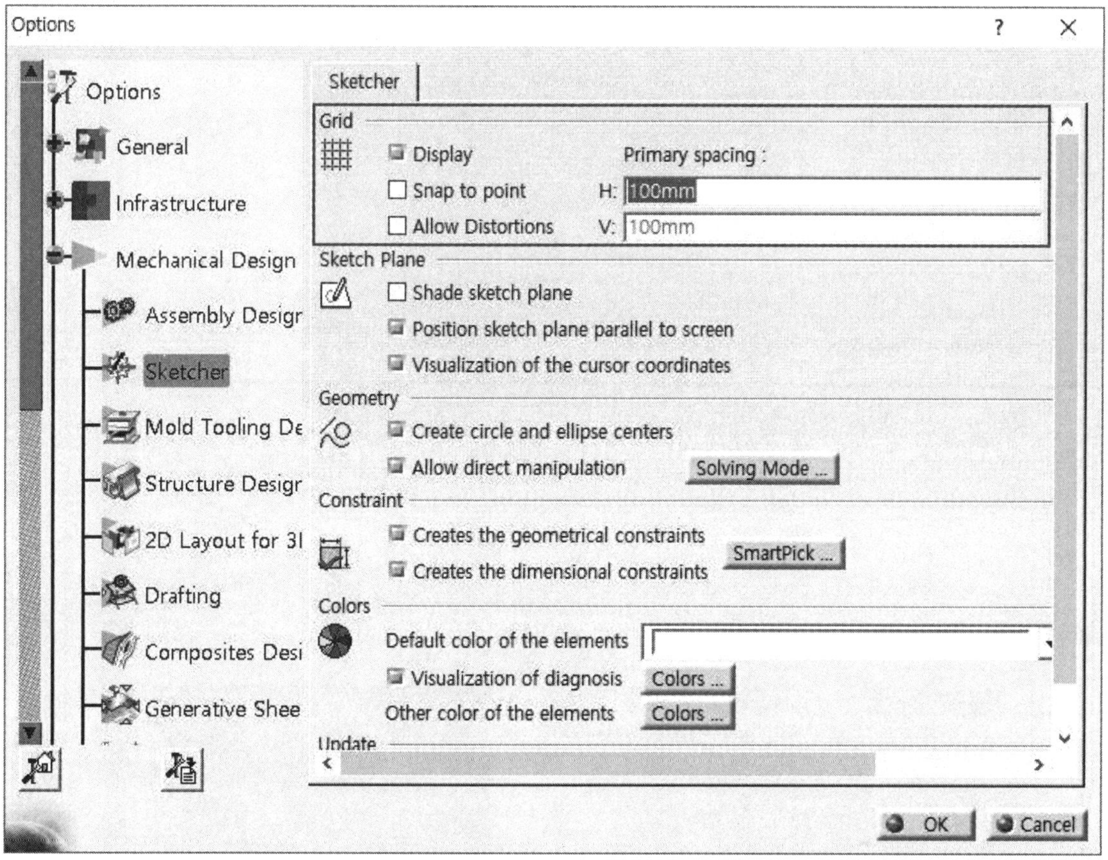

(5) Part Design 환경 설정하기

메인메뉴->Tools->Options...를 선택한다.

왼쪽 메뉴에서 【Options->Infrastructure->Part Infrastructure 메뉴】를 선택한다.

우측 상단의 "Part Document" Tag를 선택하고 아래와 같이 설정한다.

1)"Axis system" 활성화하기

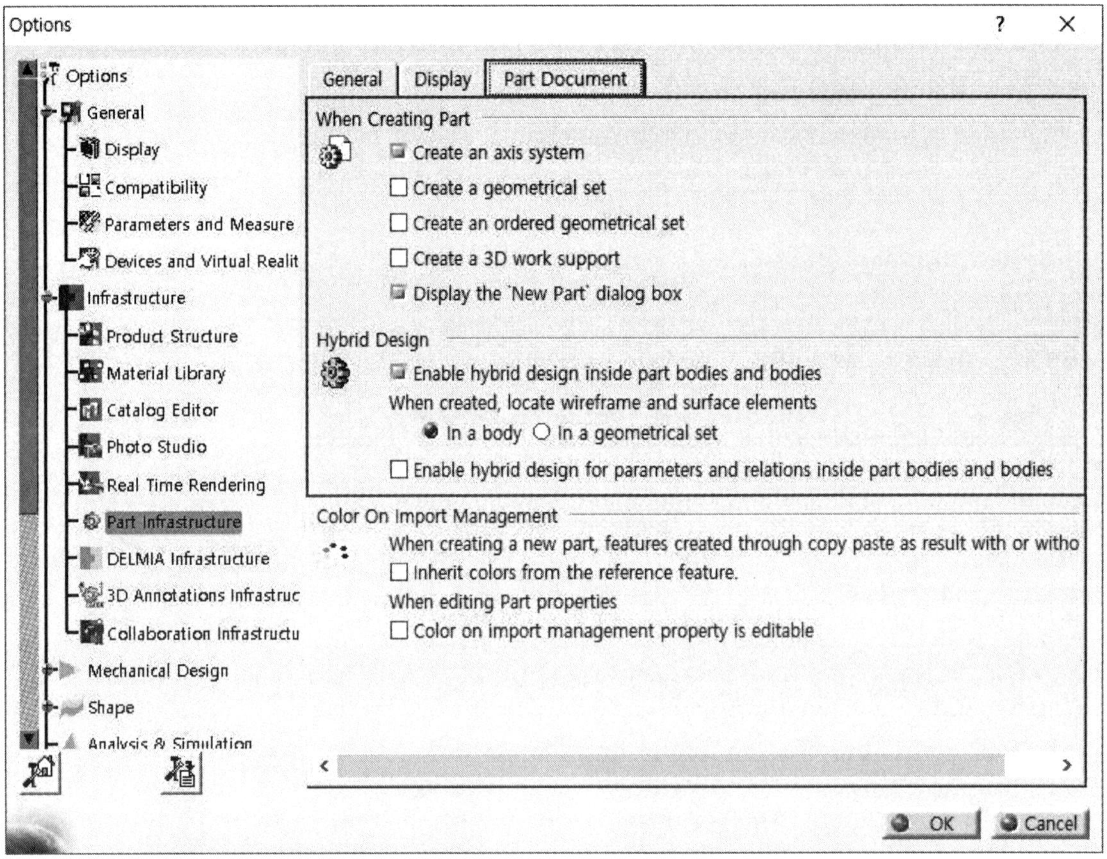

【Create an axis system : OFF】

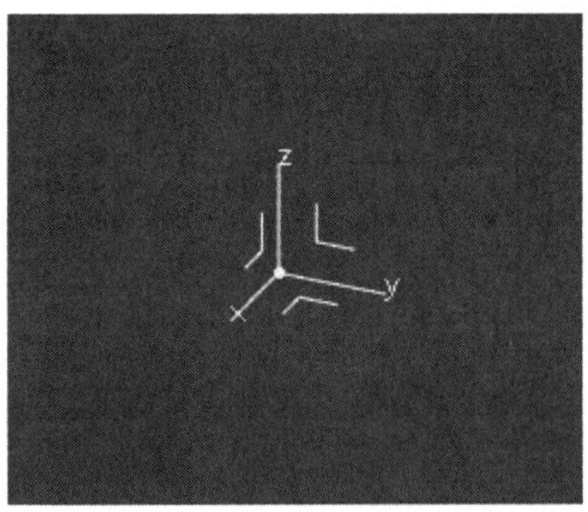

【Create an axis system : ON】

2) 하이브리드 디자인(Hybrid Design) 사용여부 설정하기

"Enable hybrid design"을 선택하면 CATIA V5에서 생성하는 Solid model과 Surface model을 하나의 Body에서 관리할 수 있다. 이 옵션을 선택하지 않으면 Soild model은 Body에 Surface model은 Gemetical Set에 저장된다. 이 옵션의 선택여부는 사용환경에 따라 다르다.

1-4 마우스(mouse) 사용법

CATIA를 원활하게 사용하기 위해서는 마우스의 기본적인 사용법에 익숙해지는 것이 필요하다. 대부분의 마우스는 3개의 버튼(가운데 휠이 있는 경우 포함)을 가지고 있으며, 2버튼 마우스도 있으나 CATIA 사용시는 3버튼 마우스를 사용한다.(2버튼 마우스는 사용에 제약이 있으므로 권장하지 않는다.)

CATIA에서는 마우스의 각 버튼을 단독으로 또는 서로 조합하여 화면에 보이는 모델링 요소를 화면상에서 이동(Pan), 회전(Rotate) 및 확대/축소(zoom-in/zoom-out)할 수 있다.

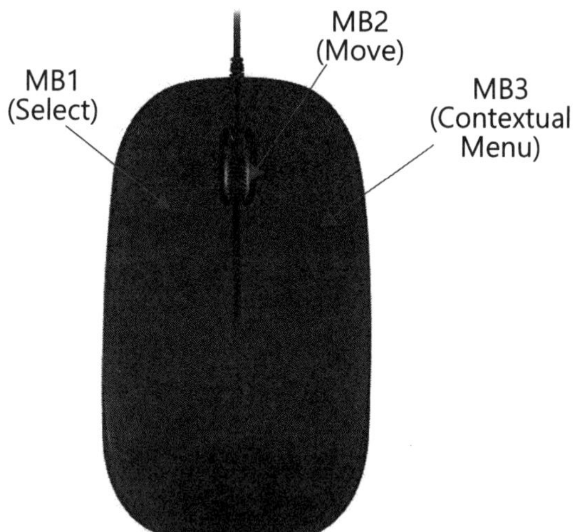

이동하기	2번 버튼(MB2)를 누른 상태에서 마우스를 움직인다.
회전하기	1번 버튼(MB1)과 2번 버튼(MB2)을 동시에 누른 상태에서 마우스를 움직인다.
확대/축소하기	2번 버튼(MB)을 누른 상태에서 1번 버튼(MB1)을 눌렀다 땐 후 마우스를 움직인다.

스케쳐워크벤치
(Sketcher Workbench)

2

스케쳐워크벤치는 파트디자인워크벤치(Part Design Workbench) 및 GSD워크벤치(Generative Shape Design Workbench)에서 3차원 형상의 솔리드 또는 서피스모델을 생성할 때 필요한 프로파일(Profile)을 그리는 도구다. 일반적으로 3차원 모델링 형상의 투상도로부터 프로파일을 완성하고 이로부터 3차원 솔리드 또는 서피스 모델을 완성한다.

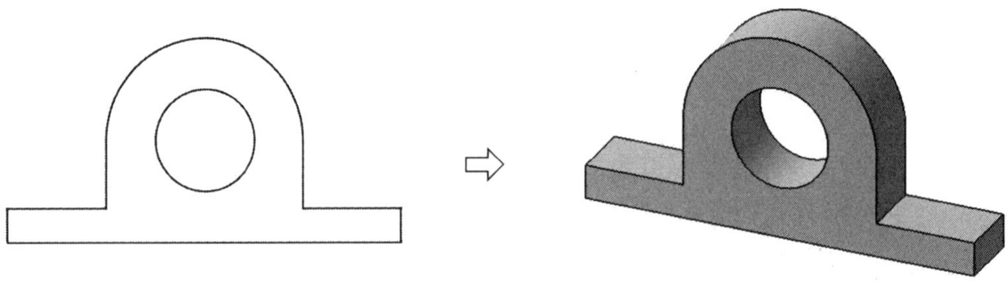

Profile(스케쳐워크벤치) 3D Solid model(파트디자인워크벤치)

2-1 스케쳐워크벤치 시작하기

CATIA를 실행하면 다음과 같은 새로운 프로덕트 파일이 열린다. 먼저 이 파일(창)을 닫고 메인메뉴의 【Start->Mechanical Design->Part Design】을 선택하거나 또는 환경설정에서 즐겨찾기에 등록한 파트디자인워크벤치를 선택하여 새로운 파트를 연다.

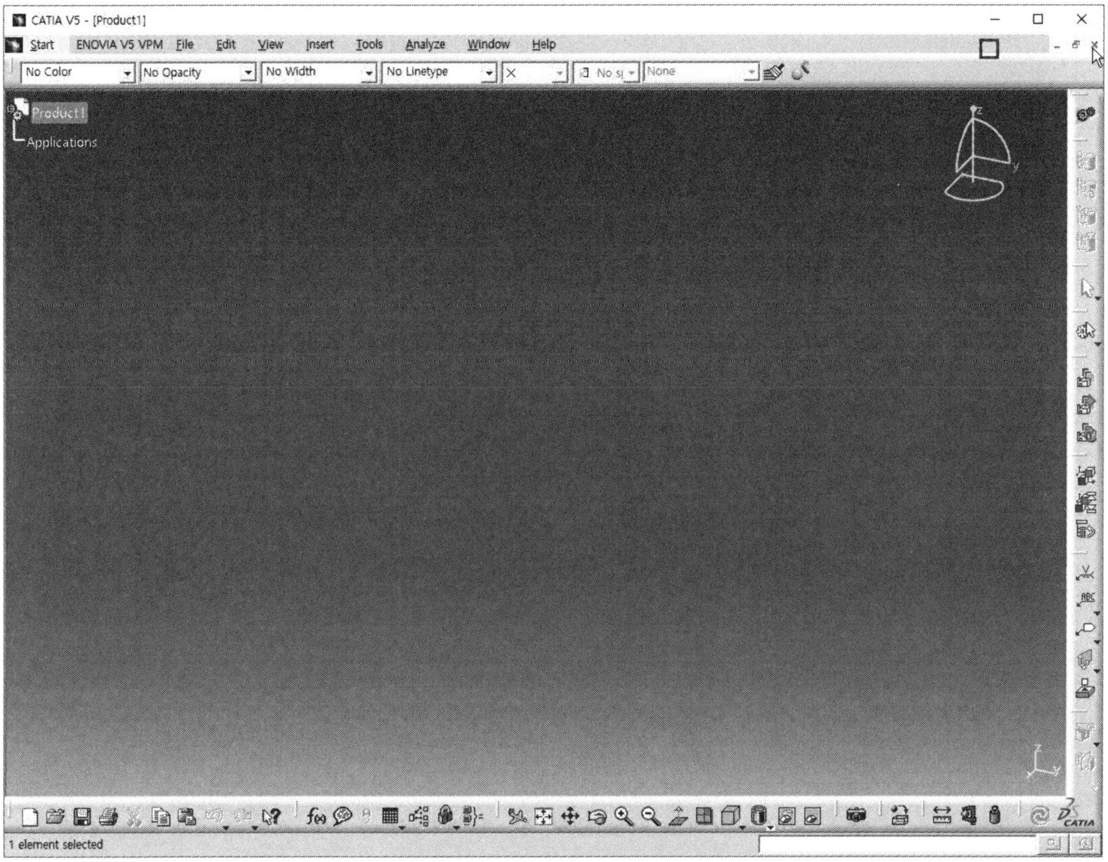

【CATIA V5 실행시 초기화면】

(1) 파트디자인워크벤치 실행하기

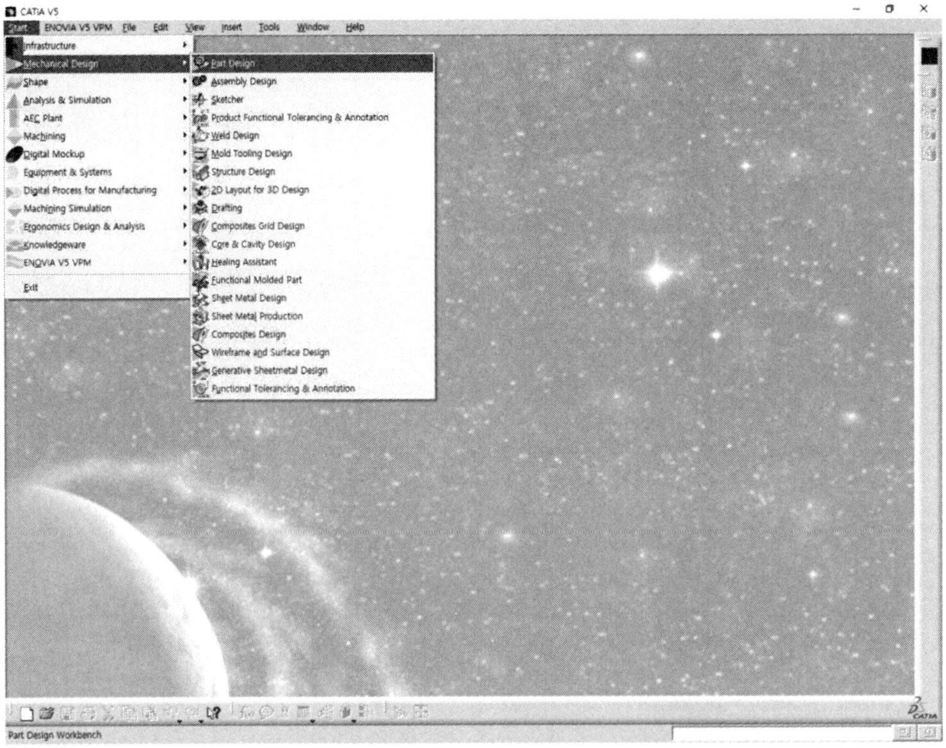

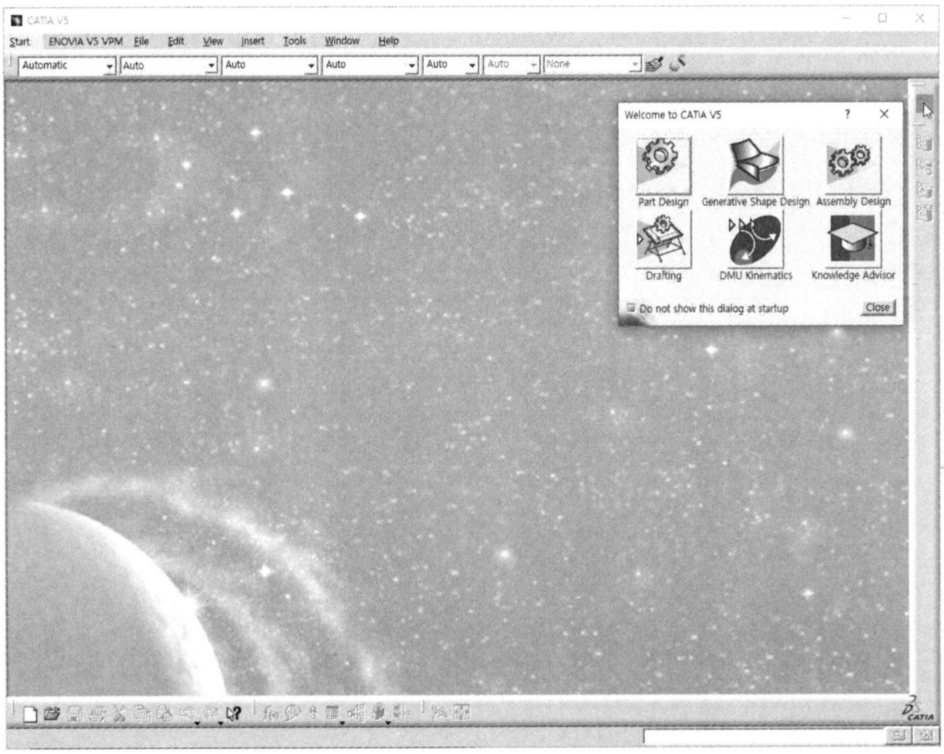

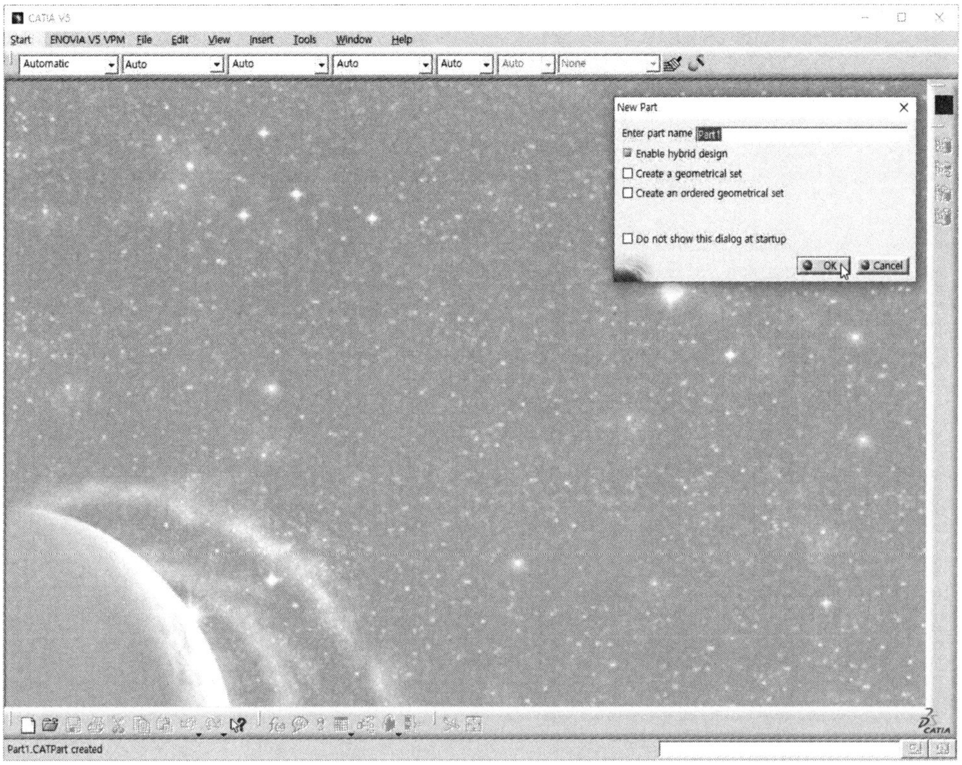
CATIA V5
Start ENOVIA V5 VPM File Edit View Insert Tools Window Help
New Part
Enter part name Part1
Enable hybrid design
Create a geometrical set
Create an ordered geometrical set
Do not show this dialog at startup
OK
Cancel
Part1.CATPart created

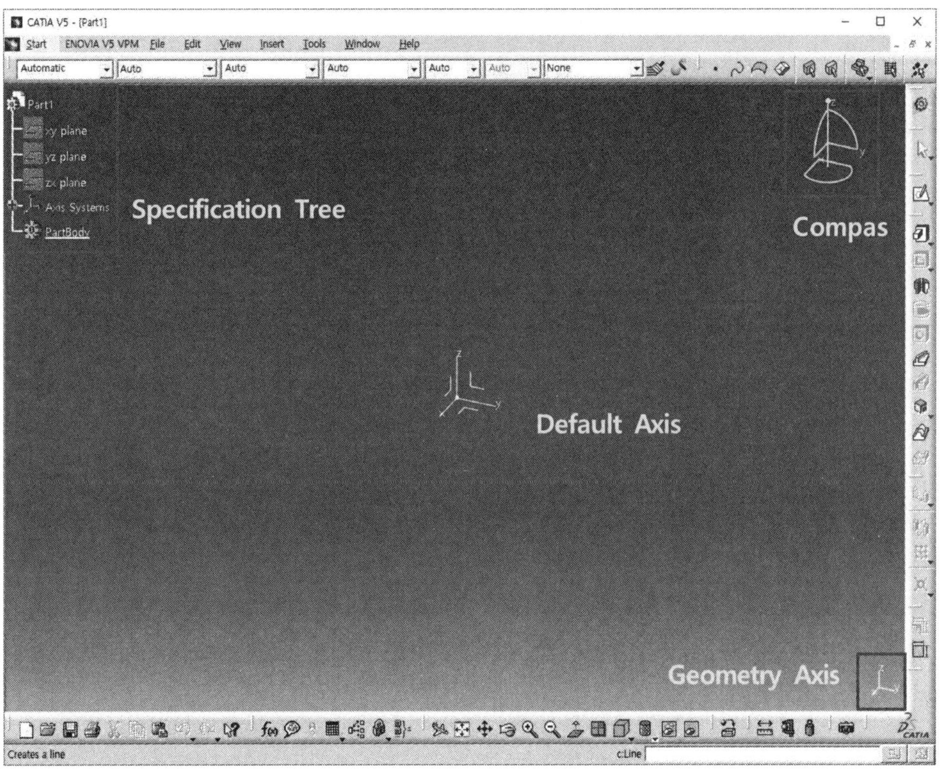
CATIA V5 - [Part1]
Start ENOVIA V5 VPM File Edit View Insert Tools Window Help
Part1
xy plane
yz plane
zx plane
Axis Systems
PartBody
Specification Tree
Compas
Default Axis
Geometry Axis
Creates a line

(2) 스케쳐워크벤치 들어가기

1) 스케쳐툴바(Sketcher Toolbar)

스케치(Sketch)란 3차원 솔리드모델 또는 서피스모델을 생성하기 위해 필요한 기본요소를 그리는 과정이며 그 결과물을 프로파일(Profile)이라 한다. 이 프로파일을 그리는 도구가 스케쳐워크벤치이며 파트디자인워크벤치 또는 GSD워크벤치의 『스케쳐툴바(Sketcher Toolbar)』를 통해 실행할 수 있다.

스케치작업을 위해서는 스케치의 기준이 되는 평면요소(Plane, Face 등)가 필요하다. 이러한 기준면은 작업영역에서 원점에 위치한 3개의 평면(x-y평면, y-z평면, x-z평면) 중 하나를 선택하거나 기존에 생성된 3D 형상으로부터 직접 면을 선택할 수 있다.

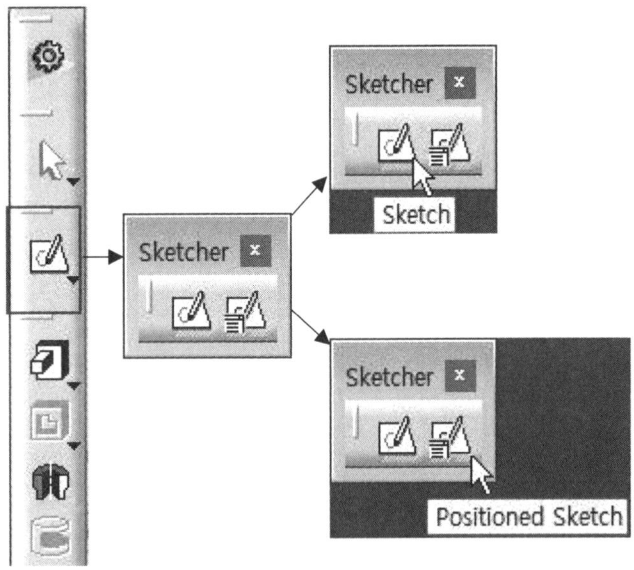

"스케치(Sketch)" 명령어는 CATIA가 설정한 좌표축으로 스케쳐 평면을 설정한다.

"포지션드스케치(Positioned Sketch)" 명령어는 사용자가 의도하는 방향으로 좌표축을 지정하여 스케쳐 평면을 설정할 수 있다. 스케쳐 평면을 지정할 때 주로 사용한다.

스케쳐워크벤치의 실행방법 및 툴바

2) 포지션드스케치(Positioned Sketch)

포지션드스케치를 이용하면 스케쳐워크벤치의 수평(H)과 수직(V)축을 사용자가 정의할 수 있다. CATIA는 원점에 3개의 평면이 존재하며 각 평면에 포지션드스케치를 적용할 때 수평과 수직축은 다음과 같이 각각 설정한다.

삼각투상법을 기준으로 정면도는 y-z평면, 측면도는 x-z평면, 평면도는 x-y평면에 해당하며, 삼각법으로 투영한 도면에서 표기하는 치수는 다음 표와 같이 수평축(H)과 수직축(V)의 방향을 기준으로 부여된다.(화살표가 가리키는 방향이 정(+), 반대방향은 부(-)가 된다.)

x-y평면
(평면도)

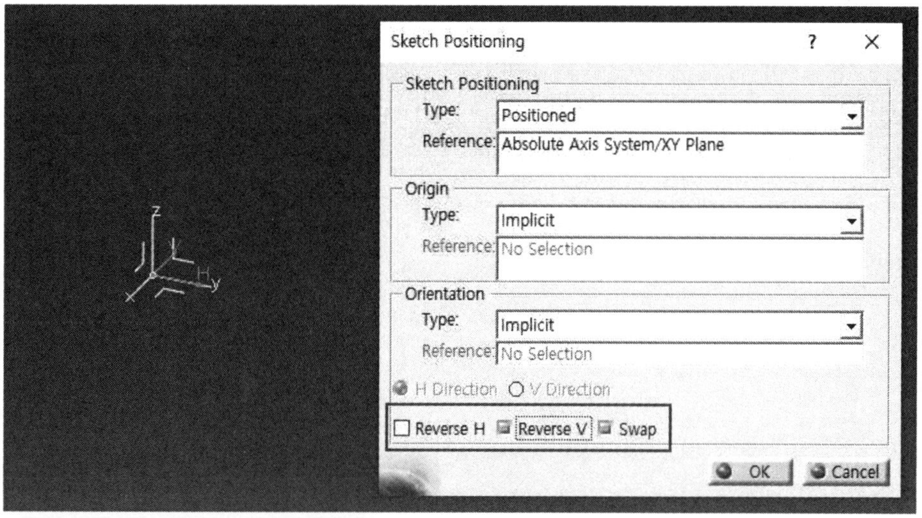

x-z평면
(측면도)

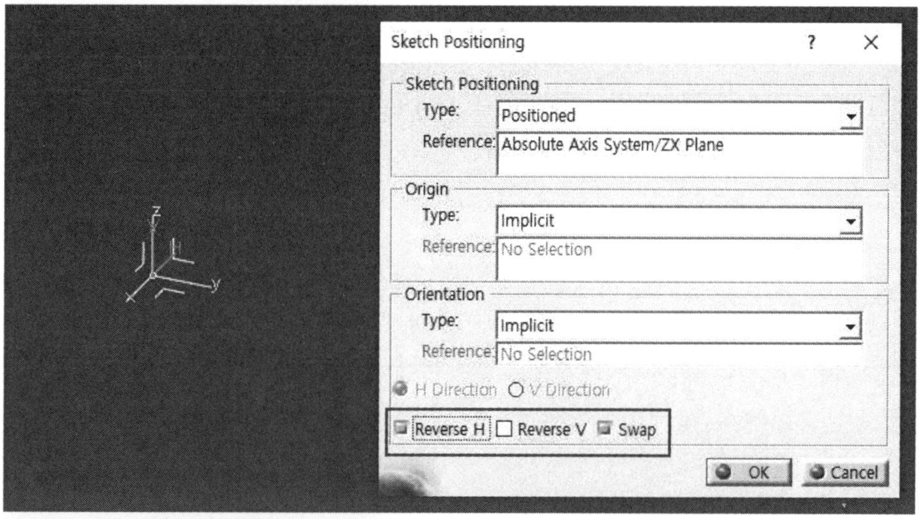

y-z평면
(정면도)

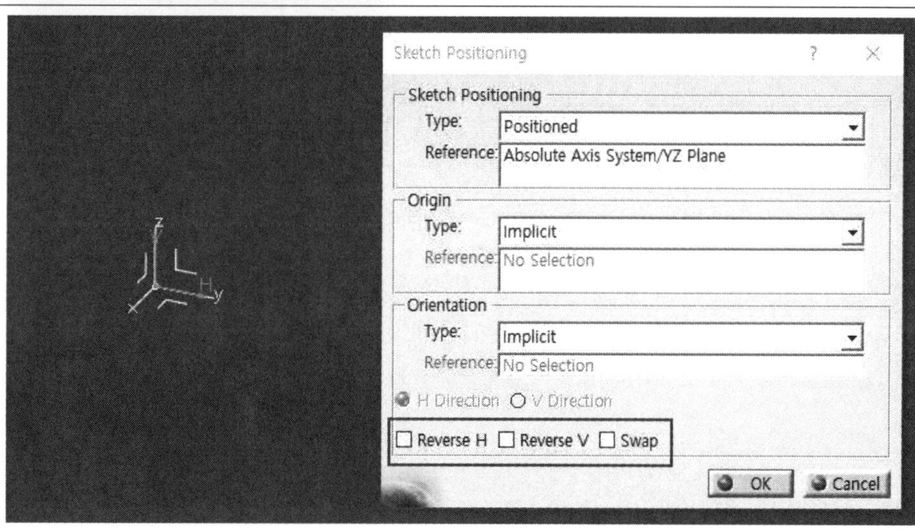

(3) 스케쳐워크벤치 이해하기

스케쳐워크벤치를 사용하기 전 알아야 할 기본적인 내용에 대해 설명한다.

1) Specification Tree

스케쳐워크벤치를 실행하기 위해 먼저 파트디자인워크벤치를 실행한다. 이 때 화면 왼쪽 상단 메인 메뉴 아래에는 Specification Tree가 있다.

Specification Tree는 CATIA 워크벤치에서 작업하는 모든 내용을 작업순서에 따라 저장하며 윈도우OS의 폴더생성 및 관리방법과 유사하게 Body 및 Geometrical Set 등을 추가하거나 CATIA 워크벤치에서의 작업과정 및 결과물의 속성별 관리도 가능하다.

TIP

- Specification Tree는 F3 key를 이용하여 숨기거나 보일 수 있다.(CATIA 작업화면에서 Specification Tree가 보이지 않는 경우 F3 key를 누른다.)
- Shift+F3 key를 동시에 누르면 CATIA의 작업영역(Working Area)과 Specification Tree를 교대로 선택할 수 있다.(Specification Tree가 선택되면 작업영역은 Dimmed되며 마우스를 이용하여 Specification Tree의 위치나 크기를 조절할 수 있다.)

『파트디자인워크벤치』	『스케쳐워크벤치』
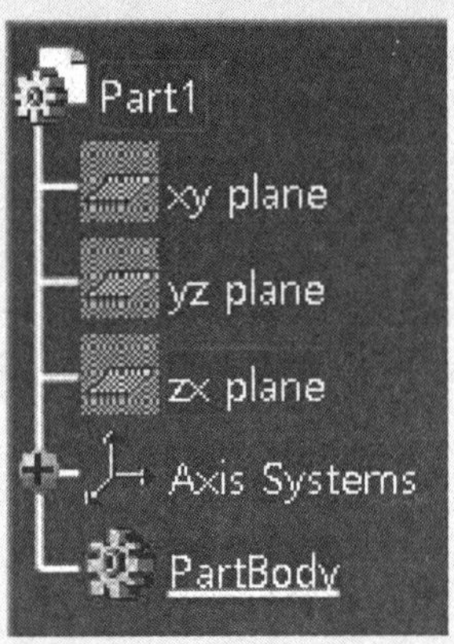	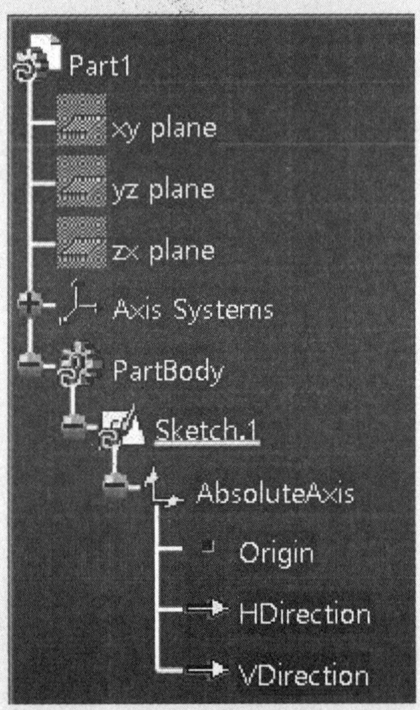

2) 스케치 작업 순서

스케쳐워크벤치는 파트디자인 또는 GSD워크벤치에서 3차원 형상을 정의하기 위하여 필요한 2차원 요소, 즉 프로파일(Profile)을 그리는 도구다.

보다 생산적인 작업을 위해서는 스케쳐워크벤치에서 제공하는 "Profile Toolbar", "Operation Toolbar", "Constraint Toolbar"의 기능을 잘 이해해야 한다.

스케쳐워크벤치의 일반적인 작업순서는 다음과 같다.

STEP1	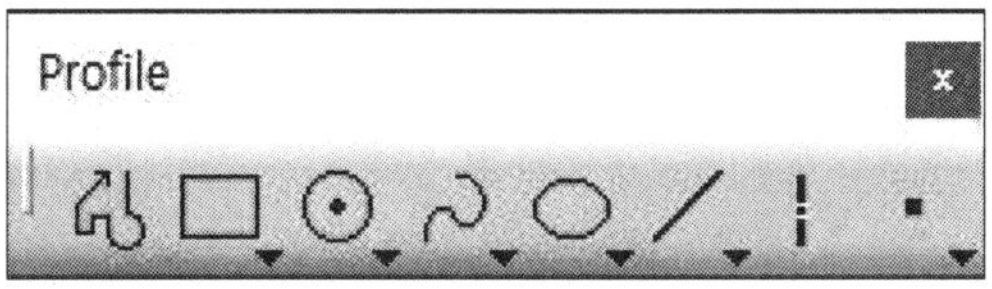	스케치 형상의 대략적인 윤곽을 생성한다.
STEP2	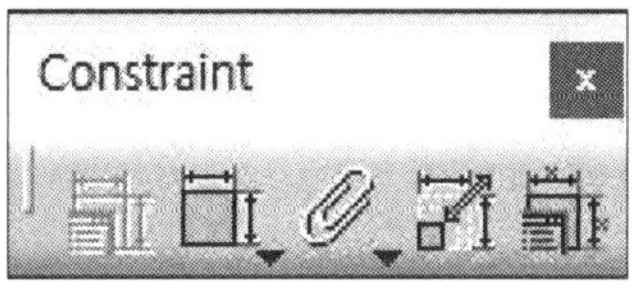	프로파일툴바로 생성한 대략적인 형상에 치수(원점기준) 및 기하학적 상호관계(대칭, 직교, 접선 등) 등 구속조건을 부여한다.
STEP3	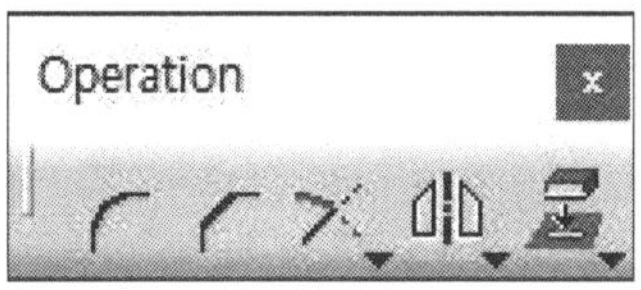	형상을 다듬거나 수정하고 구속조건을 부여하여 최종적인 프로파일을 완성한다.

3) 프로파일(Profile)의 이해

프로파일이란 3차원 형상을 정의하기 위해 필요한 2차원 요소를 말한다. 파트디자인워크벤치와 GSD 워크벤치에서는 사용가능한 프로파일의 형태가 다소 다르므로 사용자는 프로파일에 대해 잘 이해해야 한다.

프로파일에는 두가지의 형태가 있다. 하나는 『Colsed Profile』 즉, 닫혀있는 형상이며 또 다른 형태는 『Open Profile』 즉, 열려있는 형상으로 파트디자인웨크벤치에서는 반드시 『Colsed Profile』을 사용해야 한다. 그러나 GSD워크벤치에서는 『Colsed Profile』과 『Open Profile』 둘 다 사용가능하다.

Closed Profile	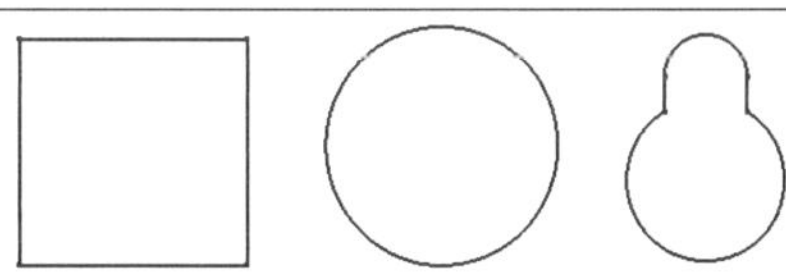	·Part Design Workbench ·GSD Workbench
Open Profile	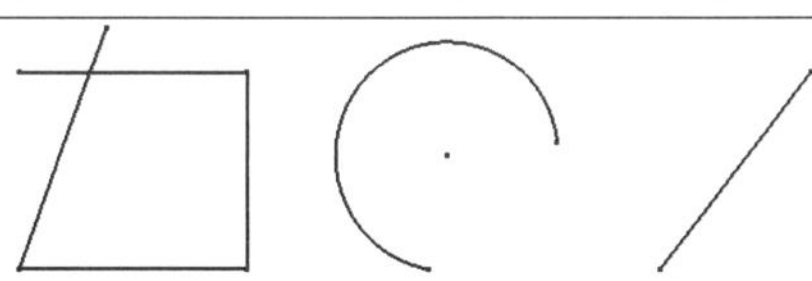	·GSD Workbench

4) 스케치툴(Sketch Tools)

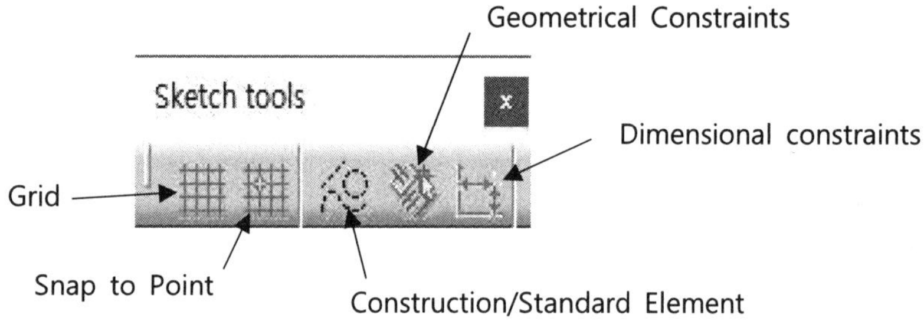

스케치툴은 Tools의 기본 기능 외에 프로파일(Profile)의 좌표, 크기 등 다른 명령어의 보조적인 기능을 지원한다. 예를 들어 “Profile” 툴바()의 “Profile icon()”을 클릭하여 실행하면() 스케치 툴은 아래와 같이 확장되어 “Profile” 명령의 부가옵션항목을 보여준다.

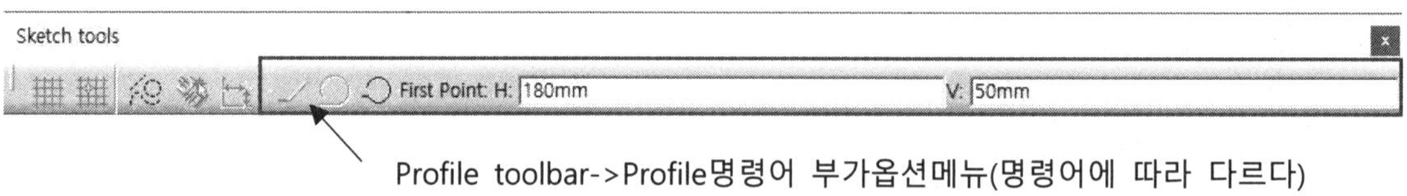

스케치툴의 기본기능에 대한 세부내용은 다음과 같다.

❑ Grid(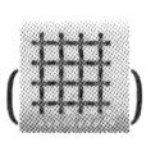)

스케쳐 화면에 격자를 표시하거나 숨길 수 있다. 격자를 표시하면 스케치 작업이 편리하므로 통상적인 스케치 작업시에는 켜두도록 한다.

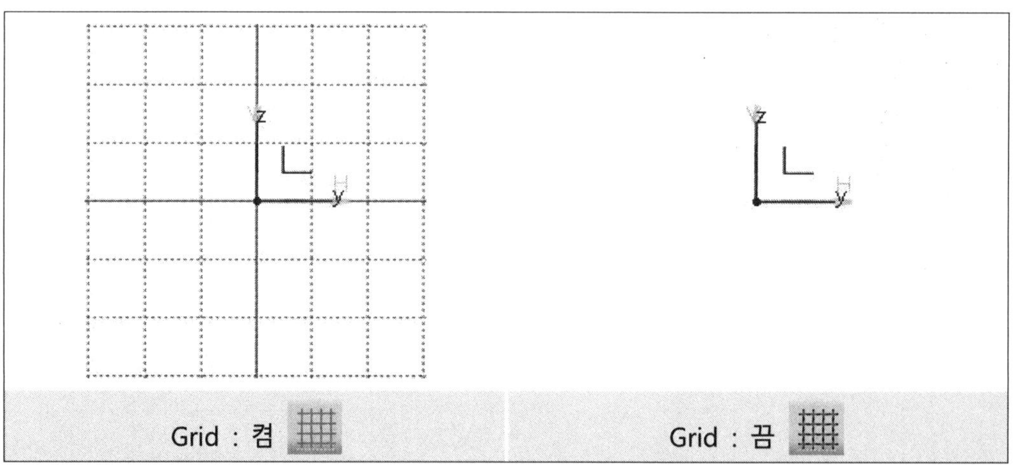

❑ Snap to Point( )

스케쳐 화면에서 프로파일을 생성할 때 격자의 교차점에만 포인트를 찍을 수 있도록 하는 기능이다. 이 기능이 활성화되면 격자의 교차점 외에는 포인트를 찍을 수 없기 때문에 통상적인 스케치 작업시에는 비활성화하는 것이 편리하다.

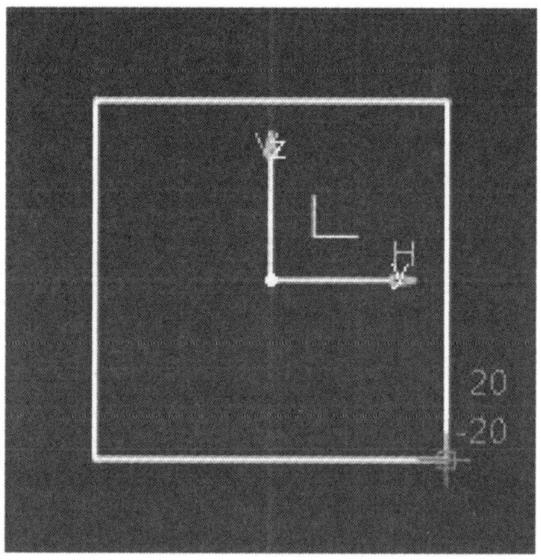

Snap to Point : 켬

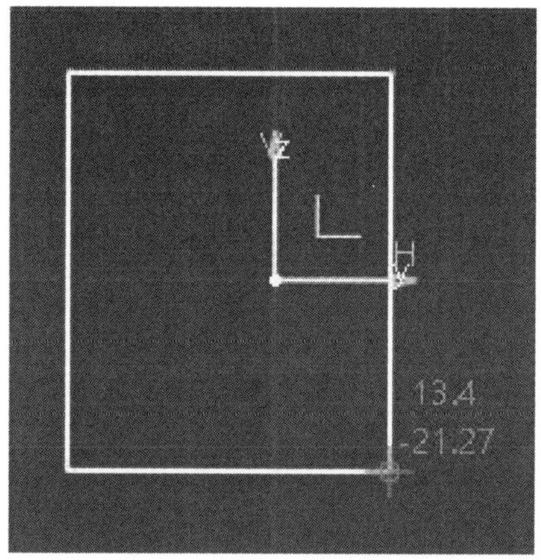

Snap to Point : 끔

❑ Construction/Standard Element( )

스케쳐 화면에서 그린 스케치 요소를 3차원 형상 작업시 사용 가능한 Standard 요소로 할 것인지 2차원 요소에서 구속조건을 부여하기 위한 보조선(Construction) 요소로 사용할 것인지를 설정한다.

Standard요소로 하는 경우 설정을 해제하고, Construction요소로 하는 경우 설정을 적용하여 사용한다. Construction 요소로 작업하면 스케쳐워크벤치를 벗어나 파트디자인워크벤치나 GSD워크벤치로 이동하였을 때 화면상에 보이지 않는다. 즉, 3차원 형상 모델링에 직접 사용되지 않는다.(3차원 형상 작업시 보이지 않는다고 해서 스케쳐에서 작업한 Construction요소가 삭제된 것은 아니며 단지 보이지 않는 것이다.)

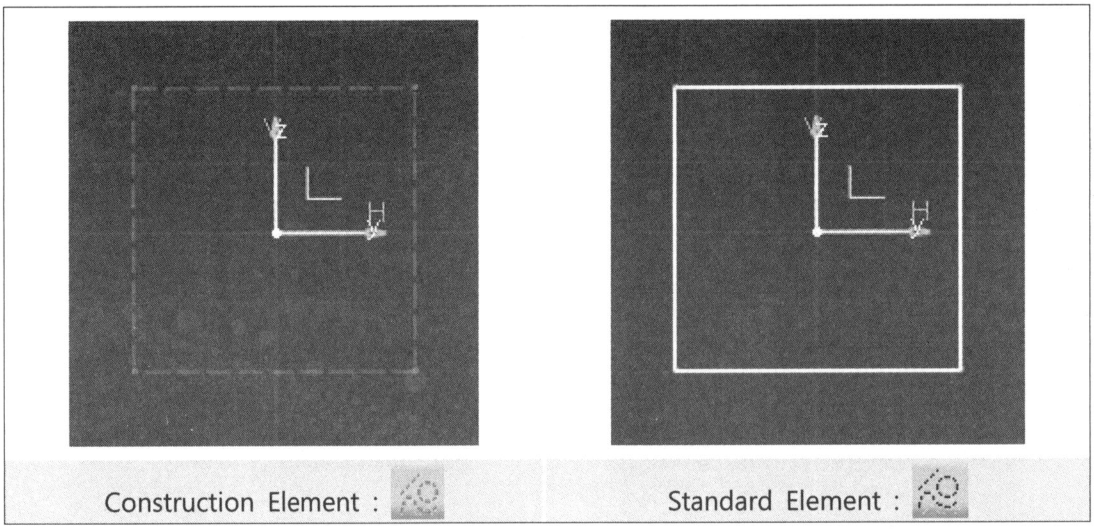

❑ Geometrical Constraints( )와 Dimensional Constraints( )

CATIA에서는 스케치 작업시 구속(Constraints)이라는 용어를 사용한다. CATIA에서 구속(Constraints)이란 스케치 작업을 통해 생성한 프로파일(Profile)에 각종 속성을 부여하는 것이다. 여기서 속성이란 수평(Horizontal), 수직(Vertical), 각도(Angle), 길이(Length), 반경(Radius), 평행(Parallel), 직교(Perpendicular), 접선(Tangency) 등을 의미하는 것이며 이러한 속성들을 두가지로 구분하여 기하구속(Geometrical Constraints) 조건과 치수구속(Dimensional Constraints) 조건으로 분류한다.

부연하여 설명하면 "기하구속"이란 기하학적인 구속조건으로서 숫자가 아닌 문자나 기호로 정의되는 구속을 의미하여, "치수구속"이란 숫자로 나타낼 수 있는 구속을 의미한다. CATIA로 스케치 작업을 통해 완성되는 프로파일은 "구속작업(=기하구속+치수구속)"을 거쳐 최종적으로 "완전구속(Fully Constraints) 상태가 되어야 하는 것이다.

【Geometrical Constraints 】

옵션은 이러한 구속작업의 편의성을 위해 CATIA에서 제공하는 것으로 『기하구속조건』을 자동으로 부여하는 기능의 사용여부를 선택하도록 한다. 이 옵션은 작업의 편의성을 위해 항상 켜두도록 한다.

【Dimensional Constraints 】

옵션은 『치수구속조건』을 자동으로 부여하는 것으로 이 옵션도 작업의 편의성을 위해 항상 켜두도록 한다.

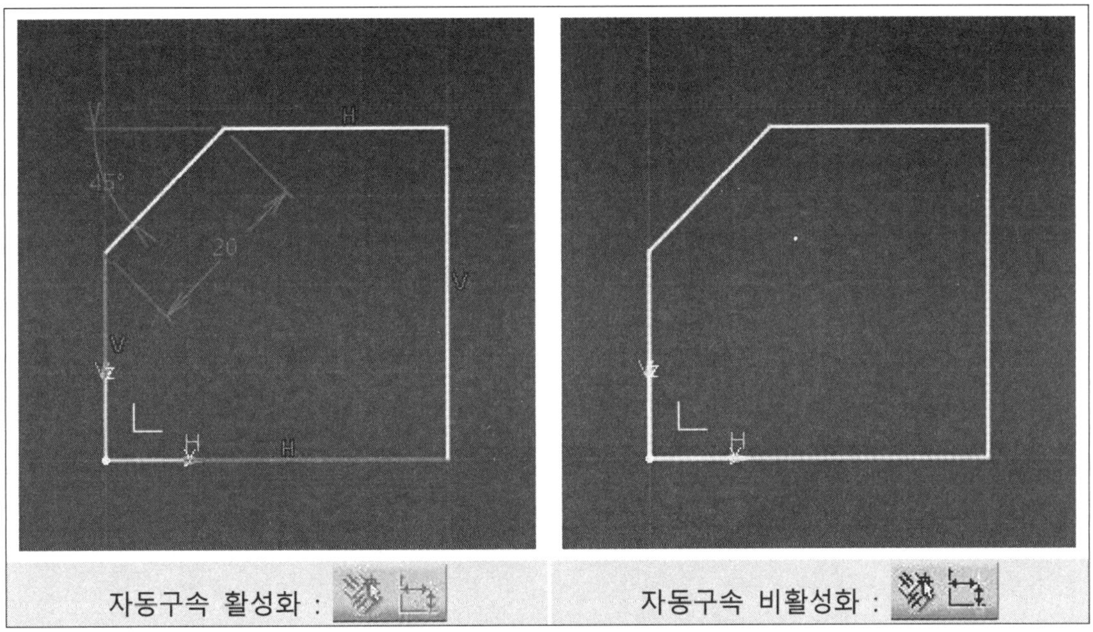

5) 프로파일(Profile)툴바

스케치 할 형상을 생성하는 기능들을 모아놓은 툴바다.

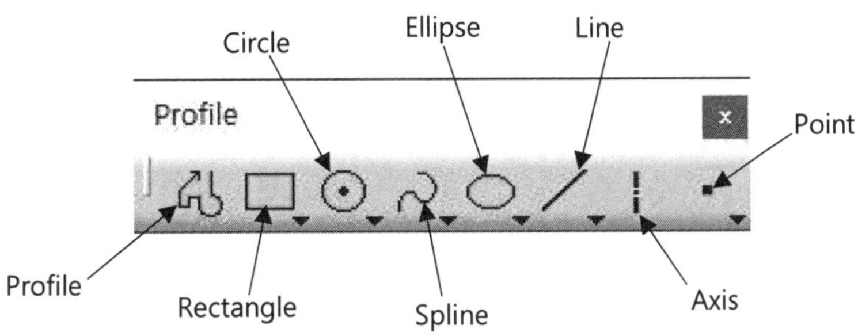

기본 아이콘 우측하단의 “▼” 표시를 클릭하면 세부기능을 가진 보조툴바(Sub Toolbar)가 나타난다.

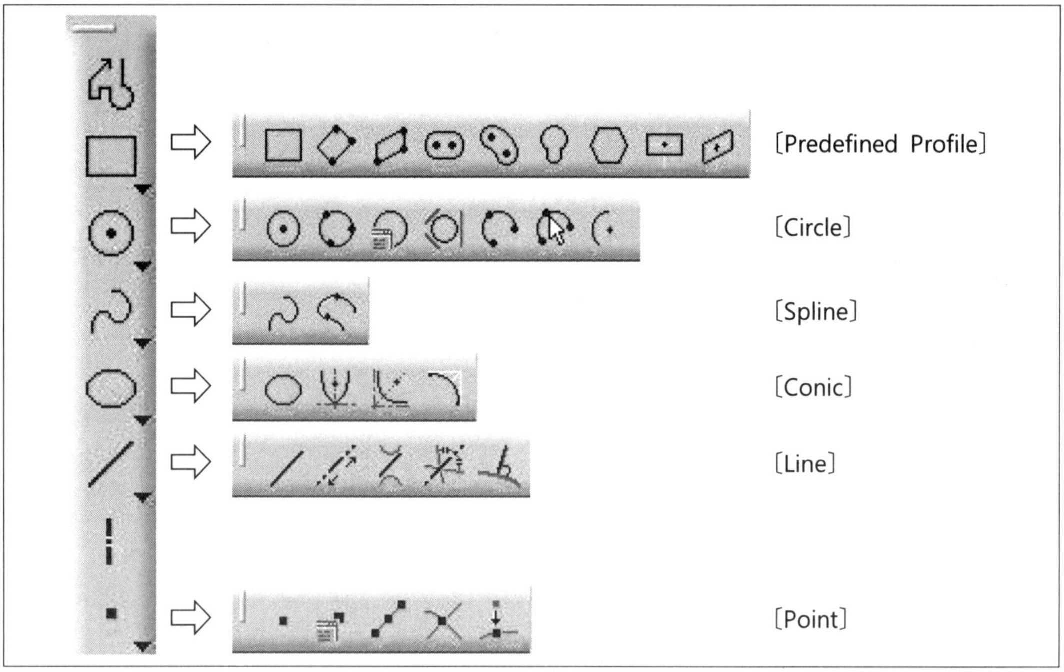

❑ Profile()

선(Line)과 원(Arc) 등으로 이루어진 다각형을 그리는 명령이다. Profile은 스케쳐워크벤치에서 프로파일 형상을 그릴 때 가장 사용빈도가 높은 명령이며, 다음과 같은 3가지의 부가옵션을 가지고 있다.(스케치툴의 부가옵션메뉴에 나타난다.)

 (Line) → 직선 프로파일을 연속적으로 생성한다.

 (Tangent Arc) → 생성한 직선프로파일에 접선구속을 가지는 호(Arc)를 만든다.

 (Three Point Arc) → 3개의 점을 이용하여 호(Arc)를 만든다.

▩ Profile( ) + Line( )을 이용한 프로파일의 생성

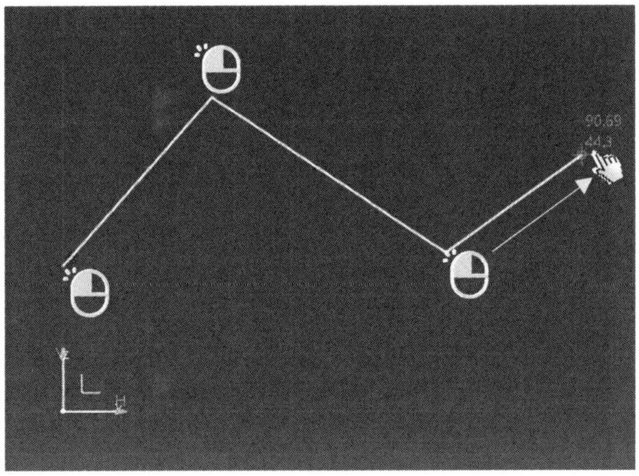

▩ Profile( ) + Tangent Arc( )을 이용한 프로파일의 생성

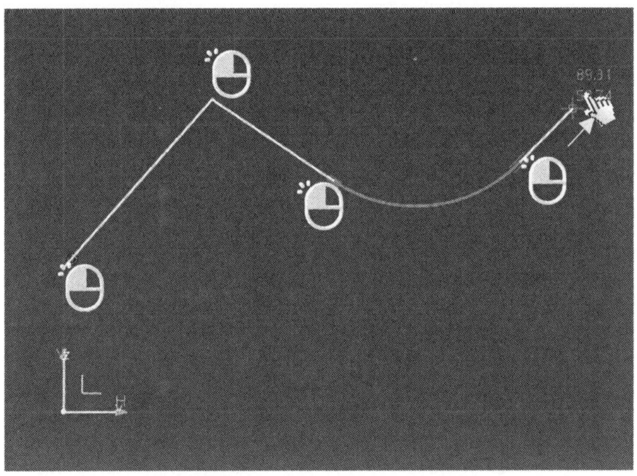

▩ Profile( ) + Three Point Arc( )을 이용한 프로파일의 생성

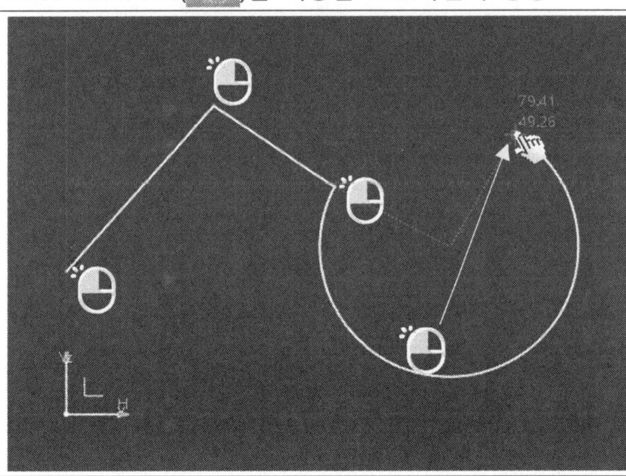

❑ Predefined Profile( )

【Predefined Profile Toolbar】는 스케쳐작업시 사용빈도가 높은 형상에 대해 미리 정의된 그리기 도구들을 저장하고 있으며 이를 통하여 생산성을 높일 수 있다.

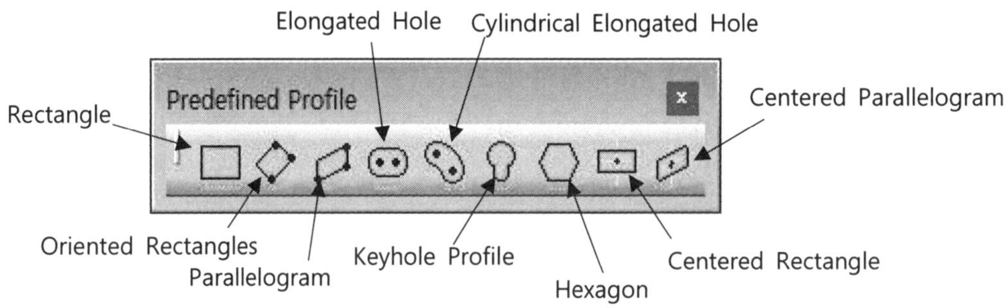

▧ Rectangle( ): 사각형의 형상을 만든다.
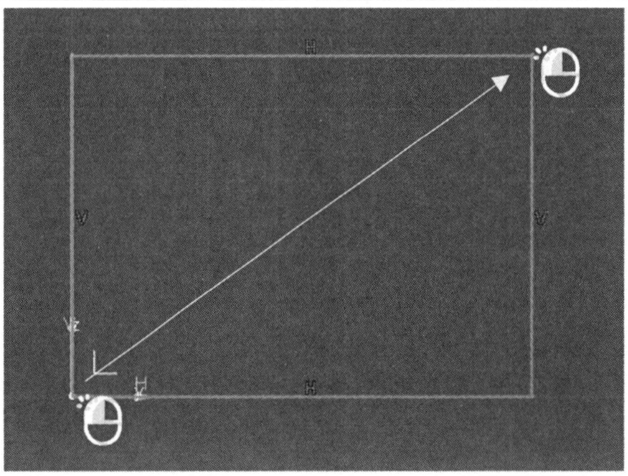
▧ Oriented Rectangles( ): 임의의 기준선 방향으로 직각사각형을 만든다.
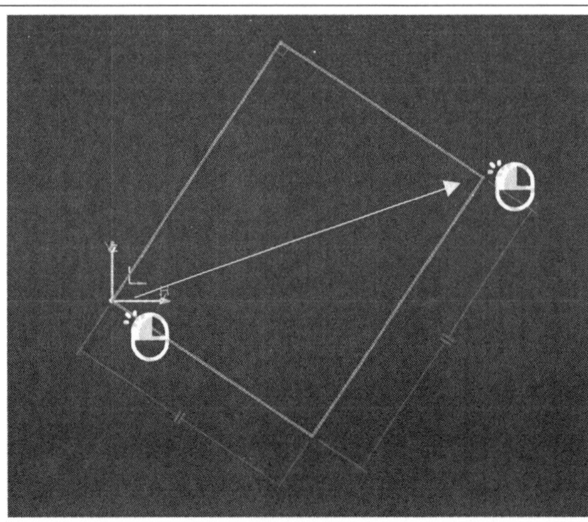

▧ Parallelogram( ): 평행사변형 형상을 만든다.

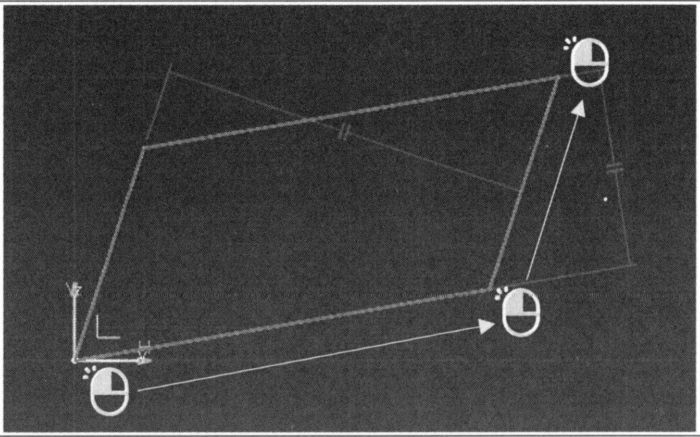

▧ Elongated Hole( ): 원의 중심이 연장된 홀 형상을 만든다.

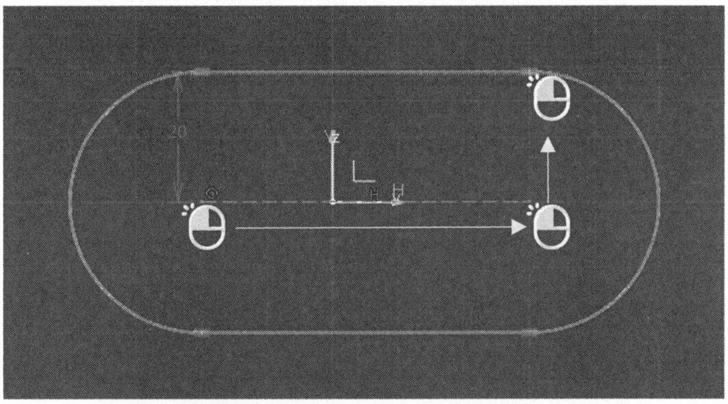

▧ Cylindrical Elongated Hole( ): 연장된 원의 중심선이 호(Arc)인 홀 형상을 만든다.

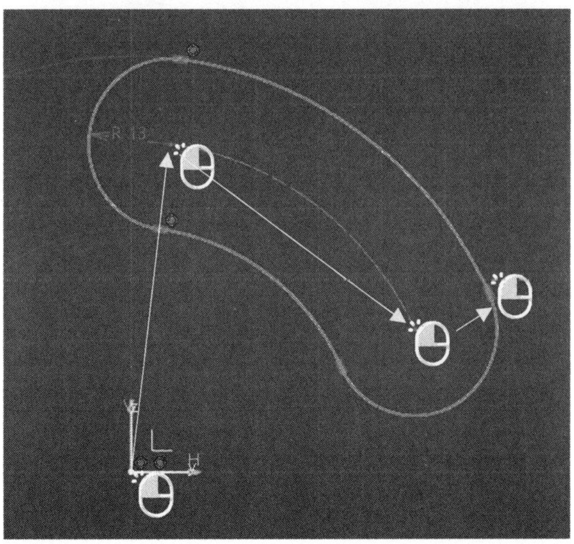

⊠ Keyhole Profile( ): 열쇠구멍 형상을 만든다.

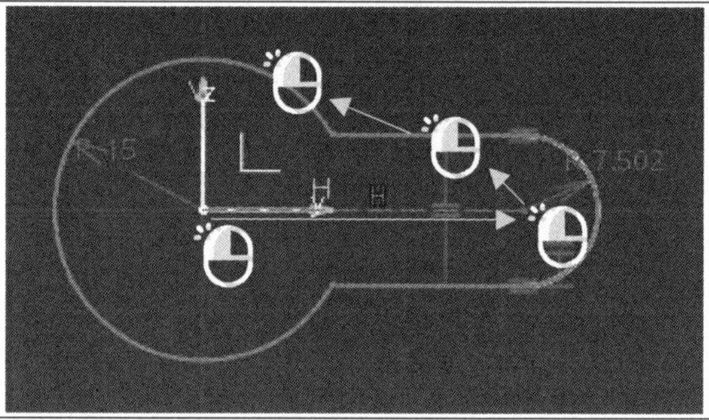

⊠ Hexagon( ): 육각형의 형상을 만든다.(보조선을 지우면 안된다.)

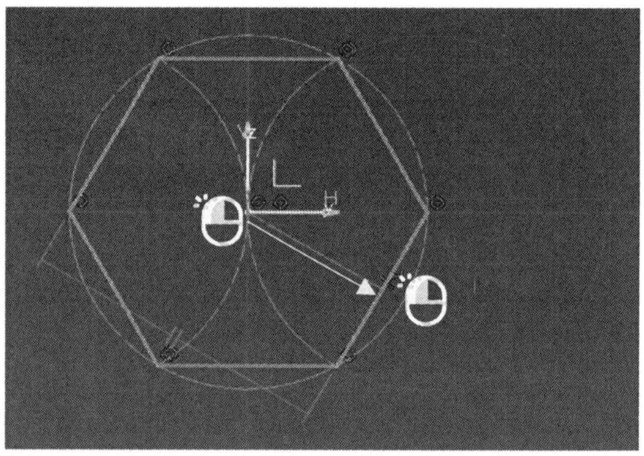

⊠ Centered Rectangle( ): 중점에 대칭인 직각사각형을 만든다.

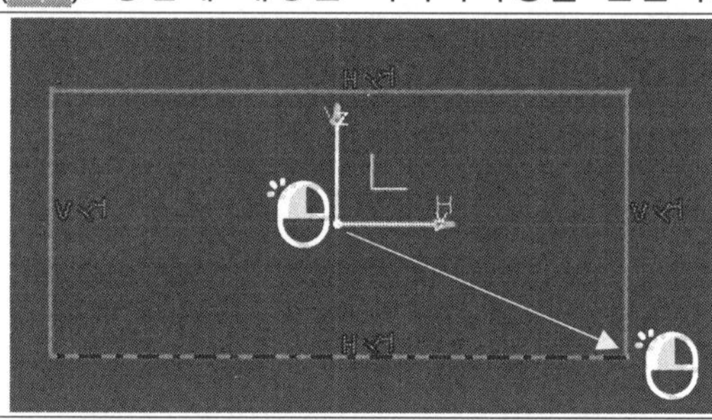

⊠ Centered Parallelogram( ): 교차하는 두 기준선을 이용하여 평행사변형을 만든다.

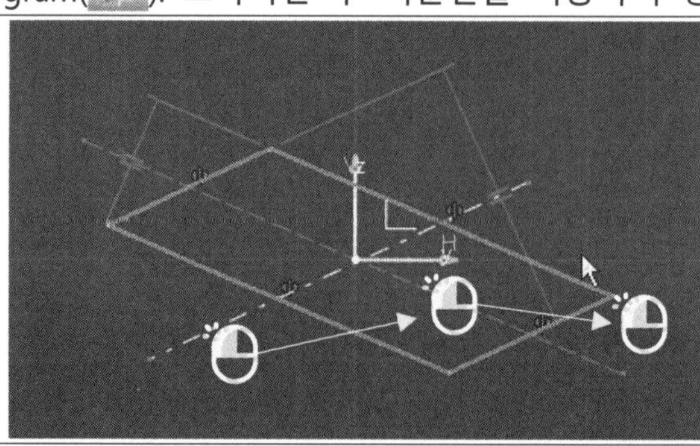

❑ Circle( )

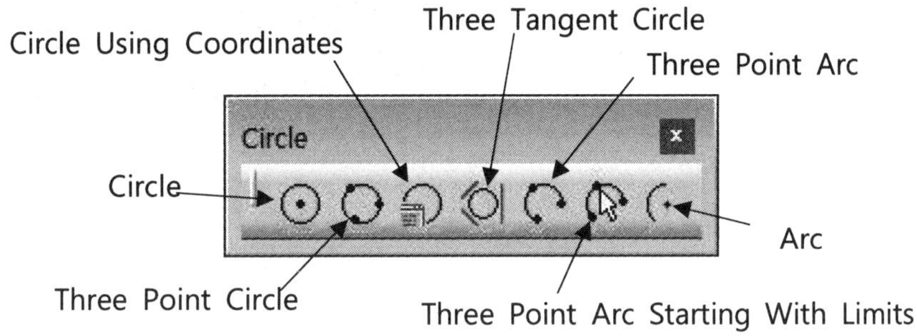

⊠ Circle( ): 중심과 반경으로 원을 만든다.

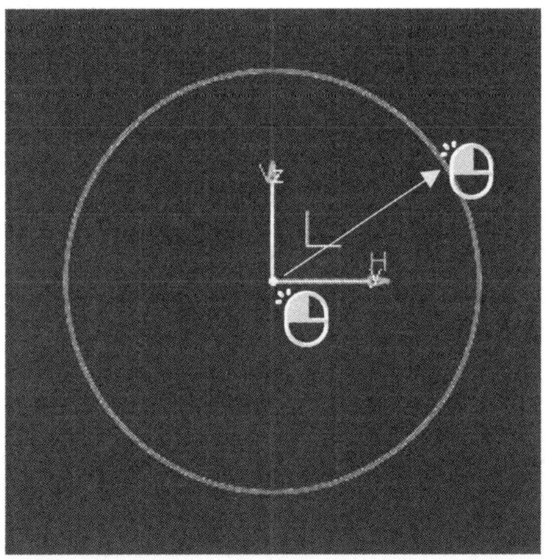

⊠ Three Point Circle( ): 세 점으로 이루어진 원을 만든다.

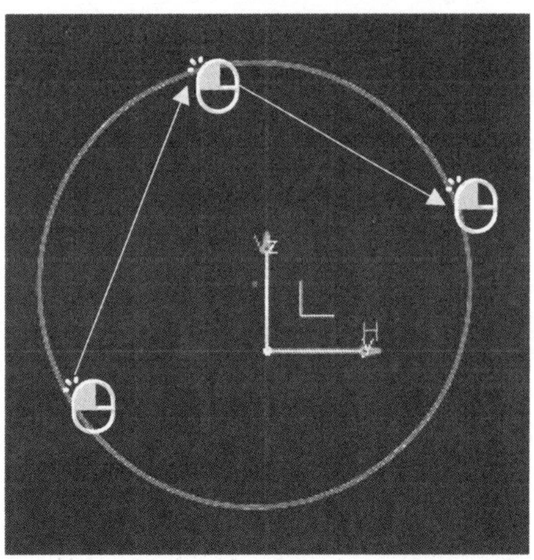

▧ Circle Using Coordinates( ): 좌표값(원점,반경)을 입력하여 원을 만든다.

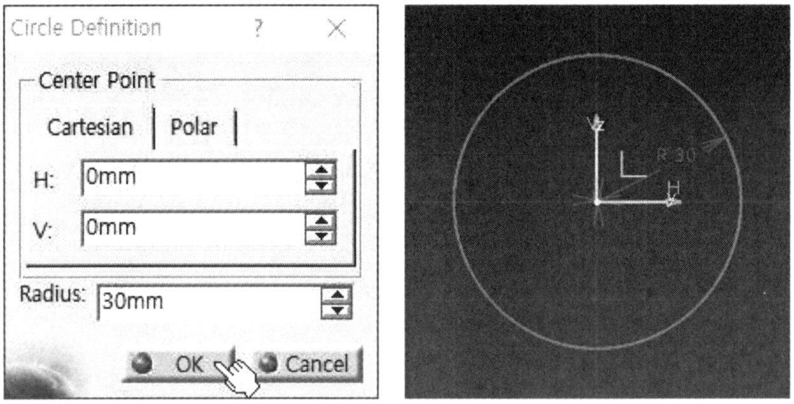

▧ Three Tangent Circle( ): 세 요소에 접하는 원을 만든다.

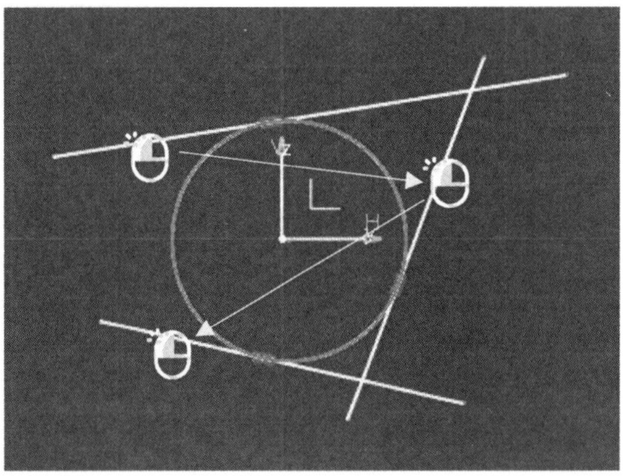

▧ Three Point Arc( ): 세 점을 이용하여 호(Arc)를 만든다.

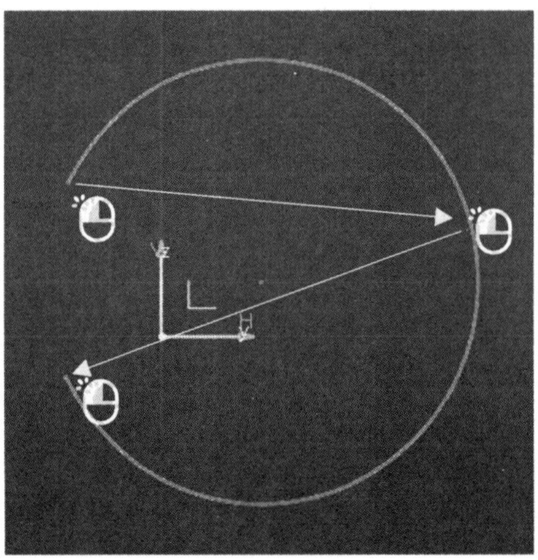

▩ Three Point Arc Starting With Limits( ): 세 점으로 호를 만든다(시작점과 끝점을 먼저 지정하고 마지막으로 반경을 지정하여 호를 완성한다.).

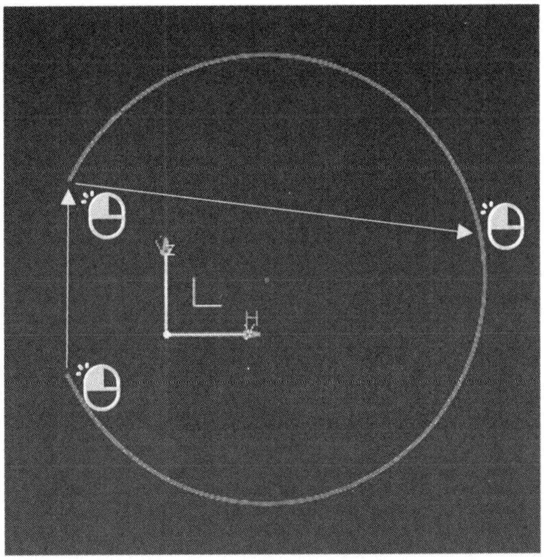

▩ Arc( ): 호를 만든다(원점->시작점->끝점으로 호를 만든다. 호를 만드는 가장 간단한 방법이다.).

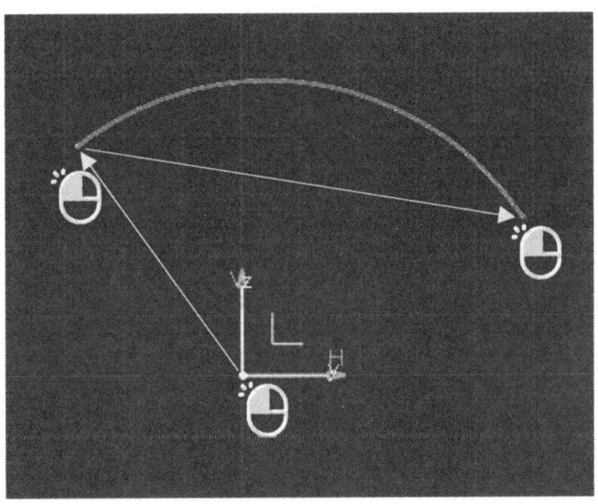

❑ Spline()

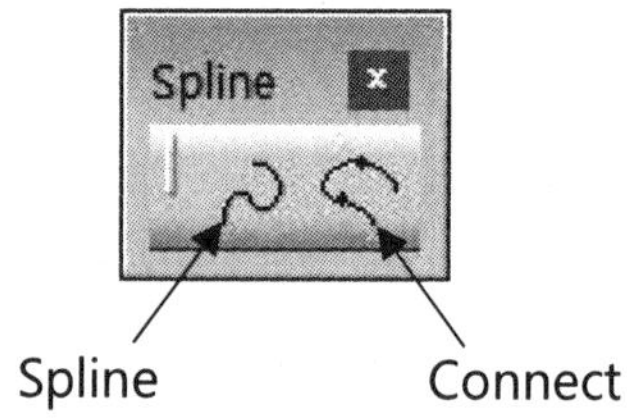

▩ Spline(): 여러개의 점을 지나는 곡선을 만든다.

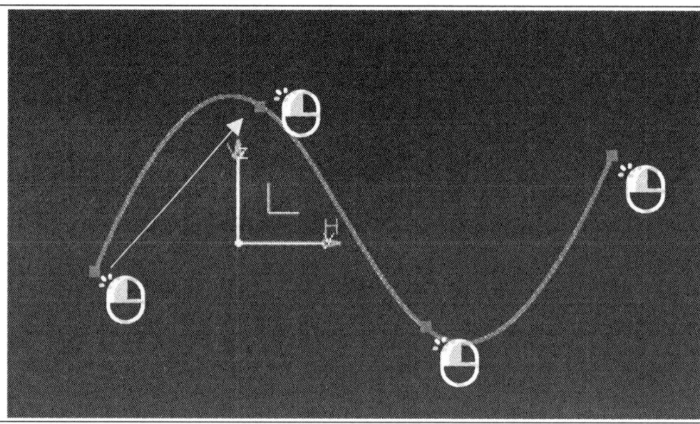

▩ Connect(): 두 프로파일을 연결한다.(부가옵션이 있다.)

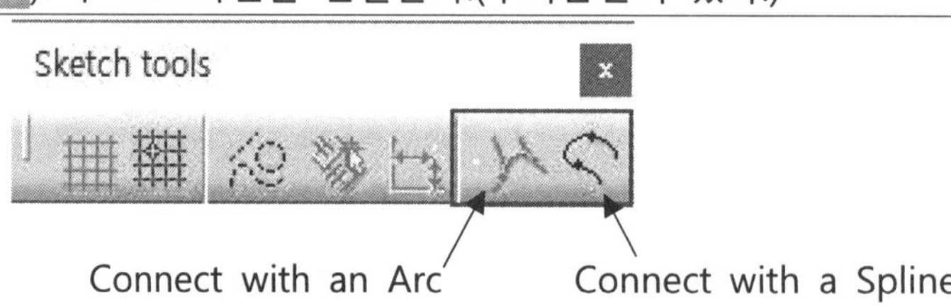

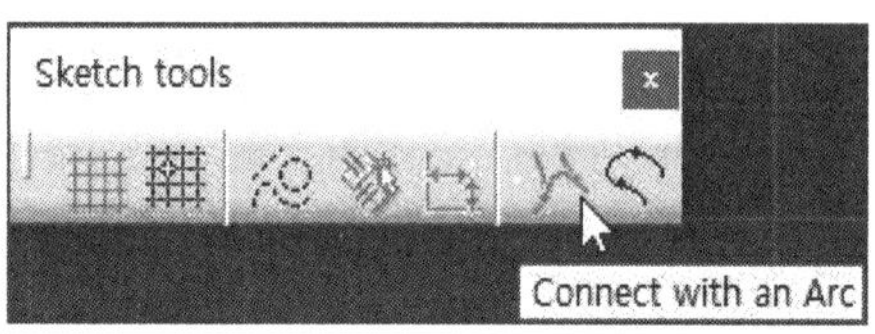

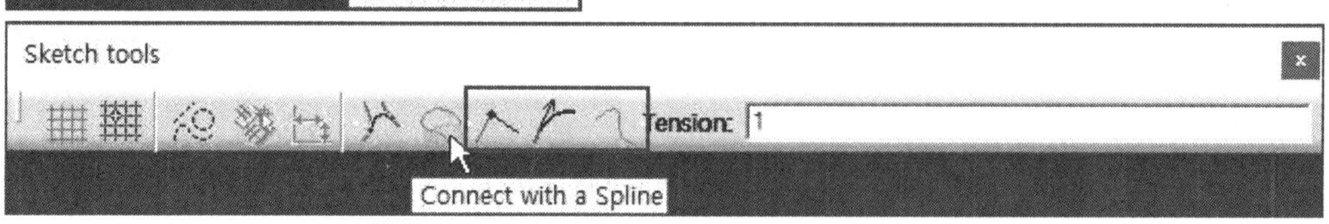

▷Continuity in Point(): 두 프로파일의 끝점을 직선으로 연결한다.

▷Continuity in tangency(): 두 프로파일의 끝점을 접선방향 속성을 유지하며 연결한다.

▷Continuity in curvature(): 두 프로파일의 끝점을 곡률을 유지하여 연결한다.

❑ Conic( )

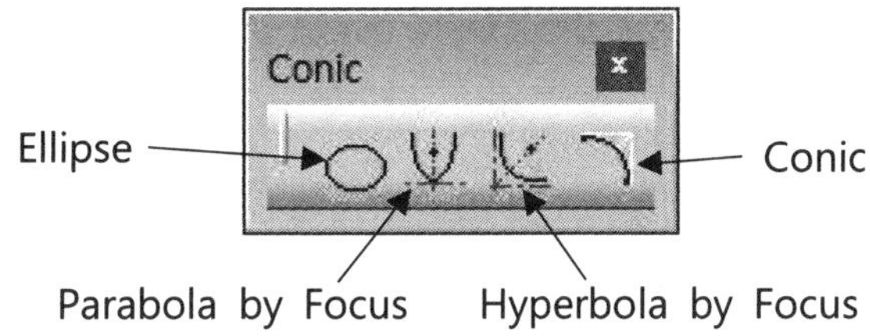

⊠ Ellipse( ): 장축(Major Axis)과 단축(Minor Axis)을 가진 타원형을 만든다.

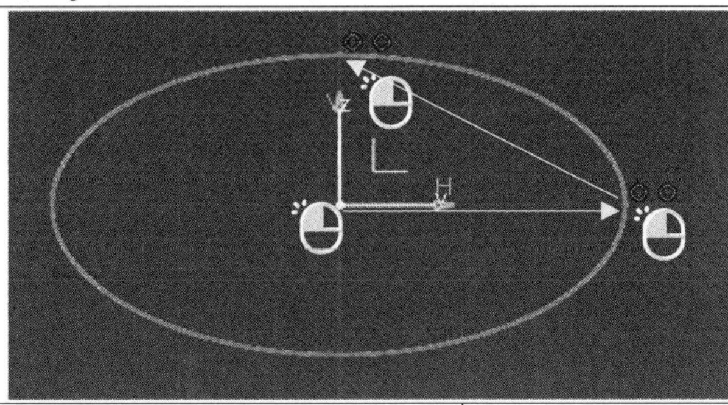

⊠ Parabola by Focus( ): 포물선

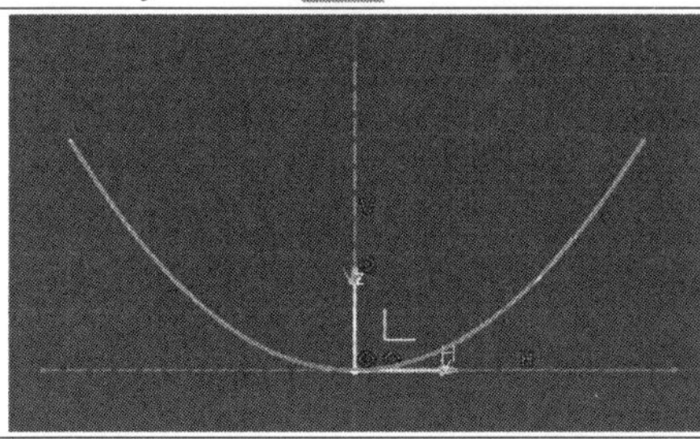

⊠ Hyperbola by Focus( ):쌍곡선

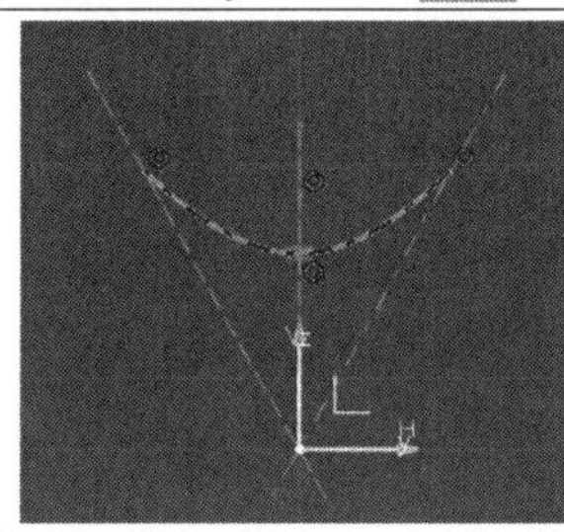

⊠ Conic( ): 원뿔 형상을 만든다.(부가옵션이 있다.)

〚Nearest End Point+Two Points+Start and End Tangent〛

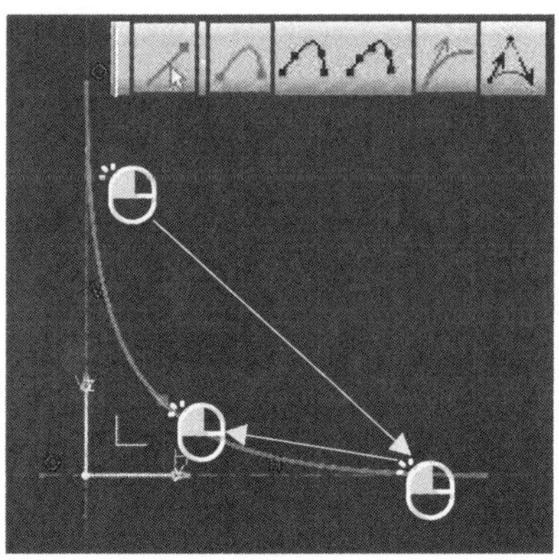

❑ Line()

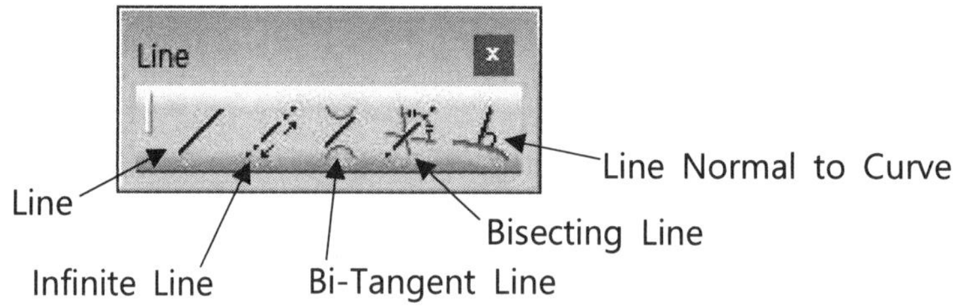

▩ Line(): 두 개의 점으로 직선을 만든다.

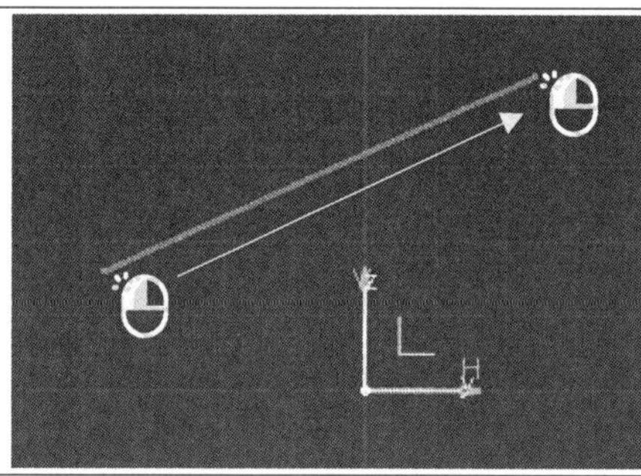

▩ Infinite Line(): 길이가 무한대인 직선을 만든다.(부가옵션이 있다.)

▶Infinite Line Sub-Toolbar

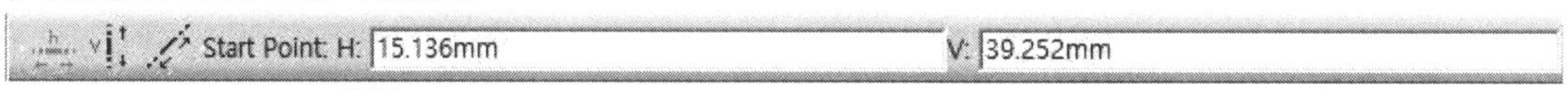

▷Horizontal Line(): 수평선을 만든다.

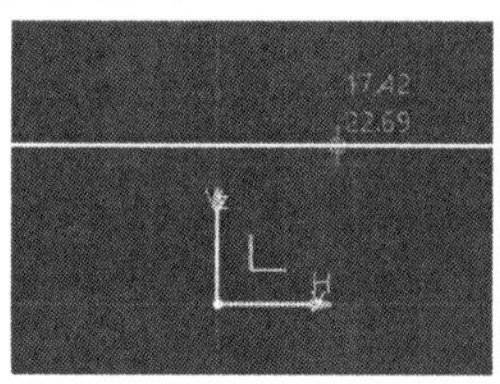

▷Vertical Line(): 수직선을 만든다.

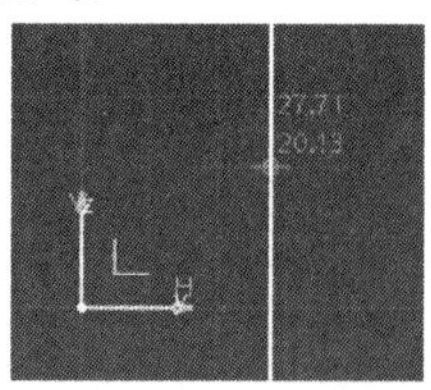

▷Line Through Two Points(): 두 개의 점을 연결하는 직선을 반든다.

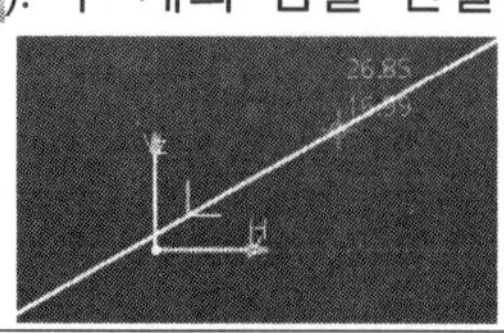

⊠ Bi-Tangent Line( ): 두개의 원(곡선,호)에 접하는 직선을 만든다.

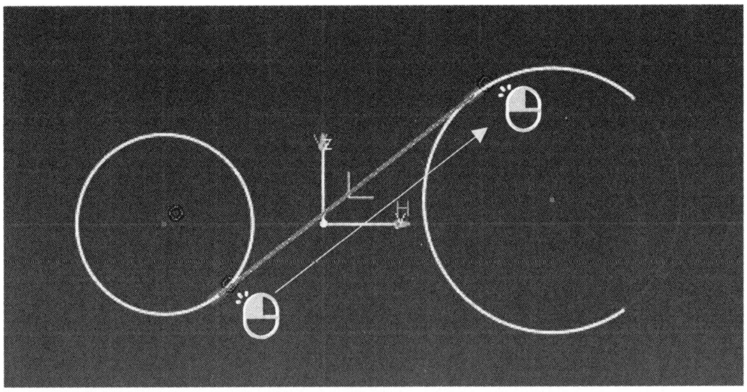

⊠ Bisecting Line( ): 교차하는 두 직선의 이등분선을 만든다.

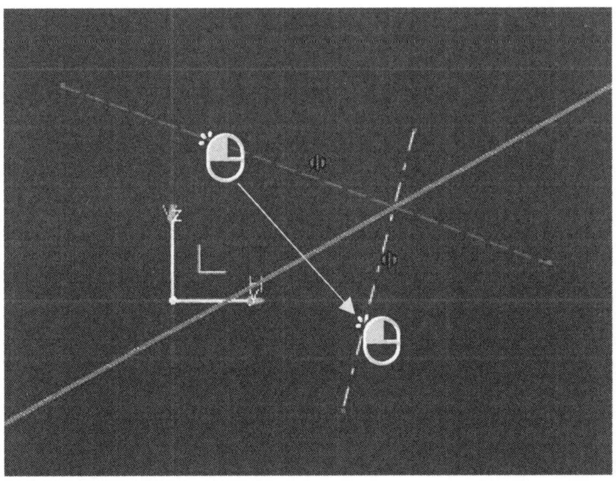

⊠ Line Normal to Curve( ): 곡선(원,호)에 대해 임의의 위치(커서가 지정하는 위치)에서 수직선을 만든다.(부가옵션이 있다.)

〚Select a Curve Before〛

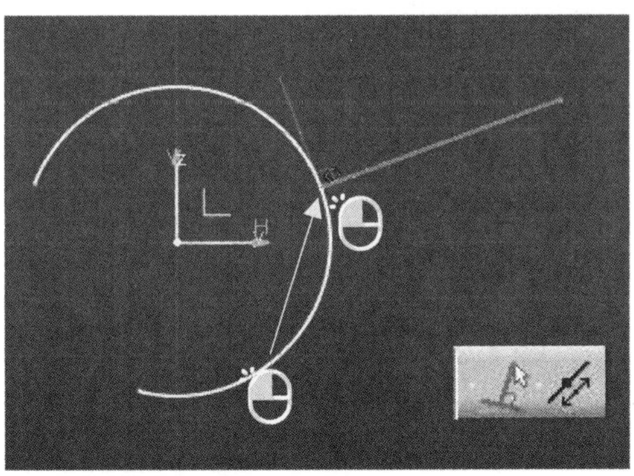

〚Select a Curve Before + Symmetrical Extension〛

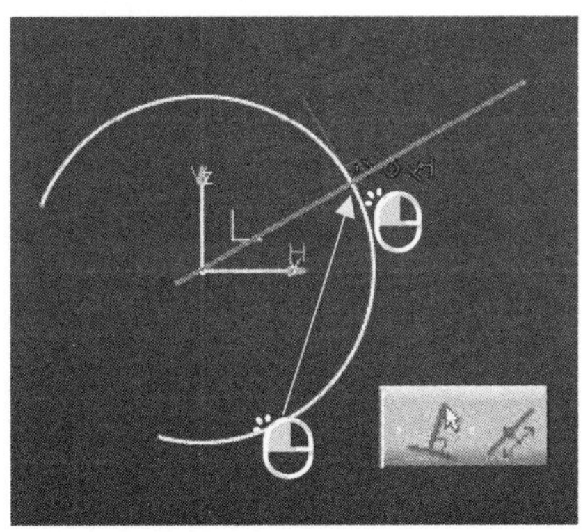

❑ Axis( )

▩ Axis( ): 축을 만든다.(만들어질 때부터 Construction Element로서 스케쳐 작업시 중심선(축)의 기능을 한다. 3차원 작업공간에서는 보이지 않는다.)

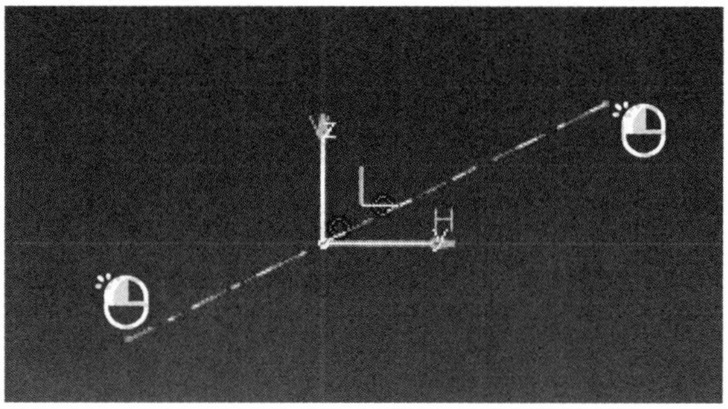

❑ Point( )

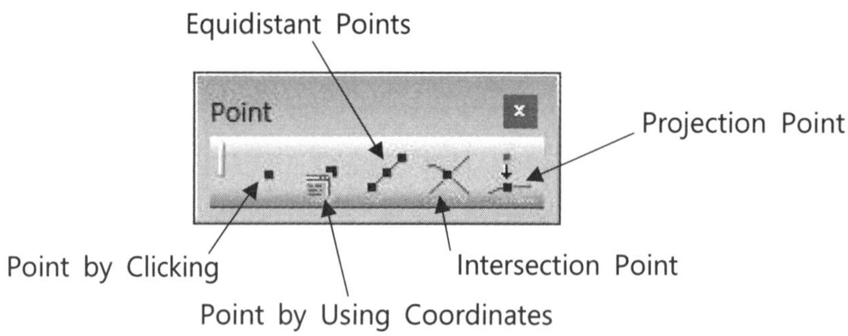

▩ Point by Clicking( ): 마우스로 클릭하는 임의의 위치에 Point(점)을 만든다.

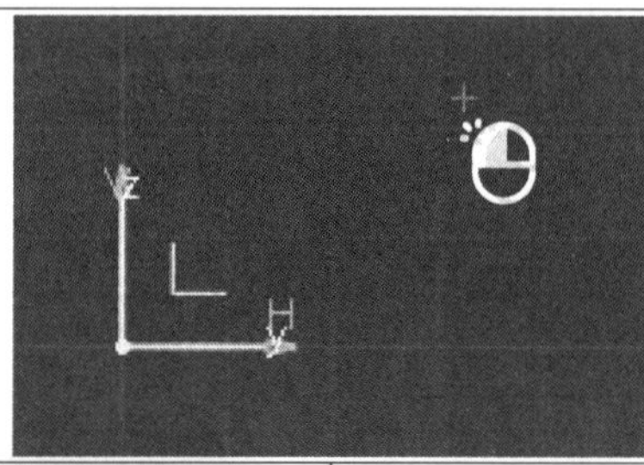

Standard Element( )		Construction Element( )	

▧ Point using Coordinates( ): 좌표값을 직접 입력하여 점을 만든다.

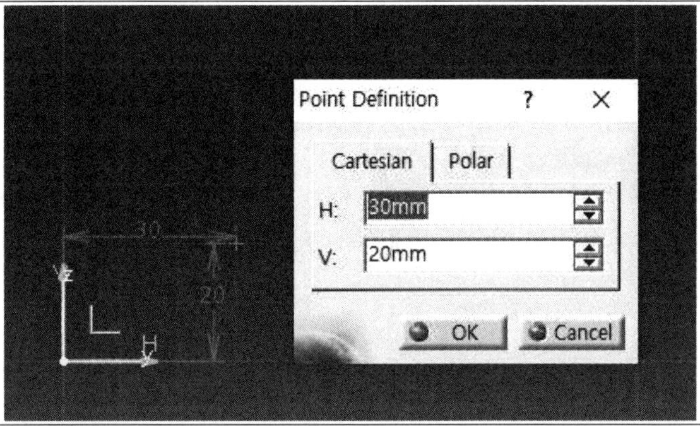

▧ Equidistant Points( ): 선택한 형상에 등간격의 점을 만든다.

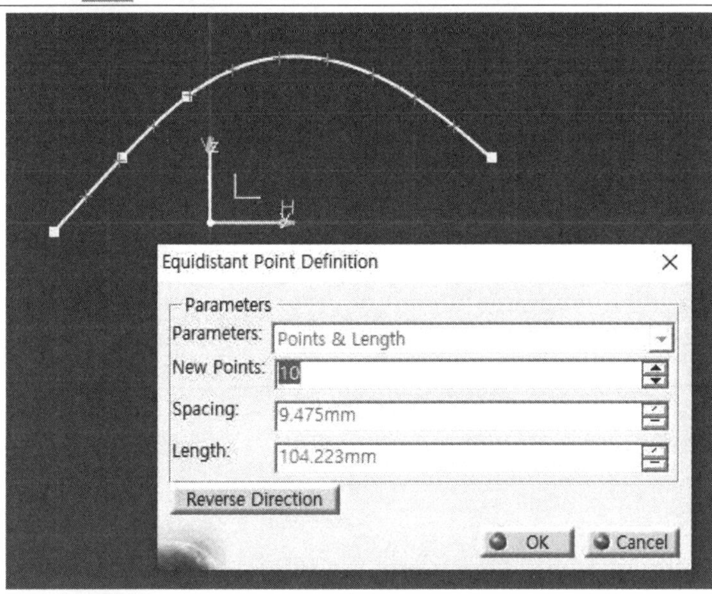

▧ Intersection Point( ): 교차하는 두 프로파일의 교차점을 만든다.

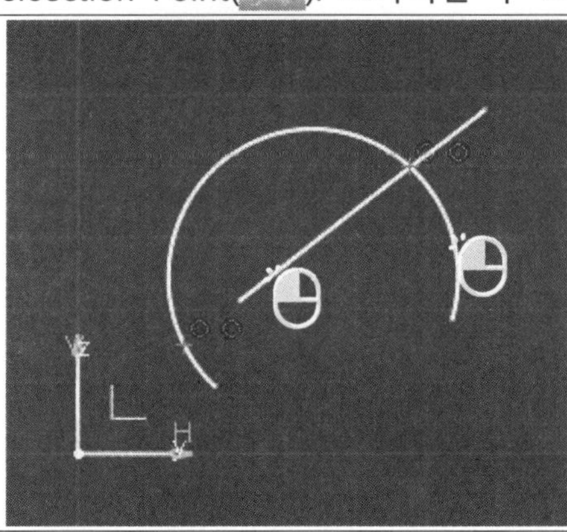

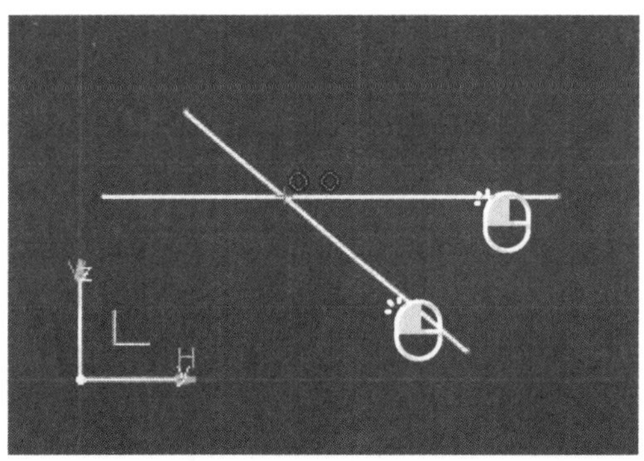

▧ Projection Point(): 임의의 점을 프로파일(직선, 곡선형상 등) 위에 투영시킨다.(부가옵션이 있다.)	
▶Orthogonal Projection: ▹선택한 점을 프로파일에 수직한 방향에 투영한다. 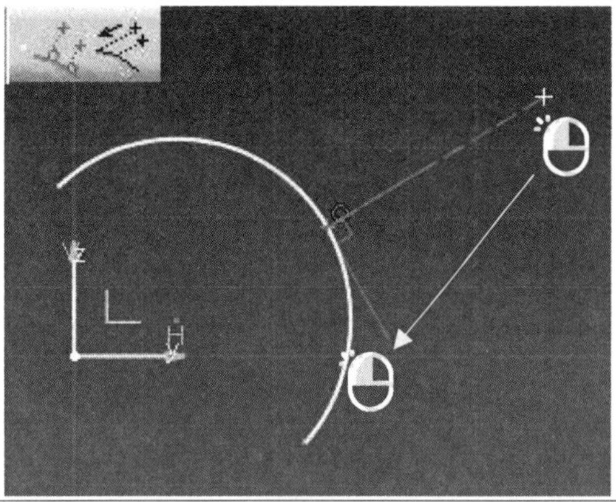	▶Along a Direction ▹선택한 점을 프로파일에 사용자가 지정한 방향으로 투영한다. 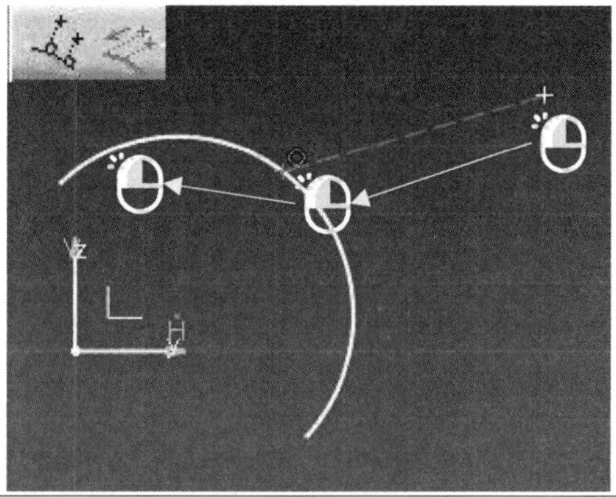

5) 오퍼레이션(Operation)툴바

스케치한 프로파일을 편집하는 기능을 모아 놓은 툴바다.

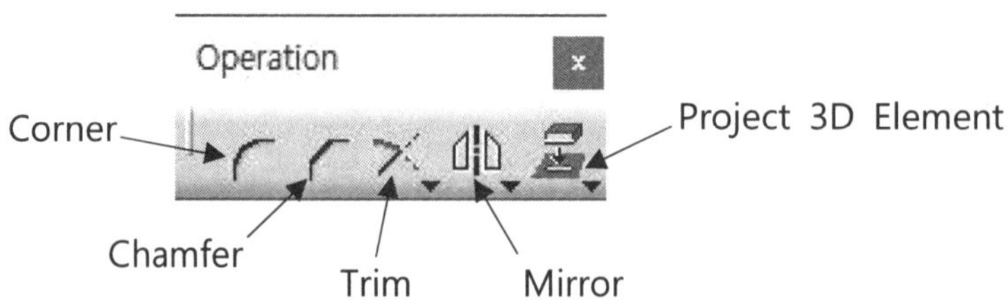

기본 아이콘 우측하단의 "▼" 표시를 클릭하면 세부기능을 가진 보조툴바(Sub Toolbar)가 나타난다.

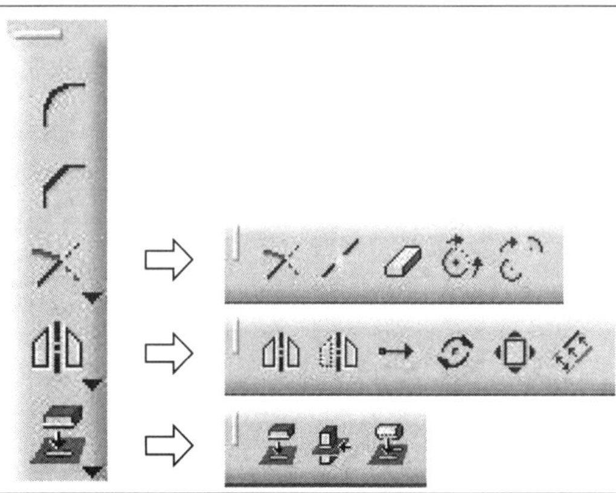

〔Corner〕

〔Chamfer〕

〔Trim〕

〔Mirror〕

〔Project 3D Element〕

❑ Corner()

두 개의 요소를 선택하여 각 요소에 접하는 라운드 형상을 만든다. 스케치툴(Sketch Tool)에서 6가지 부가옵션을 선택할 수 있다.

<table>
<tr><td colspan="2">▶ Corner Sub-Toolbar
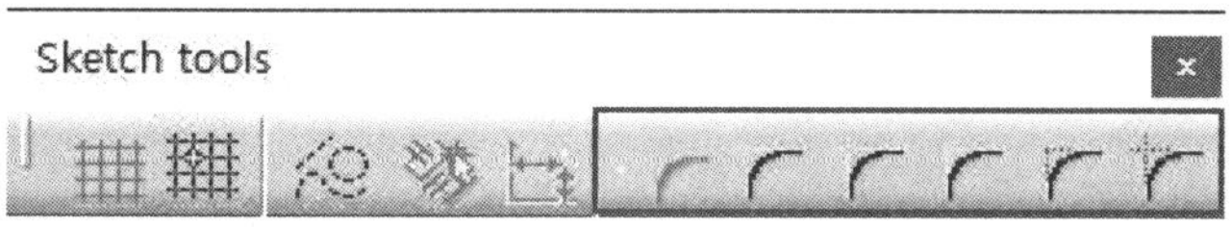
</td></tr>
<tr><td>〖Trim All Elements〗
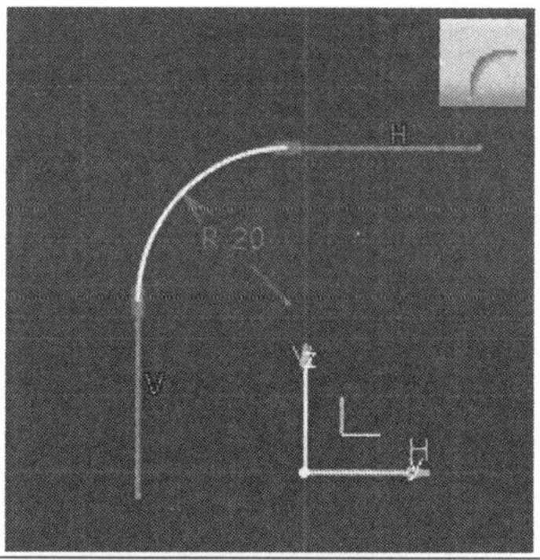</td><td>〖Trim First Element〗
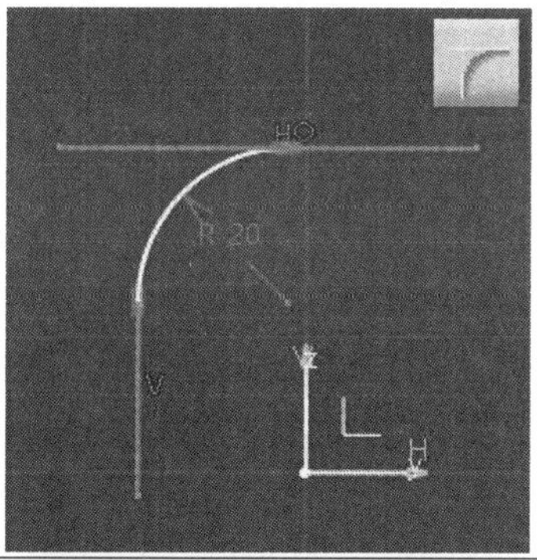</td></tr>
<tr><td>〖No Trim〗
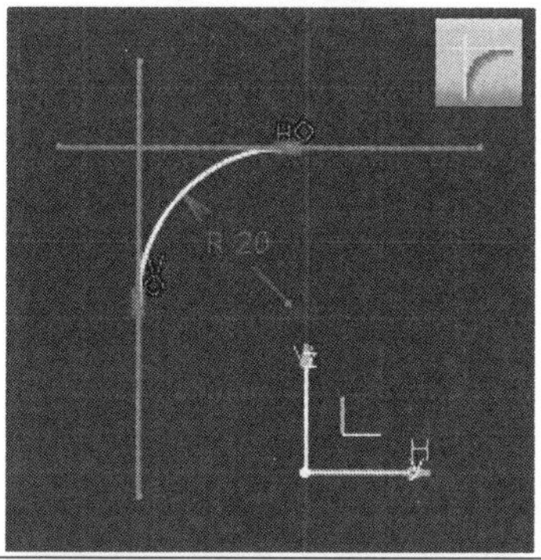</td><td>〖Standard Lines Trim〗
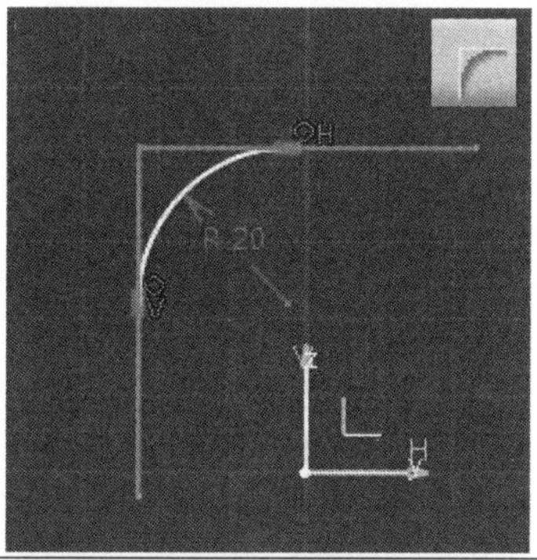</td></tr>
<tr><td>〖Construction Lines Trim〗
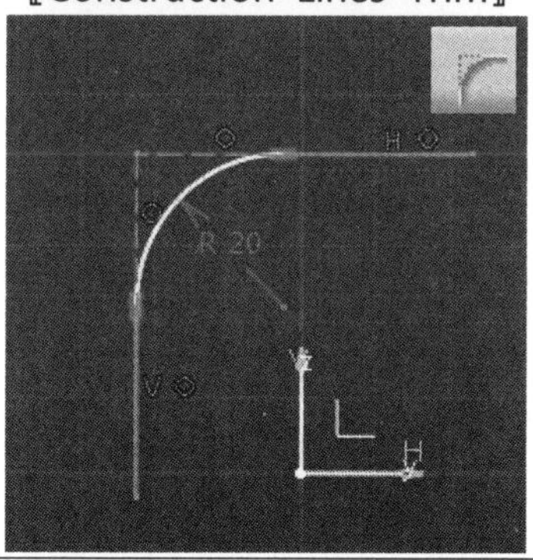</td><td>〖Construction Lines No Trim〗
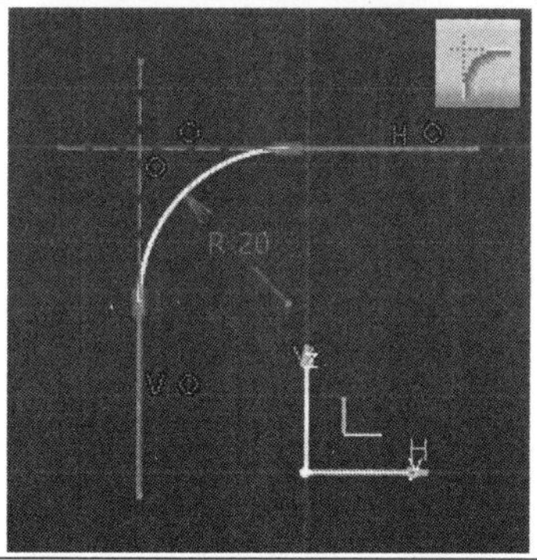</td></tr>
</table>

❑ Chamfer( )

두 개의 요소를 선택하여 모따기를 한다. 스케치툴(Sketch Tool)에서 6가지 부가옵션을 선택할 수 있다.

▶ Chamfer Sub-Toolbar

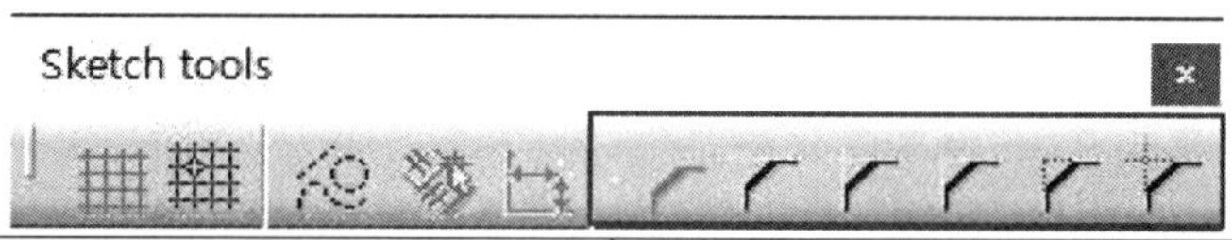

〚Trim All Elements〛	〚Trim First Element〛
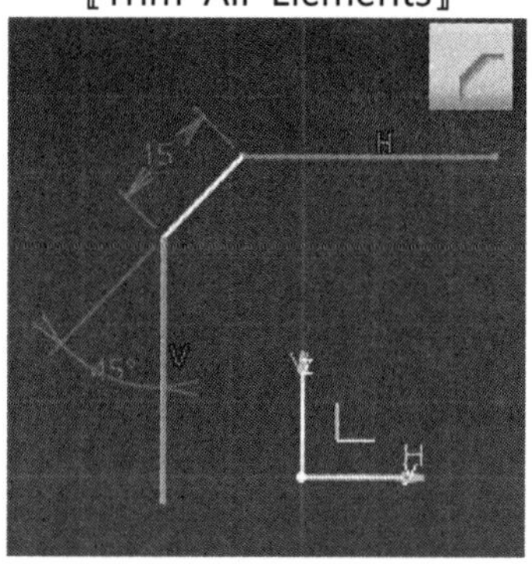	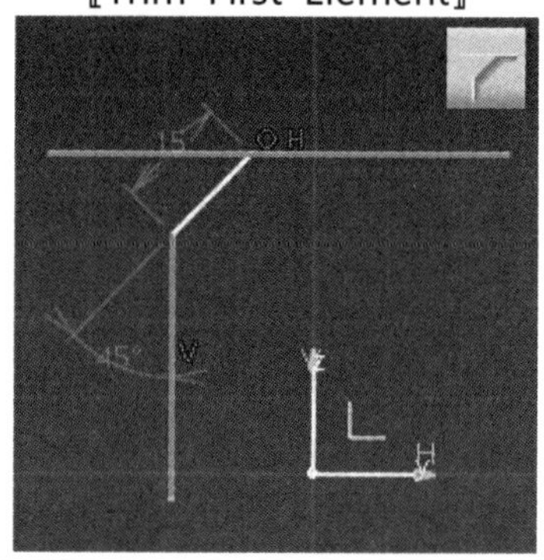
〚No Trim〛	〚Standard Lines Trim〛
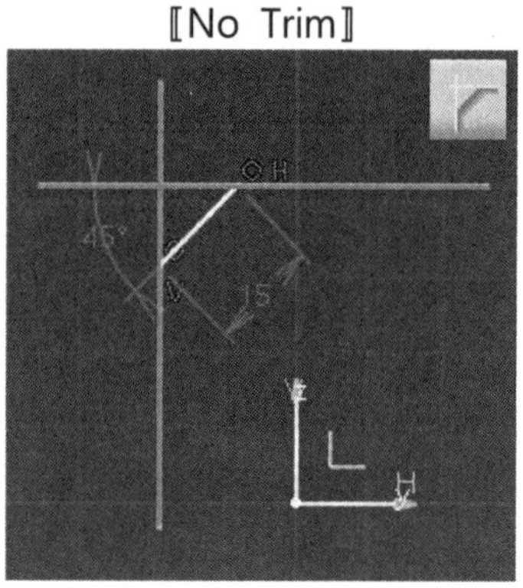	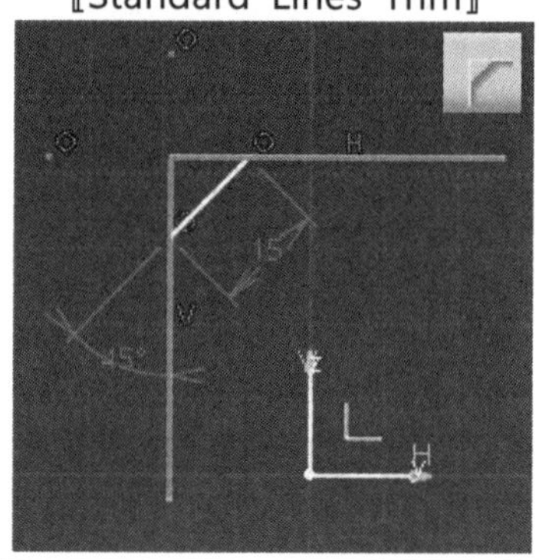
〚Construction Lines Trim〛	〚Construction Lines No Trim〛
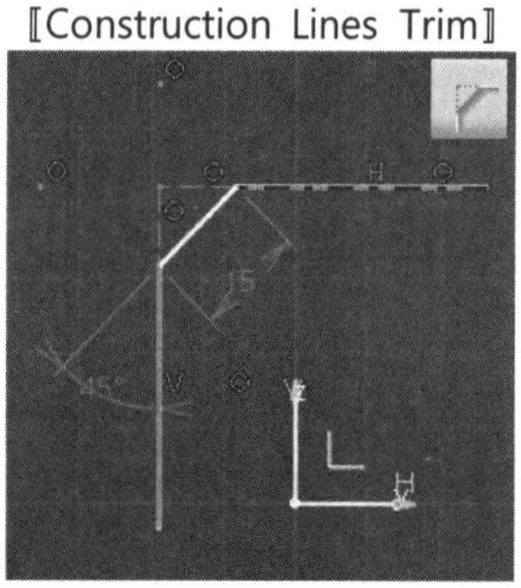	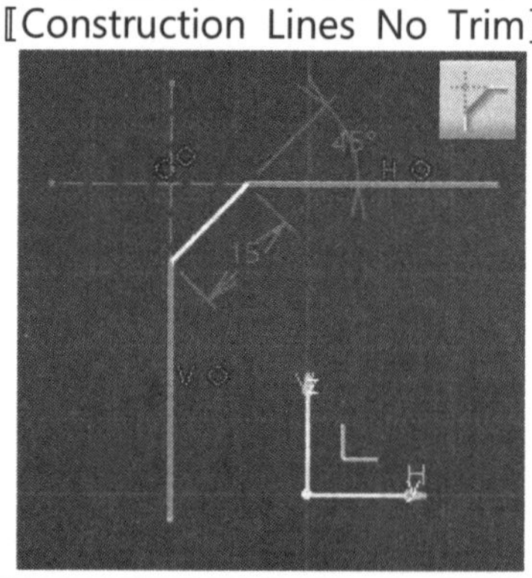

▶Chamfer Sub-Toolbar : Chamfer 치수 부여 부가 옵션

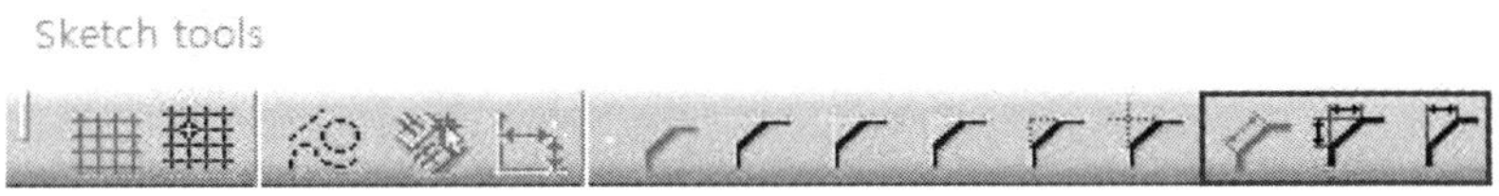

⊠ Angle and Hypotenuse( ): 대각선의 길이와 첫 번째 선택한 요소가 이루는 각도를 이용하여 Chamfer를 만든다.

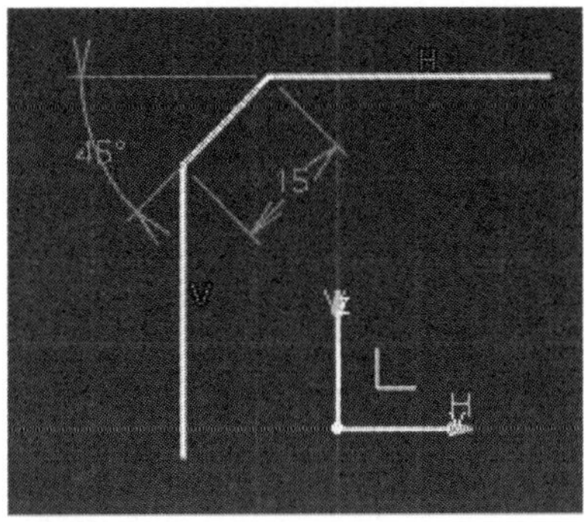

⊠ First and Second Length( ): 첫 번째와 두 번째 요소의 Trim되어 잘려나간 길이를 이용하여 Chamfer를 만든다.

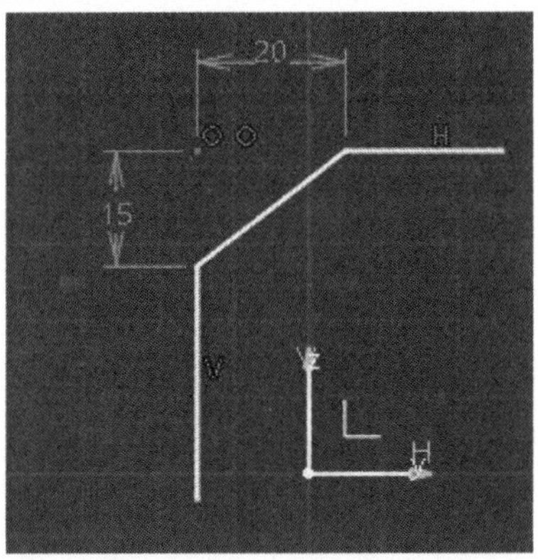

⊠ Angle and First Length( ): 첫 번재 요소의 Trim되어 잘려나간 길이와 첫 번째 요소에 대한 대각선의 각도를 이용하여 Chamfer를 만든다.

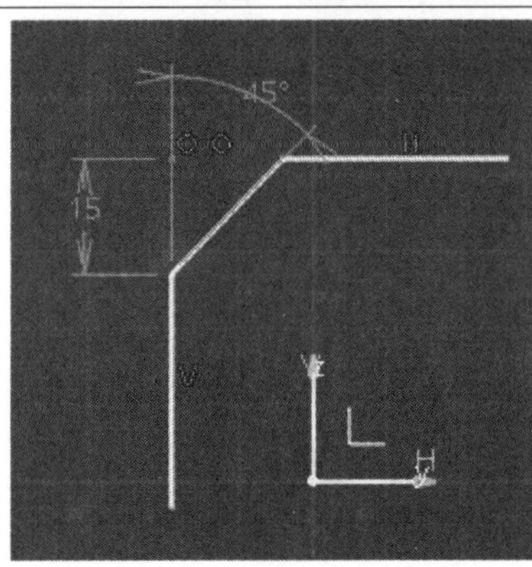

❑ Relimitation( )

【Relimitations Toolbar】는 스케치로 생성한 형상요소 중 불필요한 부분을 잘라내거나 형상요소를 수정할 때 사용한다.

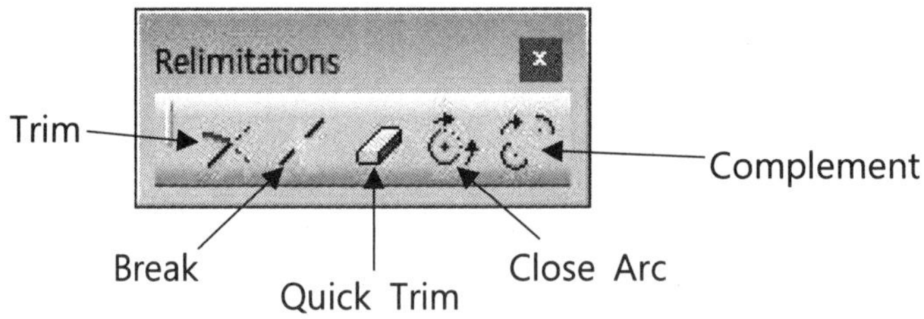

⊠ Trim( ): 교차하는 두 형상요소에서 불필요한 불필요한 부분을 잘라내거나 수정한다.(부가옵션이 있다.)

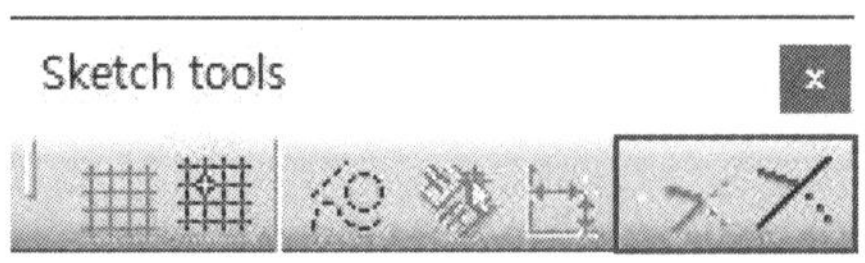

▷Trim All Elements ( )

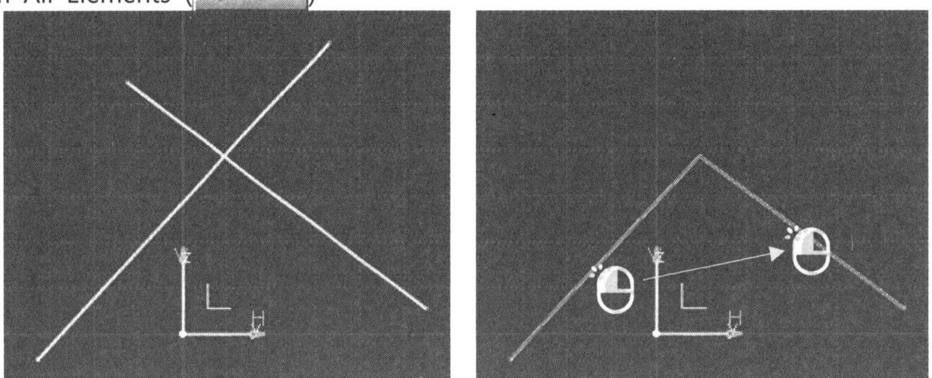

▷Trim First Element ( )

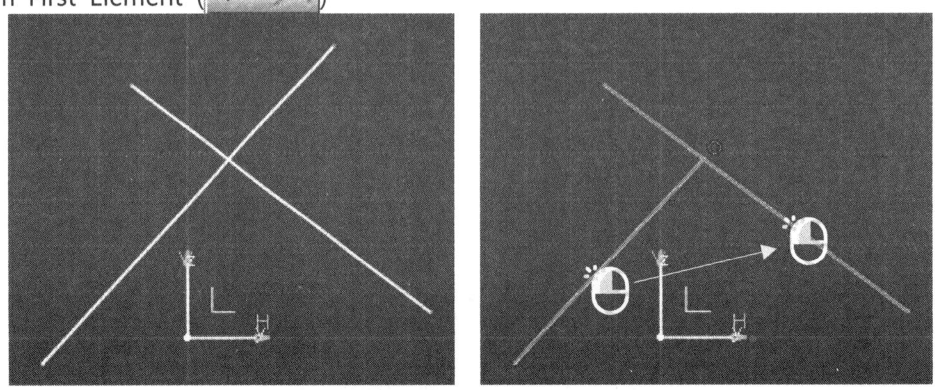

⊠ Quick Trim(): Trim과 유사한 명령어로 형상요소들의 교차선을 기준으로 원하는 부분 또는 나머지 부분을 제거할 수 있다.(부가옵션이 있다.)

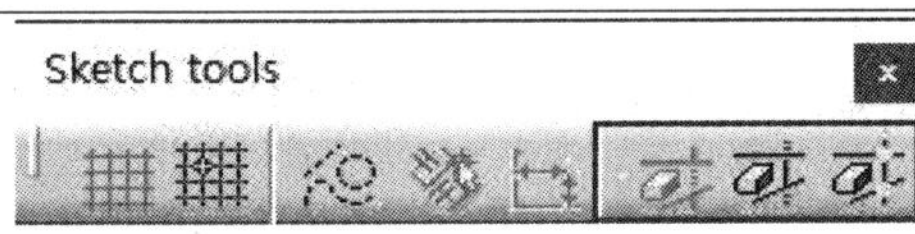

▷Break And Rubber In(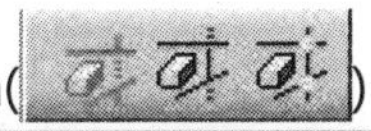)

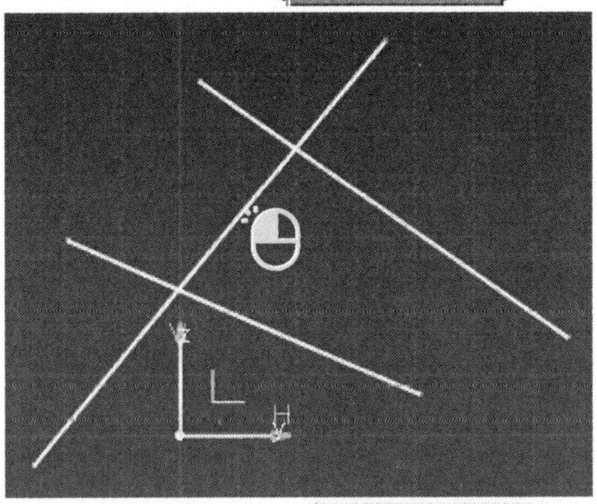

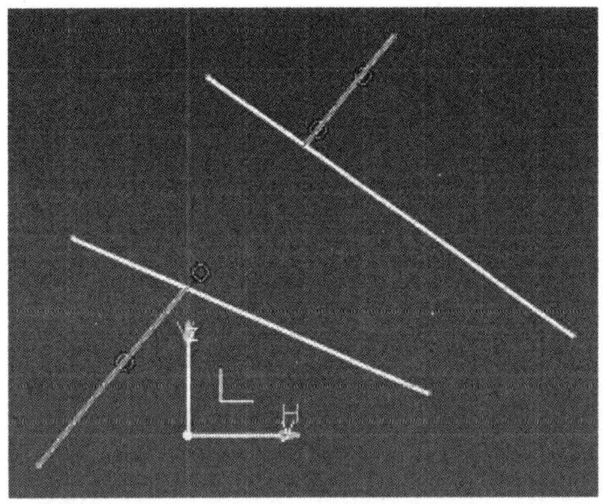

▷Break And Rubber Out()

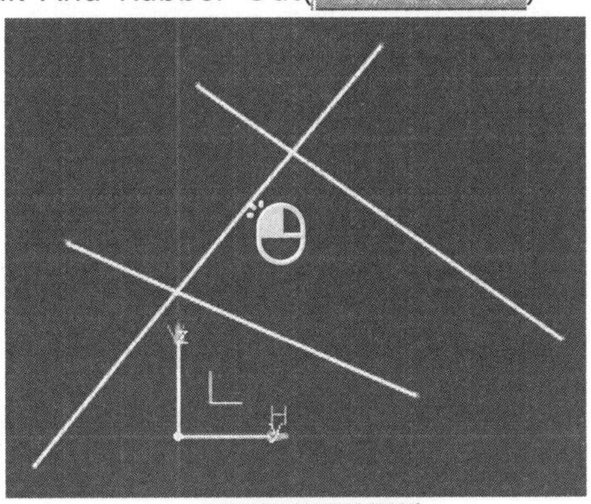

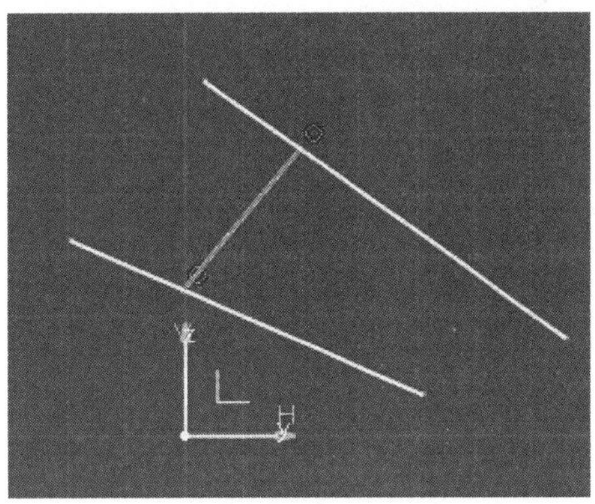

▷Break And Keep(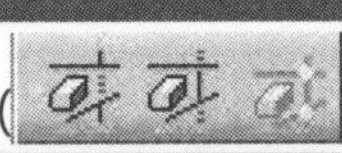)

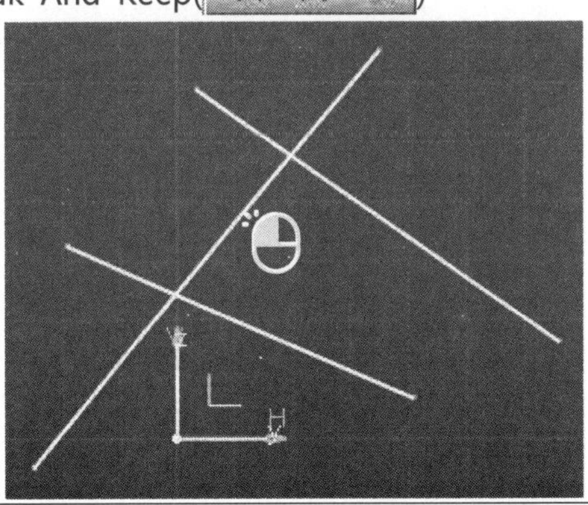

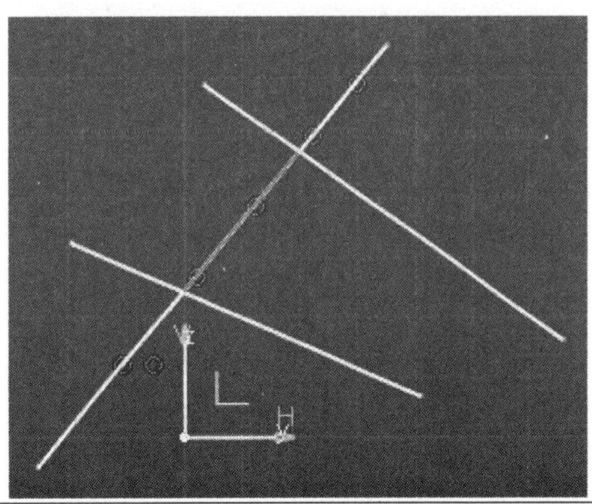

▩ Break( ): 교차하는 두 형상요소 중 첫 번째 선택한 요소를 두 번째 선택한 요소로 분할할 수(자를 수) 있다.(먼저 선택된 요소는 두 요소가 교차하는 지점을 기준으로 분할된다.)

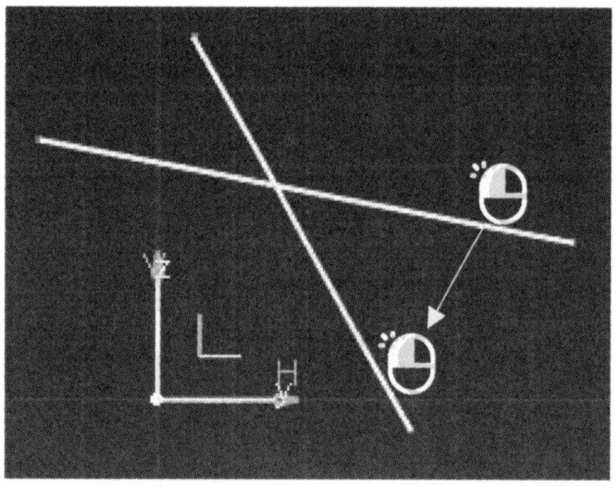

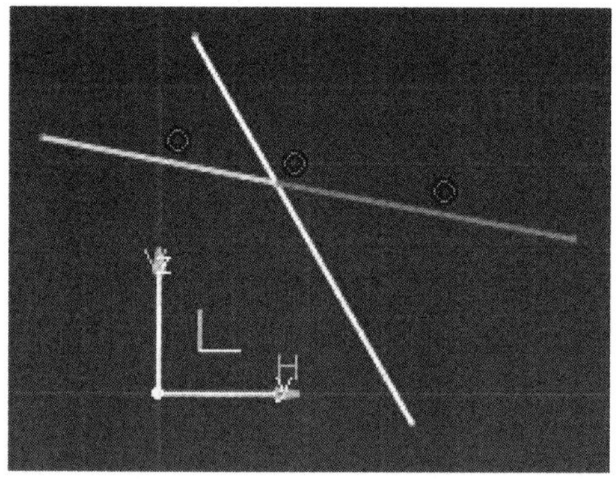

▩ Close Arc( ): 원 또는 타원 등 닫힌 형상의 일부분이 잘려있는 경우 이를 다시 닫힌 형상으로 복원시킨다.(원 또는 타원만 사용할 수 있다.)

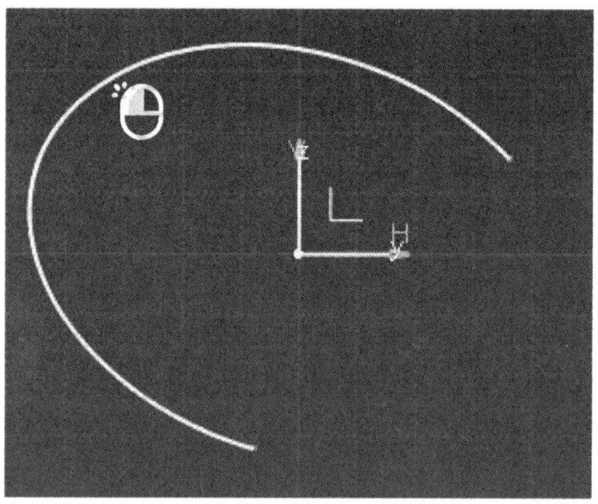

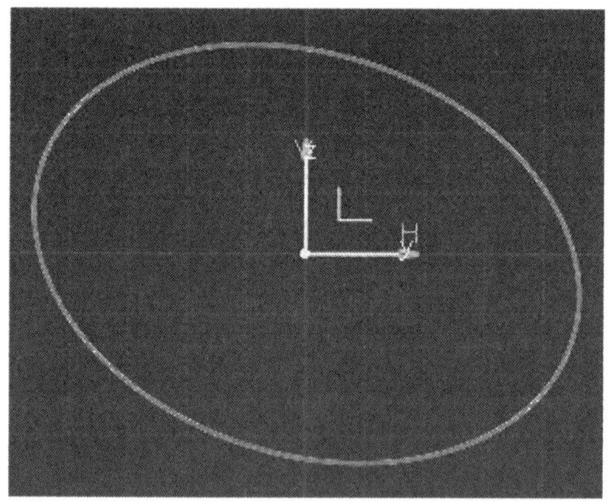

▩ Complement( ): 원 또는 타원 등 닫힌 형상의 일부분이 잘려있는 경우 현재 남아있는 부분의 반대 부분을 복원시킨다.(원 또는 타원만 사용할 수 있다.)

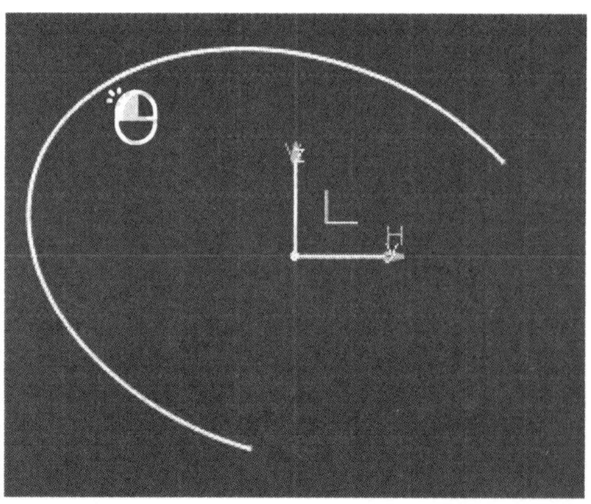

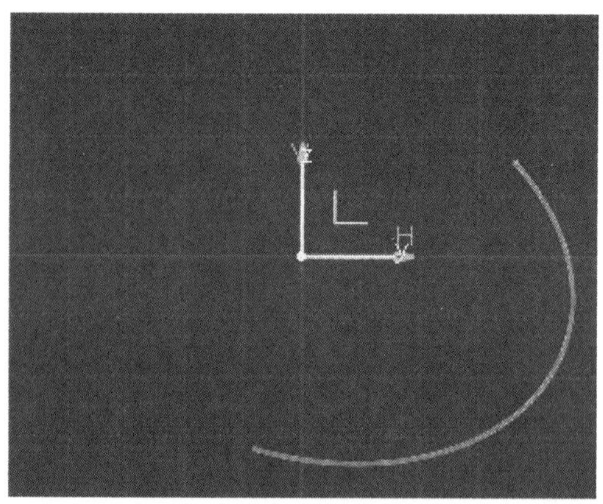

❑ Transformation( )

【Transformation Toolbar】는 스케치로 생성한 형상요소를 임의의 기준선 또는 축에 대해 이동시키거나 복사한다.

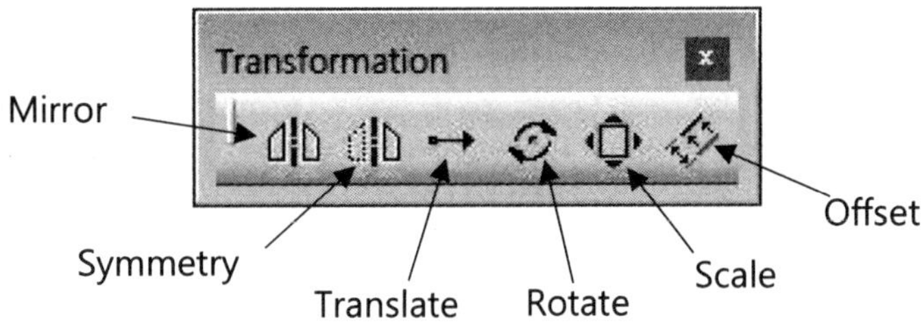

⊠ Mirror( ): 임의의 기준선, 축에 대해 선택한 형상요소를 대칭복사한다. 스케치 상의 모든 형상요소에 적용할 수 있다.(복사할 형상요소를 선택한다,. → Mirror 아이콘을 누른다→기준선을 선택한다)

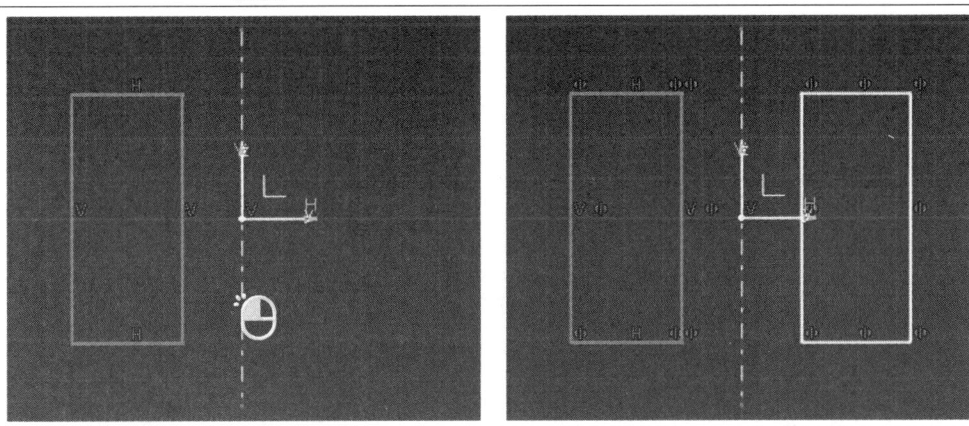

⊠ Symmetry( ): Mirror 명령어의 실행 방법과 동일하며 선택한 형상요소를 대칭 이동시킨다.(원본 형상이 이동한다.)

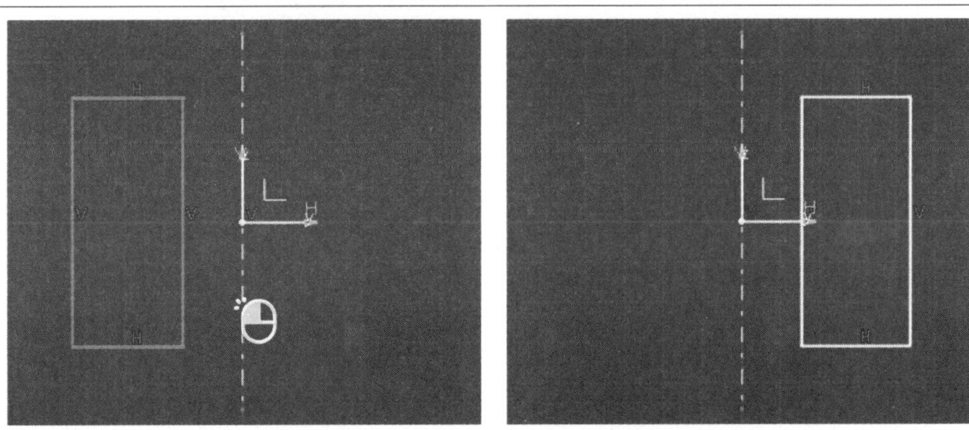

⊠ Translate(↔): 선택한 형상요소를 이동시키거나 복사한다. 부여된 구속조건을 형상요소와 함께 이동, 복사할 수 있다.

▷대화창에서 다양한 옵션을 선택할 수 있다.

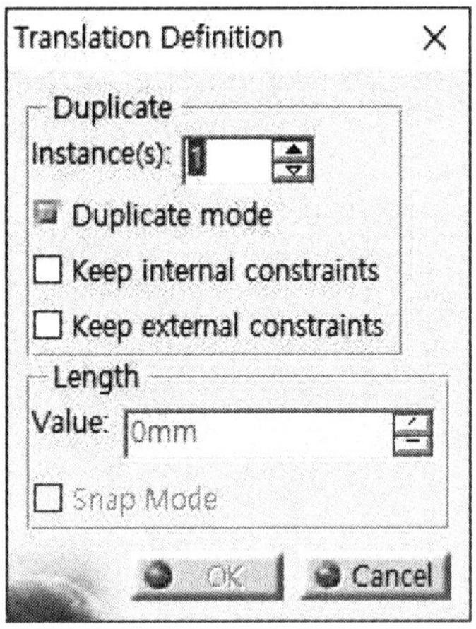

▣Duplicate mode: 체크시 형상요소가 복사된다.(체크 해제시 형상요소가 이동한다.)

◇Instance(s): 형상요소를 복사할 때 복사되는 요소의 개수이다.

▣Keep internal constraints: 체크시 치수구속조건이 형상요소와 함께 복사된다.

▣Keep external constraints: 체크시 기하구속조건이 형상요소와 함께 복사된다.

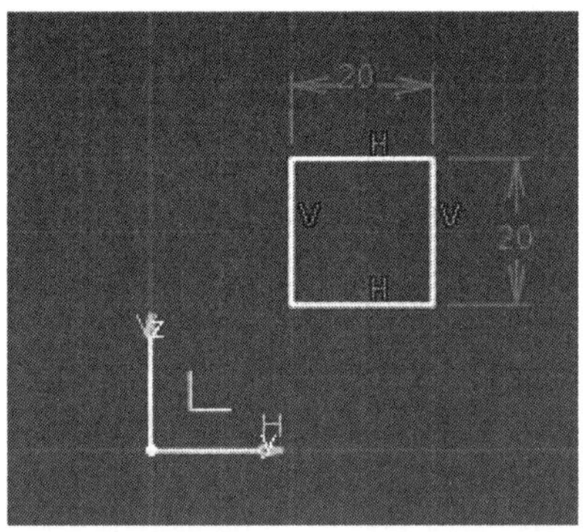

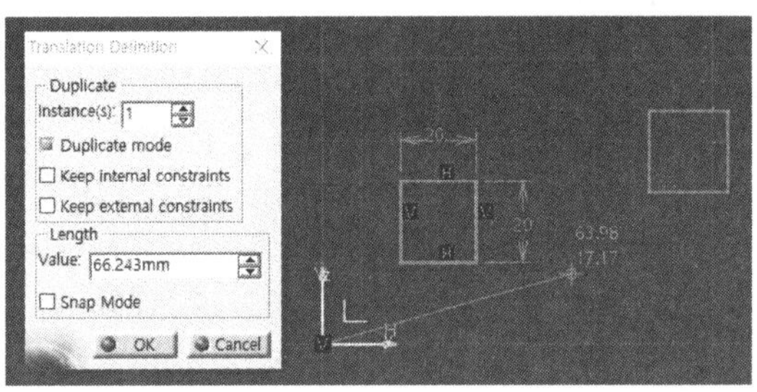

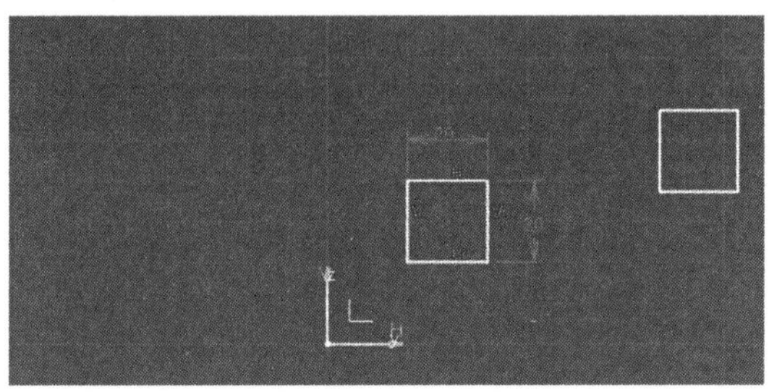

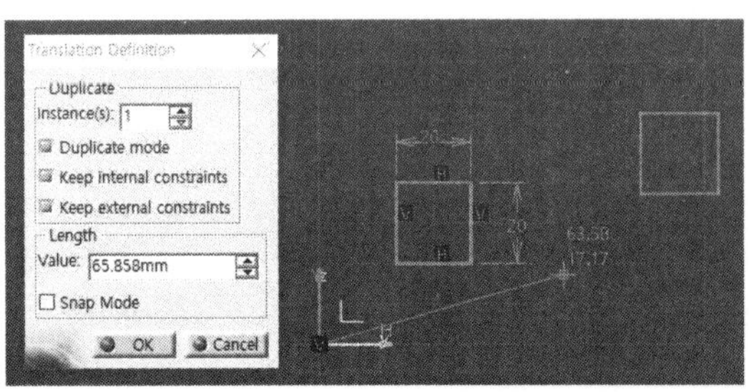

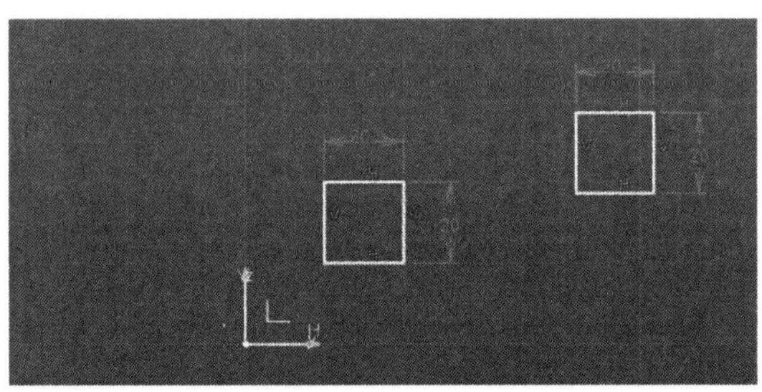

⊠ Rotate( ): 선택한 형상요소를 회전 이동시키거나 회전 복사한다. 부여된 치수구속조건을 회전 복사할 수 있다.

▷대화창에서 다양한 옵션을 선택할 수 있다.

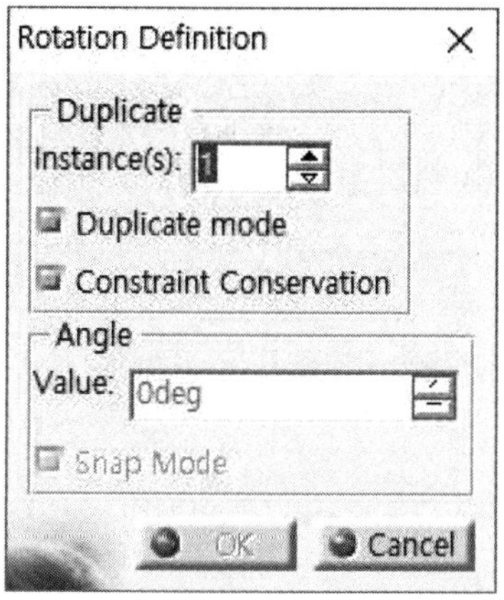

▣Duplicate mode: 체크시 형상요소가 회전 복사된다.(체크 해제시 형상요소가 회전 이동한다.)

◇Instance(s): 형상요소를 회전 복사할 때 복사되는 요소의 개수다.

▣Constraint Conservation: 체크시 치수구속조건이 형상요소와 함께 복사된다.

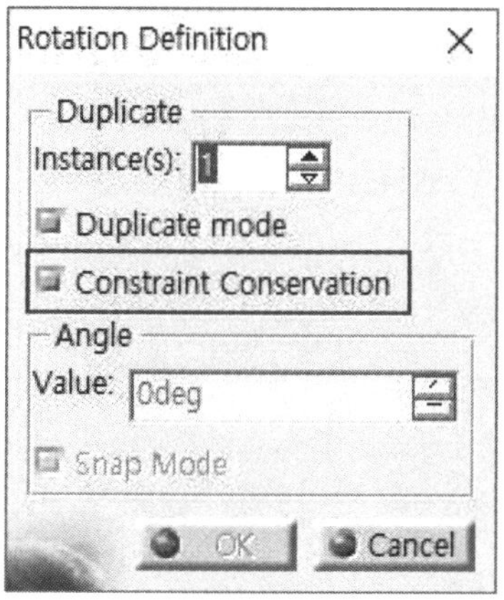

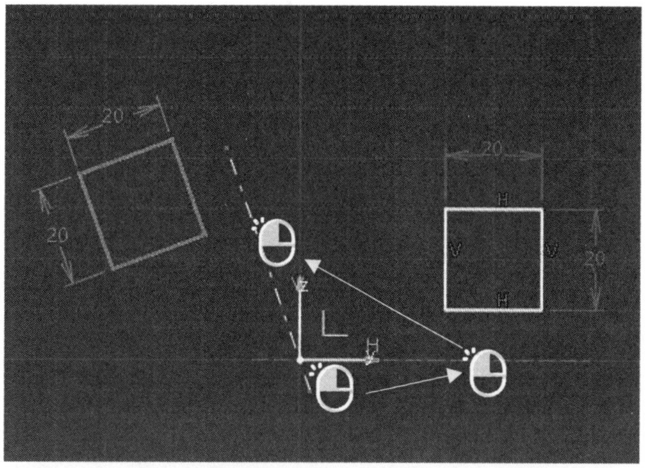

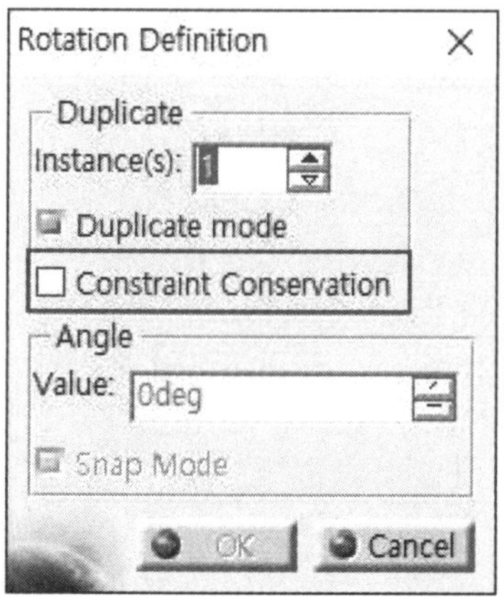

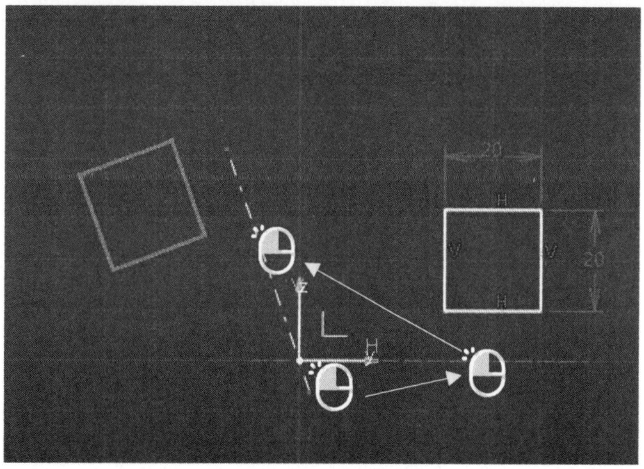

▨ Scale( ): 선택한 형상요소를 일정 비율로 확대한다. Scale-Value에서 배율을 직접 입력하거나 마우스를 이용하여 배율을 부여할 수 있다.

▷대화창에서 다양한 옵션을 선택할 수 있다.

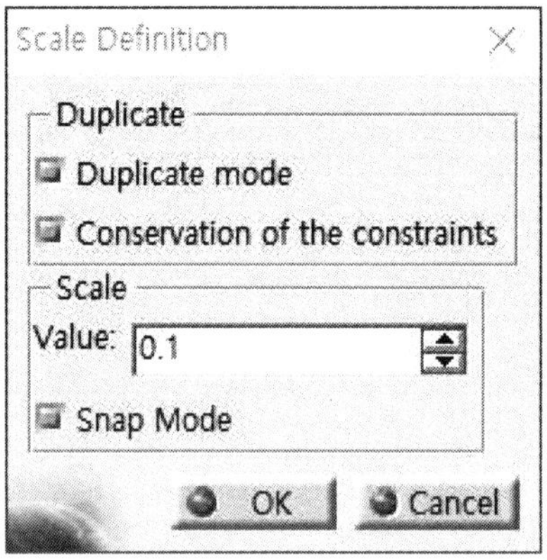

▣Duplicate mode: 체크시 형상요소가 확대/축소 복사된다.(체크 해제시 형상요소가 확대/축소된다.)

▣Conservation of the Constraints: 체크시 치수구속조건이 형상요소와 함께 복사된다.

◇Scale《Value》: 확대/축소 배율이다.(1보다 작으면 축소, 1보다 크면 확대이다.)

▣Snap Mode: 체크시 소수점 1자리까지만 Scale을 부여할 수 있다.(마우스 사용)

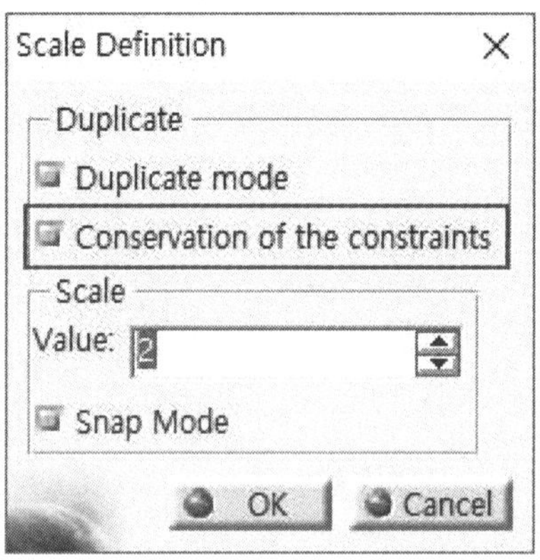

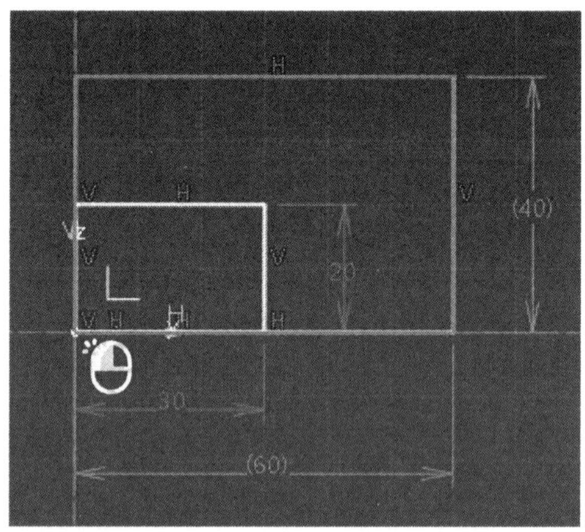

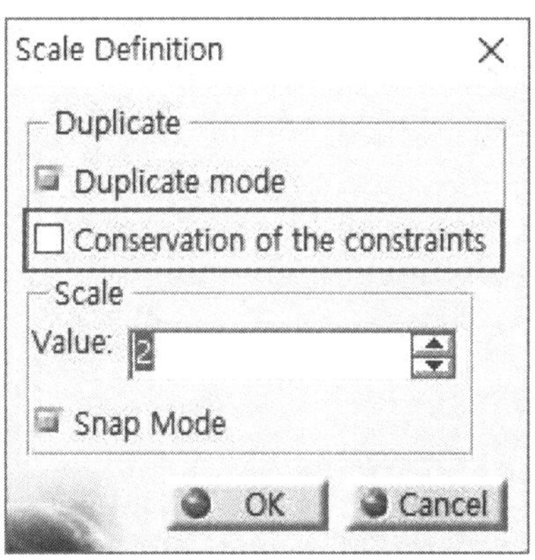

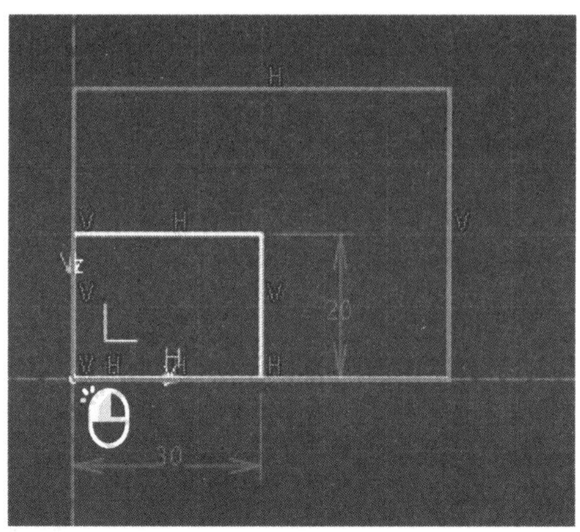

⊠ Offset( ): 선택한 형상요소를 지정한 간격과 방향에 따라 평행 복사한다.(부가옵션이 있다. 옵션으로 양방향 평행복사 한다.)

▷No Propagation( ): 선택한 요소만 오프셋하여 평행복사 한다.

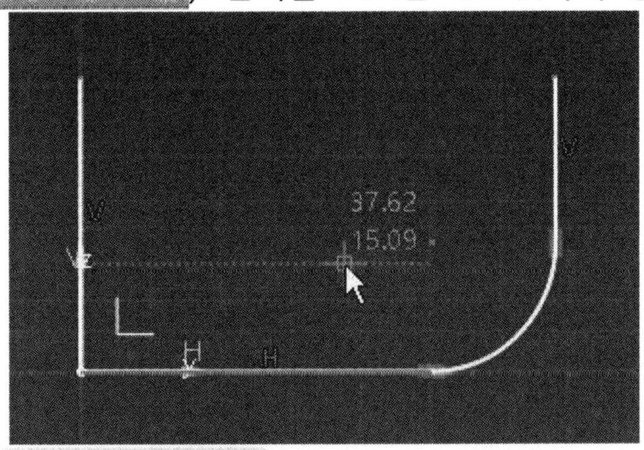

▷Tangent Propagation( ): 선택한 요소에 접하는 요소를 오프셋하여 평행복사 한다.

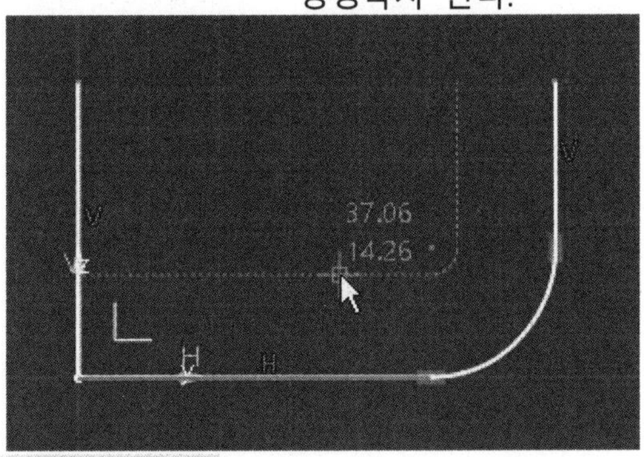

▷Point Propagation( ): 선택한 요소에 연속한 모든 요소를 오프셋하여 평행복사 한다.

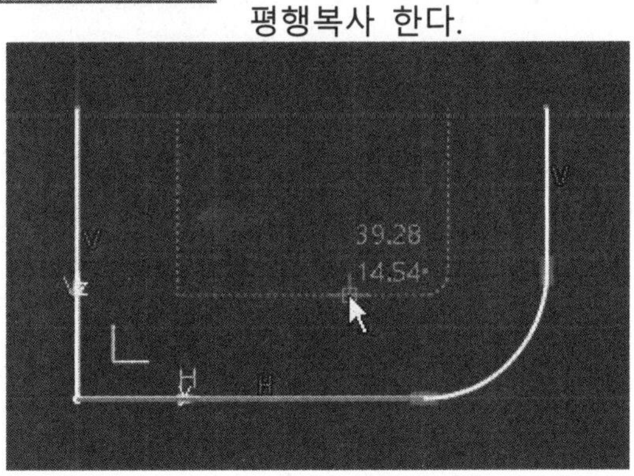

❑ 3D Geometry( )

【3D Geometry Toolbar】는 3차원 솔리드 및 Surface 모델로부터 스케쳐 평면에 점, 선, 곡선을 투영한다. Project 3D Elements( )는 솔리드형상의 경계, Intersect 3D Elements( )는 교차하는 평면의 경계를, Project 3D Silhouette Edges( )는 경계면이 존재하지 않는 곡면형상 등의 경계를 투영한다.

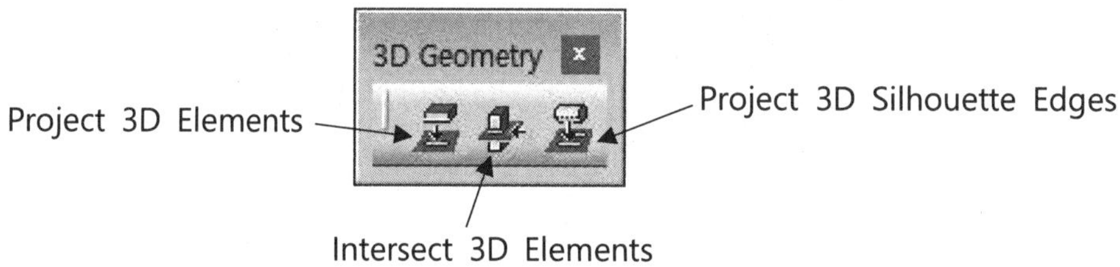

⊠ Project 3D Elements( ): 3차원 솔리드형상의 경계(직선, 곡선, 점)를 스케쳐 평면상에 투영한다.(경계의 모서리 부분만 투영한다.)

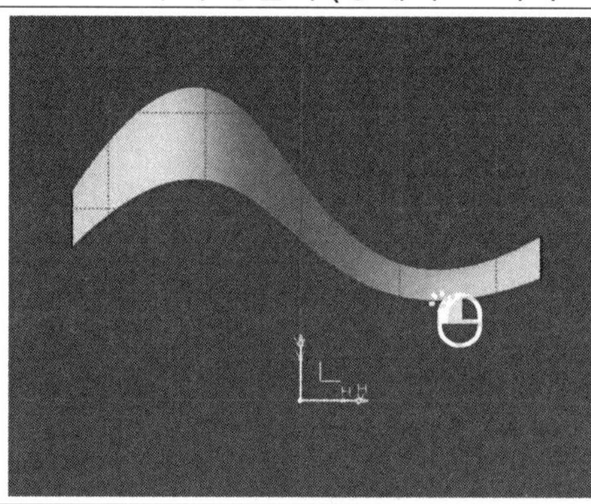

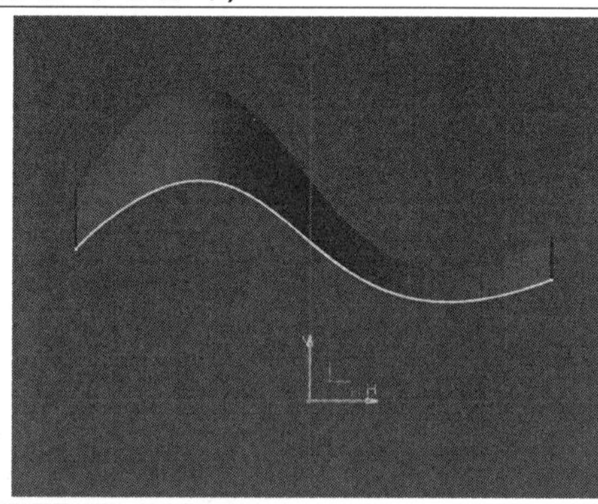

⊠ Intersect 3D Elements( ): 3차원 솔리드형상의 특정면에 대해 스케쳐 평면이 교차하는 형상요소를 투영한다.(경계는 투영하지 않는다.)

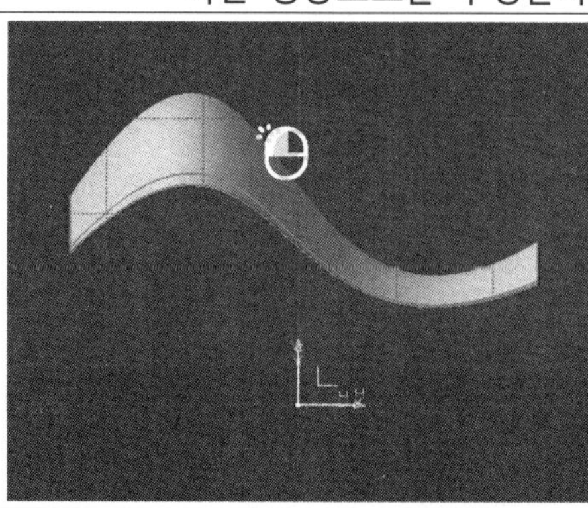

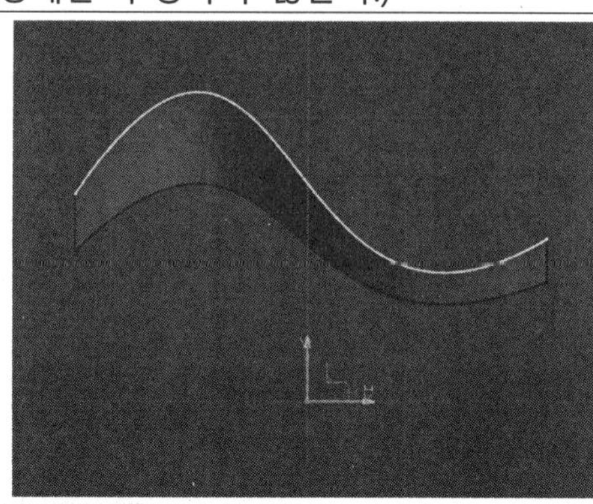

⊠ Project 3D Silhouette Edges( ): 원형 또는 타원형 등 경계면이 존재하지 않는 3차원 형상요소를 투영한다.(곡면형상 경계의 그림자를 투영한다.)

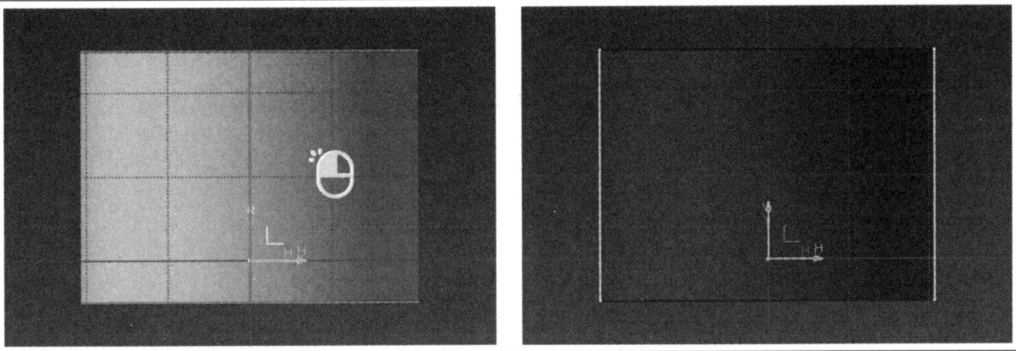

6) 컨스트레인트(Constraint)툴바

스케치한 프로파일 요소 하나 또는 그 이상의 요소에 대하여 구속조건을 부여한다. 구속(Constraint)이란 원점(Origin)을 기준으로 치수를 부여(Dimensional Constraints)하거나 각 요소간 기하학적인 상관관계를 부여(Geometrical Constraints)하는 것을 말한다.

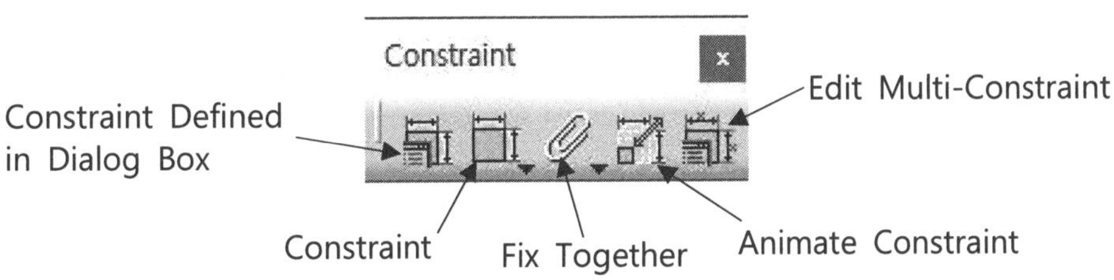

기본 아이콘 우측하단의 "▼" 표시를 클릭하면 세부기능을 가진 보조툴바(Sub Toolbar)가 나타난다.

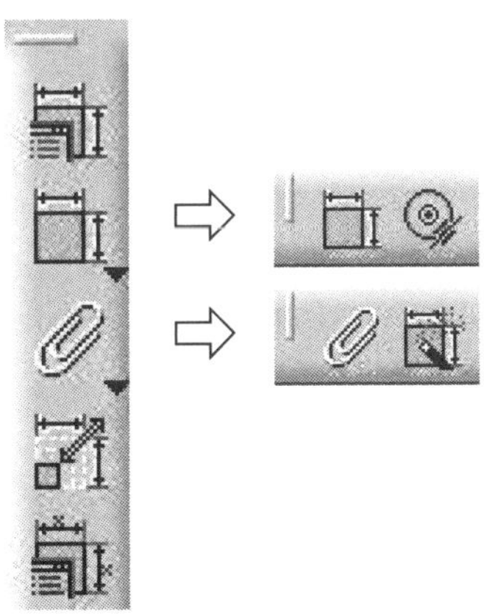

[Constraint Defined in Dialog Box]

[Constraint]

[Fix Together]

[Animate Constraint]

[Edit Multi-Constraint]

❑ Constraints Defines in Dialog Box( )

대화상자를 이용하여 프로파일의 각 요소에 구속조건을 부여한다.(부여된 구속조건(■)과 부여 가능한 구속조건(□)이 표시된다.)

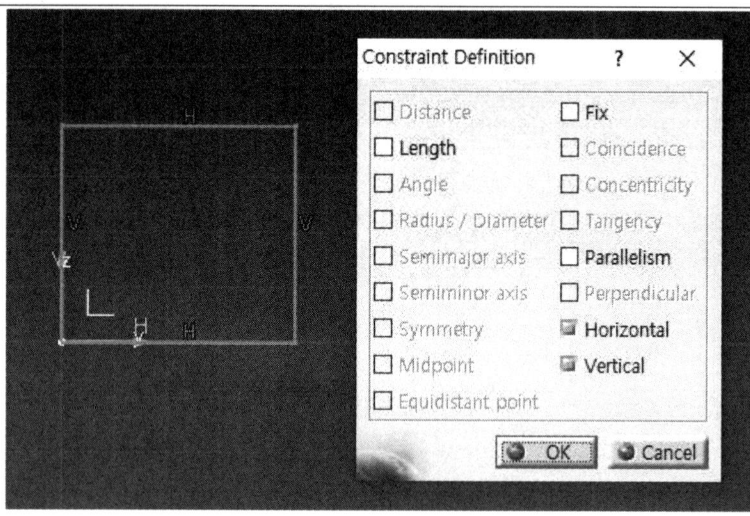

구　분	구속조건의 명칭	기　능
치수구속 (Dimensional Constraints)	□ Distance	두 요소간 거리를 구속한다.
	□ Length	프로파일 요소의 길이를 구속한다.
	□ Angle	프로파일 요소간 각도를 구속한다.
	□ Radius/Diameter	프로파일 요소(원,호)의 반경/직경을 구속한다.
	□ Semimajor axis	타원요소의 장축을 구속한다.
	□ Semiminor axis	타원요소의 단축을 구속한다.
기하구속 (Geometrical Constraints)	□ Symmetry	두 요소를 중심축에 대해 대칭으로 구속한다.
	□ Midpoint	선택한 선(Line)의 중앙으로 점(Point)의 위치를 이동시켜 구속한다.
	□ Equidistant point	두 개의 점의 위치를 선택한 중심점을 기준으로 등간격이 되도록 구속한다.
	□ Fix	선택한 프로파일 요소를 고정한다.
	□ Coincidence	두 요소를 일치 구속한다.
	□ Concentricity	두 요소의 중심을 일치 구속한다(원,호)
	□ Tangency	두 요소가 접선방향으로 접촉하도록 구속한다.
	□ Parallelism	두 요소가 평행하도록 구속한다.
	□ Perpendicular	두 요소를 직각방향으로 구속한다.
	□ Horizontal	선택한 요소를 수평방향으로 구속한다.
	□ Vertical	선택한 요소를 수직방향으로 구속한다.

❑ Constraints( )

프로파일의 각 요소에 구속조건을 부여한다. 서브 툴바에서 Constraint( )와 Contact Constraint ( )를 선택할 수 있다.

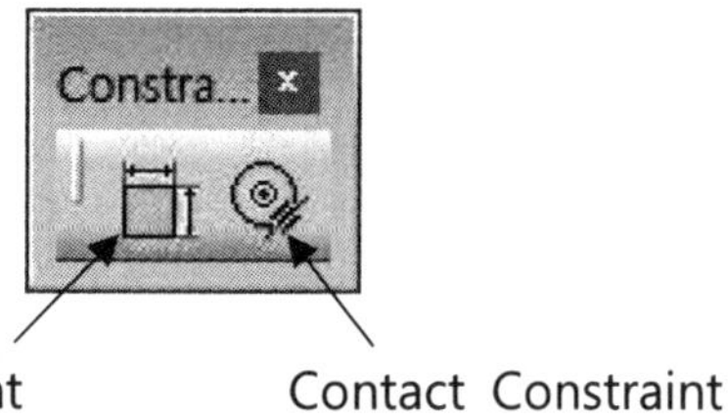

▨ Constraint( ): 치수구속과 기하구속을 모두 부여할 수 있다.(구속을 부여할 프로파일 요소를 선택한 후 마우스 우측버튼을 누르면 부여 가능한 구속조건이 제시된다.)
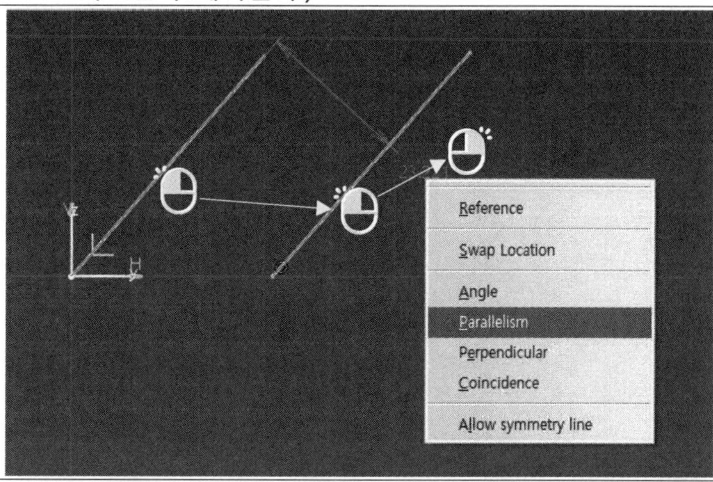
▨ Contact Constraint( ): 선택한 프로파일 요소를 일치시킨다.(원/호의 경우 중심을 일치구속한다. 원(호)/선의 경우 접선방향으로 구속한다. 선/선의 경우 일치구속한다.)
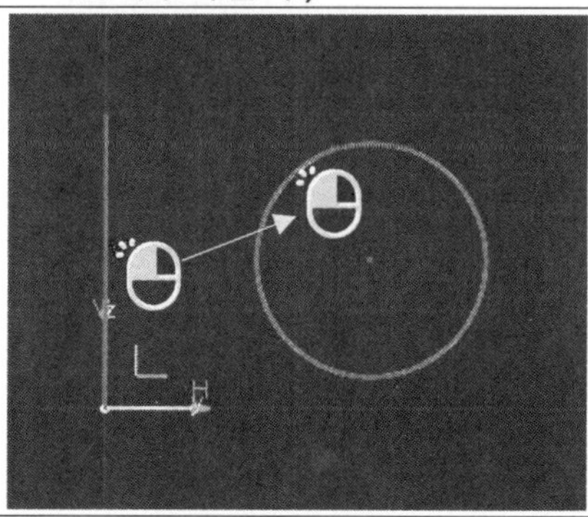 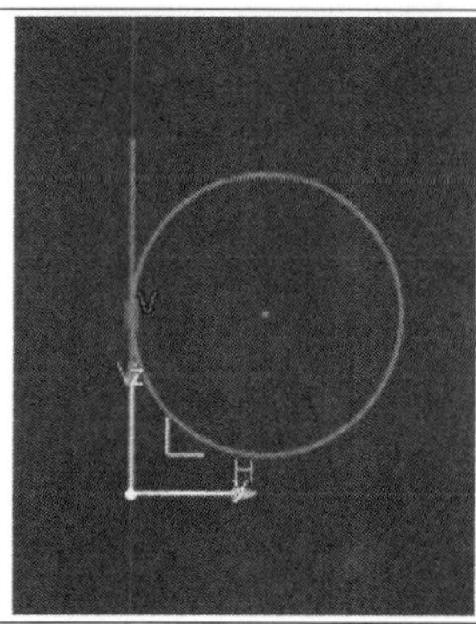

2-2 스케쳐 연습(Sketcher Exercise)

스케쳐워크벤치에서 프로파일을 형성하는 일반적인 작업순서는 다음과 같으며 최종적으로 완성되는 프로파일은 완전구속(Fully Constrained)되어야 한다.

STEP1	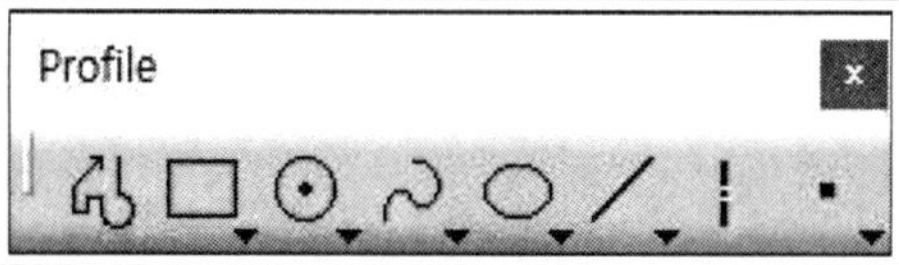	스케치 형상의 대략적인 윤곽을 생성한다.
STEP2	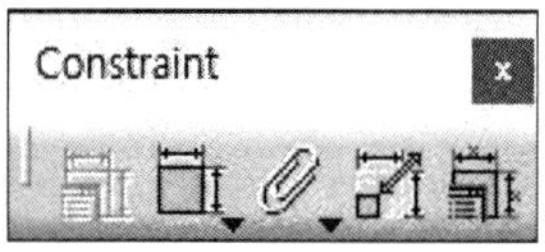	프로파일툴바로 생성한 대략적인 형상에 치수(원점기준) 및 기하학적 상호관계(대칭, 직교, 접선 등) 등 구속조건을 부여한다.
STEP3	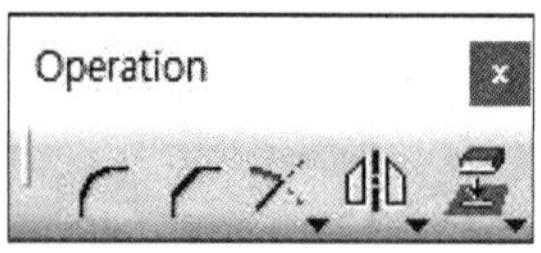	형상을 다듬거나 수정하고 구속조건을 부여하여 최종적인 프로파일을 완성한다.

(1) 스케쳐평면의 이해

CATIA는 CAD의 한 종류로서 스케쳐평면상에서 원점(0,0)을 기준으로 커서의 위치에서 2차원 좌표(H,V)값을 가진다.

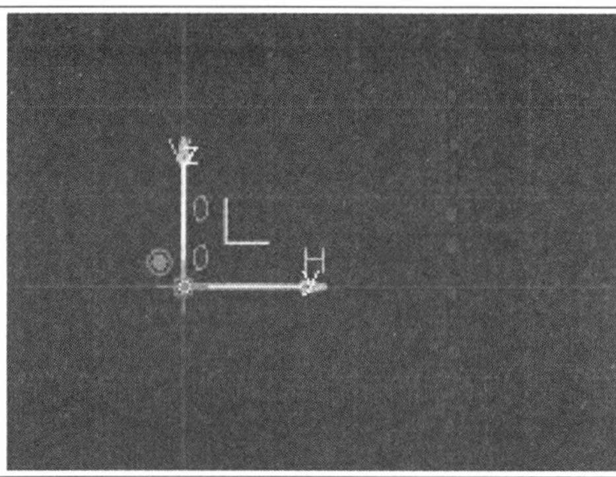	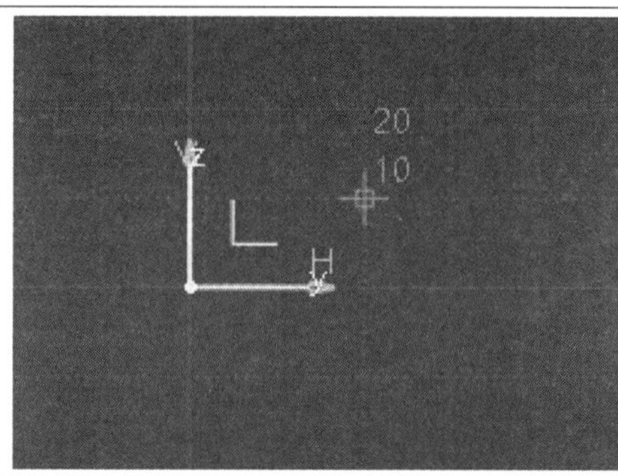
원점(Origin)	좌표값(H=20mm,V=10mm)

프로파일을 완전구속하기 위해서는 구속조건으로서 치수구속과 기하구속을 부여해야 한다. 치수구속은 원점을 기준으로 수치값(길이, 반경, 각도 등)이 부여되며 기하구속은 수평(H), 수직(V) 등 프로파일 요소간 상호관계를 지정하는 것이다.

구속조건은 수정하고자 하는 치수를 더블클릭하거나 구속조건을 부여할 각 프로파일 요소를 선택한 후 마우스 우측버튼을 클릭하여 부여한다.

작업이 완료되어 완성되는 프로파일은 완전구속되어야 하며, 이 때 프로파일의 색상은 초록색으로 표시되어야 한다.

1) 구속의 상태(색상별)

색 상	용 어	상 태
흰색(White)	Default Color	- 기본색상 - 구속조건이 부여되지 않았거나 구속조건이 부족한 요소
갈색(Brown)	Not-Changed Elements	- 과잉구속상태 - 구속정의에 오류가 있는 요소
녹색(Green)	Iso-Constrained Elements	- 완전구속상태 - 구속조건이 정상적으로 부여된 상태
보라색(Purple)	Over-Constrained Elements	- 과잉구속상태 - 중복되거나 불필요한 구속조건이 부여된 요소
빨간색(Red)	Inconsistent Elements	- 부적절한 구속조건이 부여된 경우
노란색(Yellow)	Protected Elements	- 수정될 수 없도록 보호된 요소 - 3차원 요소를 2차원 평면상에 투영한 경우

2) 간단한 형상 완성하기(구속조건 부여)

【원 그리기▶치수구속】

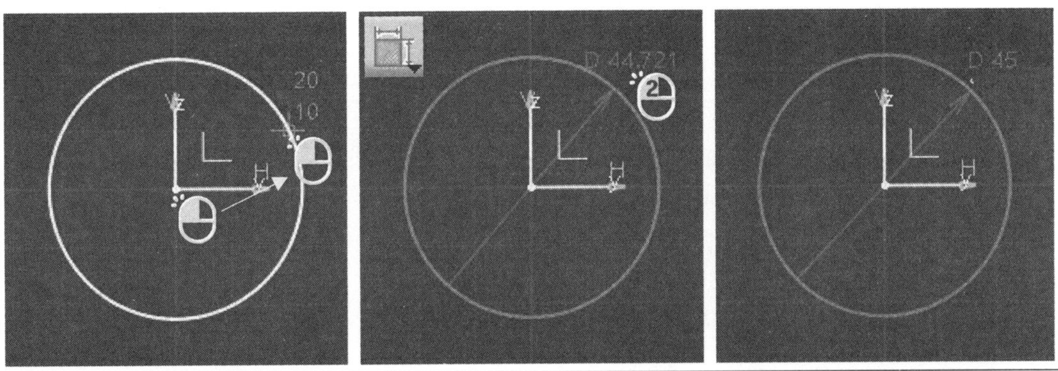

▦중심이 원점인 원 그리기

1) 프로파일 툴바에서 Circle() 아이콘을 클릭(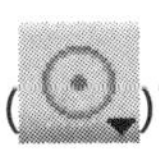)한다.
2) 원점을 클릭한다.
3) 반경위치를 클릭한다.
4) Constraint툴바에서 Constraint(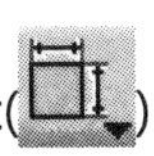) 아이콘을 클릭한다.
5) 부여된 치수를 더블클릭하여 원하는 값으로 수정하여 프로파일을 완성한다.

【사각형 그리기▶기하구속】

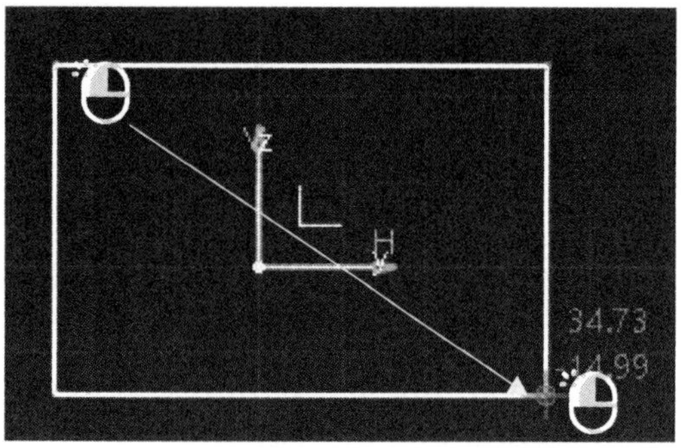

▒기준축(H,V)에 대칭인 사각형 그리기

1) 프로파일 툴바에서 Rectangle( ) 아이콘을 클릭( )한다.

2) 시작점과 끝점을 선택하여 사각형을 그린다.

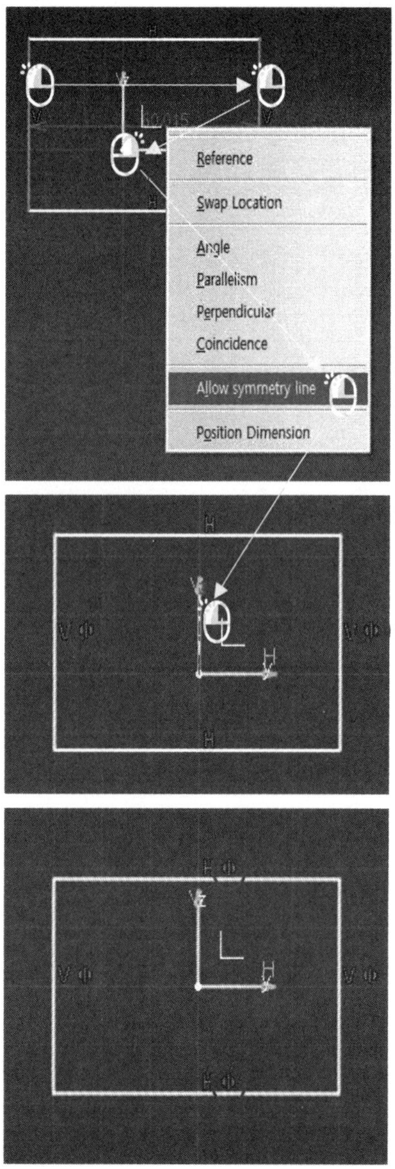

3) Constraint툴바에서 Constraint( ) 아이콘을 더블클릭하여 명령을 활성화하고 대칭구속조건을 부여한다.
대칭구속조건 부여시 작업순서는 다음과 같다.

① 기준축에 대칭구속 할 두 요소를 선택한다.
② 마우스 우측버튼을 눌러 대칭구속옵션(Allow Symmetry Line)을 선택한다.
③ 대칭구속 할 기준축(V축)을 선택한다.
*대칭구속이 완료되면 대칭구속심벌( )이 표시된다.
④ 수평축(H)에 대해서도 위의 과정을 반복하여 대칭구속한다.

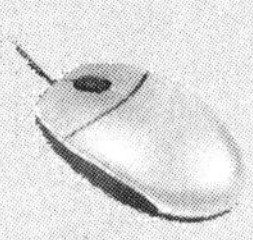

Sketch 예제 따라하기

예제1

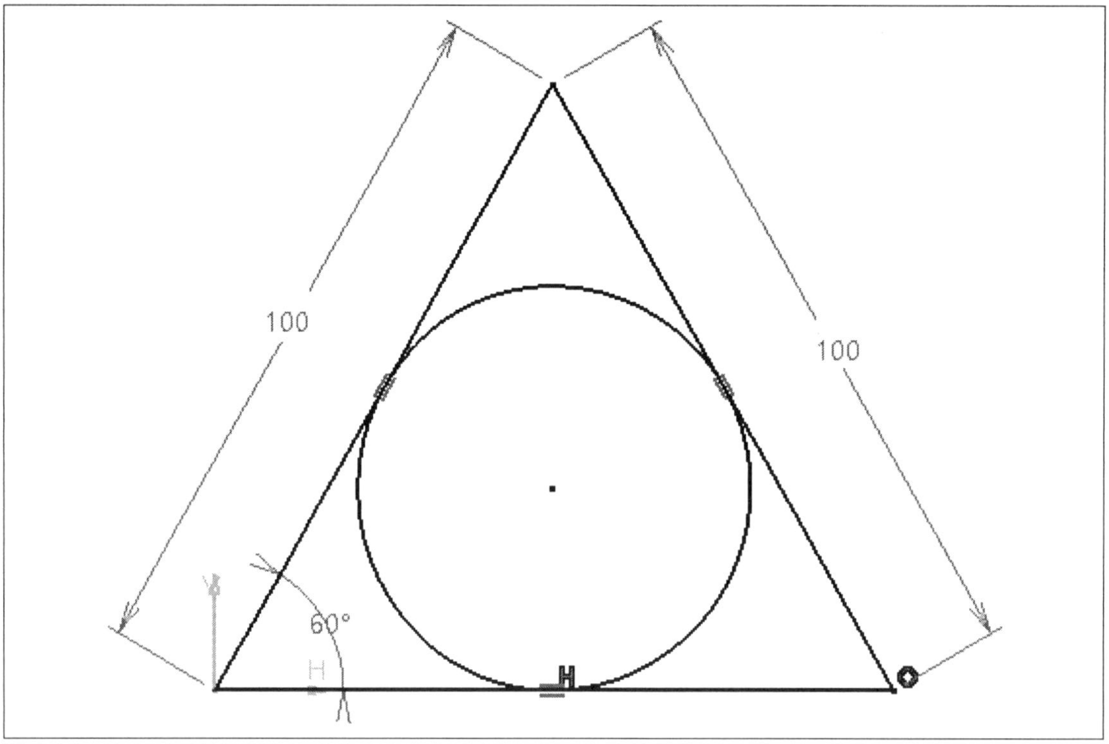

【작업방법 및 작업순서】

1. 예제는 한 변의 길이가 100 mm이고 내접하는 원이 있는 도형을 CATIA 스케쳐를 이용하여 완성하는 것으로 작업순서는 다음과 같다.
2. 기준축(0,0)으로부터 시작하고 프로파일 툴바의 Profile명령( )을 실행하여 삼각형의 대략적인 형상을 먼저 완성한다.
3. 컨스트레인트 툴바의 Constraint명령( )을 실행하여 각 변의 길이와 각도를 부여한다.(치수구속)
4. 프로파일 툴바의 Circle명령( )을 실행한다.
5. 삼각형의 대략적인 중심 위치에서 임의의 원을 그린다.
6. 컨스트레인트 툴바의 Constraint명령( )을 실행하여 먼저 완성한 삼각형의 각 변에 대해 원과의 접선(Tangency)구속을 부여한다.(기하구속)
7. 완전구속 될 때까지 구속조건을 부여한다.

TIP☞ 이 예제의 경우 Circle명령의 하위메뉴로부터 Tri-Tangent Circle명령( )을 이용하면 보다 쉽게 완성할 수 있다.

1. CATIA를 실행한다.

2. 초기화면에서 프로덕트 창을 닫는다.

3. 즐겨찾기로부터 **Part Design 워크벤치를 실행**한다.

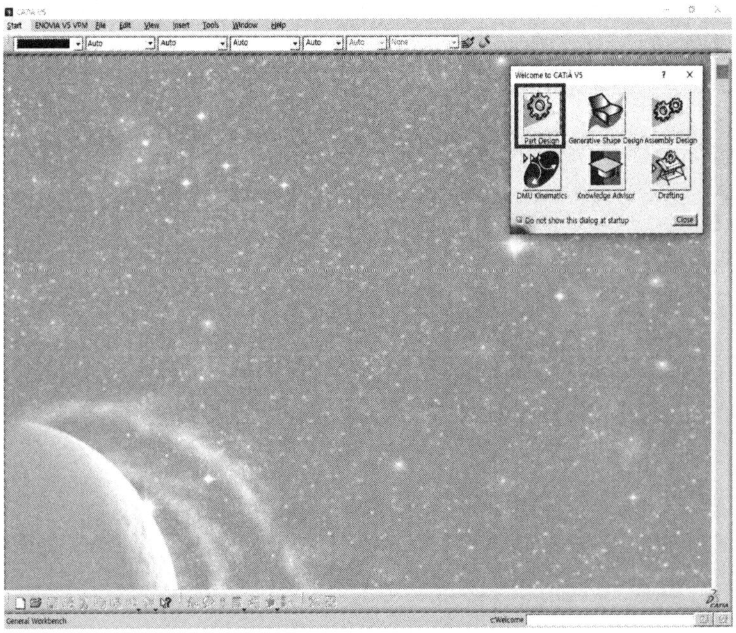

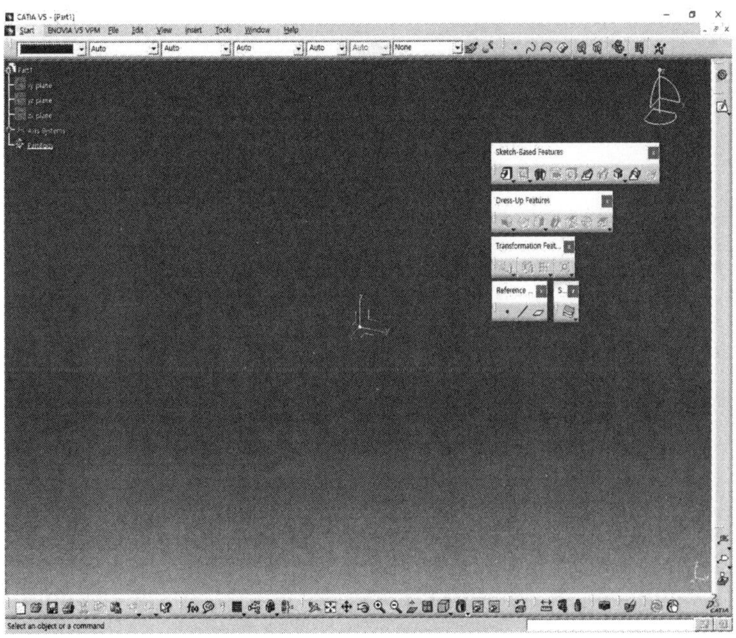

4. **y-z평면을 선택**한다.

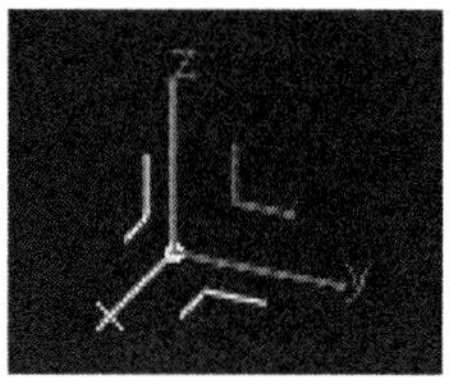

5. 스케쳐툴바(-)의 하위메뉴에서 **Positioned Sketch명령**()을 실행한다.(Sketch명령을 먼저 실행하고 평면을 나중에 선택해도 된다. 이 때 수평축(H)과 수직축(V)의 방향에 주의해야 한다.)

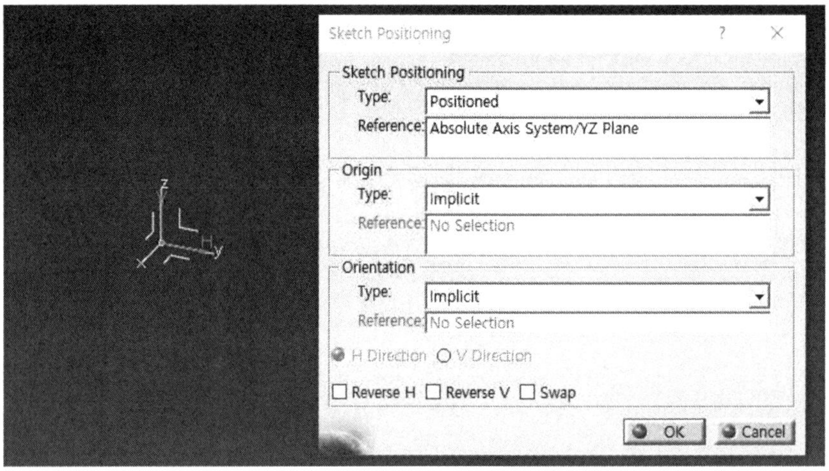

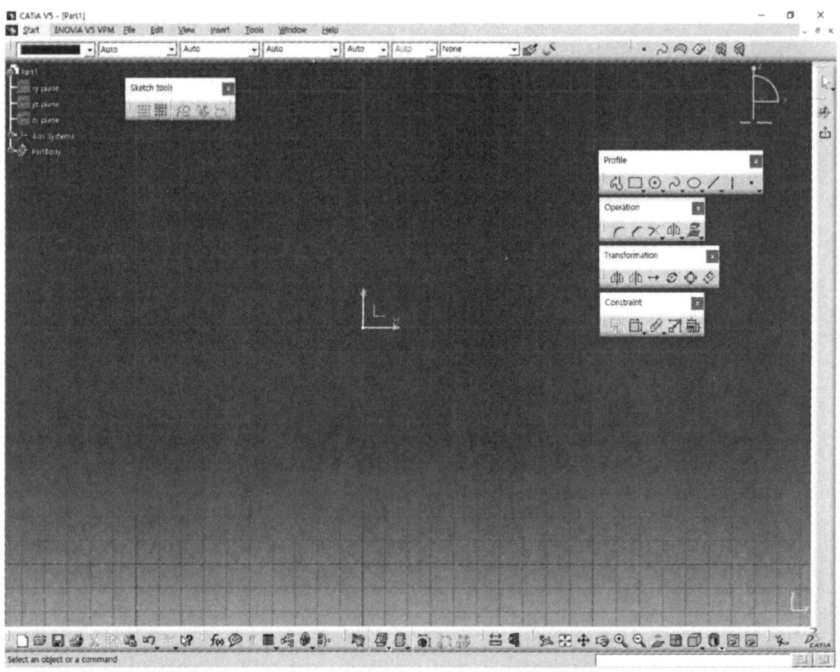

6. 프로파일 툴바에서 **Profile명령**( )을 실행하고 원점(0,0)에서 시작하여 삼각형의 형상을 완성한다.

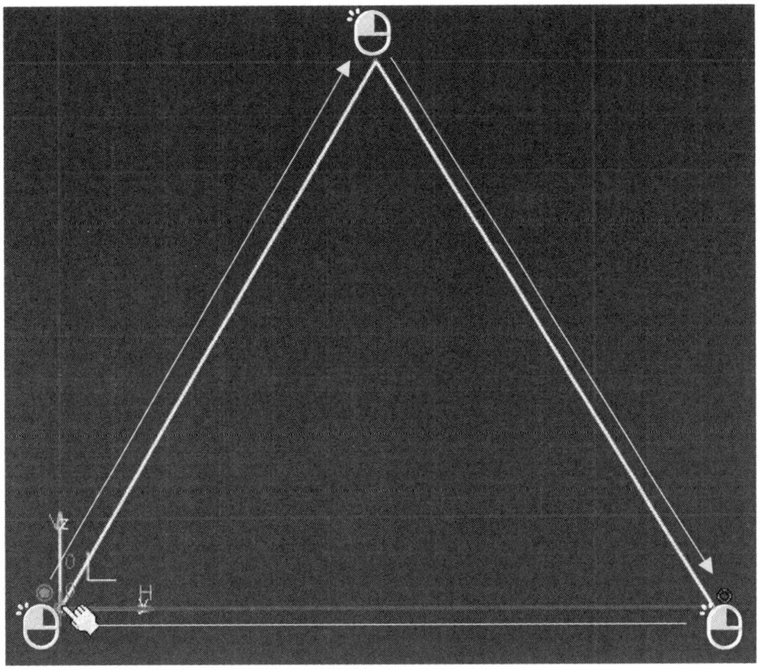

7. 컨스트레인트툴바에서 **Constraint명령**( )을 실행하고 각 변의 길이를 부여한다.

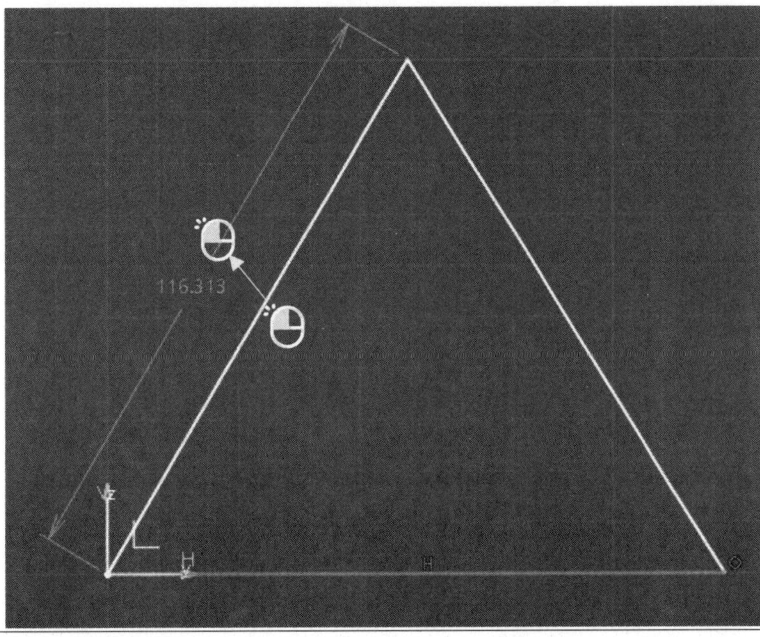

8. 부여된 치수를 더블클릭하여 원하는 치수로 구속한다.

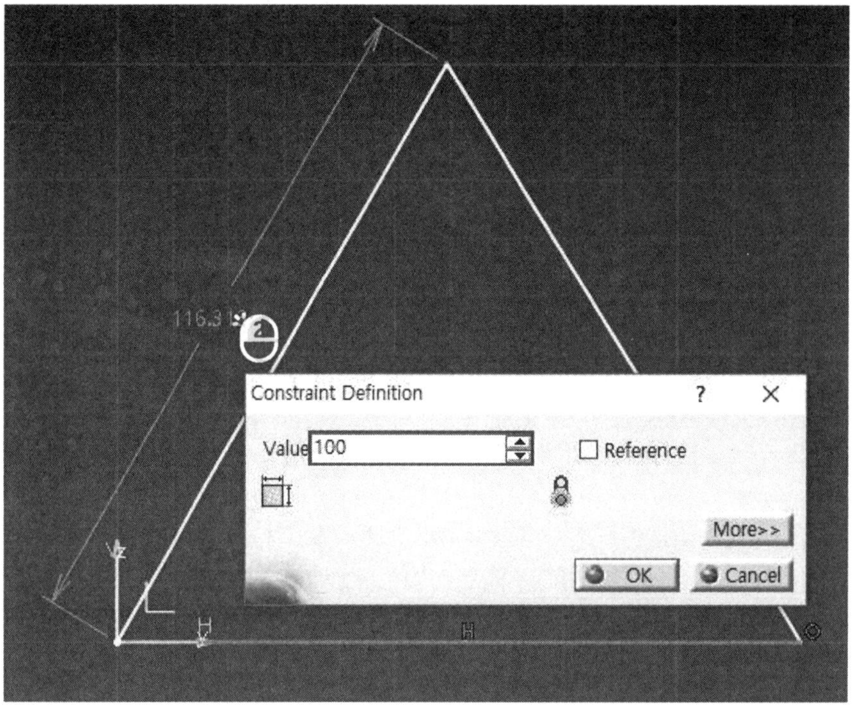

9. 위와 같은 방법으로 좌/우변의 길이를 부여한 후 수평선에 대한 좌변의 각도(60°)를 부여한다. 이 때 삼각형은 완전구속상태가 된다.

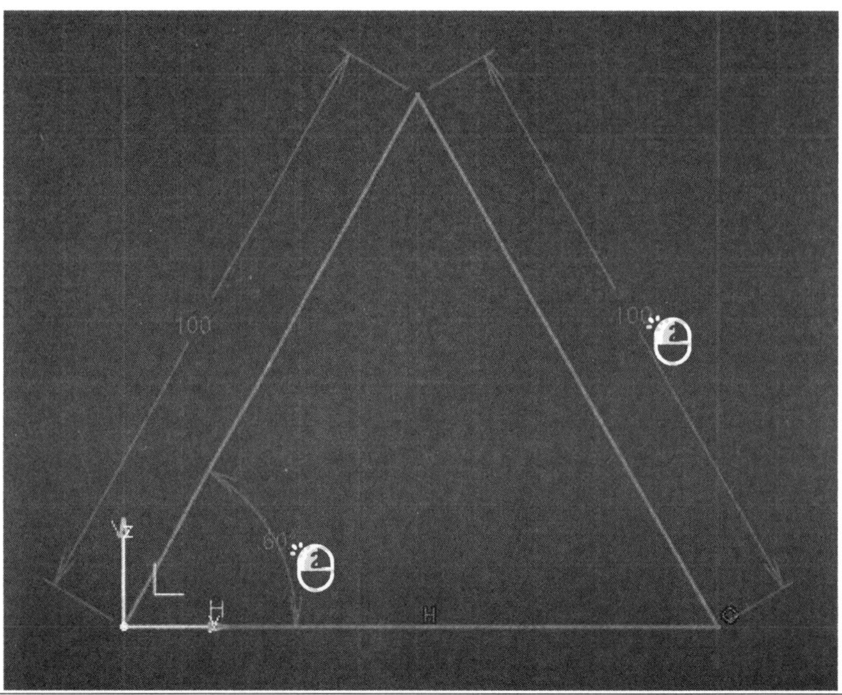

10. 삼각형에 내접하는 원을 그리기 위하여 프로파일툴바의 **Circle명령**( )을 실행하고 삼각형 내 임의의 위치에 중심을 가지는 원을 생성한다.

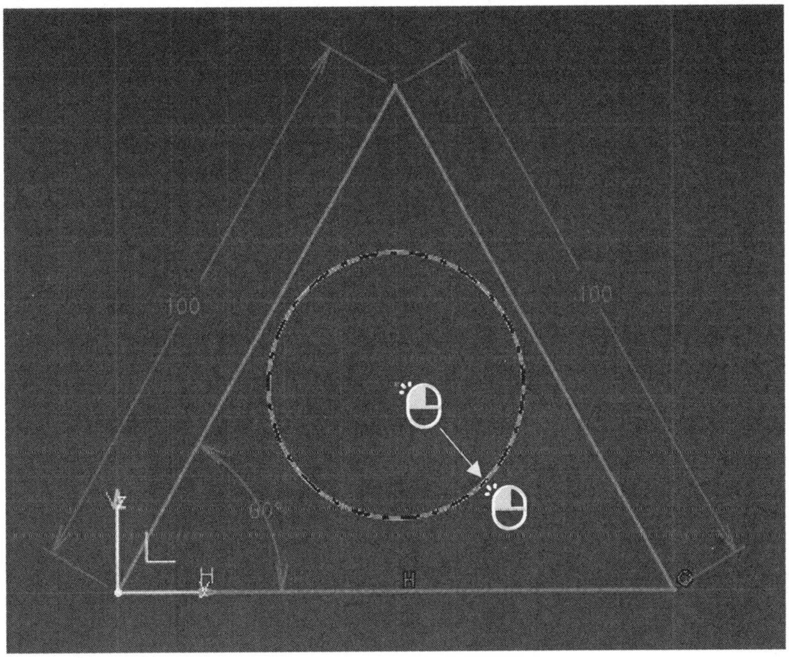

11. 컨스트레인트툴바에서 **Constraint명령**( )을 실행하고 원과 좌변에 접선구속조건을 부여한다.(원과 선을 선택한 후 마우스우측버튼을 클릭하면 구속조건을 부여할 수 있다.)

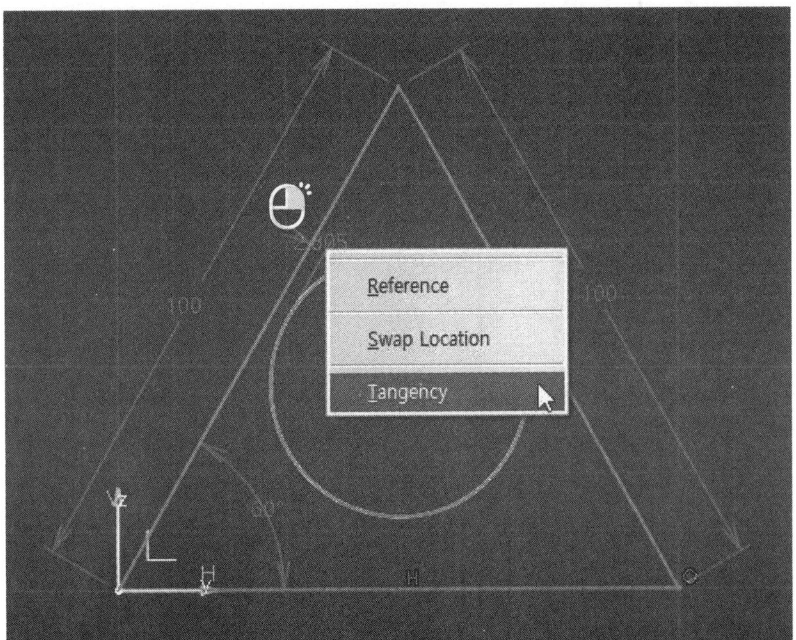

12. 좌변에 접선구속조건을 부여한 후 우변과 하변에 대해서도 같은 작업을 반복하여 구속조건을 완성한다.

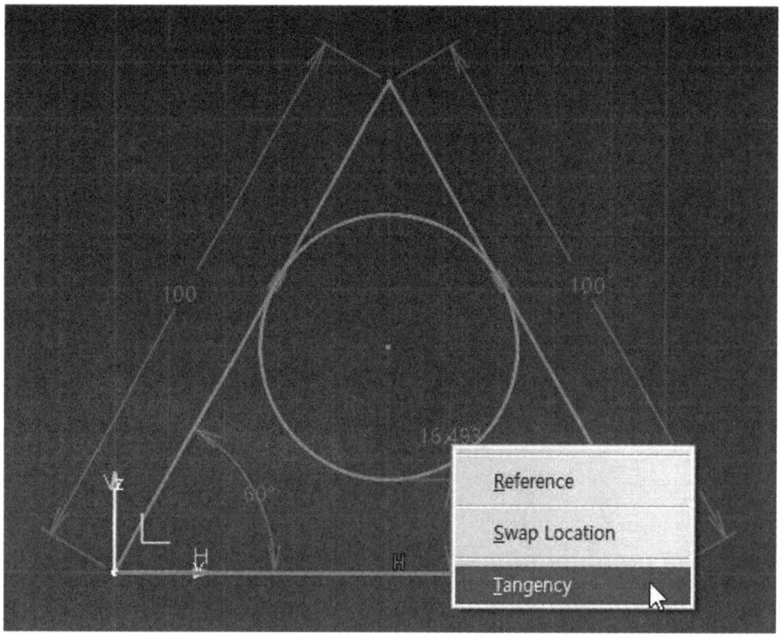

13. 원과 하변에 대해 접선구속을 부여하면 최종적으로 완전구속(Fully-Constrained)된 프로파일이 완성된다.(구속조건을 반복하여 부여하는 경우 **Constraint명령**(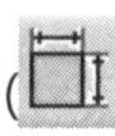)을 더블클릭하면 명령이 계속 반복 실행된다 반복명령을 해제하려면 **Esc**-key를 누른다.)

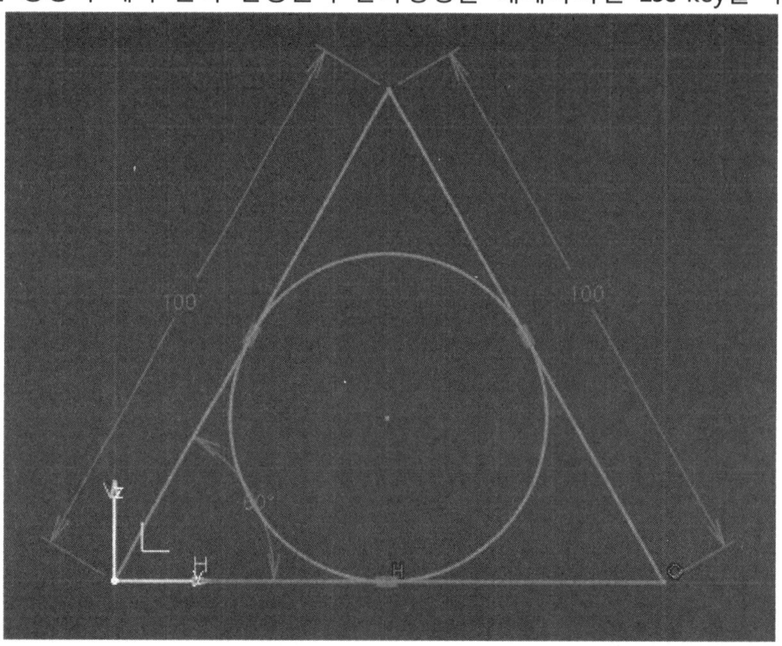

예제2

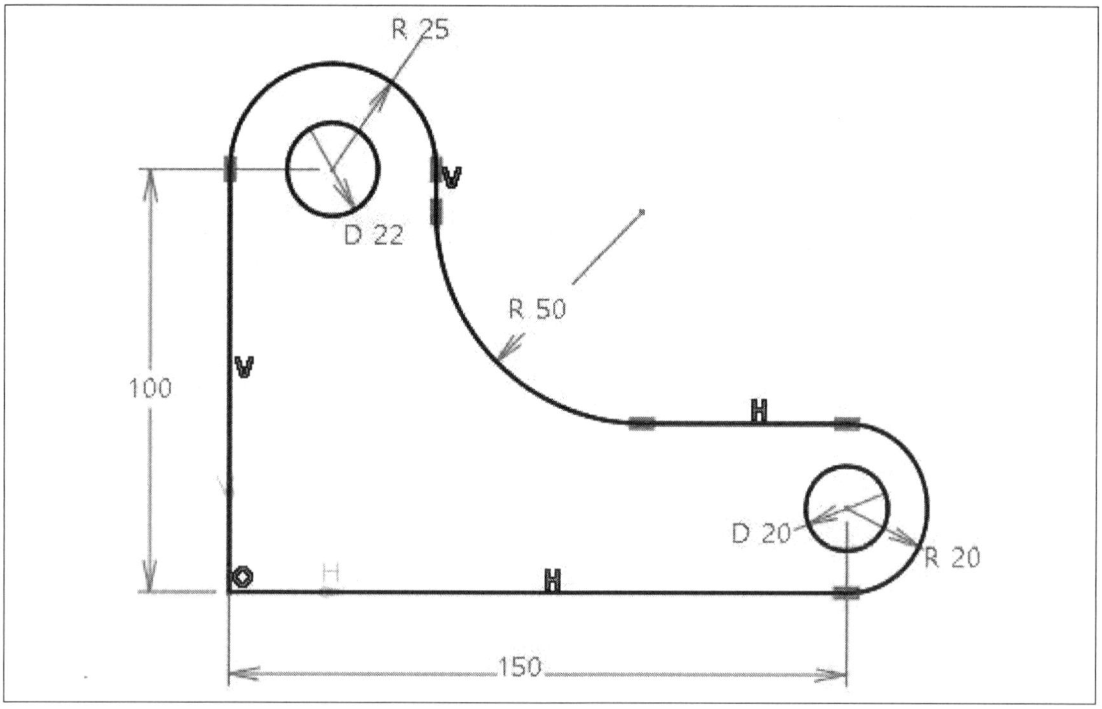

【작업방법 및 작업순서】

1. 이 예제는 Profile명령( )의 부가옵션을 활용하여 프로파일 완성하는 것으로 작업순서는 다음과 같다.
2. 기준축(0,0)으로부터 시작하고 프로파일툴바의 Profile명령( )을 실행하여 프로파일의 개략적인 형상을 먼저 완성한다.
3. 선과 선에 접하는 원을 완성하기 위하여 스케치툴로부터 Profile명령의 부가옵션 중 Line( )과 Tangent Arc( )를 사용한다.
4. 컨스트레인트툴바의 Constraint명령( )을 실행하여 각 변의 길이와 원의 직경/반경을 부여한다.(치수구속)
5. 완전구속 될 때까지 구속조건을 부여한다.

TIP☞ 가운데 코너부의 반경(R) 50 mm 원의 경우 오퍼레이션툴바의 Corner명령( )을 이용하여 생성한다.

1. 프로파일툴바에서 **Profile명령**( )을 실행하고 원점(0,0)에서 시작하여 대략적인 형상을 완성한다.(스케치툴의 부가옵션을 확인한다.)

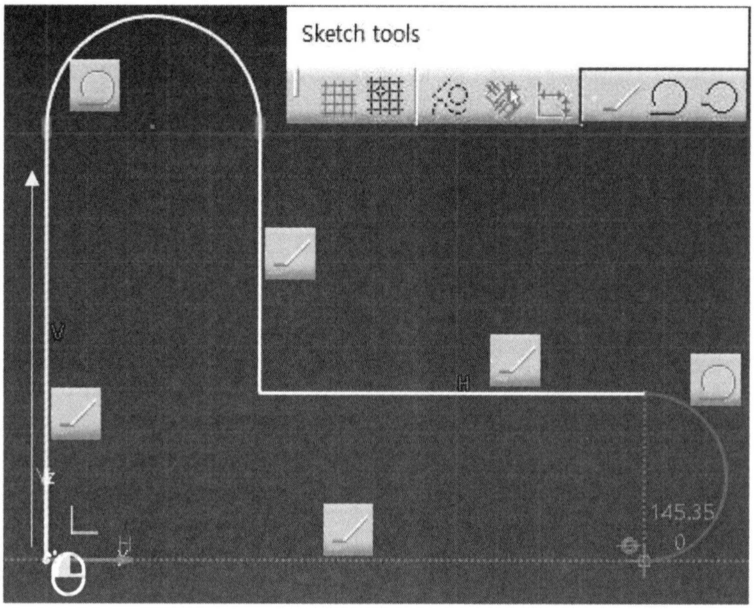

2. 프로파일툴바의 **Circle명령**( )을 실행하여 개략적인 프로파일의 전체형상을 완성한다.

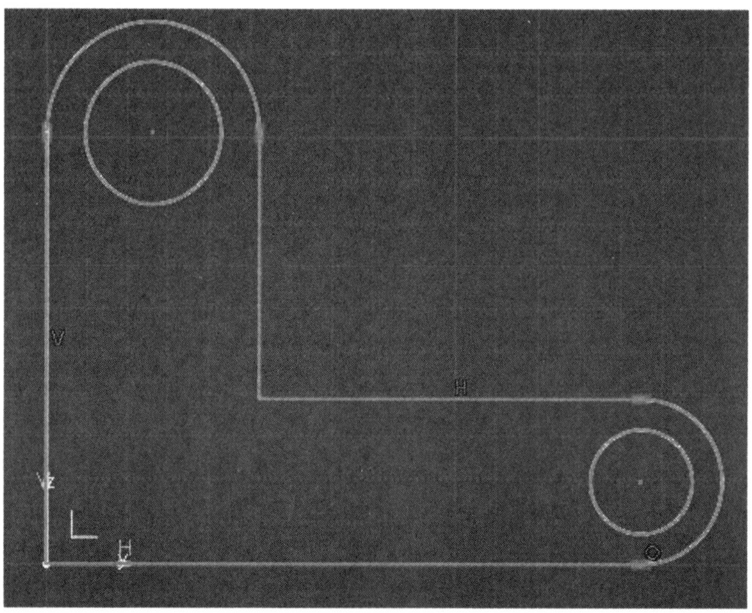

3. 컨스트레인트툴바에서 **Constraint명령**( )을 실행하고 치수구속을 부여한다.(치수구속을 계속 실행하기 위해서 Constraint명령을 더블클릭한다. 부여되는 치수는 임의의 프로파일이 가지는 치수이므로 정확한 치수값으로 수정해야 한다.)

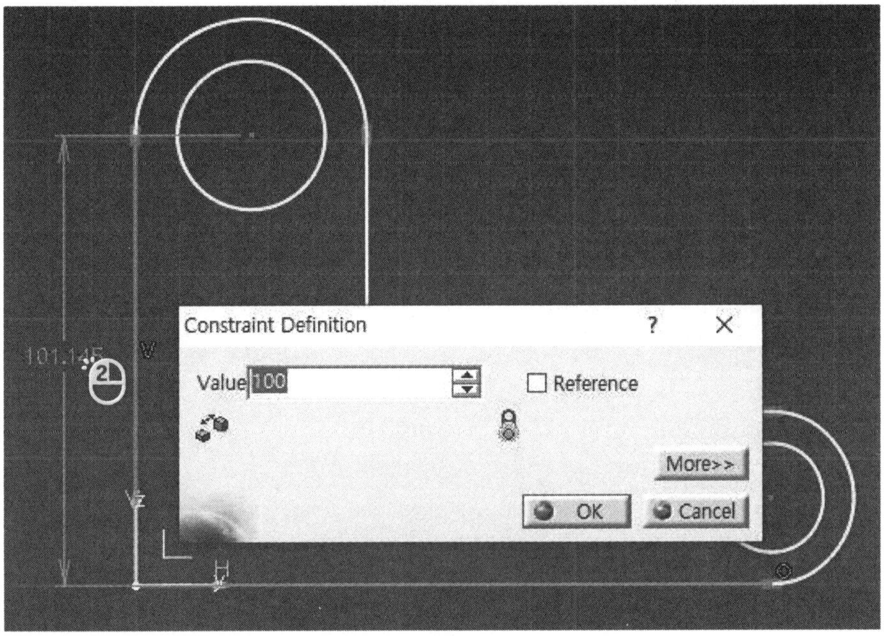

4. 정확한 치수를 입력하여 치수구속을 완성한다.

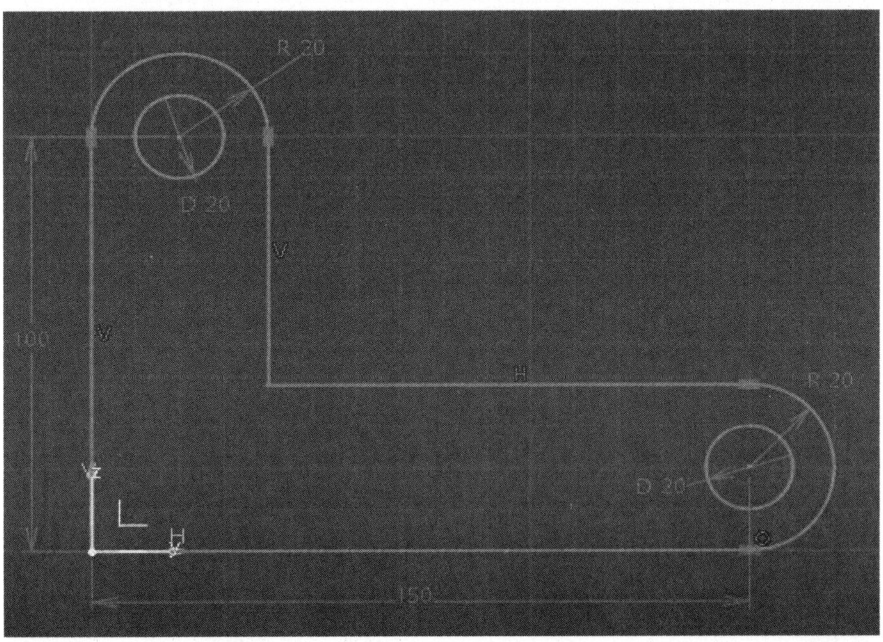

5. 모서리부에 반경(R) 50 mm의 원을 생성하기 위하여 오퍼레이션툴바에서 **Corner명령** ()을 실행한다.(원을 형성할 모서리부의 수평선과 수직선을 선택하고 호가 생성되는 방향에 커서를 둔 후 치수를 입력한다)

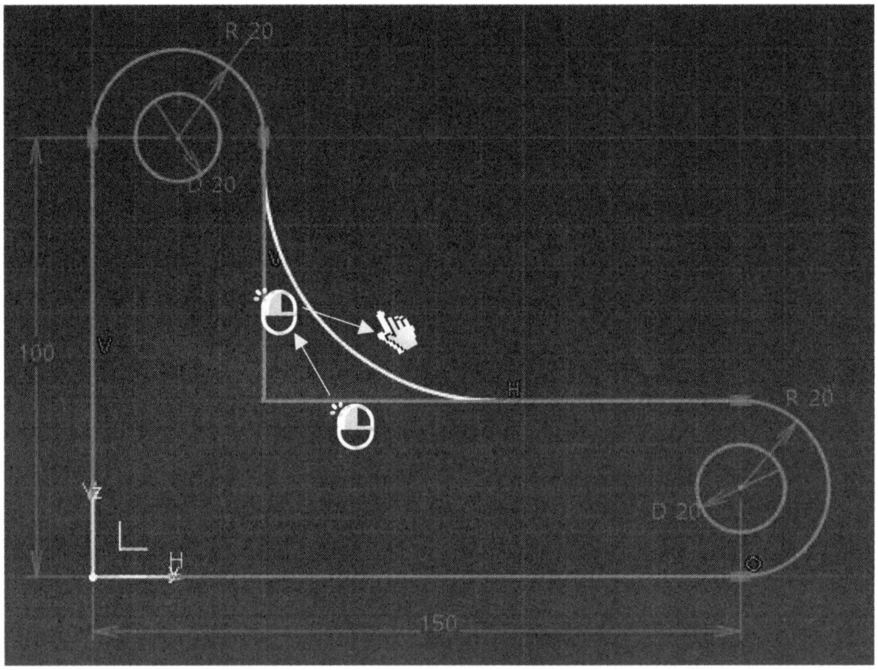

6. 모든 치수를 부여하면 완전구속된 프로파일이 완성된다.

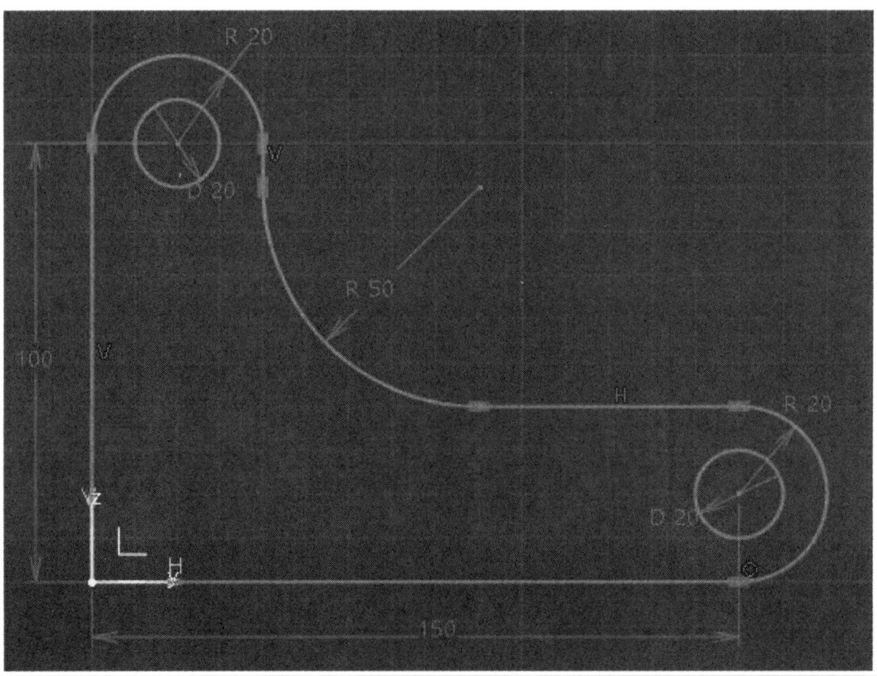

예제3

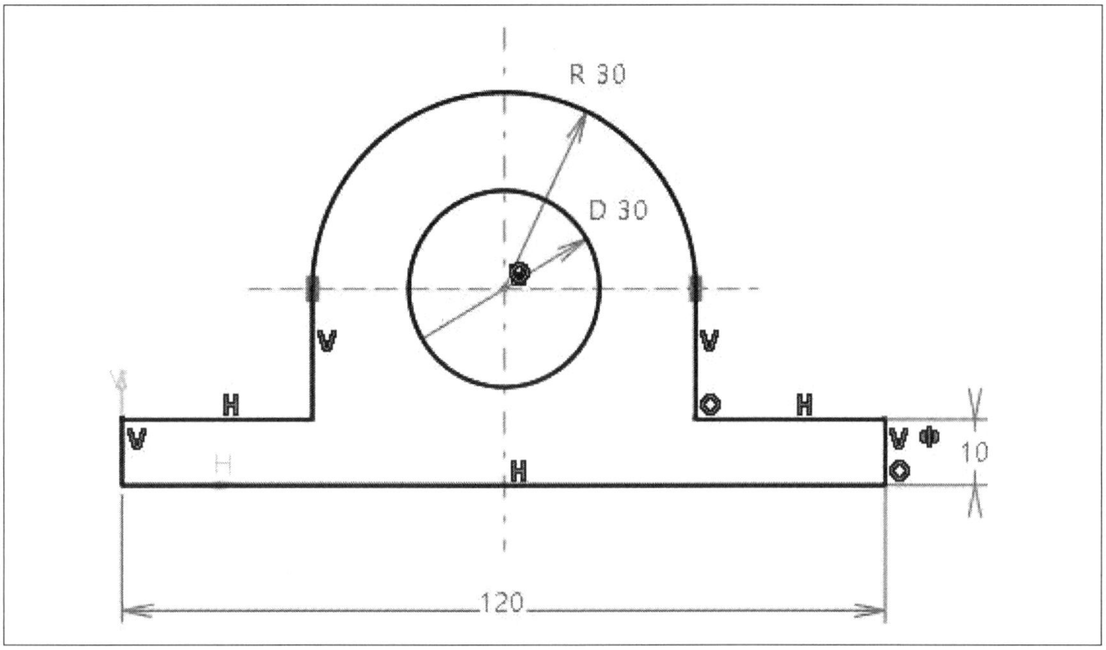

【작업방법 및 작업순서】

1. 예제는 하변의 길이가 120 mm이고 중앙에 원이 있는 프로파일을 CATIA 스케쳐를 이용하여 완성하는 것으로 작업순서는 다음과 같다.
2. 기준축(0,0)으로부터 시작하고 프로파일 툴바의 **Profile명령**()을 실행하여 프로파일의 대략적인 형상을 먼저 완성한다.(스케치툴바의 부가옵션을 사용한다.)
3. 프로파일툴바에서 **Axis명령**()을 사용하여 원의 중심과 대칭구속을 위한 기준선을 생성한다.
4. 컨스트레인트툴바의 **Constraint명령**(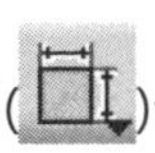)을 실행하여 치수와 수직선에 대한 대칭구속 조건을 부여한다.(치수구속, 기하구속)
5. 프로파일툴바의 **Circle명령**()을 실행하고 중심부 원을 생성한다.
6. 컨스트레인트 툴바의 **Constraint명령**(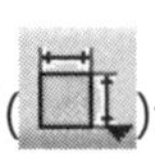)을 실행하여 원의 직경(D=30 mm)을 부여하면 프로파일이 완성된다.
7. 완전구속 될 때까지 구속조건을 부여한다.

예제4

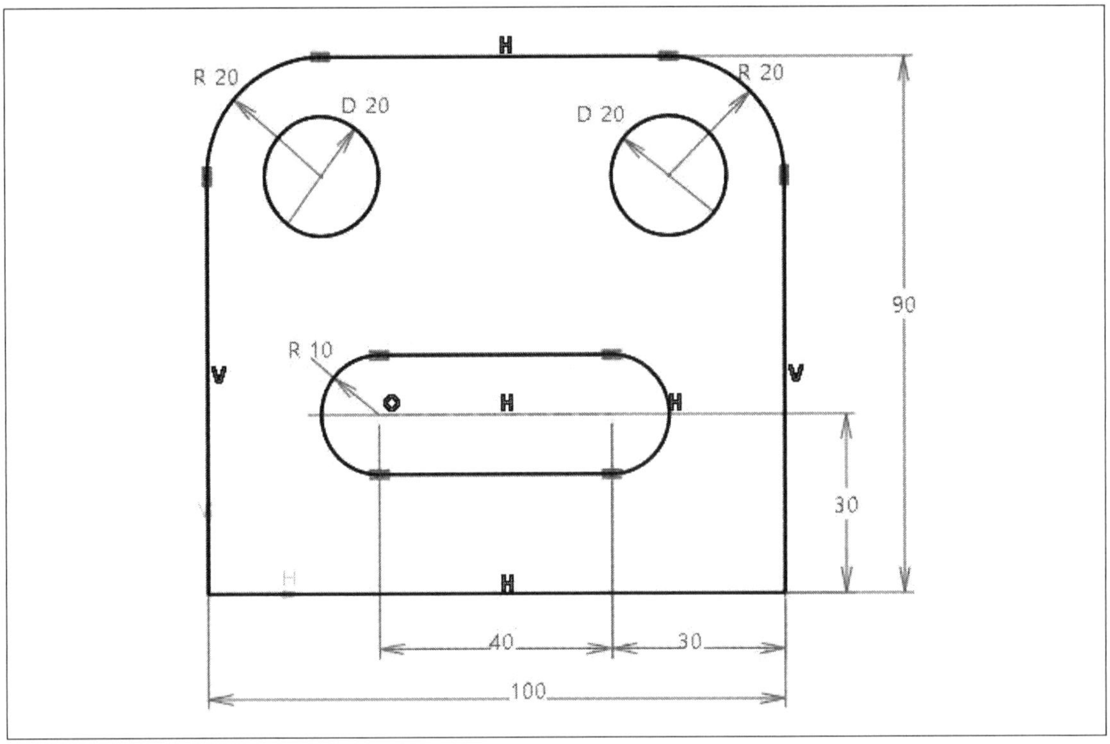

【작업방법 및 작업순서】

1. 예제는 사각형 형상 내부에 원과 길쭉한 hole이 있고 위쪽 모서리가 둥글게 생긴 프로파일을 완성하는 것으로 작업순서는 다음과 같다.
2. 기준축(0,0)으로부터 시작하고 프로파일툴바의 **Rectangle명령**( )을 실행하여 사각형 형상을 먼저 완성한다.
3. 컨스트레인트툴바의 **Constraint명령**( )을 실행하여 각 변의 길이를 부여한다.(치수구속)
4. 오퍼레이션툴바에서 **Corner명령**( )을 실행하여 윗쪽 모서리부에 코너를 형성하여 프로파일을 완성한다.
5. 프로파일툴바의 **Circle명령**( )을 실행하고 상단부에 형성한 코너의 중심을 공유하는 직경(D) 20mm인 원을 생성한다.
6. 프로파일툴바의 **Rectangle명령**( )의 하위메뉴에서 **Elongated Hole명령**( )을 실행하여 길쭉한 Hole의 형상을 생성한다.
7. 컨스트레인트툴바의 **Constraint명령**( )을 실행하고 치수를 부여하여 프로파일을 완성한다.

예제5

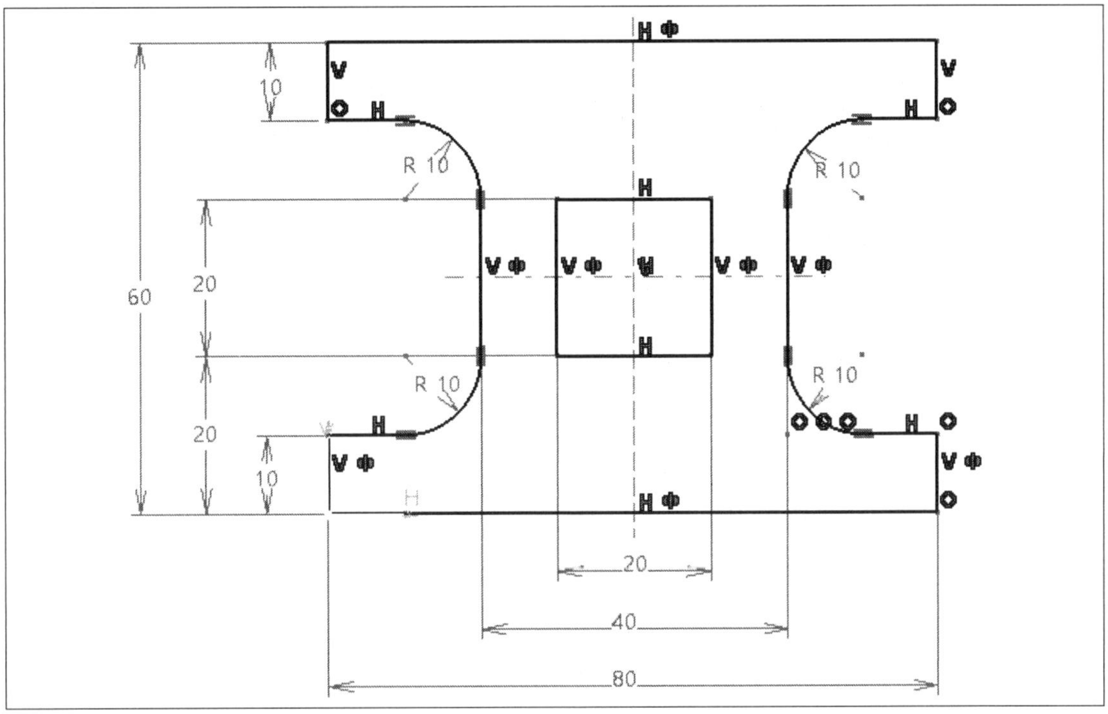

【작업방법 및 작업순서】

1. 예제는 대칭구속을 이용하여 프로파일의 형상을 완성하는 것으로 작업순서는 다음과 같다.
2. 기준축(0,0)으로부터 시작하고 프로파일 툴바의 Profile명령( )을 실행하여 프로파일의 대략적인 형상을 먼저 완성한다.
3. 프로파일의 형상이 좌/우 및 상/하 대칭이므로 프로파일툴바에서 Axis명령( )을 사용하여 대칭구속을 위한 기준선을 생성한다.
4. 컨스트레인트 툴바의 Constraint명령( )을 실행하여 중심선에 프로파일형상에 대한 대칭구속조건(좌/우, 상/하)을 부여한다.
5. 프로파일을 치수구속한다.
6. 오퍼레이션툴바에서 **Corner명령**( )을 실행하여 각 모서리부에 코너를 형성하여 프로파일을 완성한다.

TIP☞ Line명령( )을 사용하여 중심선을 생성하는 경우 스케치툴에서 보조선(Construction element) 속성으로 변경해야 한다.

1. 프로파일툴바에서 **Profile명령**( )을 실행하고 원점(0,0)에서 시작하여 대략적인 형상을 완성한다.

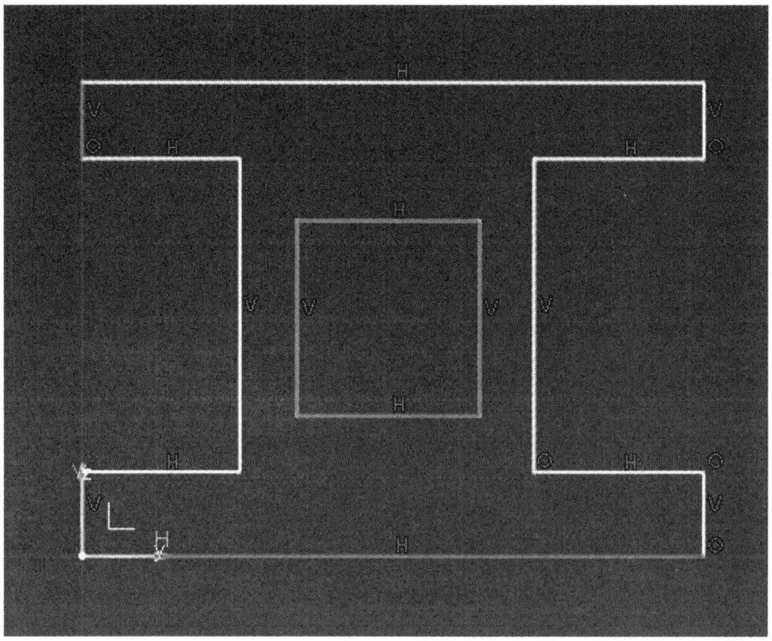

2. 프로파일툴바에서 Axis명령( )을 사용하여 대칭구속을 위한 중심선을 생성한다.

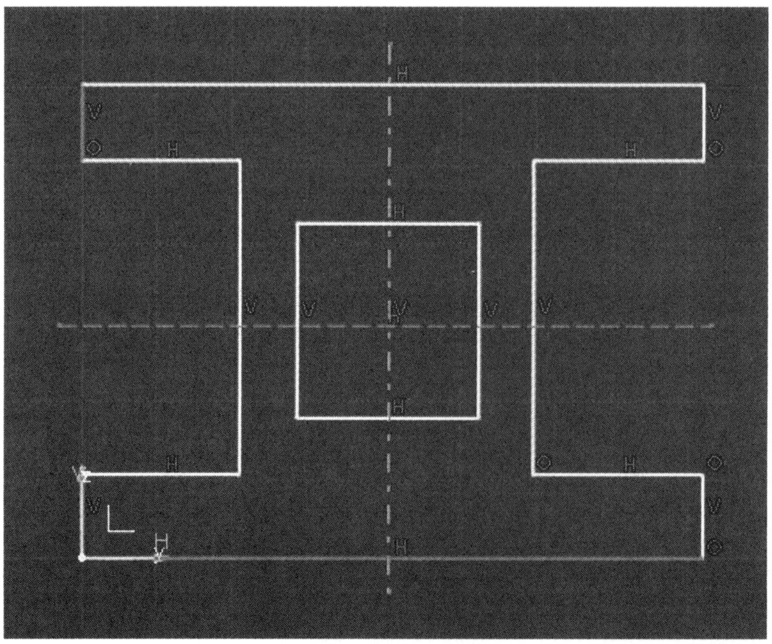

3. 컨스트레인트 툴바의 Constraint명령( )을 실행한다.(더블클릭한다) 두 프로파일 요소를 먼저 선택하고 마우스 우측버튼을 클릭하여 구속조건을 선택한 후 중심선을 선택하면 대칭구속이 부여된다.

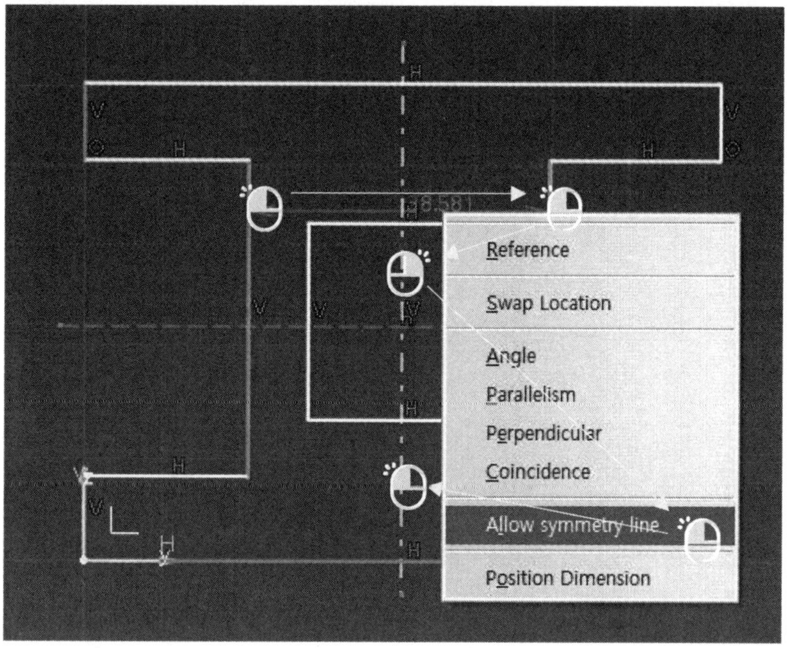

4. 프로파일 요소 중 대칭구속조건을 가진 모든 요소에 대하여 대칭구속조건을 부여한다. (상/하, 좌/우)

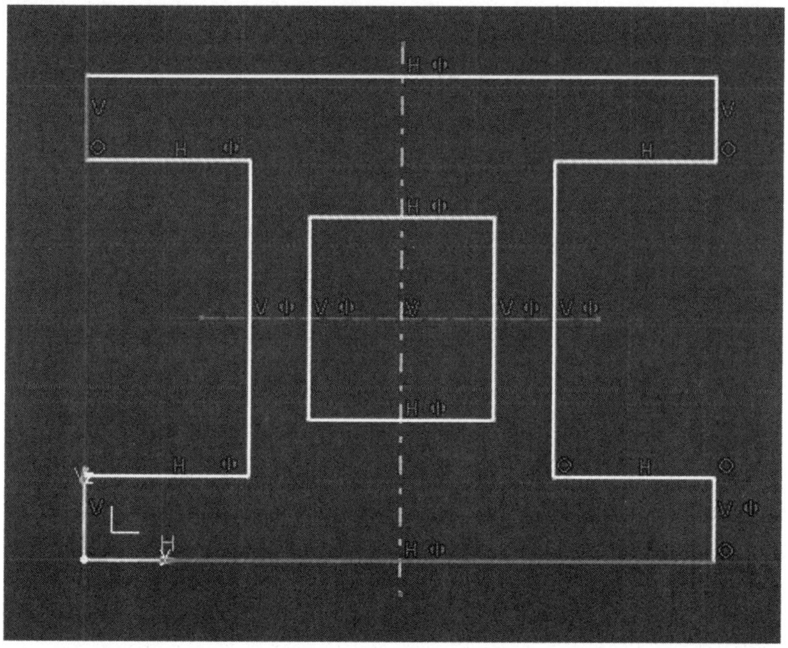

5. 프로파일에 치수구속을 부여한다.

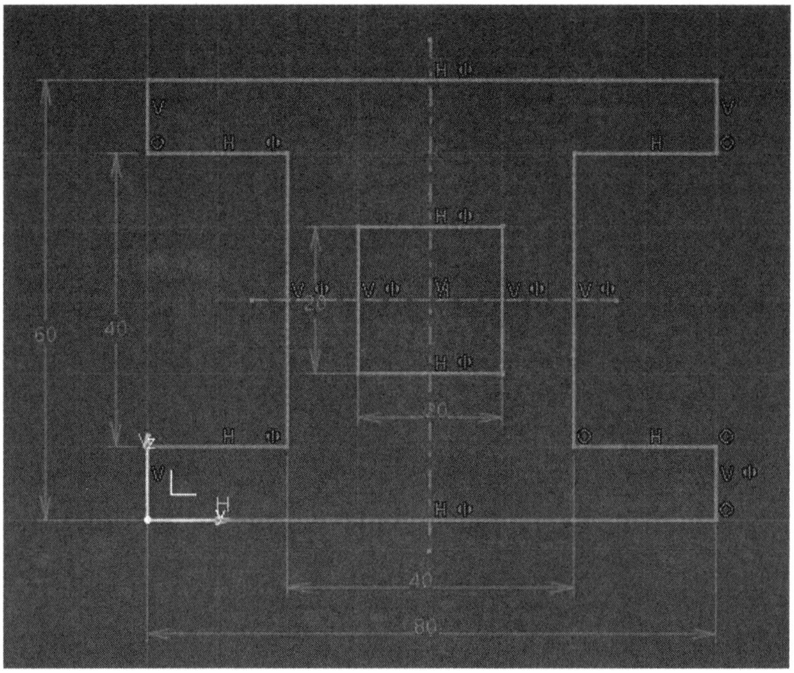

6. 모서리부에 반경(R) 10 mm의 커브를 생성하기 위하여 오퍼레이션툴바에서 **Corner명령** ()을 실행하고 프로파일을 완성한다.

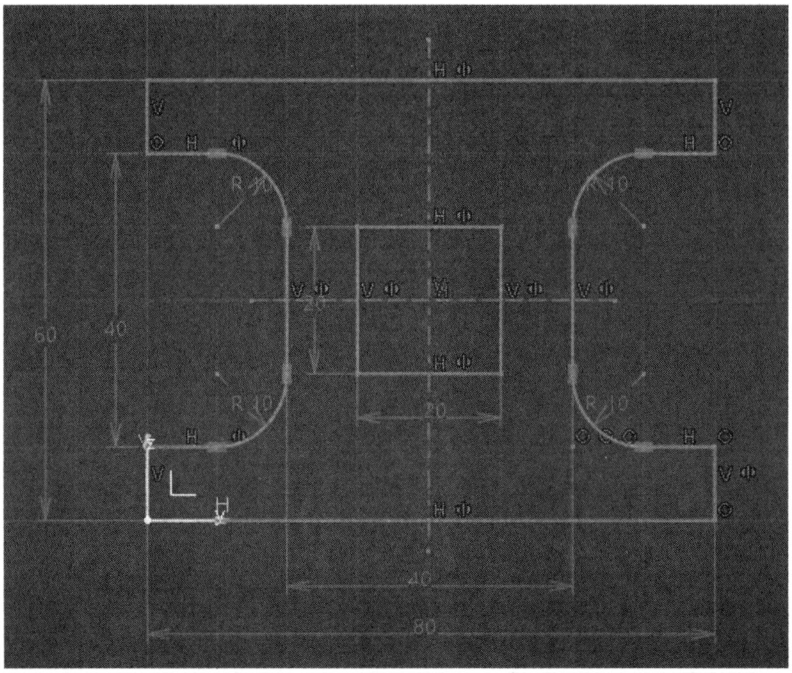

예제6

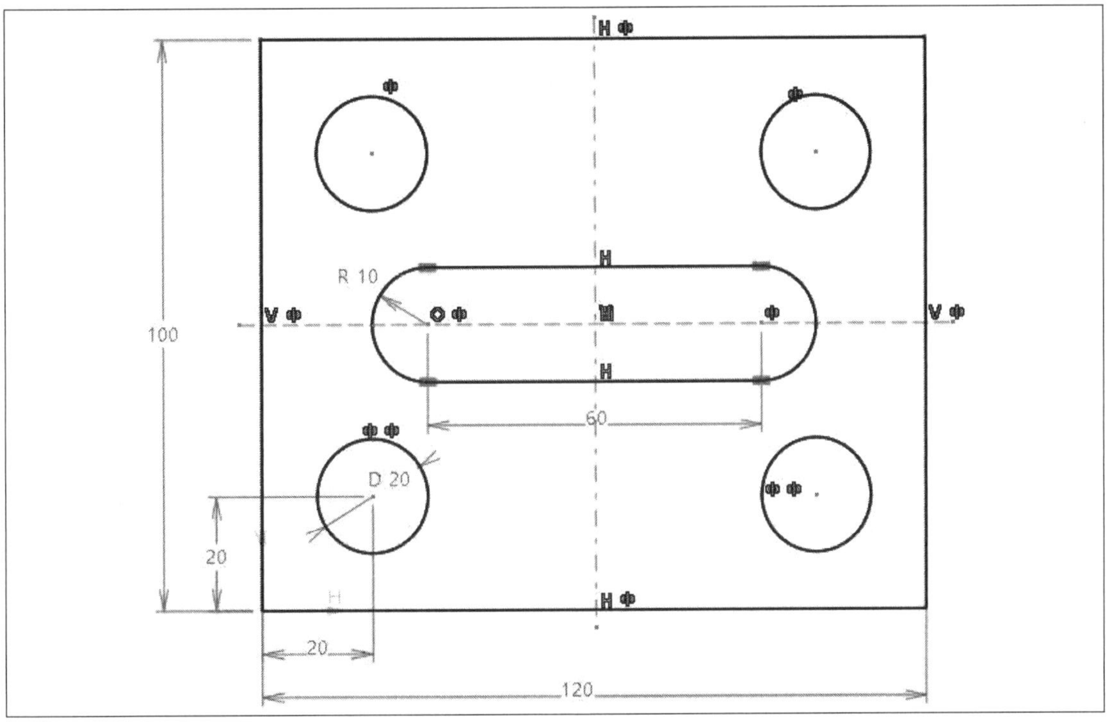

【작업방법 및 작업순서】

1. 예제는 사각형 형상의 모서리에 원과 중앙에 길쭉한 hole이 있는 프로파일을 완성하는 것으로 작업순서는 다음과 같다.
2. 기준축(0,0)으로부터 시작하고 프로파일툴바의 **Rectangle명령**( )을 실행하여 사각형 형상을 먼저 완성한다.
3. 프로파일의 형상이 좌/우 및 상/하 대칭이므로 프로파일툴바에서 **Axis명령**( )을 사용하여 대칭구속을 위한 기준선을 생성한다.
4. 컨스트레인트툴바의 **Constraint명령**( )을 실행하여 중심선에 프로파일형상에 대한 대칭구속조건(좌/우, 상/하)을 부여한다.
5. 프로파일을 치수구속한다.
6. 프로파일툴바의 **Circle명령**( )을 실행하고 좌측하단에 직경(D) 20mm인 원을 생성한다.
7. 오퍼레이션툴바의 **Mirror명령**( )을 실행하여 원을 대칭복사한다.
8. 프로파일툴바의 **Rectangle명령**( )의 하위메뉴에서 **Elongated Hole명령**( )을 실행하여 길쭉한 Hole의 형상을 생성하고 치수를 부여하여 프로파일을 완성한다.

예제7

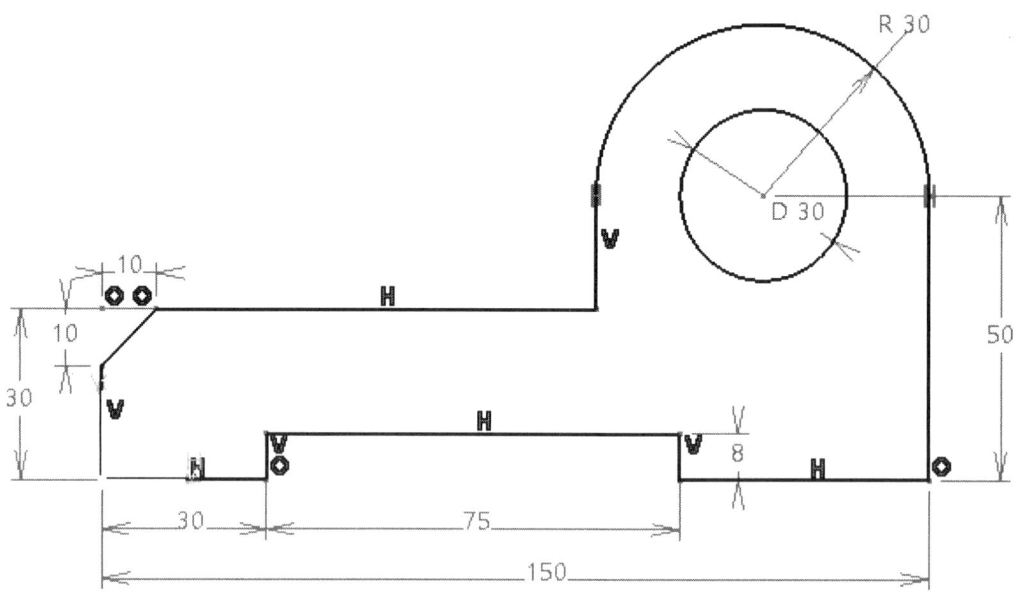

【작업방법 및 작업순서】

1. 예제는 하변의 길이가 150 mm이고 모서리에 모따기가 있는 프로파일을 완성하는 것으로 작업순서는 다음과 같다.

2. 기준축(0,0)으로부터 시작하고 프로파일툴바의 **Profile명령**( )을 실행하여 프로파일 형상을 먼저 완성한다.(Profile명령어 관련 스케치툴의 부가옵션을 활용한다.)

3. 컨스트레인트툴바의 **Constraint명령**( )을 실행하여 각 변의 길이와 원의 반경 등 치수구속조건을 부여하여 완전구속한다.(치수구속)

4. 오퍼레이션툴바의 **Chamfer명령**( )을 실행하여 좌측 상단 모서리부에 모따기를 생성한다.(Chamfer명령에 대한 부가옵션이 있다. 예제에서는 수직/수평 거리를 부여하여 모따기 한다.)

☞ 스케치툴-Chamfer명령의 부가옵션: 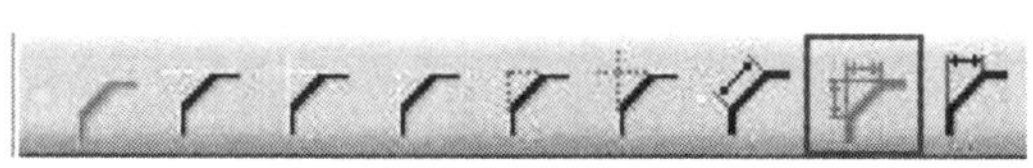

예제8

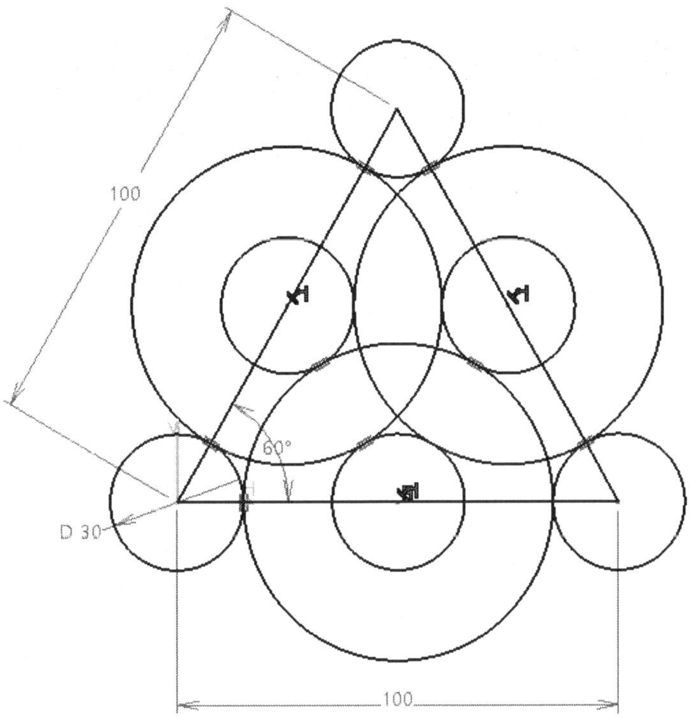

【작업방법 및 작업순서】

1. 예제는 한 변의 길이가 100 mm인 정삼각형의 꼭지점과 각 변의 중앙에 중심을 가지는 원을 CATIA 스케쳐를 이용하여 완성하는 것으로 작업순서는 다음과 같다.
2. 기준축(0,0)으로부터 시작하고 프로파일툴바의 Profile명령()을 실행하여 삼각형의 대략적인 형상을 먼저 완성한다.
3. 컨스트레인트툴바의 Constraint명령(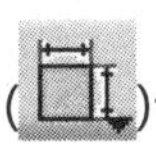)을 실행하여 각 변의 길이와 각도를 부여한다.(치수구속)
4. 프로파일툴바의 Circle명령()을 실행하고 원점(0,0)을 중심으로 임의의 원을 생성한다.
5. 스트레인트툴바의 Constraint명령(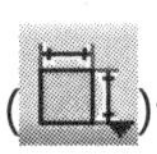)을 실행하여 치수구속(D=30 mm)한다.
6. 프로파일툴바의 Circle명령()을 실행하고 각 변의 중앙에 중심을 가지는 원을 생성한다. 이 때 생성하는 원은 먼저 생성한 직경 20 mm인 원에 접선구속을 가지도록 한다.(기하구속이 자동으로 부여된다.)
7. 나머지 꼭지점과 변의 중앙에 원점을 가지는 원을 생성하여 프로파일을 완성한다.

1. 프로파일툴바에서 **Profile명령**()을 실행하고 원점(0,0)에서 시작하여 대략적인 형상을 완성한다.

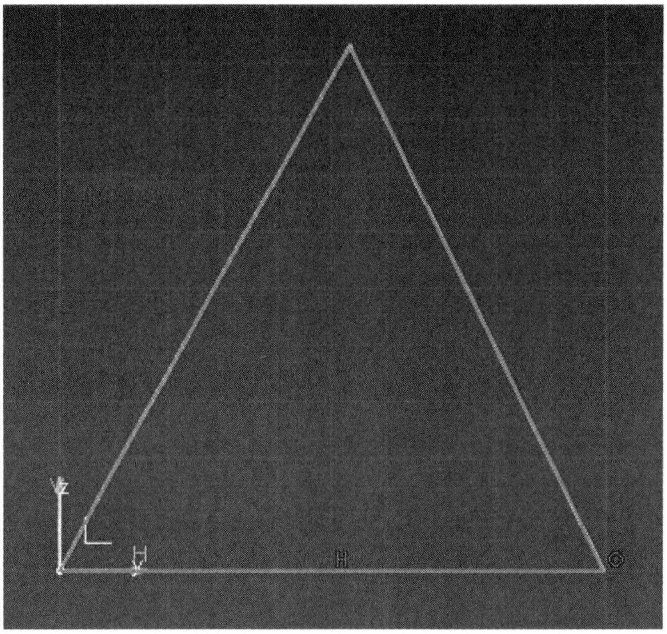

2. 컨스트레인트툴바의 **Constraint명령**(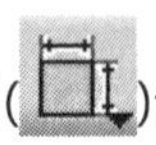)을 실행하여 각 변의 길이와 각도를 부여한다.(치수구속)

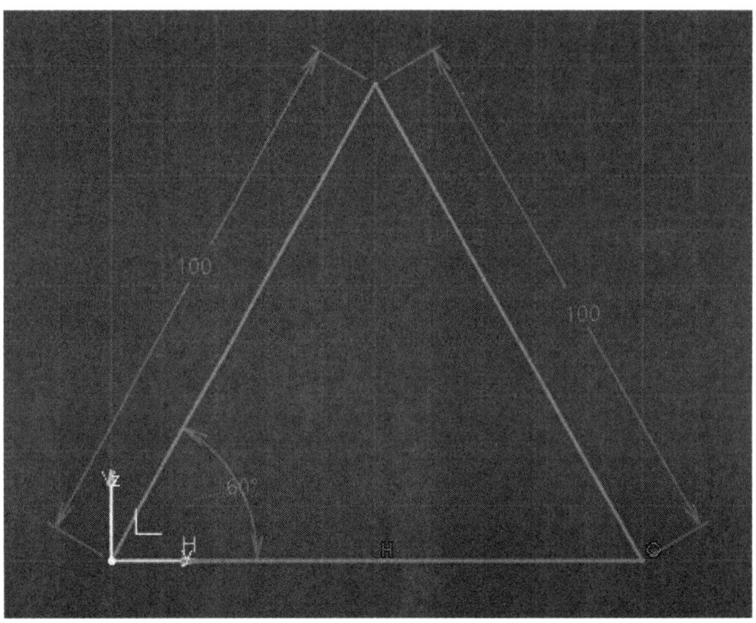

3. 프로파일툴바의 Circle명령()을 실행(더블클릭)하고 좌변의 중앙에 중심을 가지며 직경(D) 30 mm원에 접하는 원을 생성한다.(기하구속)

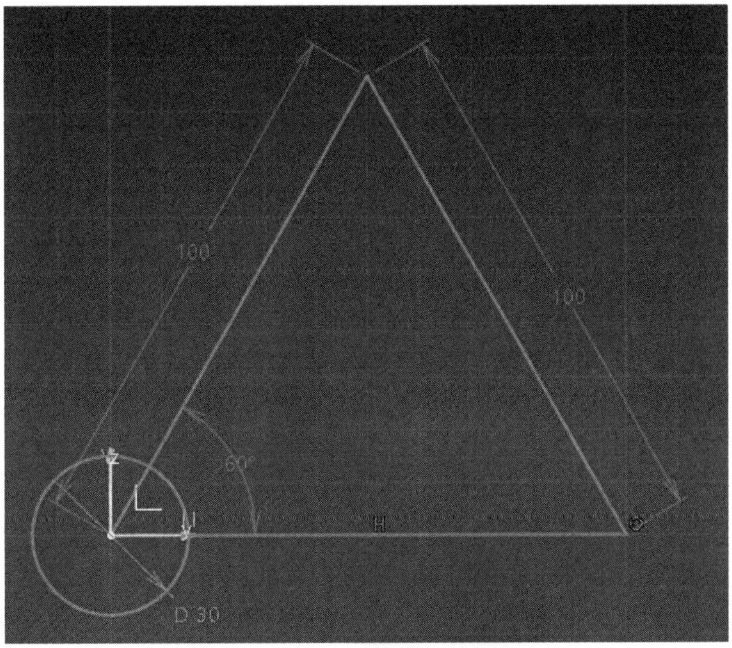

4. 좌변의 중앙 위치(커서의 모양이 바뀐다⇒)에 중심을 가지는 동시에 직경(D) 30 mm원에 접선구속을 가지도록 원을 생성한다.(기하구속)

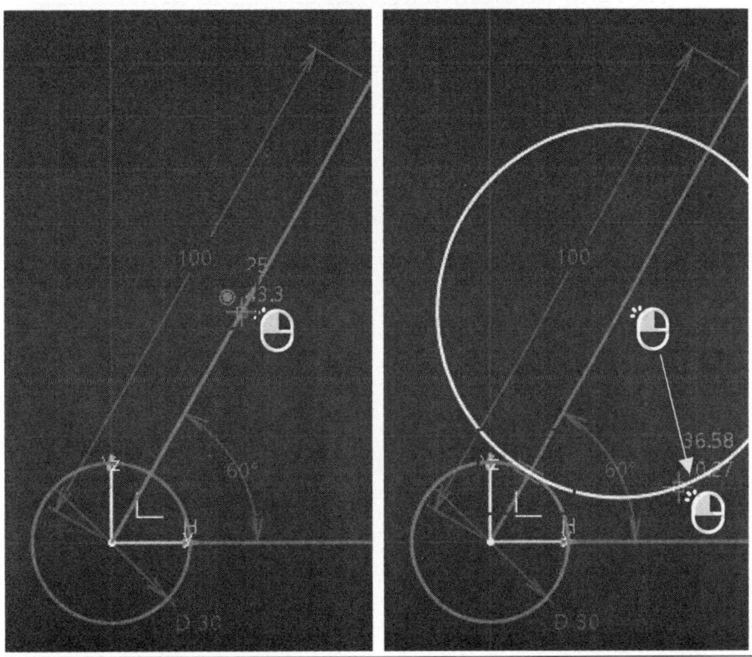

5. 꼭지점에 중심을 가지고 좌변의 중앙에 생성된 원에 접하는 원을 생성한다.

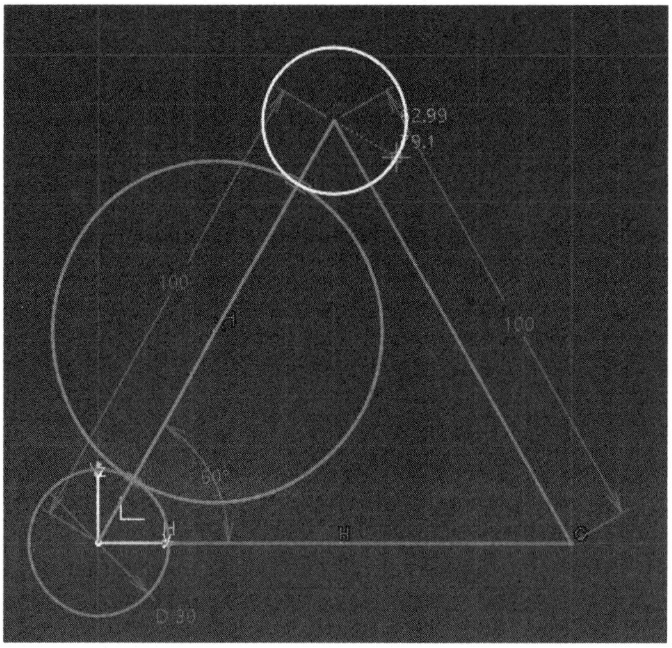

6. 나머지 변과 꼭지점에 중심을 가지고 다른 원에 접하는 구속조건을 부여하여 프로파일을 완성한다.

예제9

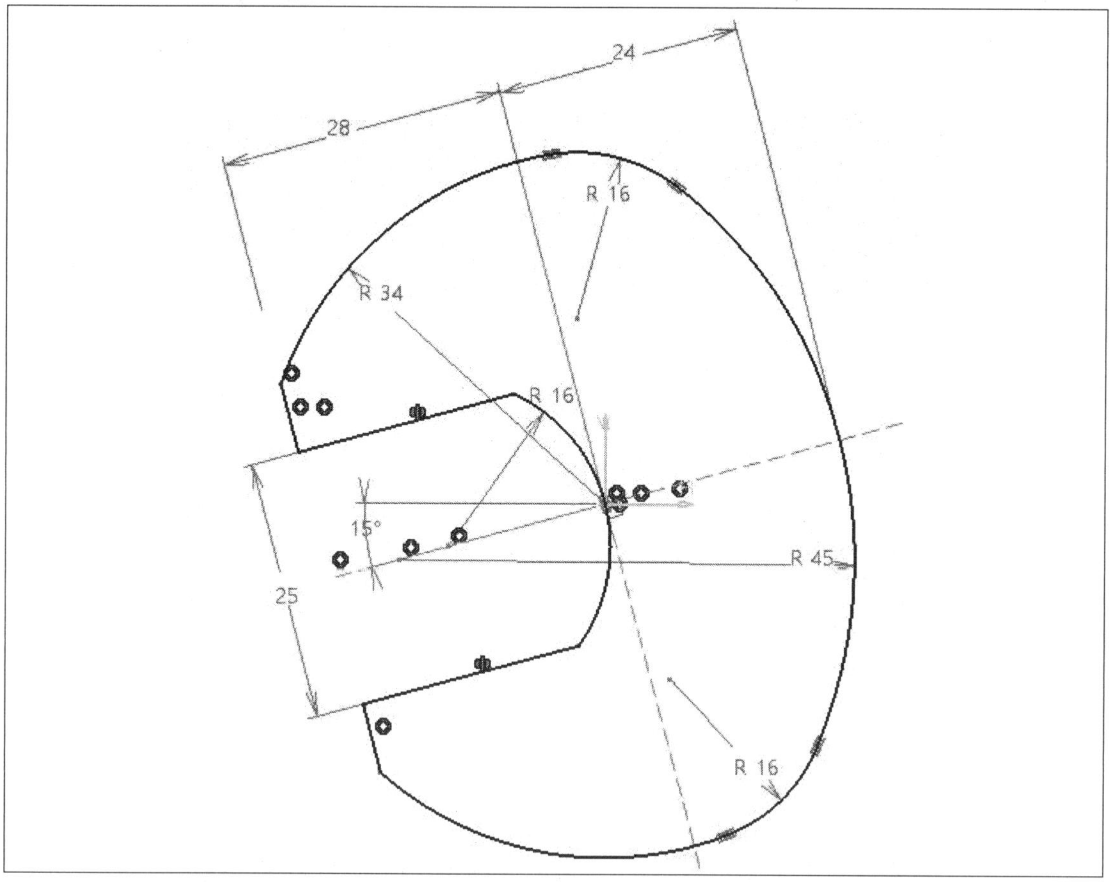

【작업방법 및 작업순서】

1. 예제는 스패너 형상을 CATIA 스케쳐를 이용하여 완성하는 것으로 작업순서는 다음과 같다.
2. 먼저 프로파일툴바에서 **Axis명령**( )을 사용하여 원점(0,0)을 기준으로 수평축에 대해 15° 기울어진 기준축을 생성한다.
3. 기준축(0,0)으로부터 시작하고 프로파일툴바의 **Circle명령**( ), **Profile명령**( ), 오퍼레이션툴바에서 **Quick Trim명령**( ), **Trim명령**( ) 및 **Corner명령**( )을 상황에 따라 실행하여 스패너의 형상을 완성한다.
4. 작업과정 중 기하구속과 치수구속을 수시로 부여하고 수정하는 작업을 계속해야 한다.

1. 프로파일툴바에서 **Axis명령**()과 컨스트레인트툴바의 **Constraint명령**()을 실행을 사용하여 원점(0,0)을 기준으로 수평축에 대해 15° 기울어진 기준축(수평)을 생성한다.(치수구속).

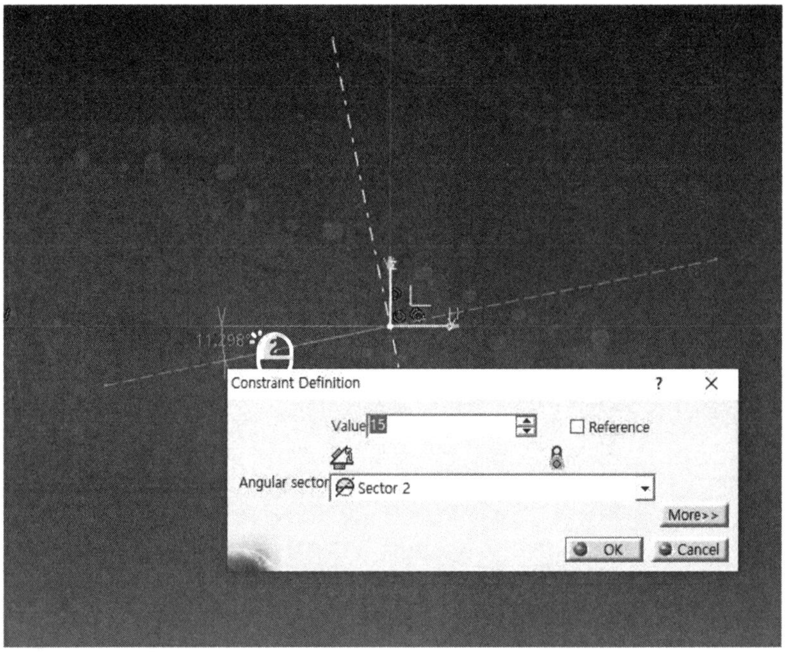

2. 이 축에 직교(Perpendicular)하는 기준축(수직)을 생성한다.(기하구속).

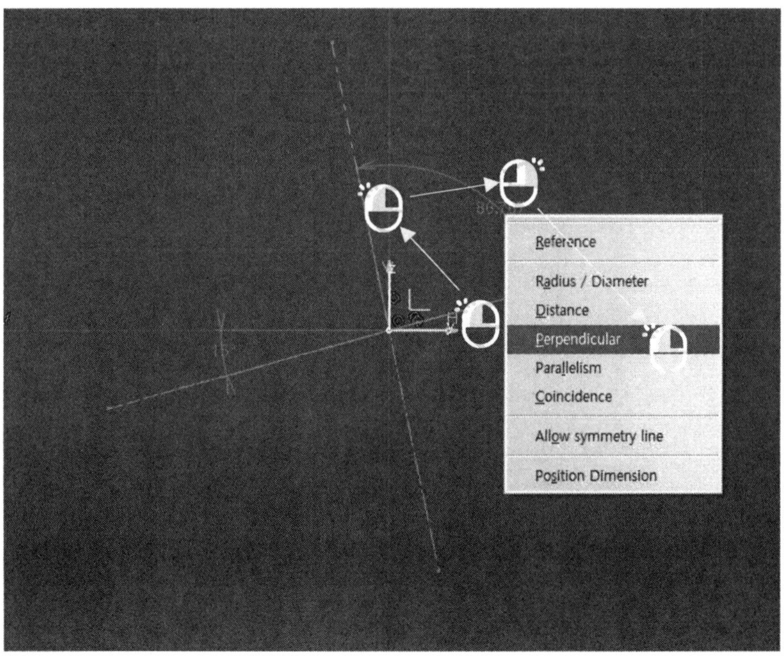

3. 프로파일툴바의 Circle명령( )을 실행하여 원점(0,0)을 중심으로 하는 원을 생성하고 컨스트레인트툴바의 Constraint명령( )을 실행하여 원의 반경을 입력한다.

TIP☞직경(D)이 부여되는 경우 마우스오른쪽 버튼을 눌러 반경(Radius)을 선택하고 부여된 치수를 더블클릭하여 원하는 치수를 입력한다.

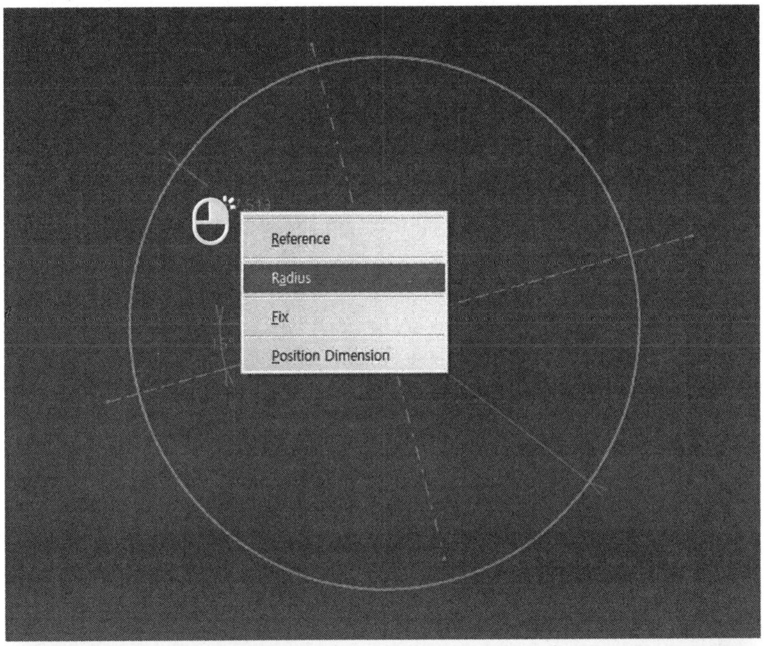

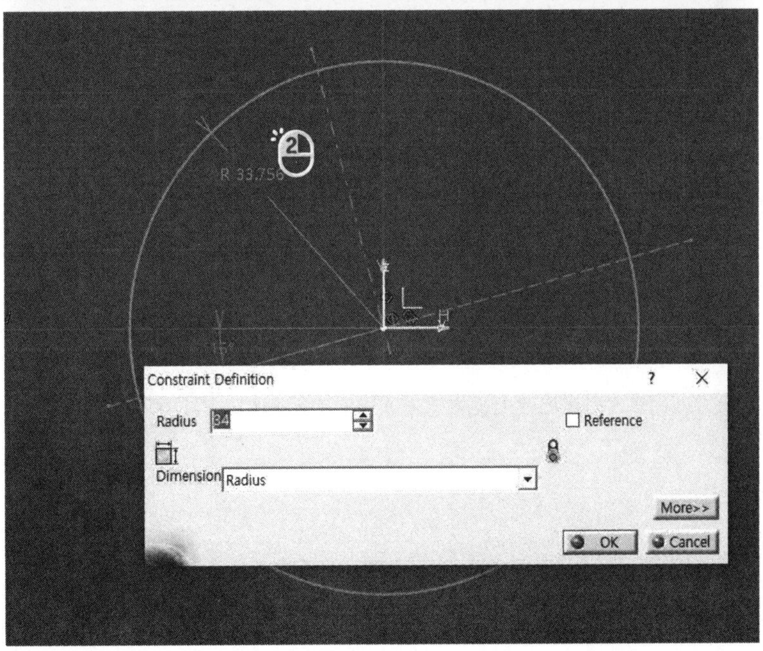

4. 프로파일툴바의 Profile명령( )을 실행하여 다음과 같은 형상을 완성한다.(Profile명령 실행시 스케치툴의 부가옵션을 활용한다.)
대략적인 프로파일을 생성할 때 기하구속조건을 고려하여 작업한다.(수평기준축에 평행구속, 수직기준축에 접선구속)

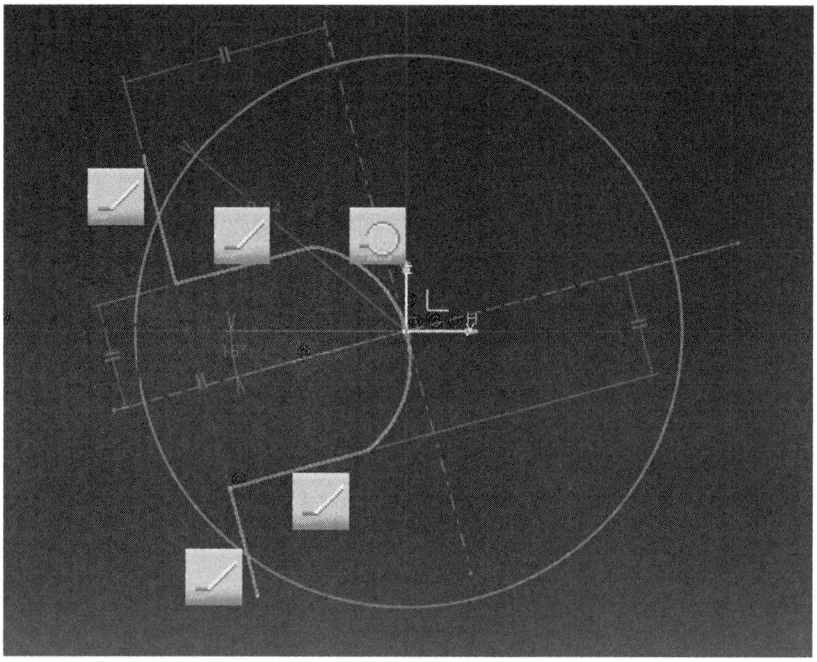

5. 평행하게 생성한 위 아래 직선을 수평기준축에 대하여 대칭구속한다.

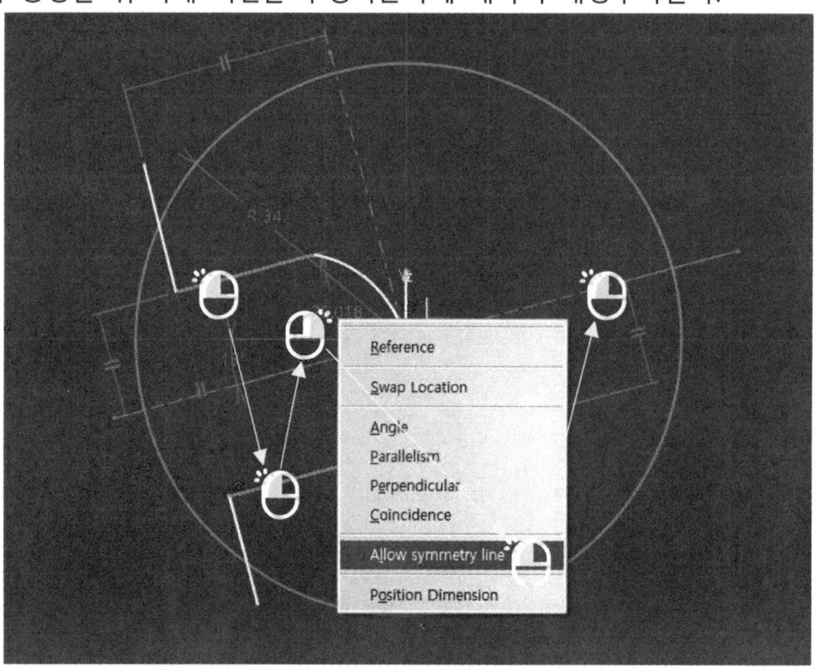

6. 컨스트레인트툴바의 Constraint명령()을 실행하여 스패너 폭을 부여한다. 임의로 부여된 치수를 더블클릭하여 원하는 치수(25 mm)로 변경한다.

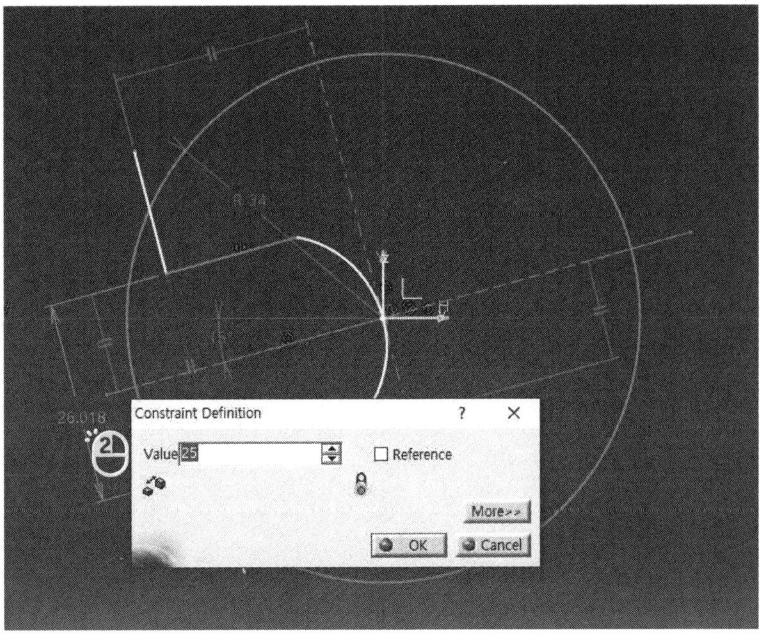

7. 컨스트레인트툴바의 Constraint명령(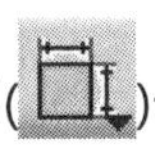)을 실행하여 스패너 내부 원형상의 치수를 부여한다. 임의로 부여된 치수를 더블클릭하여 원하는 치수(R=16 mm)로 변경한다.

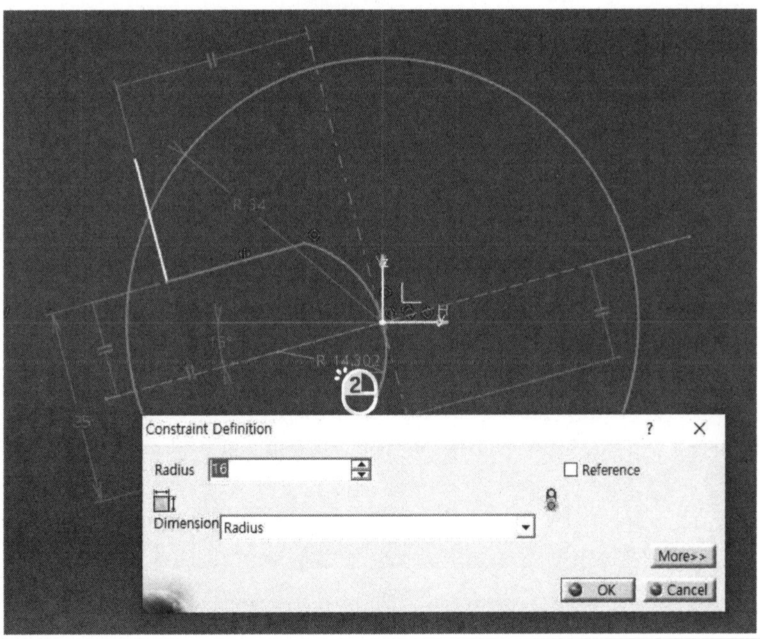

8. 컨스트레인트툴바의 Constraint명령( )을 실행하여 스패너의 깊이를 부여한다. 임의로 부여된 치수를 더블클릭하여 원하는 치수(28 mm)로 변경한다.

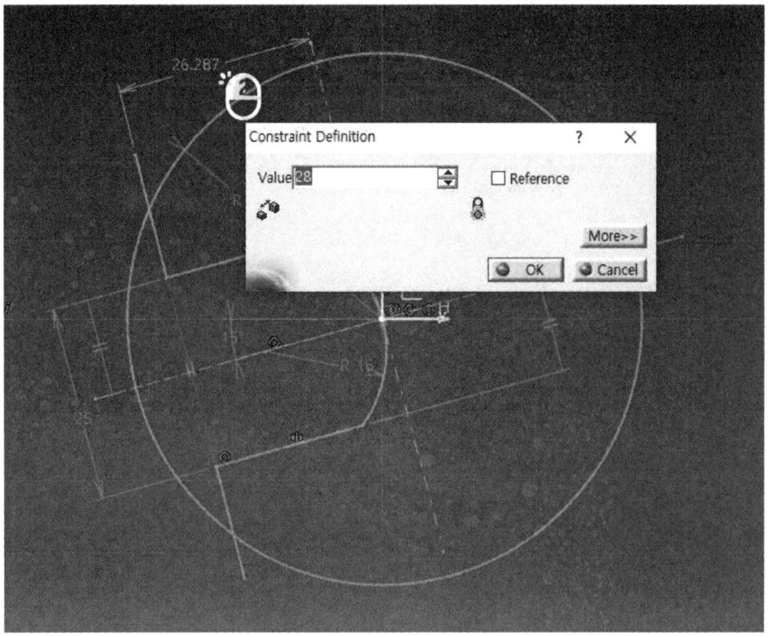

9. 스패너의 앞부분 형상을 완성하기 위하여 오퍼레이션툴바의 Trim명령( )의 하위메뉴에서 Quick Trim명령( )을 실행하고 외부 원의 일부를 제거한다.

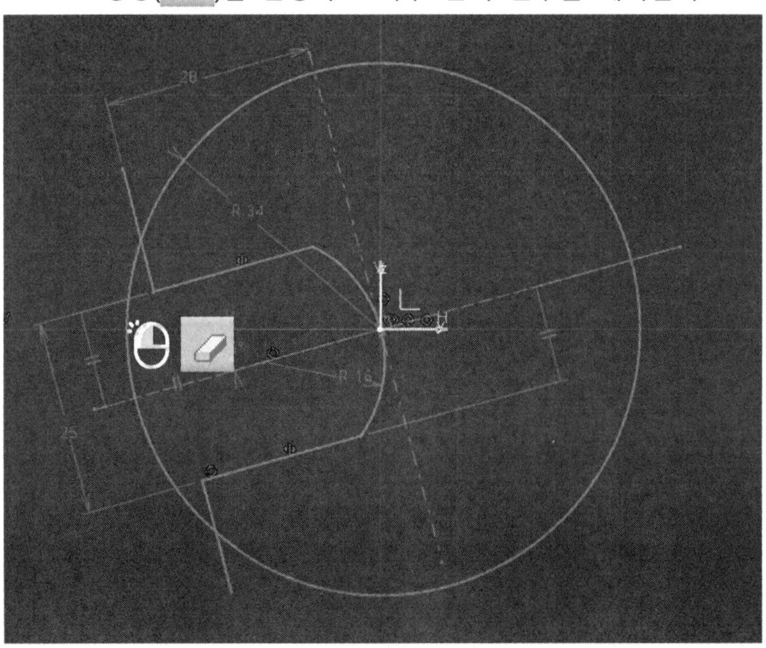

10. 오퍼레이션툴바의 Trim명령( )을 실행하고 스패너의 앞부분의 형상을 완성한다.

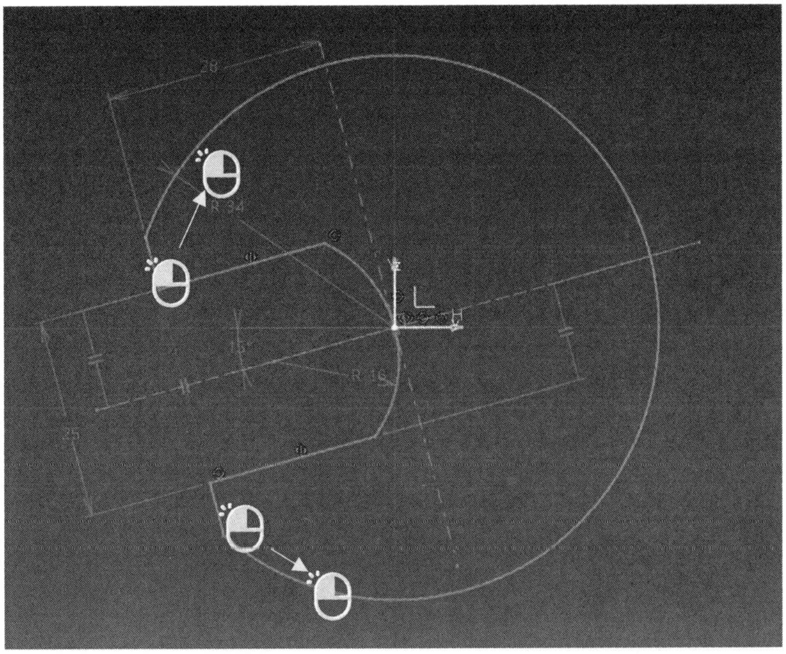

11. 프로파일툴바의 Axis명령( )을 실행하고 수직기준축에 평행한 구속조건을 가지는 기준선을 하나 더 생성한다.

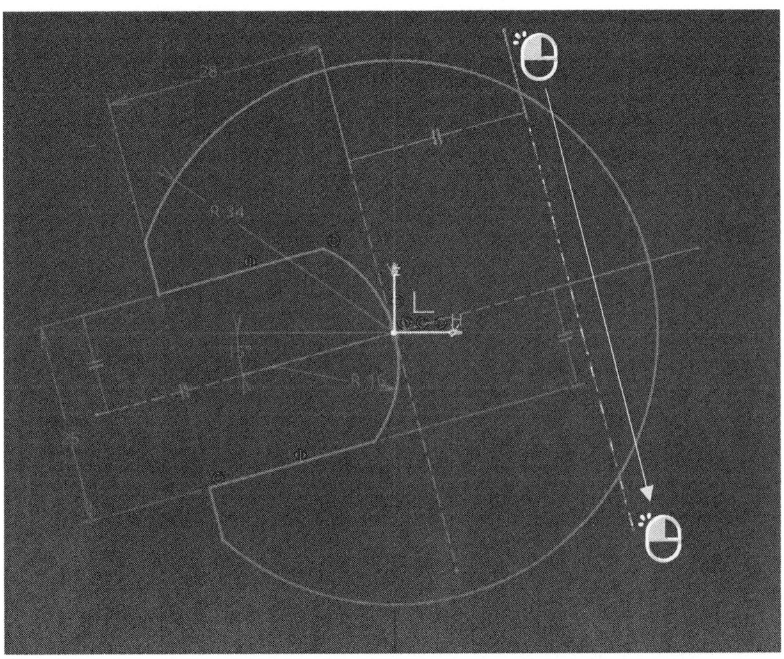

12. 컨스트레인트툴바의 Constraint명령( )을 실행하여 앞에서 생성한 기준선에 치수를 부여한다. 임의로 부여된 치수를 더블클릭하여 원하는 치수(24 mm)로 변경한다.

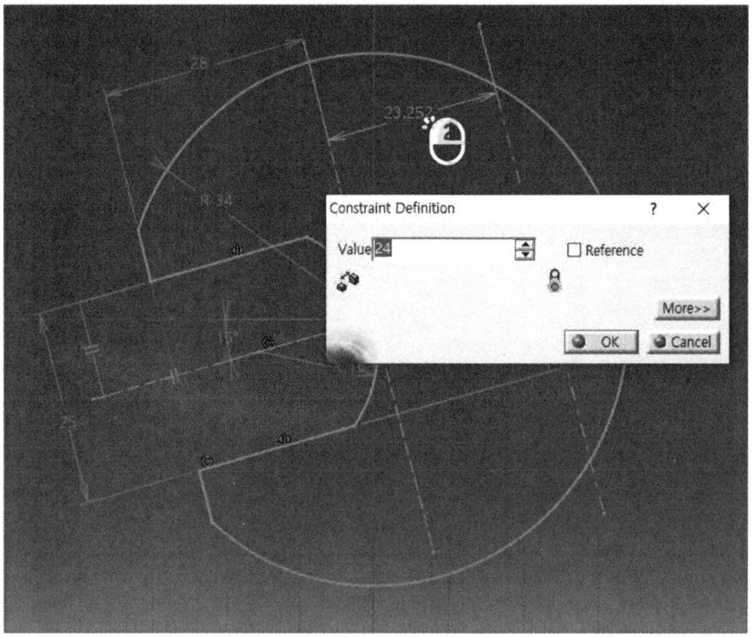

13. 프로파일툴바의 Circle명령( )을 실행하고 수평기준축에 중심이 있고 위에서 생성한 기준선에 접하는 임의의 원을 생성한다.

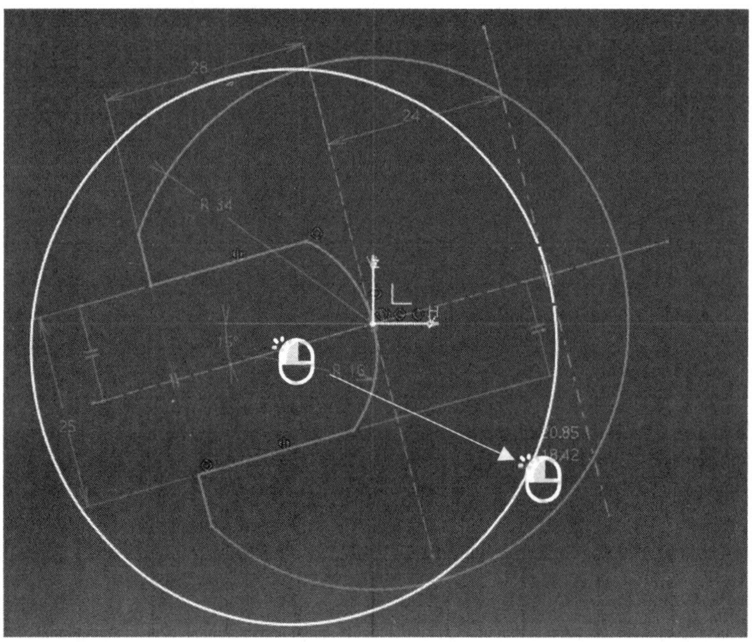

14. 컨스트레인트툴바의 Constraint명령( )을 실행하여 원의 치수를 부여한다. 임의로 부여된 치수를 더블클릭하여 원하는 치수(R=45 mm)로 변경한다.

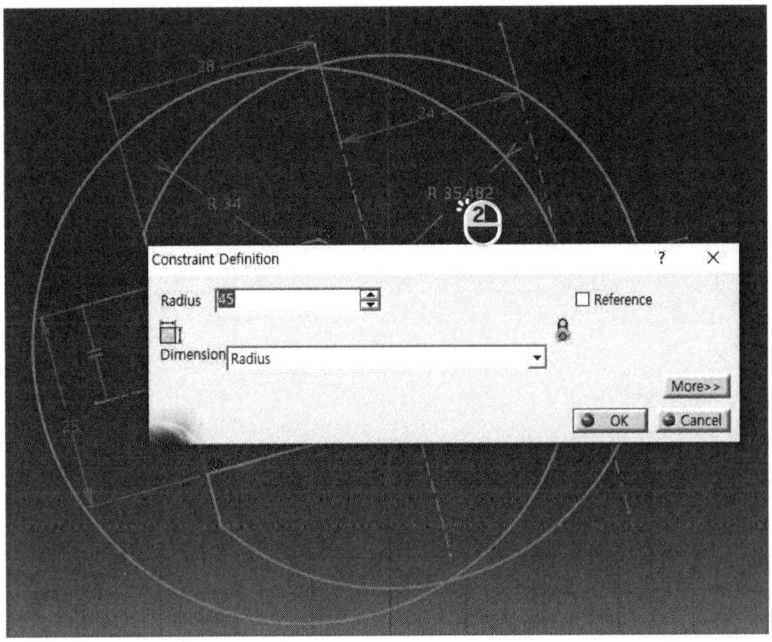

15. 스패너의 뒷부분 형상을 완성하기 위하여 오퍼레이션툴바의 Trim명령( )의 하위메뉴에서 Quick Trim명령( )을 실행하고 외부 원의 일부를 제거한다.

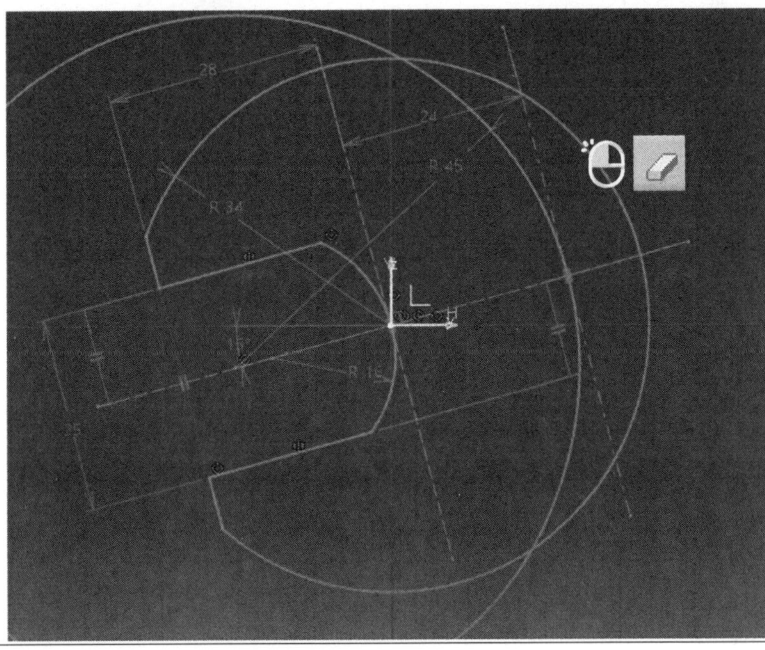

16. Quick Trim명령( )에 의해 외부원의 일부가 삭제된다.

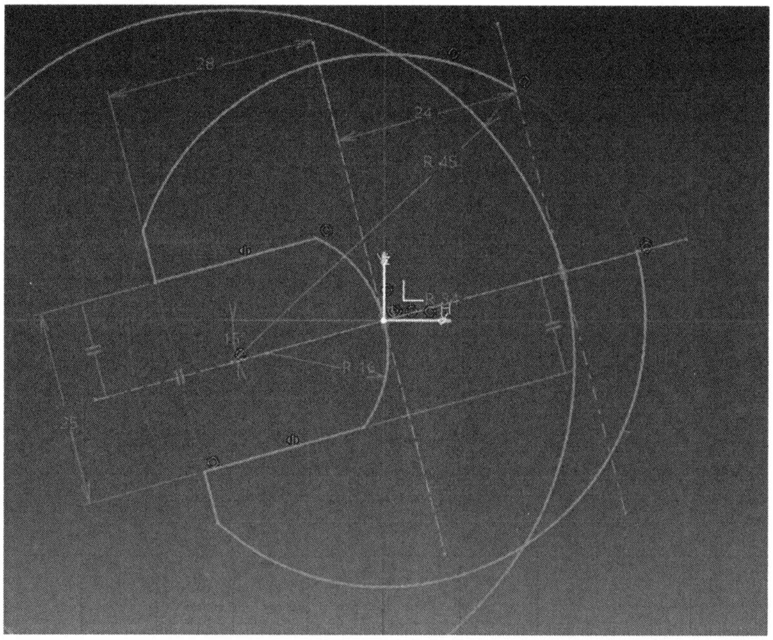

17. 오퍼레이션툴바에서 Corner명령( )을 실행하고 위쪽 좌/우 원의 교차위치에 커브를 형성한다. 이 때 두 원(좌/우)을 선택하고 커브의 방향을 지정한 후 원하는 치수(R=16 mm)를 입력하여 프로파일을 완성한다.

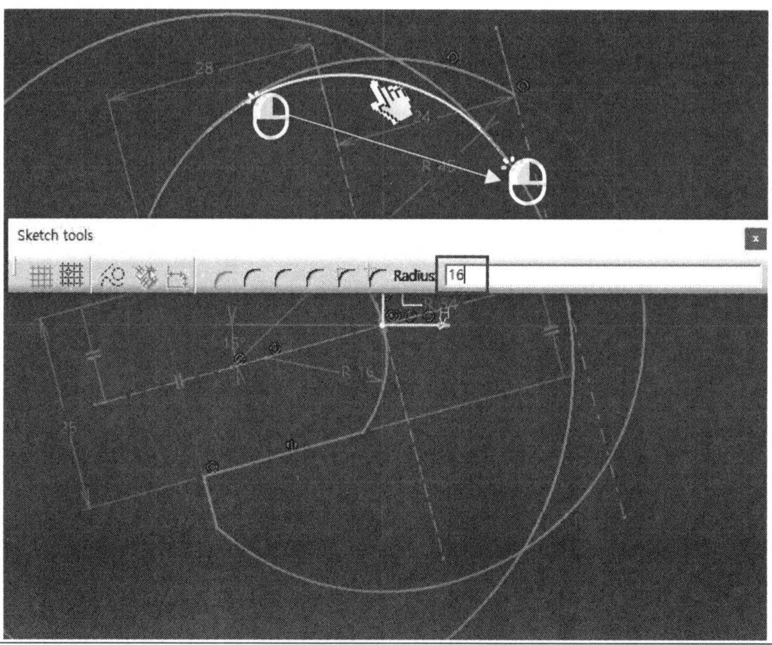

18. 오퍼레이션툴바에서 Corner명령()을 실행하고 아래쪽 좌/우 원의 교차위치에 호를 형성한다. 이 때 두 원(좌/우)을 선택하고 호의 방향을 지정한 후 원하는 치수(R=16 mm)를 입력하여 프로파일을 완성한다. 17번 단계와 달리 두 원이 서로 떨어져 있지만 Corner명령은 오류없이 실행된다.(길이가 짧은 요소는 자동으로 연장된다.)

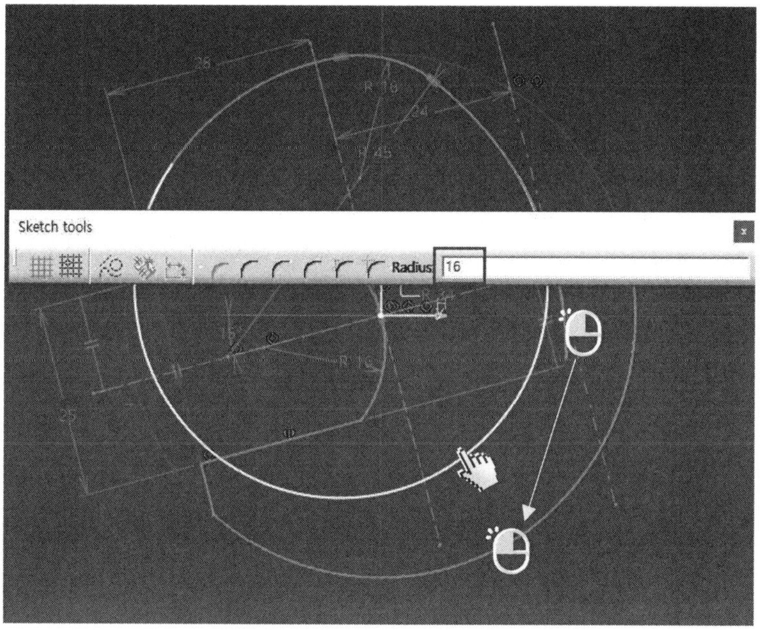

19. 완전구속된 프로파일이 완성되었다.

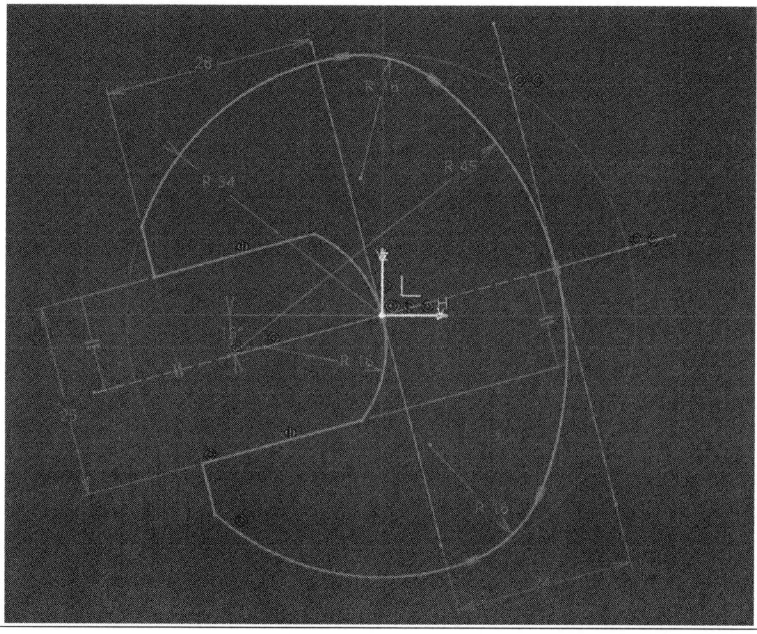

예제10

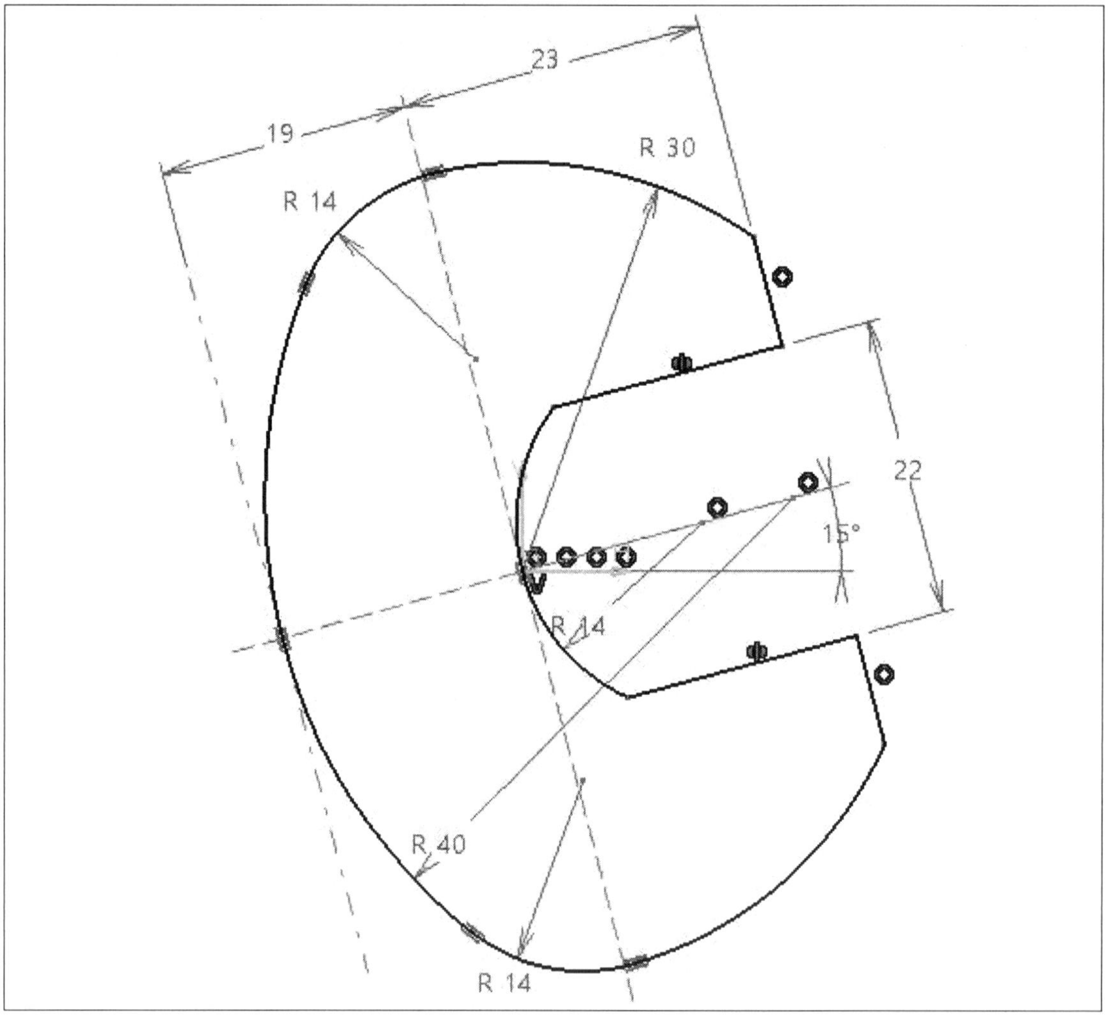

【작업방법 및 작업순서】

1. 예제는 앞의 예제9.와 동일한 모델로서 치수와 방향이 다르다.
2. 예제9.의 작업 순서를 기준으로 위 모델을 완성해 보도록 하자.

 1) 기준선을 생성한다.(프로파일툴바:)

 2) 대략적인 형상을 완성한다.(프로파일툴바:)

 3) 구속조건을 부여한다(컨스트레인트툴바:).

 4) 프로파일을 수정한다.(오퍼레이션툴바:)

예제11

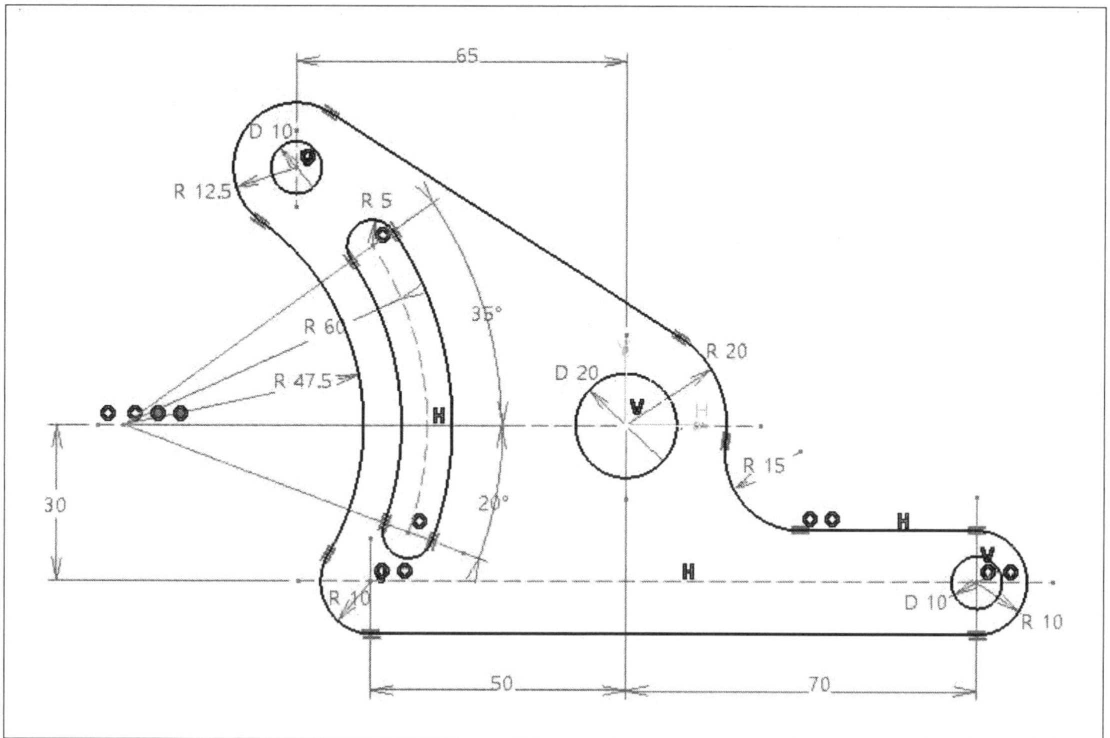

【작업방법 및 작업순서】

1. 예제를 통해 프로파일 작업에서 기준선 및 프로파일 생성작업과정 중 구속조건 부여의 중요성을 확인할 수 있다.
2. 중심축(0,0)에 대하여 기준선( )을 먼저 생성하고 완전구속한다.
3. 이 프로파일은 기준원에 대해 직선 및 원(호)요소가 상호 접선구속을 가지고 있다는 특징을 이용하여 완성한다.
4. 먼저 기준이 되는 두 개의 원을 생성한다.(, D=20 mm, R=20 mm)
5. 프로파일툴바의 Profile명령( )을 실행하고 기준원(R=20 mm)에 접하는 구속을 가지는 개략적인 프로파일을 완성한다.
6. 개략적으로 완성한 프로파일에 정확한 치수를 부여( )하여 구속한다.
7. 각 프로파일 요소간의 구속조건(접선구속)을 고려하여 프로파일을 단계적으로 완성한다.
8. 좌측 부분 형상의 경우 여러개의 원이 존재하며 모든 원은 동심원이다.(중심의 위치가 모두 같다.)
9. 치수구속조건과 기하구속조건을 부여하여 프로파일을 완성한다.

1. 프로파일툴바의 Axis명령( )을 실행하고 중심축에 대해 프로파일의 형상을 완성하기 위한 기준선을 먼저 생성한다.

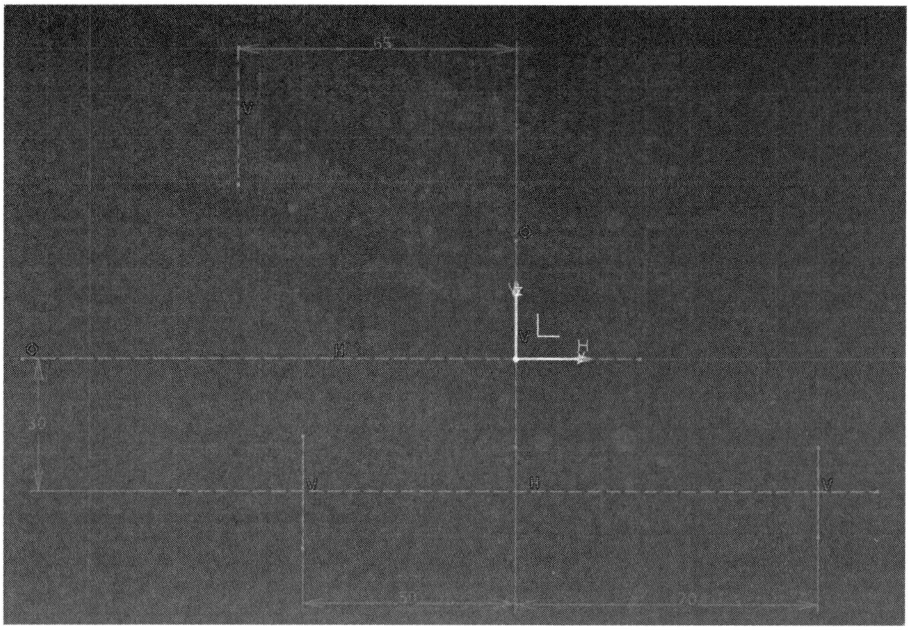

2. 프로파일툴바의 Circle( )명령을 실행하고 프로파일의 중앙에 기준원을 생성한다.

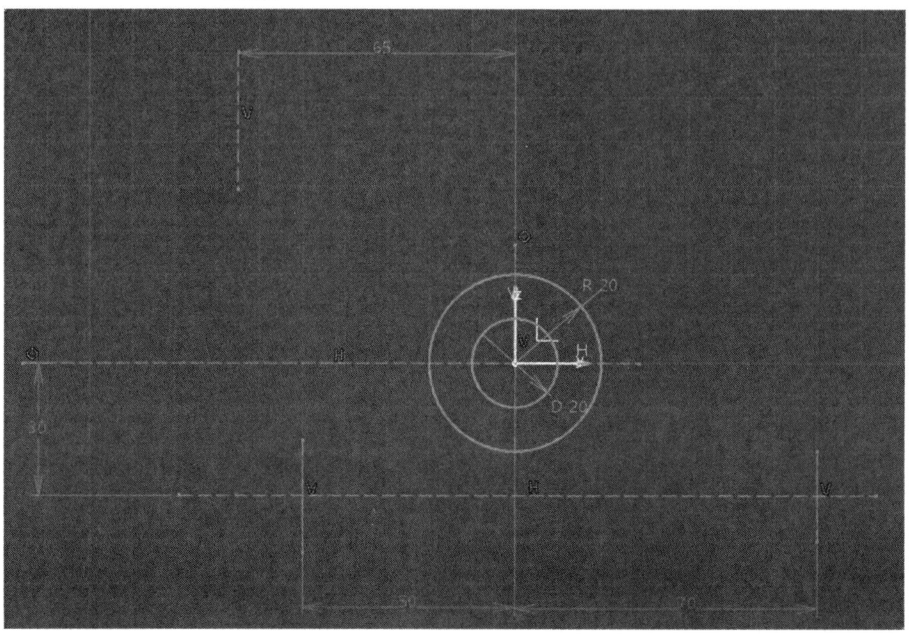

3. 프로파일툴바의 Profile명령( )을 실행하고 기준원에 접하는 프로파일 형상을 생성한다. 이 때 스케치툴의 부가옵션을 활용하여 프로파일을 완성한다.

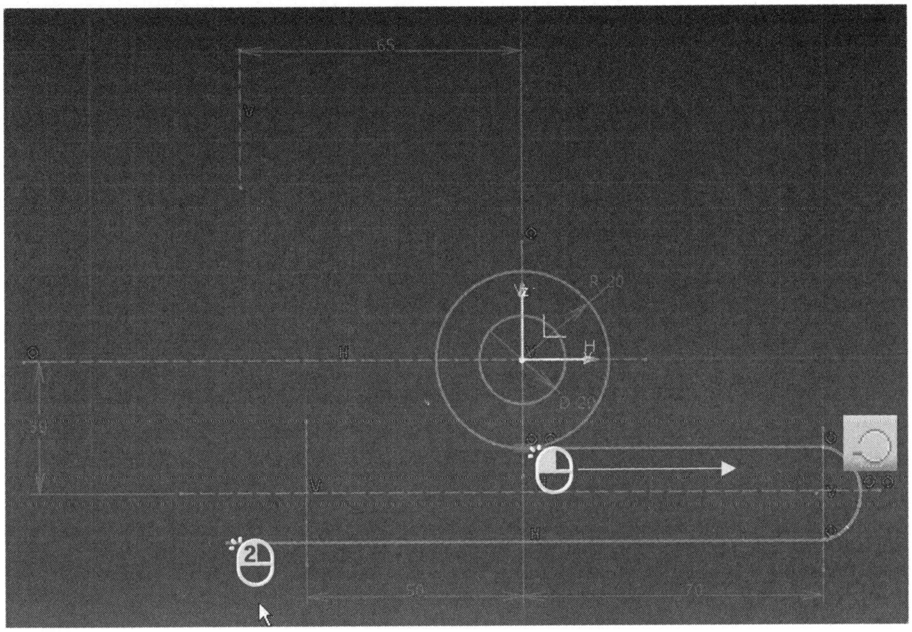

4. 컨스트레인트툴바의 Constraint명령( )을 실행하여 원의 반경을 치수구속한다. 임의로 부여된 치수를 더블클릭하여 원하는 치수로 변경한다.

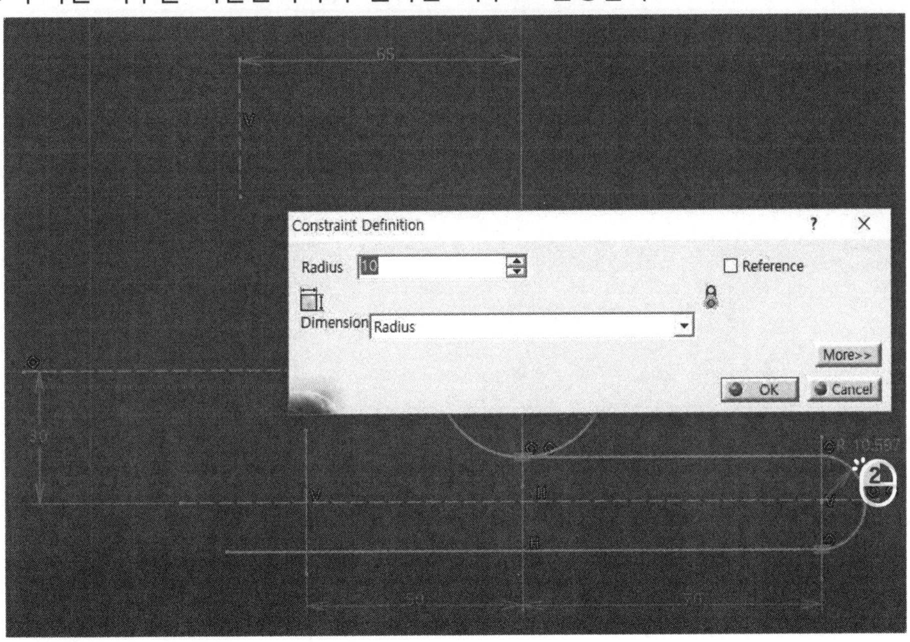

5. 앞서 생성한 프로파일에 접하는 원을 생성한다.

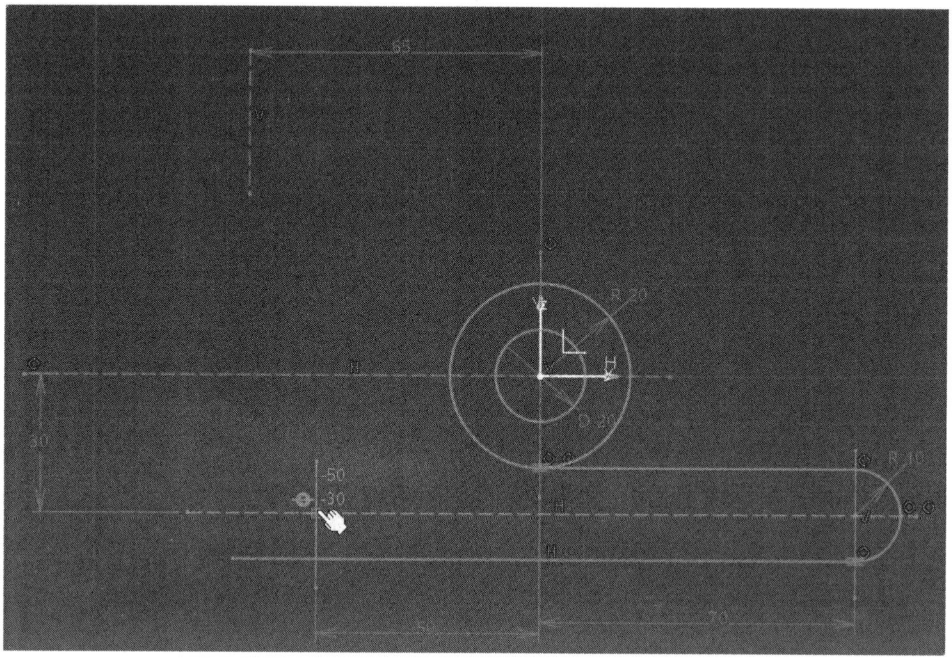

6. 기준선의 교차점에 원점을 두고 자동구속조건을 이용하면 간단하게 원을 생성할 수 있다.

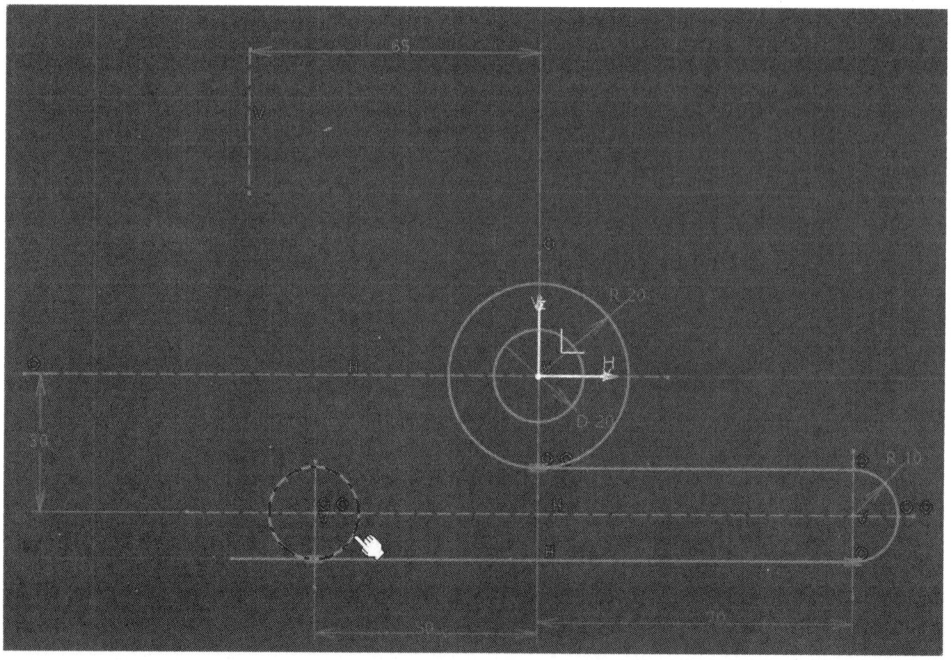

7. 상부에 위치한 원을 생성한다. 수직방향의 구속조건은 아직 부여되지 않았다.(수평방향으로 치수구속된 기준선상의 임의의 위치에 원의 중심이 위치하도록 생성하고 임의로 부여된 치수를 더블클릭하여 원하는 치수로 변경한다.)

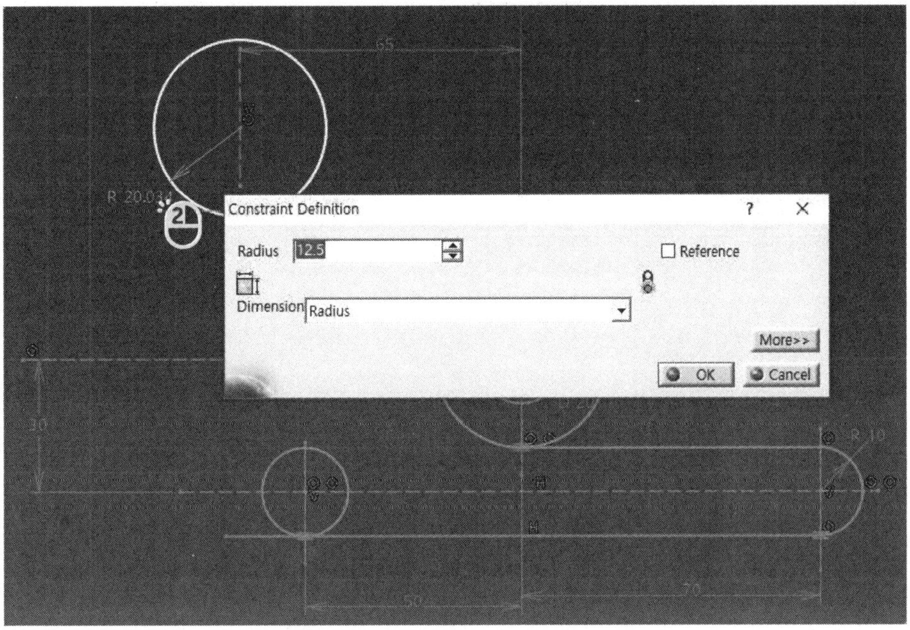

8. 프로파일툴바의 Circle명령( )의 하위메뉴에서 Three Point Arc명령( )을 실행하고 상부와 하부에 위치한 원의 외곽에 임의의 반경을 가지는 원을 생성한다.

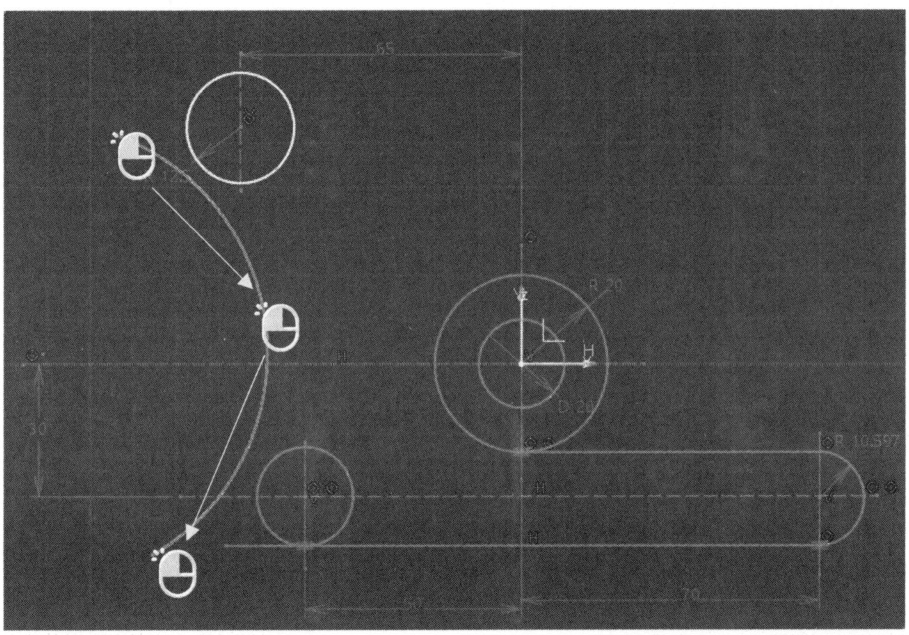

9. 컨스트레인트툴바의 Constraint명령( )을 실행하고 방금 생성한 원과 상부에 생성한 원에 접선구속조건을 부여한다.

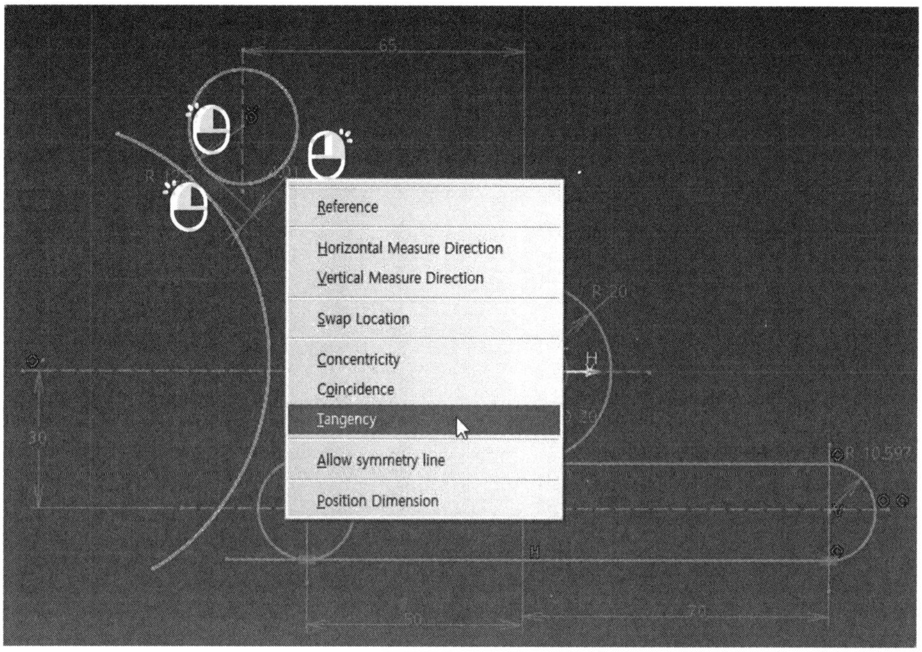

10. 컨스트레인트툴바의 Constraint명령( )을 실행하고 방금 생성한 원과 하부에 생성한 원에 접선구속조건을 부여한다.

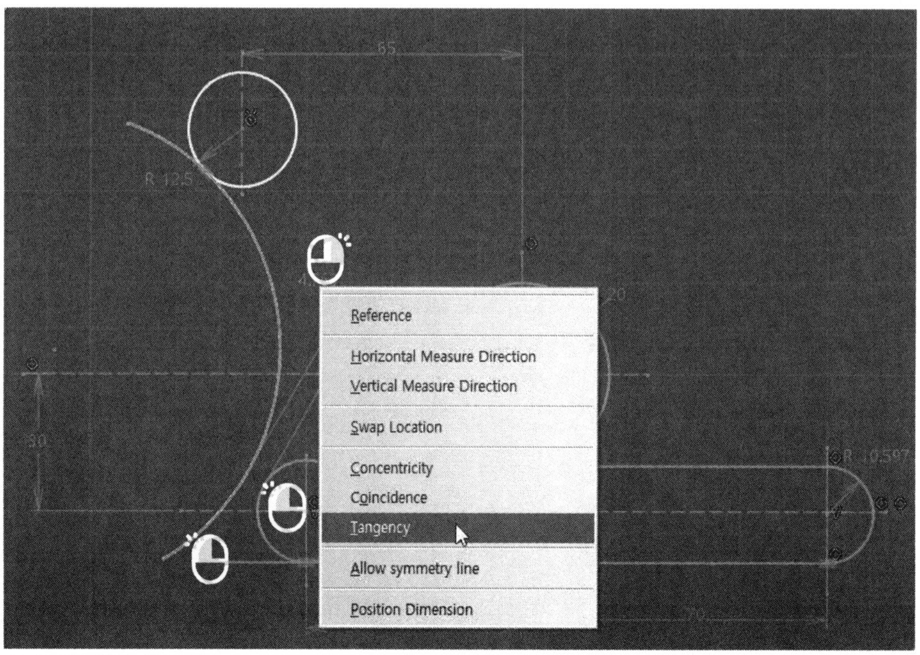

11. 컨스트레인트툴바의 Constraint명령( )을 실행하여 치수구속(반경)한다. 임의로 부여된 치수를 더블클릭하여 원하는 치수로 변경한다.

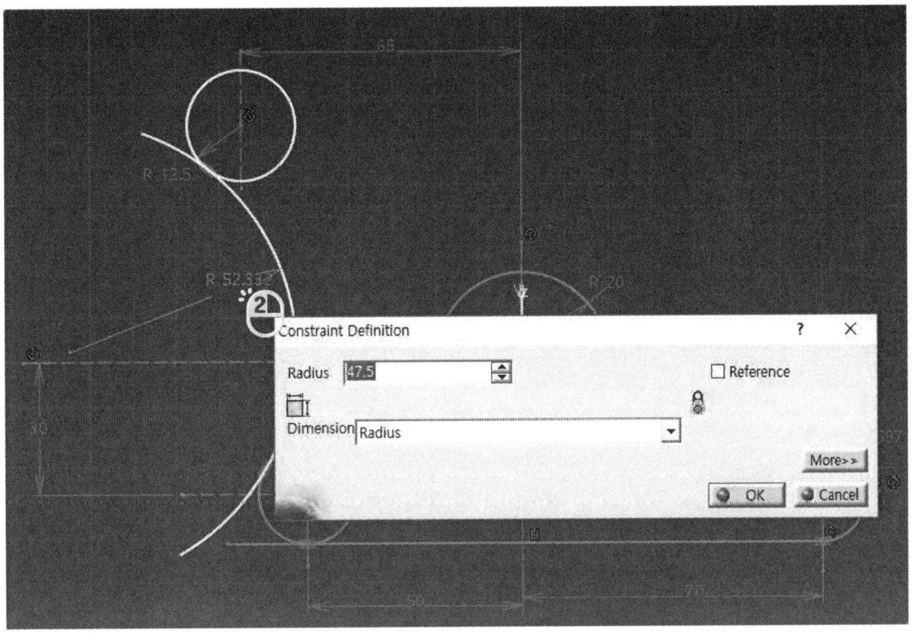

12. 컨스트레인트툴바의 Constraint명령( )을 실행하여 원점의 위치가 기준선위에 일치하도록 구속조건을 부여한다.(기하구속)

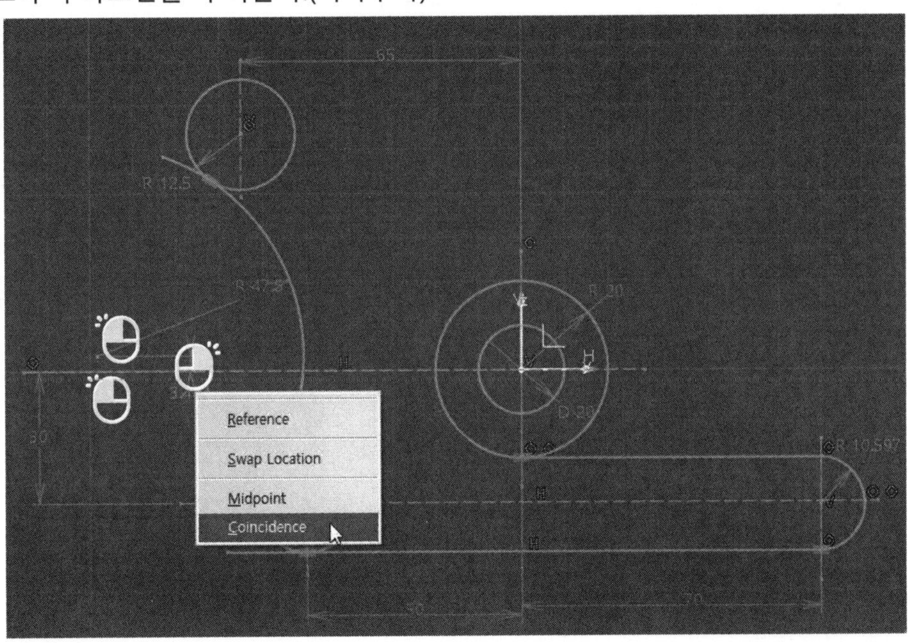

13. 프로파일툴바의 Line명령( )을 실행한다. 이 때 자동구속 옵션을 활용하여 상부의 원과 기준원 둘 중 하나의 원에 접선구속조건을 부여한다.(예제에서는 기준원에 접선구속조건을 부여하였다.)

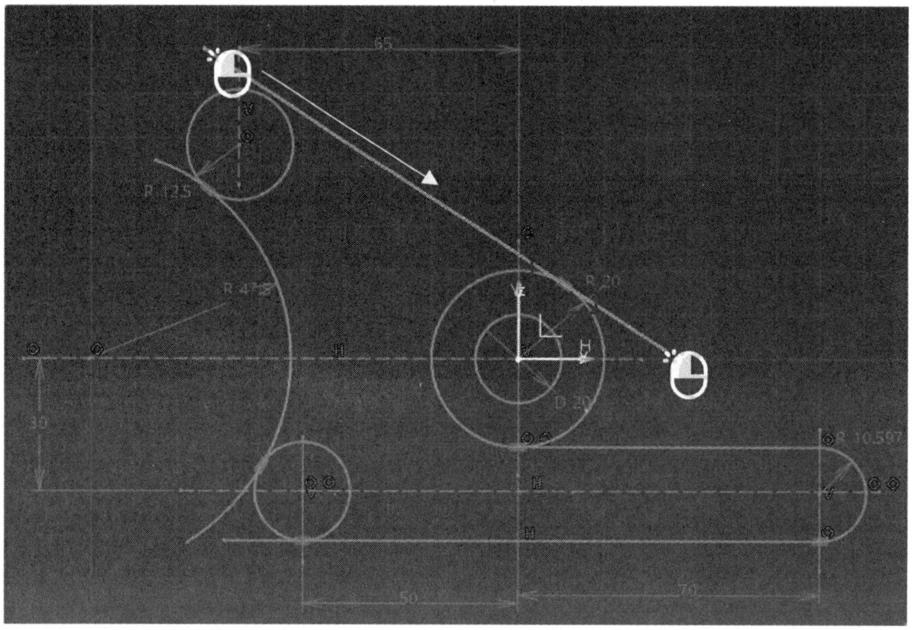

14. 컨스트레인트툴바의 Constraint명령( )을 실행하여 나머지 구속조건을 부여한다. 선과 상부원을 클릭하여 접선구속조건을 부여한다.

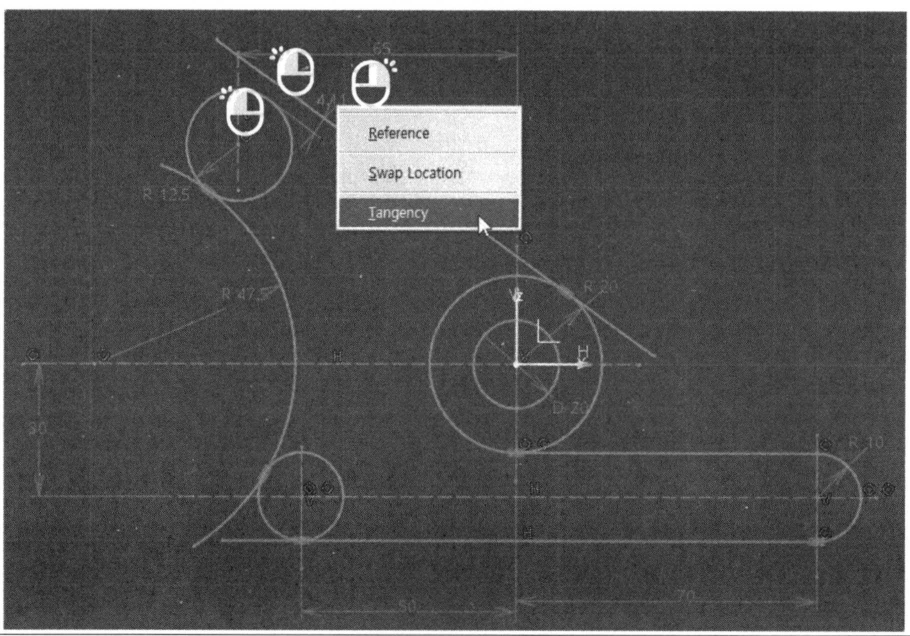

15. 오퍼레이션툴바에서 Trim명령( )을 실행하고 선과 기준원을 연결한다.

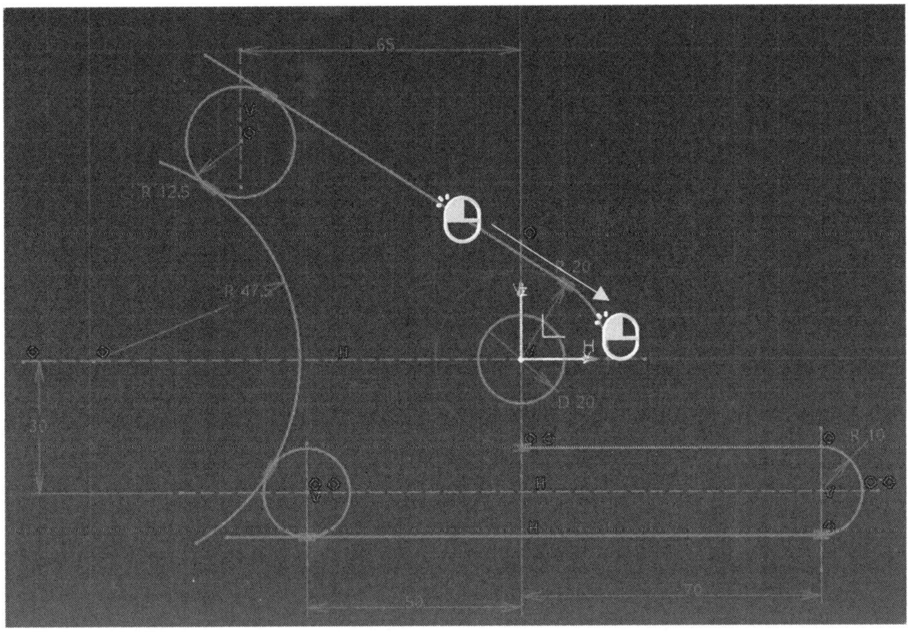

16. 오퍼레이션툴바에서 Corner명령( )을 실행하고 기준원과 수평선사이에 반경(R) 15 mm인 커브를 생성한다.

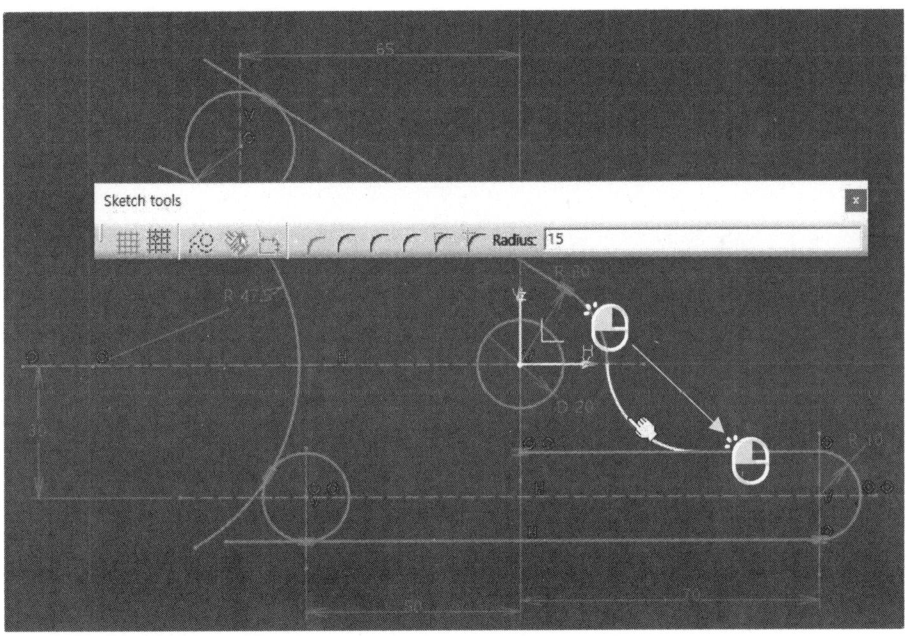

17. 오퍼레이션툴바에서 Trim명령( )을 실행하고 선과 상부원을 연결한다.

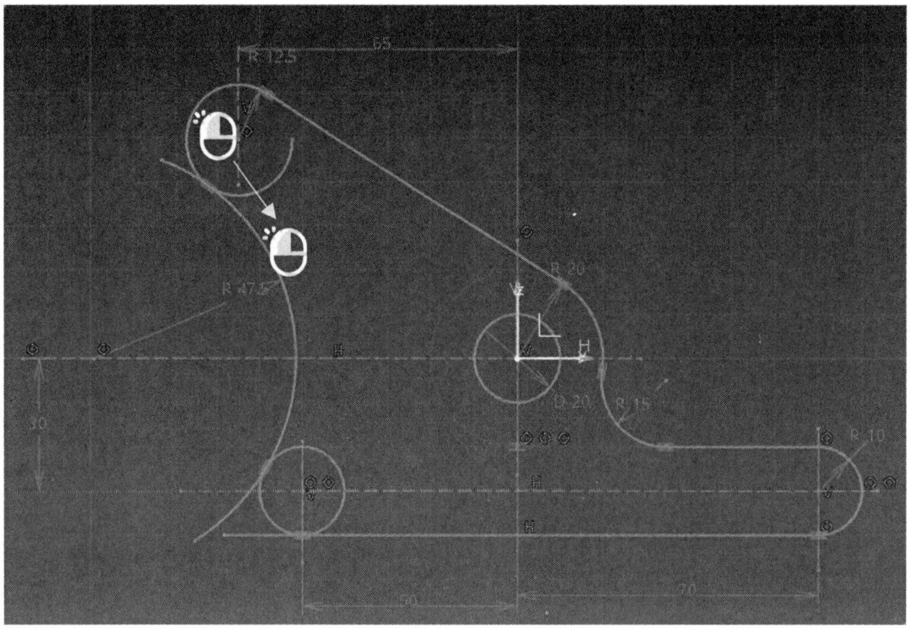

18. 오퍼레이션툴바에서 Trim명령( )을 실행하고 상부원과 좌측원, 좌측원과 하부원을 각각 연결한다.

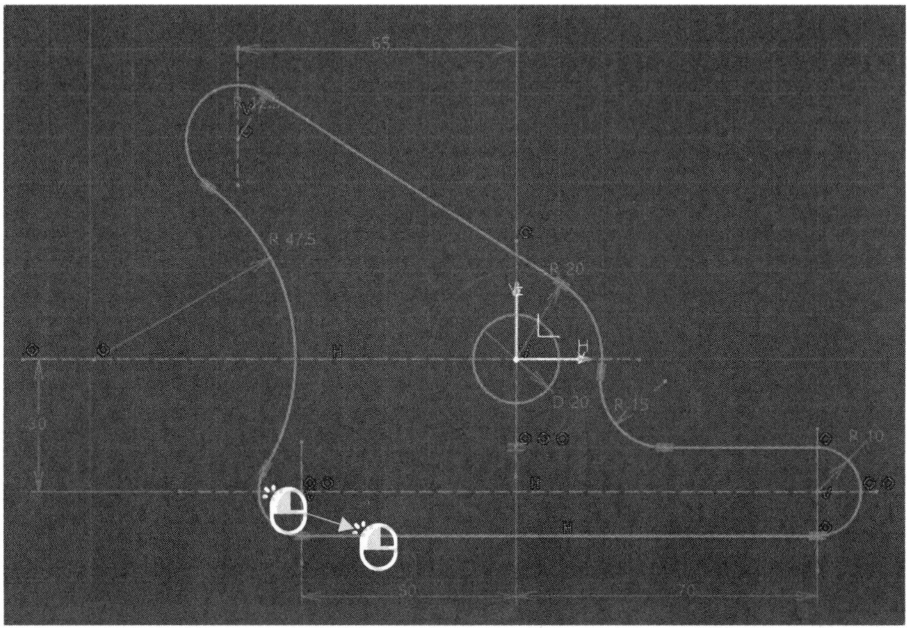

19. 프로파일툴바의 Circle명령( )의 하위메뉴에서 Arc명령( )을 실행하고 내부형상의 중심선을 먼저 생성한다. 이 때 Arc명령에 의해 생성되는 원의 중심은 좌측원의 중심과 일치구속조건을 가져야 하며, 생성되는 요소는 Standard Element이다. 스케치툴의 Construction/Standard Element( ) 옵션을 선택하여 보조선(Construction Element)으로 변경해야 한다.

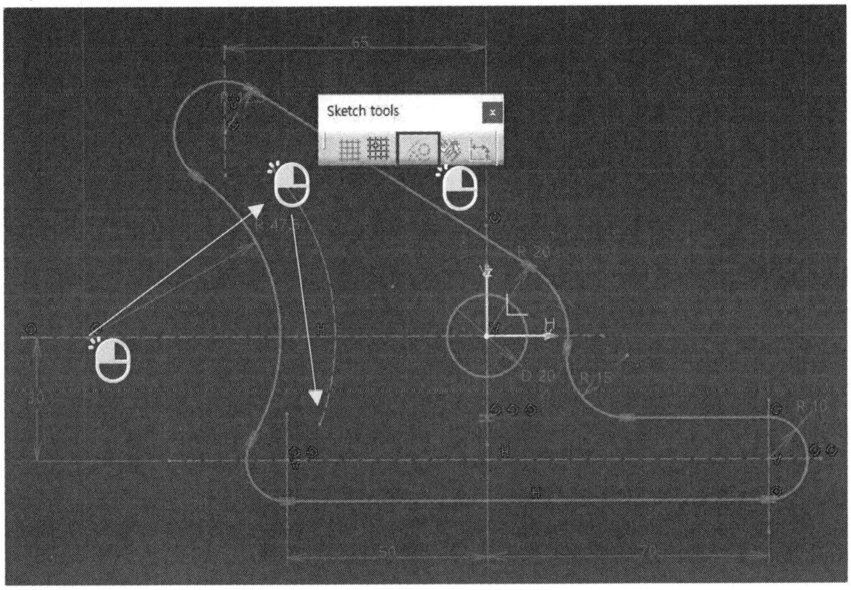

20. 컨스트레인트툴바의 Constaint명령( )을 실행하고 내부형상의 중심선을 치수구속한다. 임의로 부여된 치수를 더블클릭하여 원하는 치수로 변경한다.(R=60 mm)

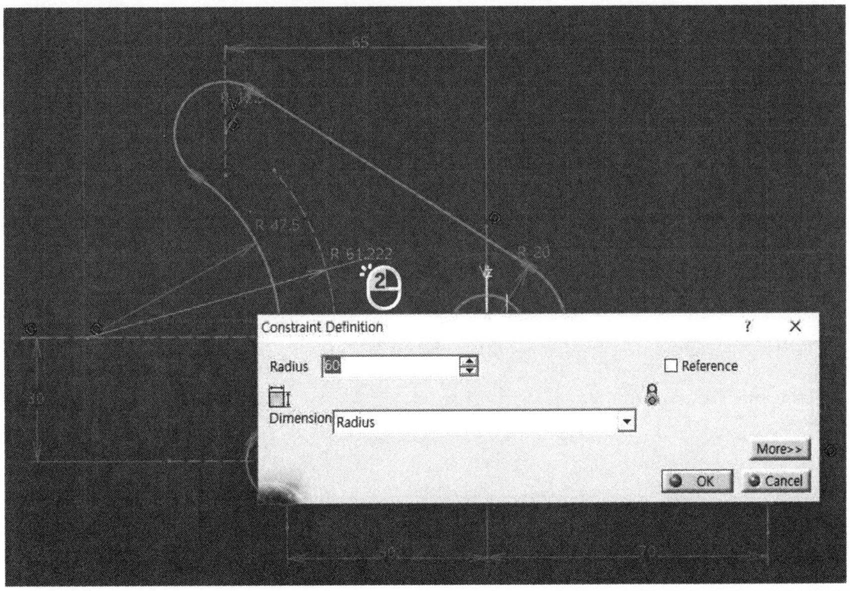

21. 프로파일툴바의 Axis명령( )을 실행하고 내부형상의 중심선에 대해 원점으로부터 시작점과 끝점을 연결하는 두 개의 기준선을 만든다.

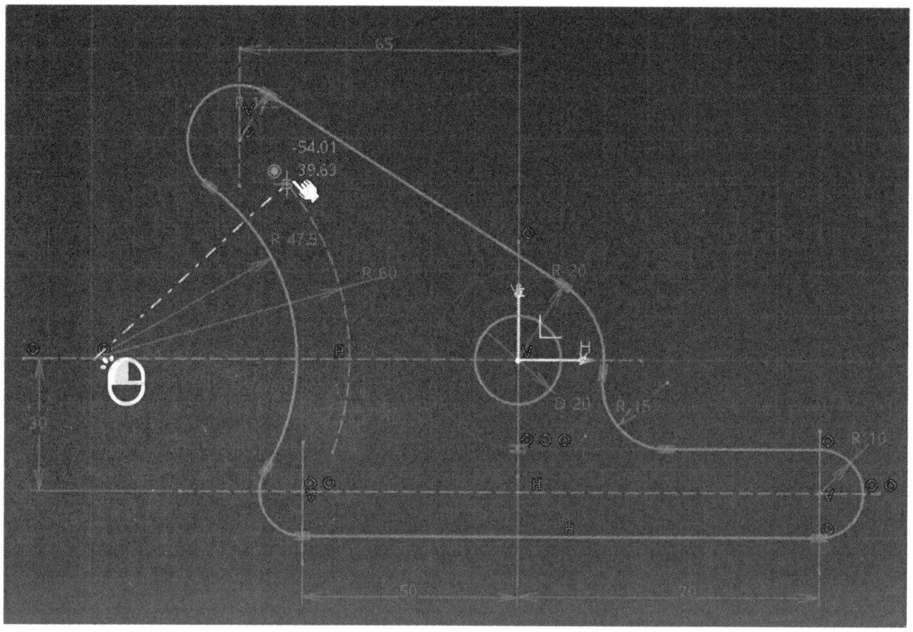

22. 컨스트레인트툴바의 Constaint명령( )을 실행하고 시작점과 끝점을 연결한 기준선에 각도를 부여하여 치수구속한다.

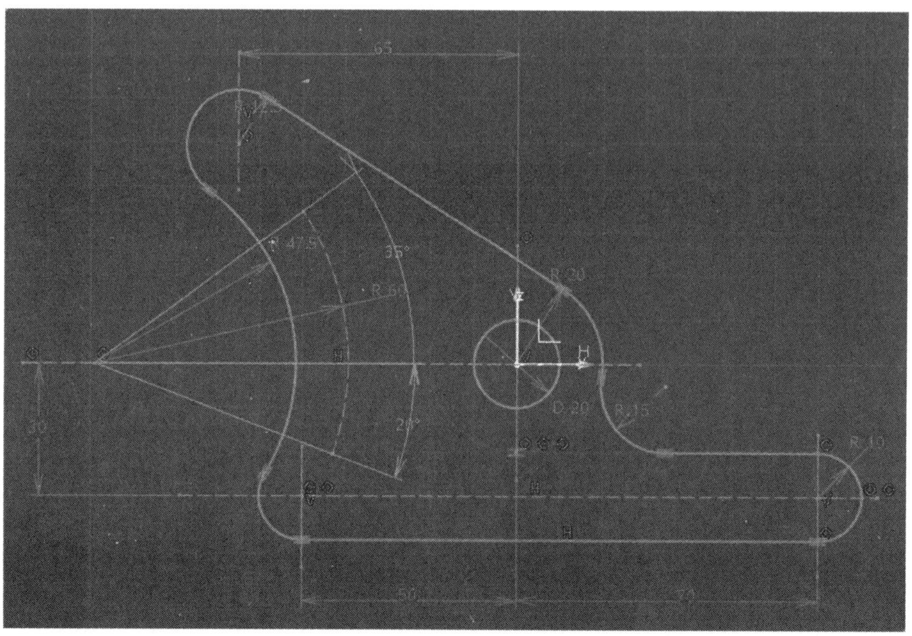

23. 프로파일툴바의 Rectangle명령( )의 하위메뉴에서 Cylindrical Elongated Hole명령 ( )을 실행하고 프로파일의 내부에 형상을 생성한다. 이 때 원점은 좌측원의 원점과 동일한 위치에 존재하고 시작점과 끝점은 앞서 22번 단계에서 치수구속한 기준선 상에 존재한다.

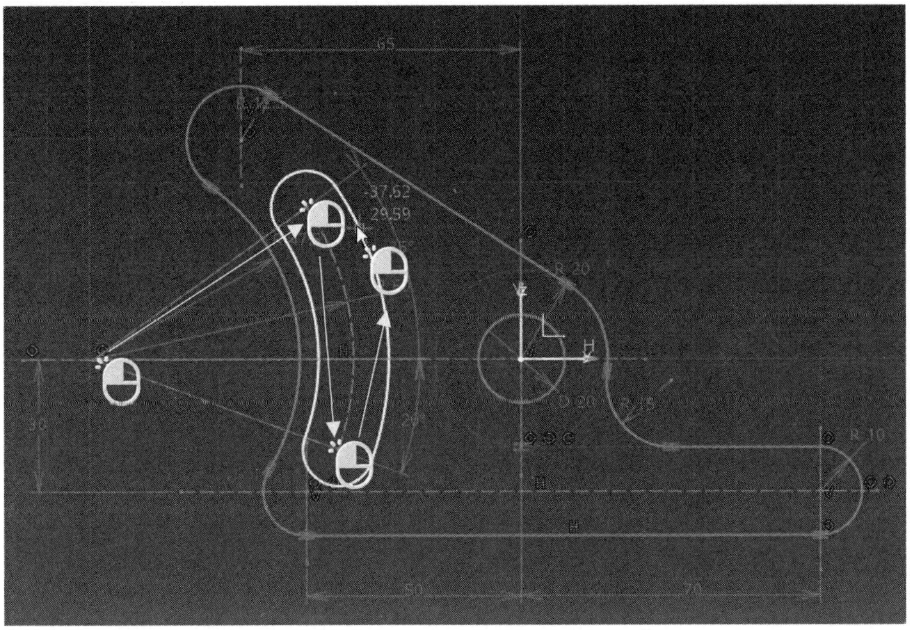

24. 내부형상에 임의로 부여된 치수를 더블클릭하여 원하는 치수로 변경한다.(R=5 mm)

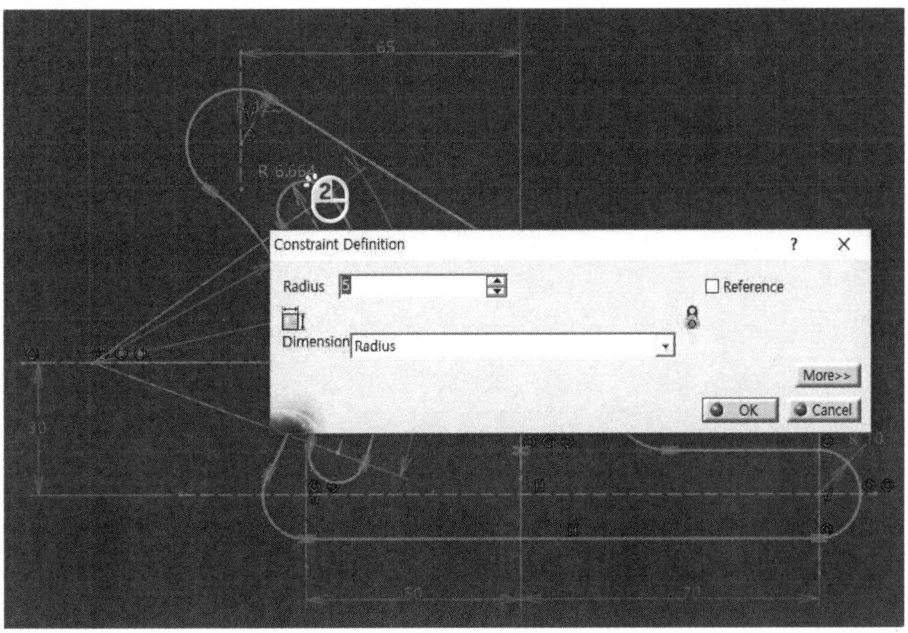

25. 프로파일툴바의 Circle명령( )을 실행하여 상단에 임의의 원을 생성하고 컨스트레인트툴바의 Constaint명령( )을 실행하여 치수구속한다. 임의로 부여된 치수를 더블클릭하여 원하는 치수로 변경한다.(D=10 mm)

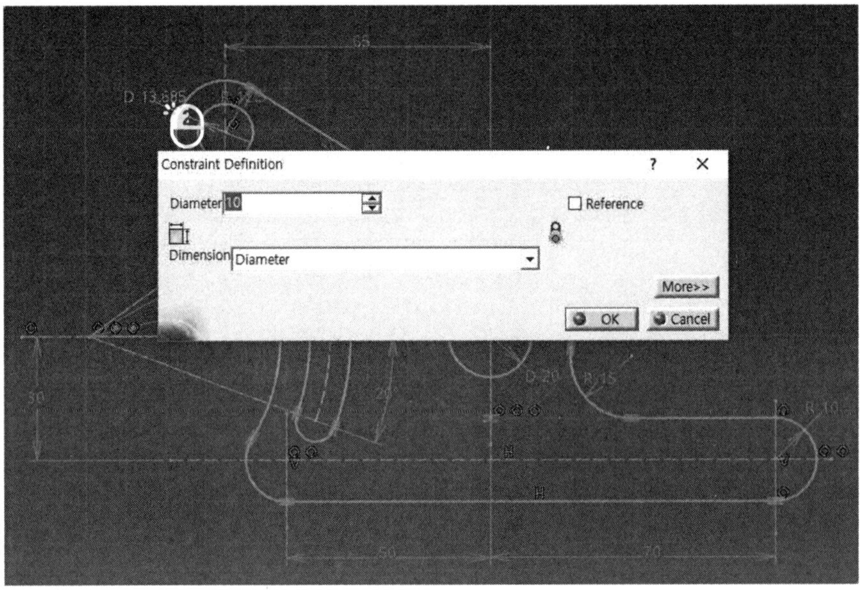

26. 프로파일툴바의 Circle명령( )을 실행하여 하단 우측에 임의의 원을 생성하고 컨스트레인트툴바의 Constaint명령( )을 실행하여 치수구속한다. 임의로 부여된 치수를 더블클릭하여 원하는 치수로 변경한다.(D=10 mm)

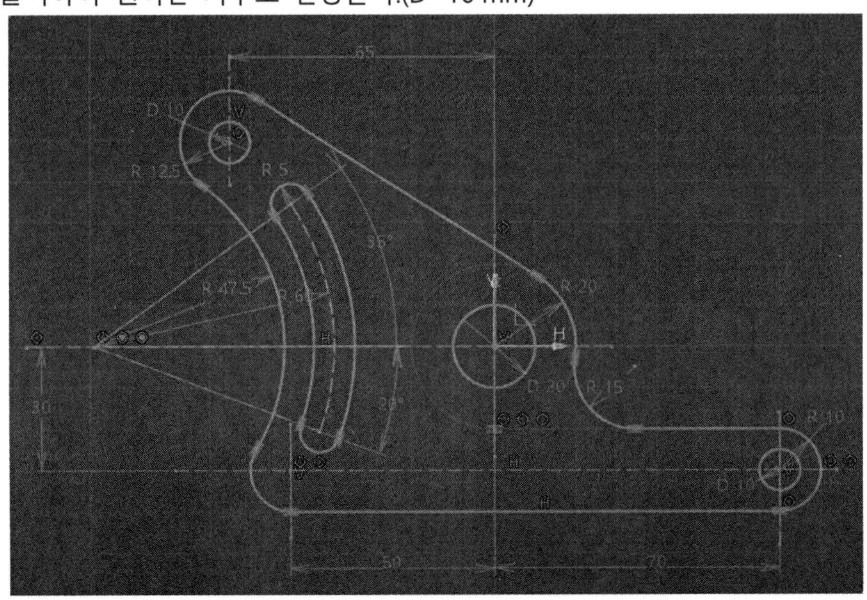

예제12

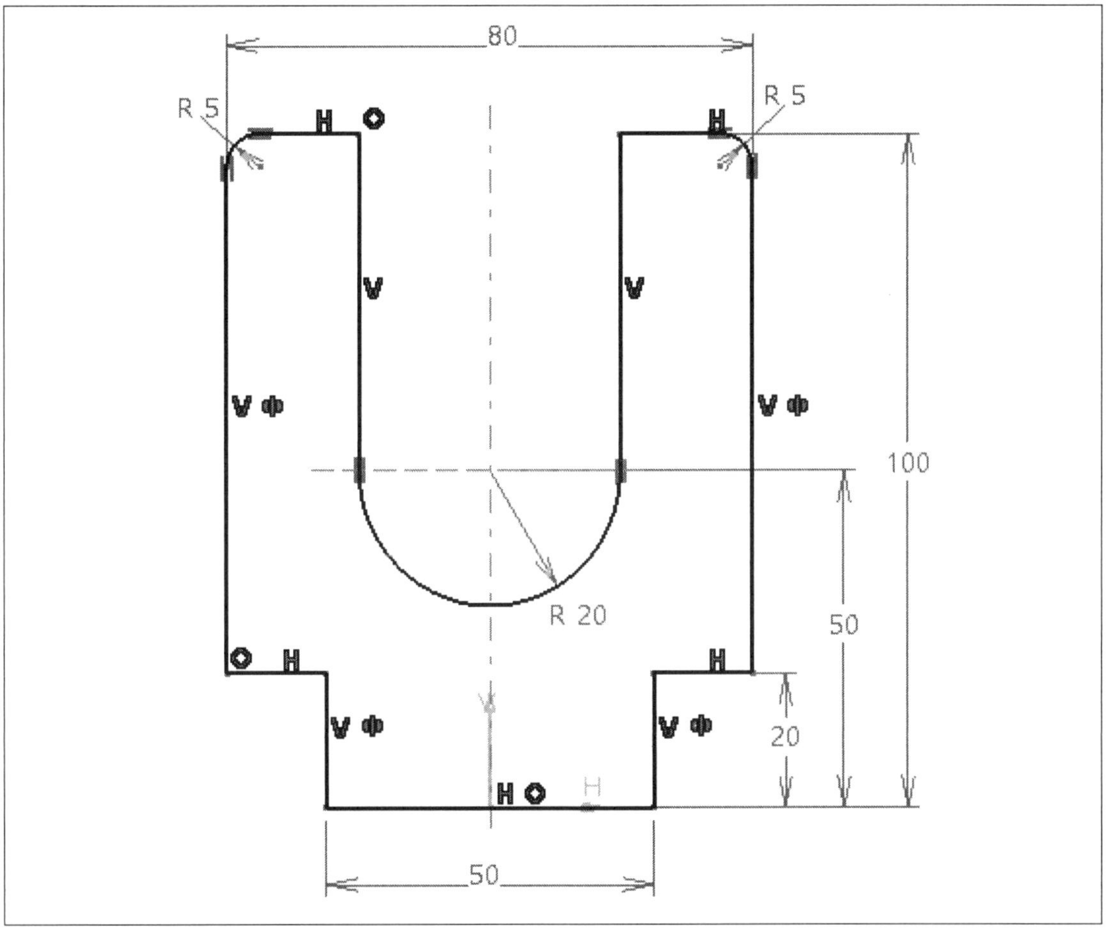

【작업방법 및 작업순서】
1. 예제는 중심축을 기준으로 좌/우 대칭을 가지는 프로파일을 생성하는 것이다.
2. 중심축(0,0)에 대하여 기준선( )을 먼저 생성하고 완전구속한다.
3. 프로파일툴바의 Profile명령( )을 실행하고 대칭구속조건을 고려하여 대략적인 프로파일 형상을 완성한다.
4. 먼저 개략적으로 완성한 프로파일에 대칭구속조건을 부여( )한다.
5. 대칭구속된 프로파일을 치수구속( )한다.
6. 상단 모서리부에 R=5 mm 코너를 생성( )하여 프로파일을 완성한다.

파트디자인 워크벤치
(Part Design Workbench)

3

파트디자인 워크벤치(Part Design Workbench)는 스케치(Sketch )로 생성한 프로파일(Profile)을 이용하여 3차원 형상의 솔리드 모델(Solid Model)을 만드는 도구다.

솔리드 모델(Solid Model)은 3차원 형상의 내부가 꽉 찬 형태로 부품의 형상을 외부 뿐 아니라 내부도 정확하게 표현할 수 있다.(단면을 잘라서 내부를 확인할 수 있다.)

CATIA에서는 3차원 형상을 만드는 도구로서 서페이스모델(Surface Model)도 사용하며 서페이스(Surface)로 이루어진 3차원 모델도 최종적으로는 솔리드 모델(Solid Model)로 완성되어야 한다.

3-1 파트디자인 워크벤치 시작하기

CATIA를 실행하면 다음과 같은 새로운 프로덕트 파일이 열린다. 먼저 이 파일(창)을 닫고 메인메뉴의 【Start->Mechanical Design->Part Design】을 선택하거나 또는 환경설정에서 즐겨찾기에 등록한 파트디자인워크벤치를 선택하여 새로운 파트를 연다.

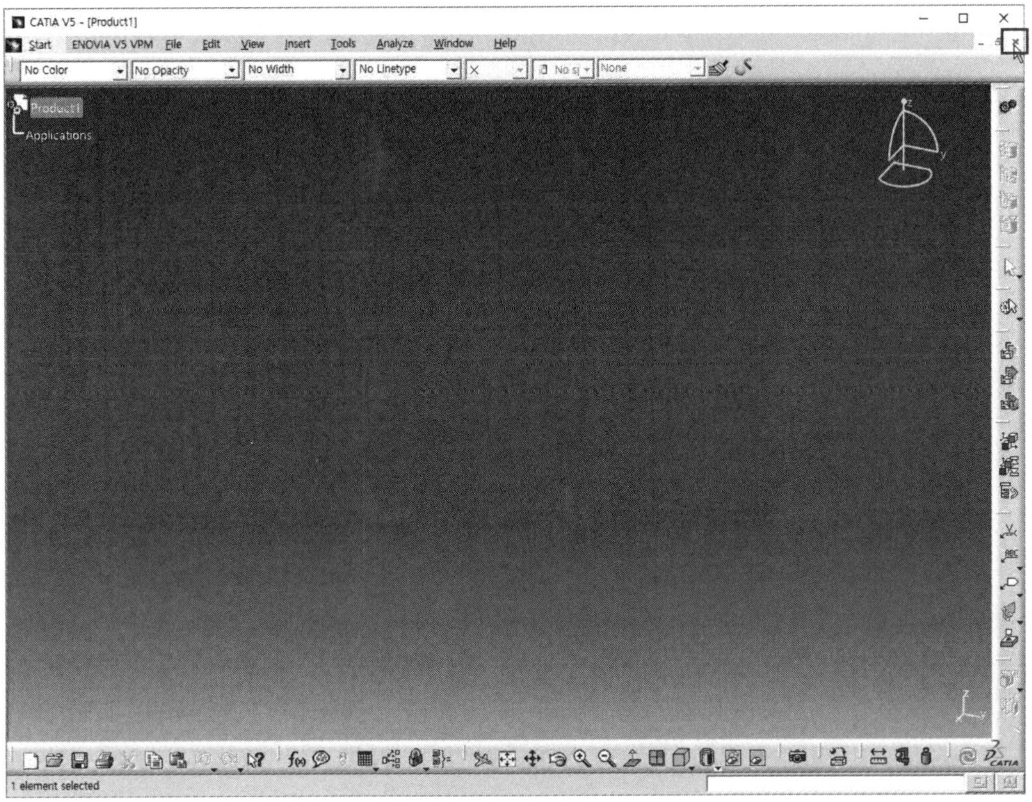

3-2 파트디자인워크벤치 실행하기

(1) 메인메뉴의 Start⇒Mechanical Design⇒Part Design 실행

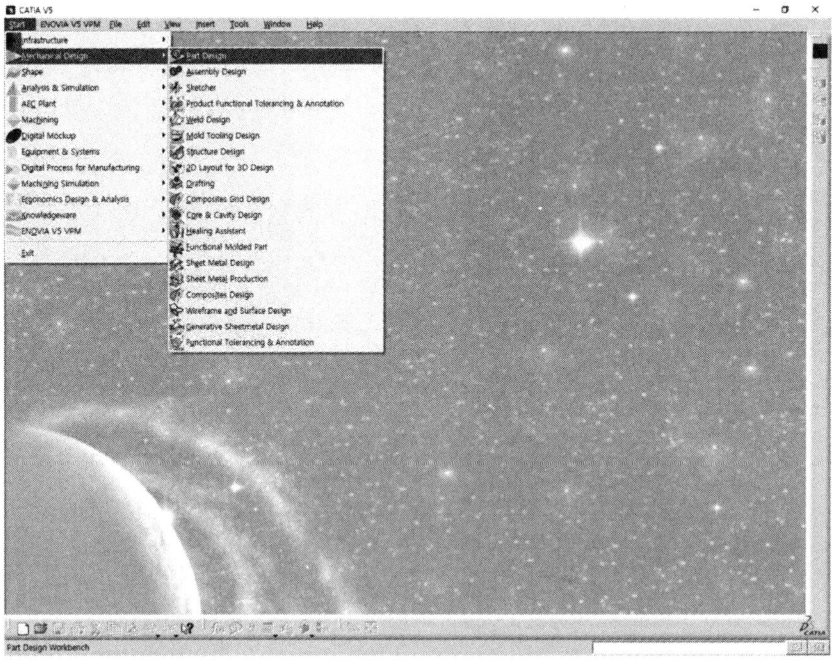

(2) 즐겨찾기에서 실행

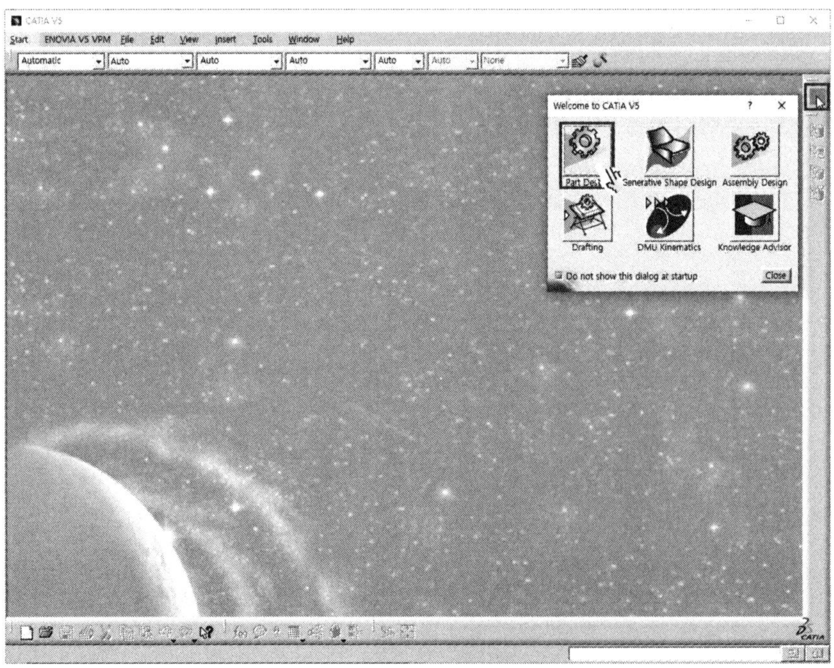

(3) 파트디자인 워크벤치를 실행하면 New Part 대화창이 나타난다.

이 창에서 파일명을 지정하거나 하이브리드 디자인(Hybrid Design) 기능의 사용여부, 지오메트리컬 세트(Geometrical Set)의 사용여부 등을 선택할 수 있다.

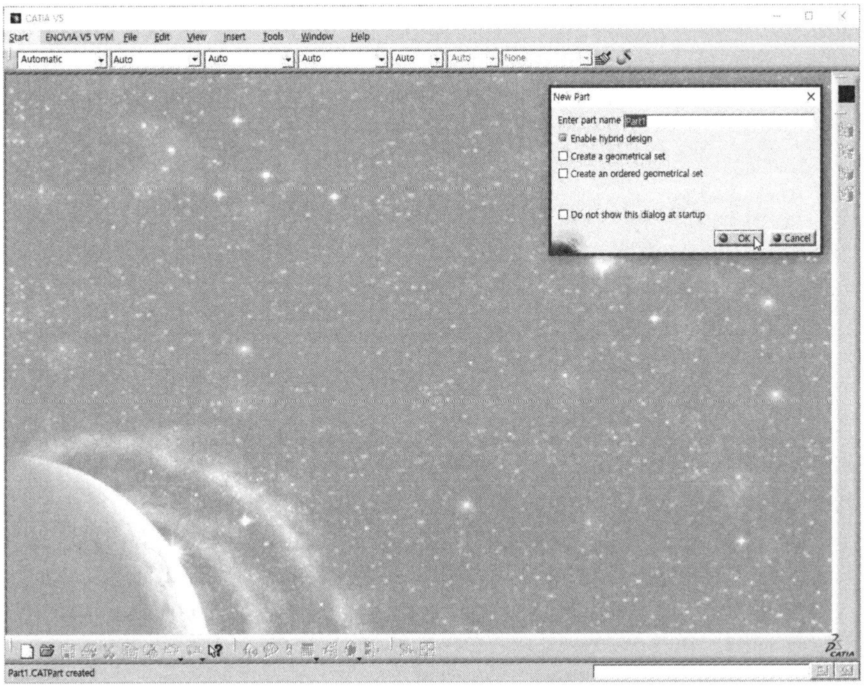

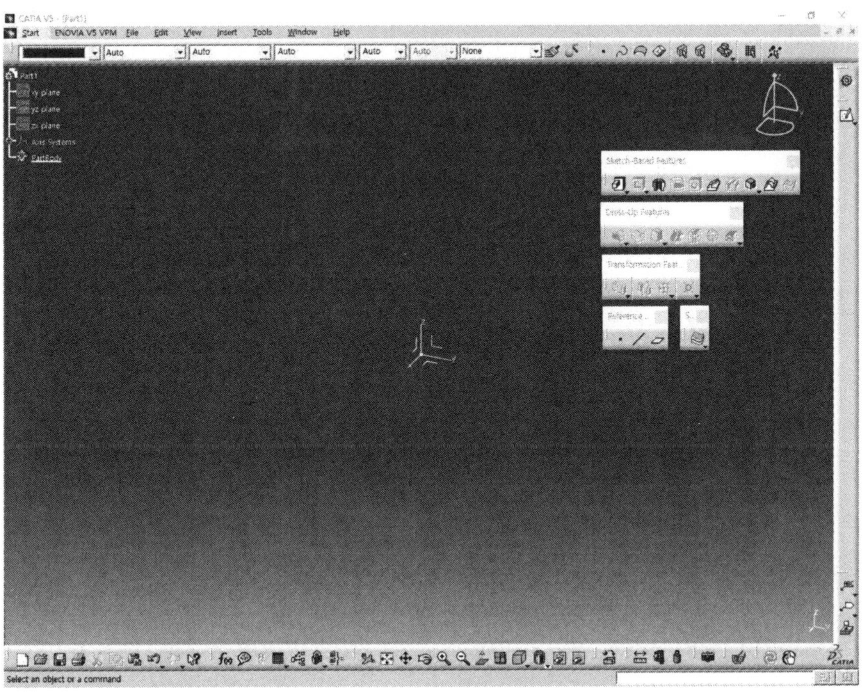

3-3 파트디자인 워크벤치 들어가기

(1) 스케치-베이스드 피쳐스 툴바(Sketch-Based Features Toolbar)

스케쳐(Sketcher)에서 생성한 프로파일(Profile)을 이용하여 3차원 솔리드모델을 생성하기 위한 기본적인 툴바이다.

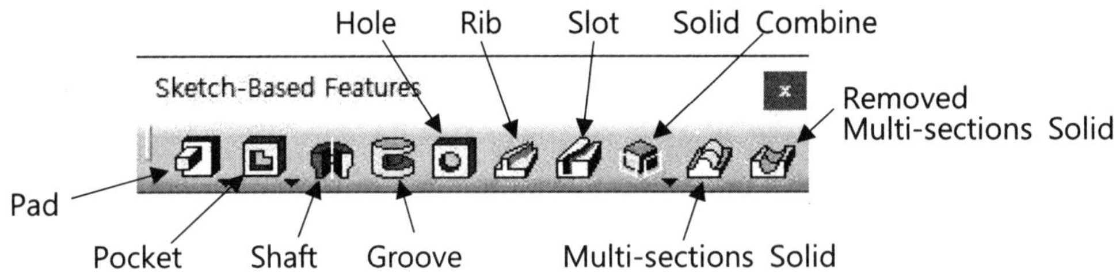

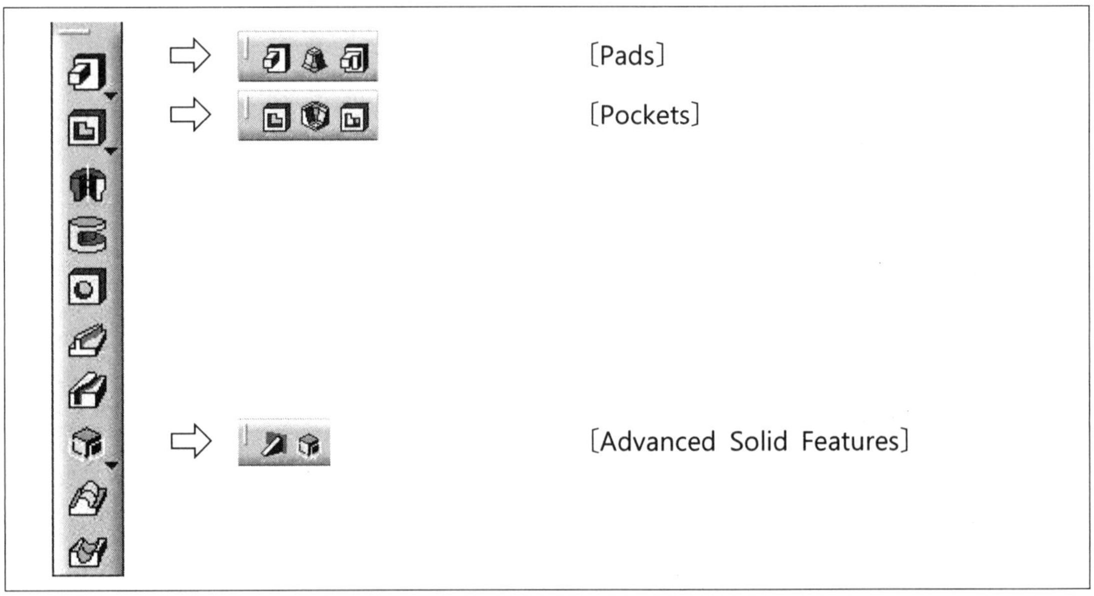

❑ Pads( )와 Pockets( )

3차원형상을 생성할 때 가장 빈번하게 사용하는 명령으로 스케쳐에서 생성한 프로파일 형상에 깊이를 더하거나(+) 빼서(-) 간단하게 3차원 형상을 생성할 수 있다.

이 때 깊이는 기본적으로 프로파일을 생성한 평면으로부터 직각방향으로 부여되며 옵션으로 사용자가 원하는 방향을 지정할 수도 있다.

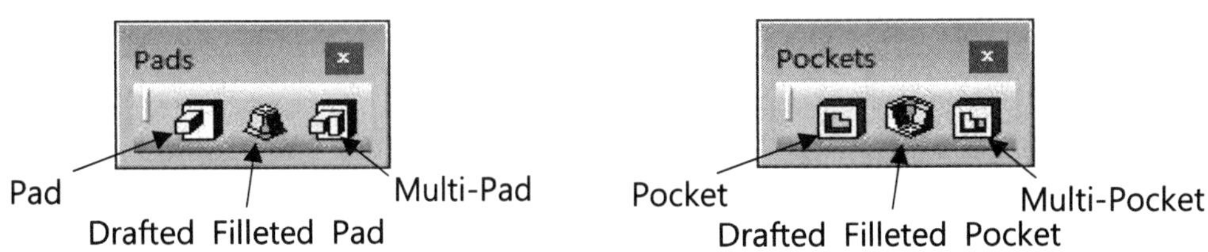

Pad명령()과 Pocket명령()은 한 쌍으로 이해하면 된다. 즉 Pad는 프로파일에 깊이를 부여하여 부피를 생성하고(더하기), Pocket은 만들어 진 3차원 솔리드모델에 깊이만큼 파여진 형상을 만드는(빼기) 것이다. 부가메뉴도 마찬가지이다.

⊠ Pad(): 프로파일(Profile)을 선택하여 돌출시킨다.

(1) Pad명령을 실행하면 Pad Definition 대화창이 나타난다.
(2) 대화창의 Profile/Surface 옵션의 Selection영역이 활성화되어 입력을 기다린다.
(3) 스케치에서 완성한 프로파일(Profile)을 선택한다.(마우스로 작업창에서 Profile을 선택한다.) 이 때 좌측 Specification Tree로부터 Sketch.1이 선택되었음을 알 수 있다.

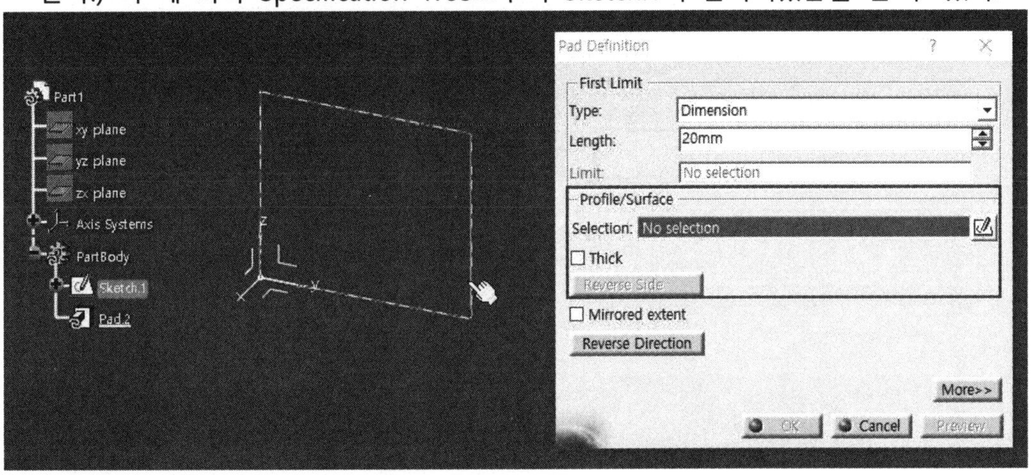

(4) 프로파일을 선택하면 다음 단계에서 Pad의 속성을 지정할 수 있다.
(5) 깊이, 패드의 방향, 두께 등 다양한 옵션을 선택하여 명령어를 실행한다.
(6) 오류가 없으면 [OK]를 눌러 Pad 작업을 완료한다.([Preview]를 눌러 실행결과를 미리 확인할 수도 있다.)

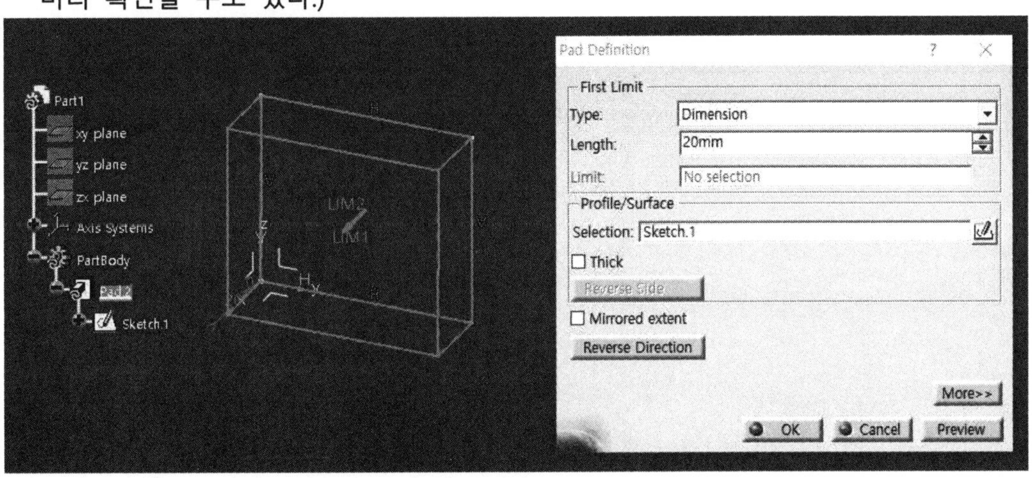

▧ Pad( ): 옵션

▶Thick: 프로파일을 기준으로 두께로 가진 솔리드모델을 생성한다.

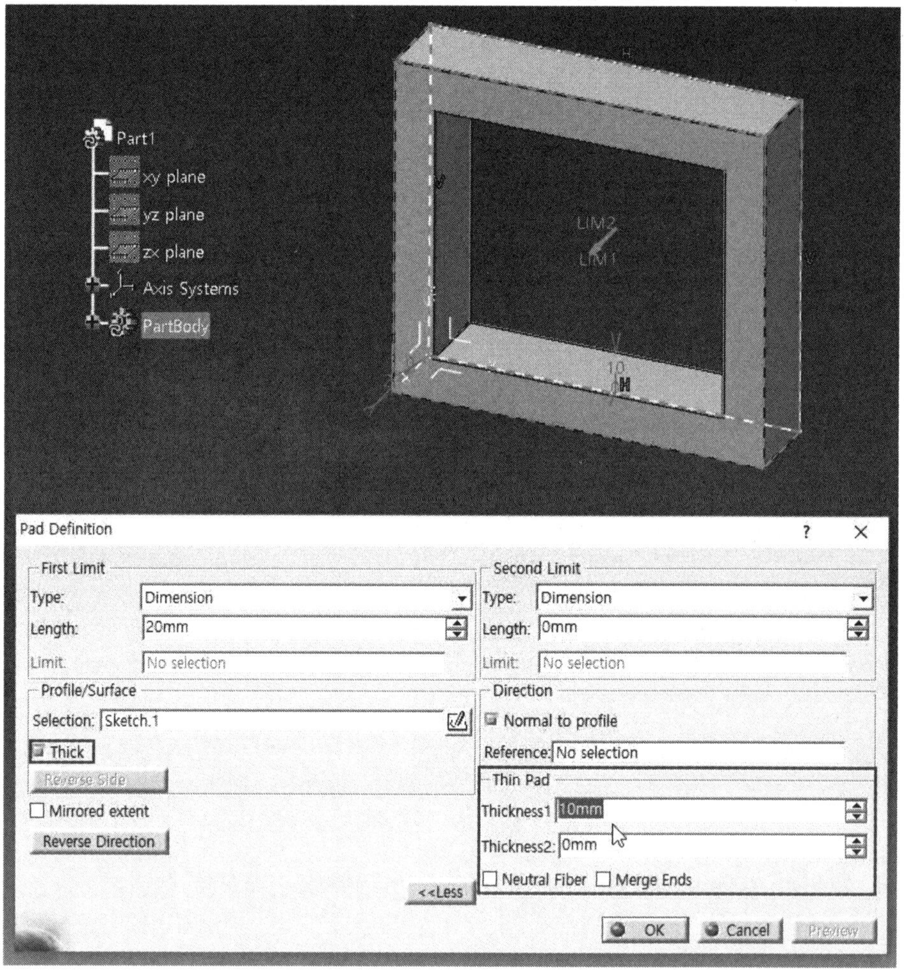

▣ Thin Pad 옵션:Thickness1, Thickness2

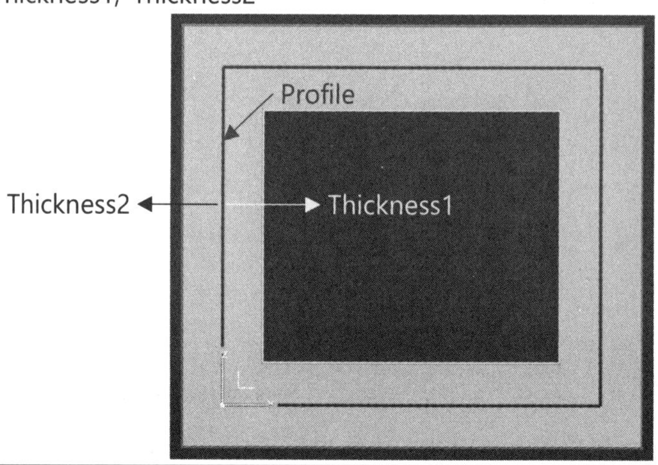

▧ Pad( ): 옵션

▶Mirrored extent: 프로파일을 기준으로 양쪽방향으로 깊이를 부여한다.

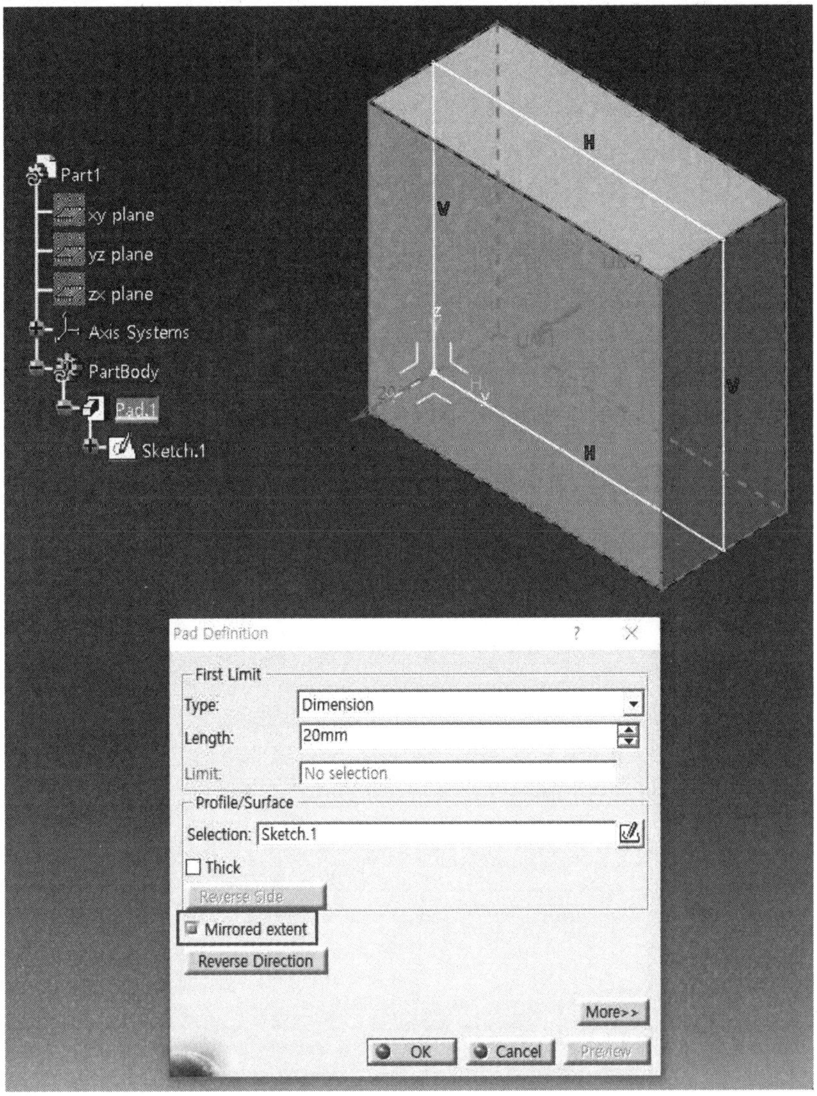

▣Mirrored extent

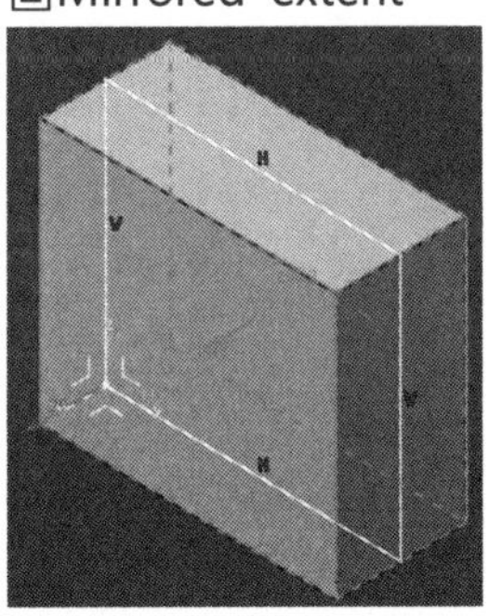

□Mirrored extent

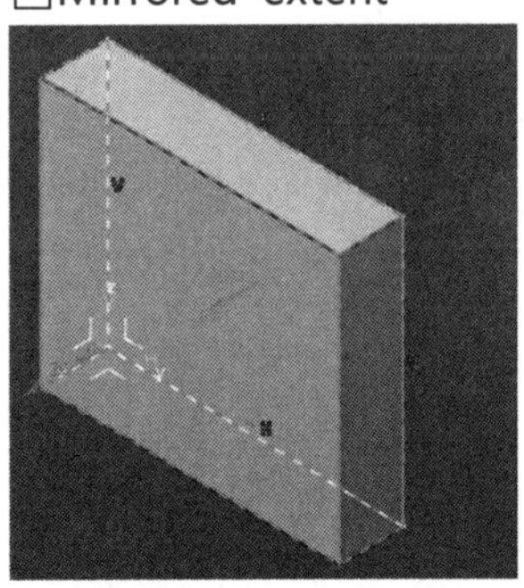

⊠ Pad( ): 옵션

▶Reverse Direction: 패드가 생성되는 방향을 바꾼다.

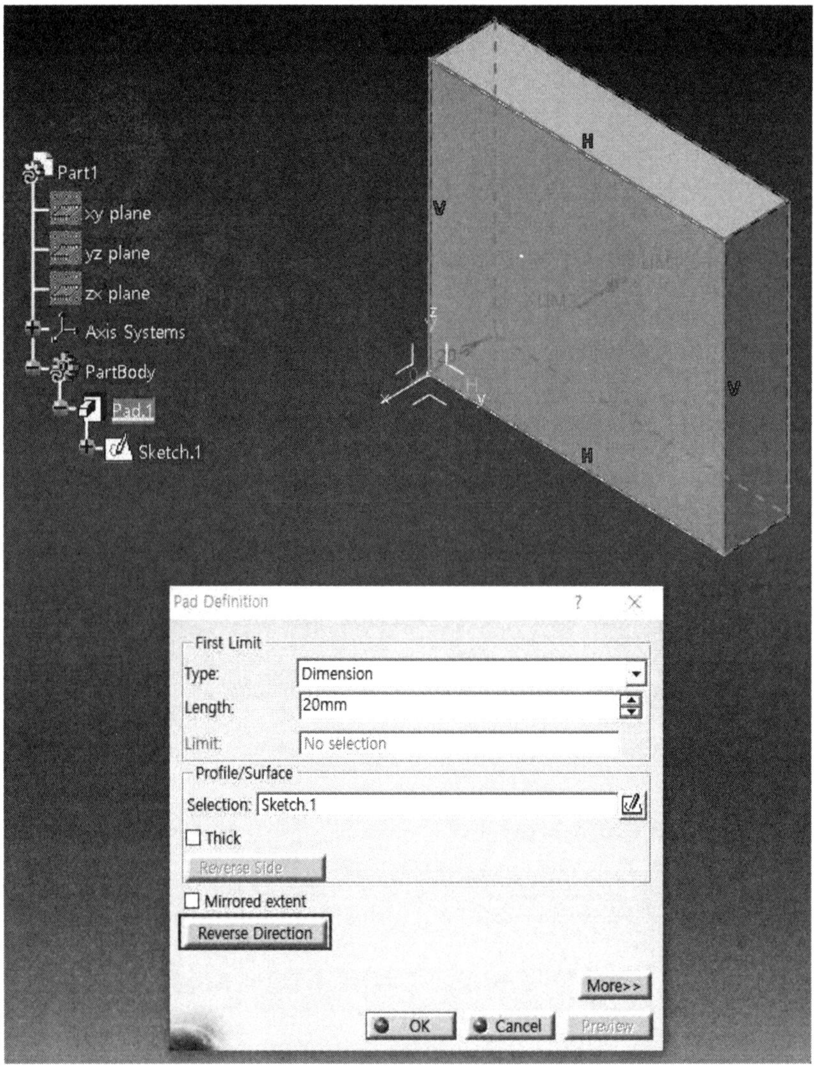

☞Tip: Pad의 생성방향은 기본적으로 프로파일에 직각방향(Normal direction)이며 Default Axis 기준 정(+)의 방향이 된다. 사용자가 원하는 경우 이 옵션을 사용하여 생성방향을 바꿀 수 있다.

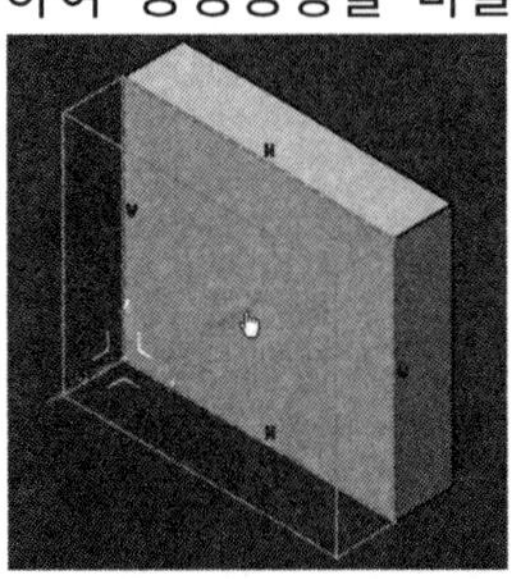

▣화살표를 클릭하여 방향을 변경할 수도 있다.

⊠ Pad( ): 옵션

▶LIM1(First Limit) 과 LIM2(Second Limit): 패드가 생성되는 깊이를 부여한다. 화살표의 방향이 Lim1, 반대방향이 Lim2가 된다.

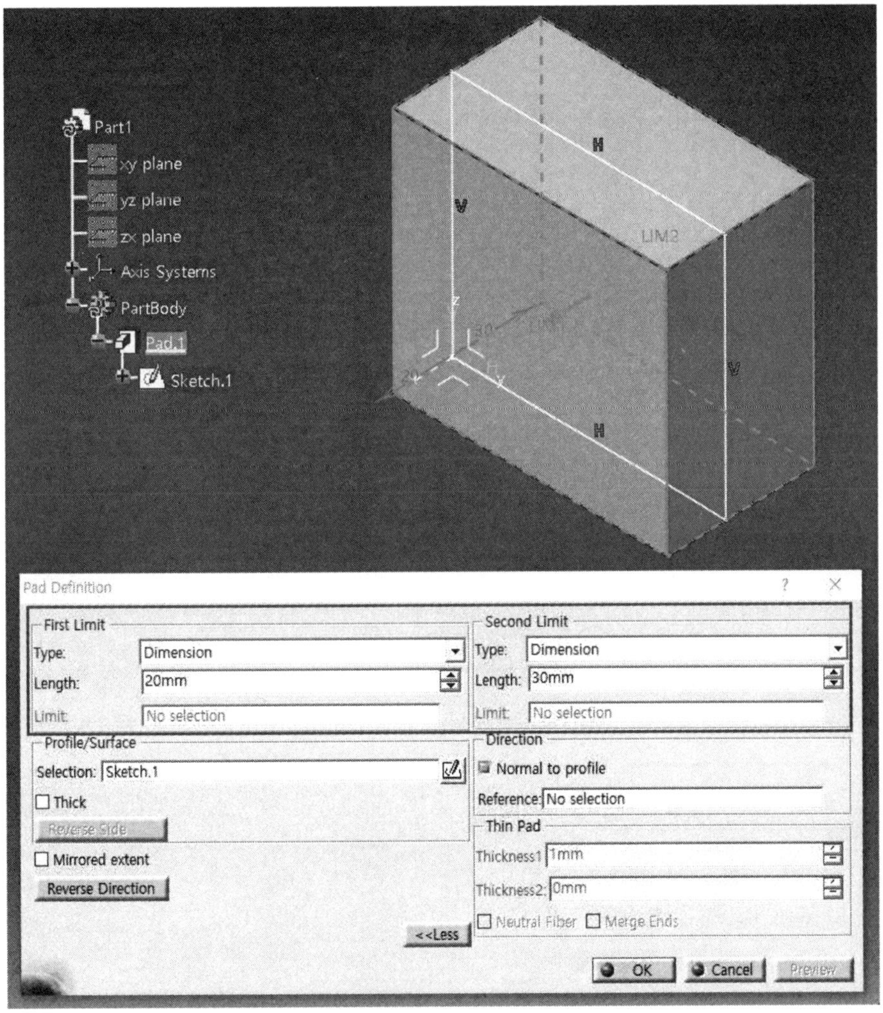

☞Tip: Pad의 생성방향은 기본적으로 프로파일에 직각방향(Normal direction)이며 Default Axis 기준 정(+)의 방향이 된다. 사용자가 원하는 경우 이 옵션을 사용하여 생성방향을 바꿀 수 있다.

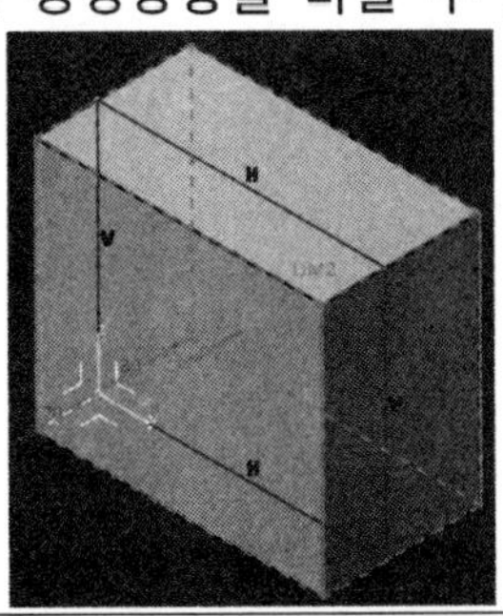

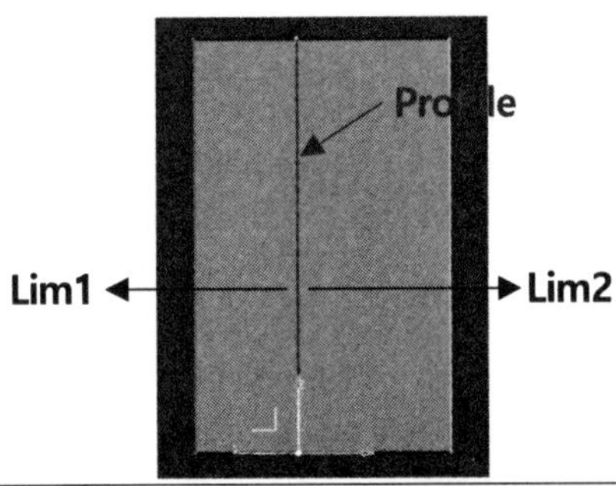

▩ Pad(): 옵션

▶Type: 패드의 생성조건을 선택할 수 있다. Dimension, Up to next, Up to last, Up to plane, Up to surface의 5가지 옵션이 있다.

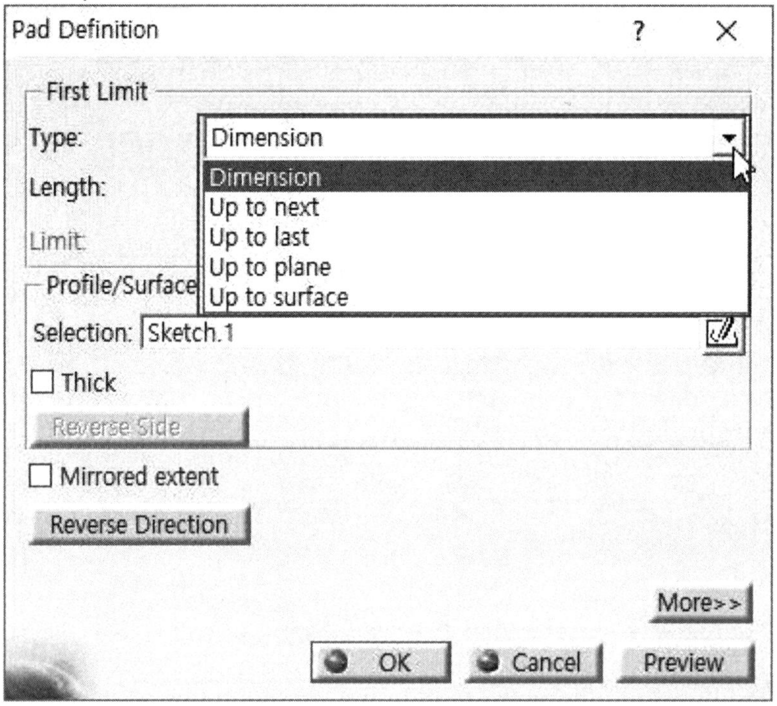

▣ Dimension:치수를 입력하여 Pad를 생성한다.(가장 기본적인 옵션이다.)

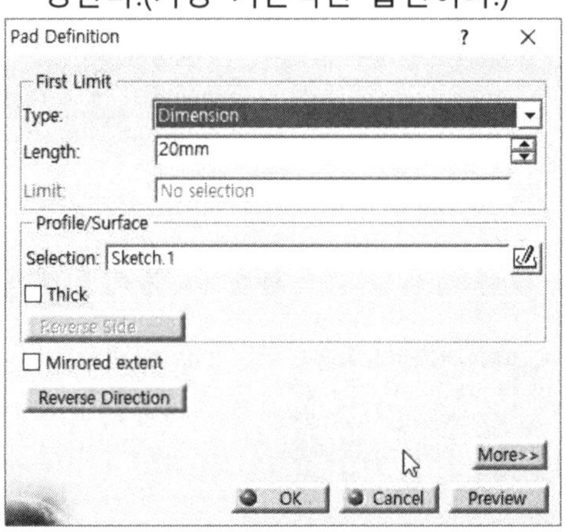

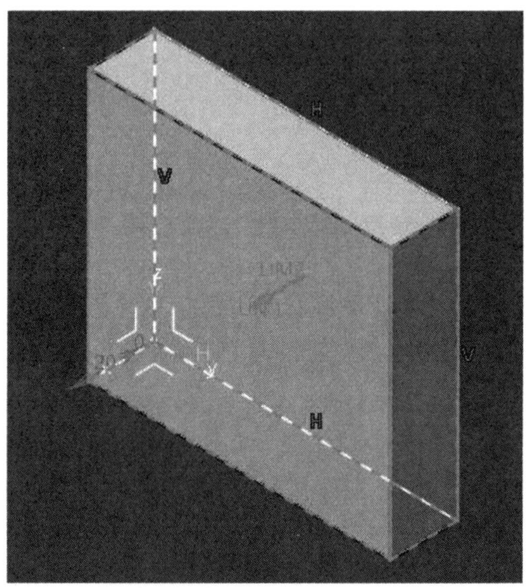

▩ Pad( ): 옵션

▷Pad생성 Type의 유형별 생성결과를 알아보도록 하자.
아래 모델에서 파란색 원이 Profile이며 회색블록이 solid model, 노란색 형상이 surface model이다.

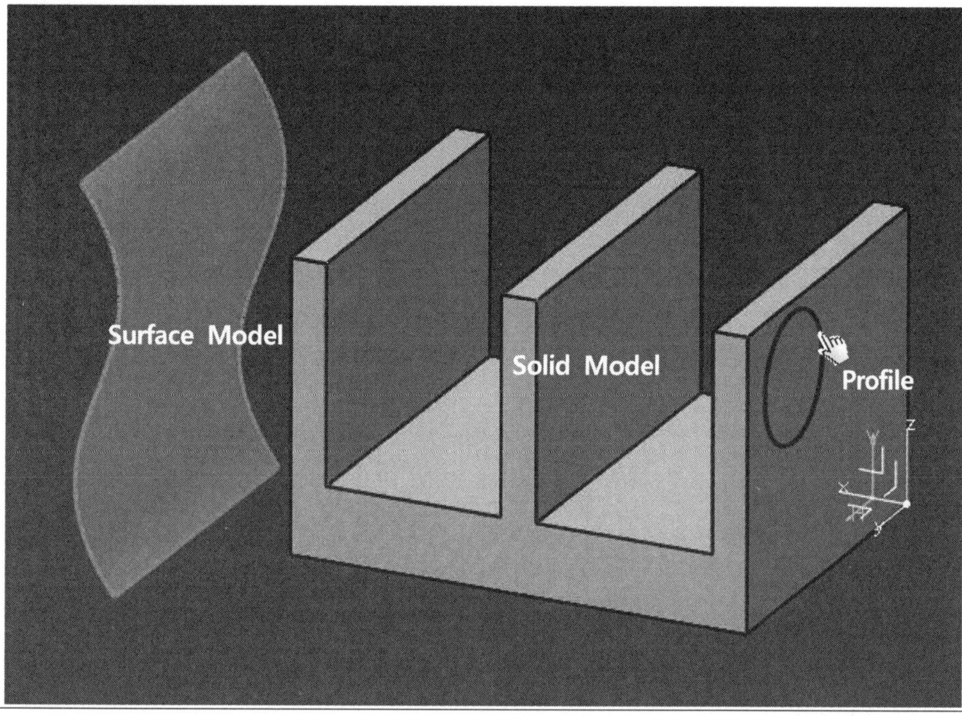

▣ Up to next:

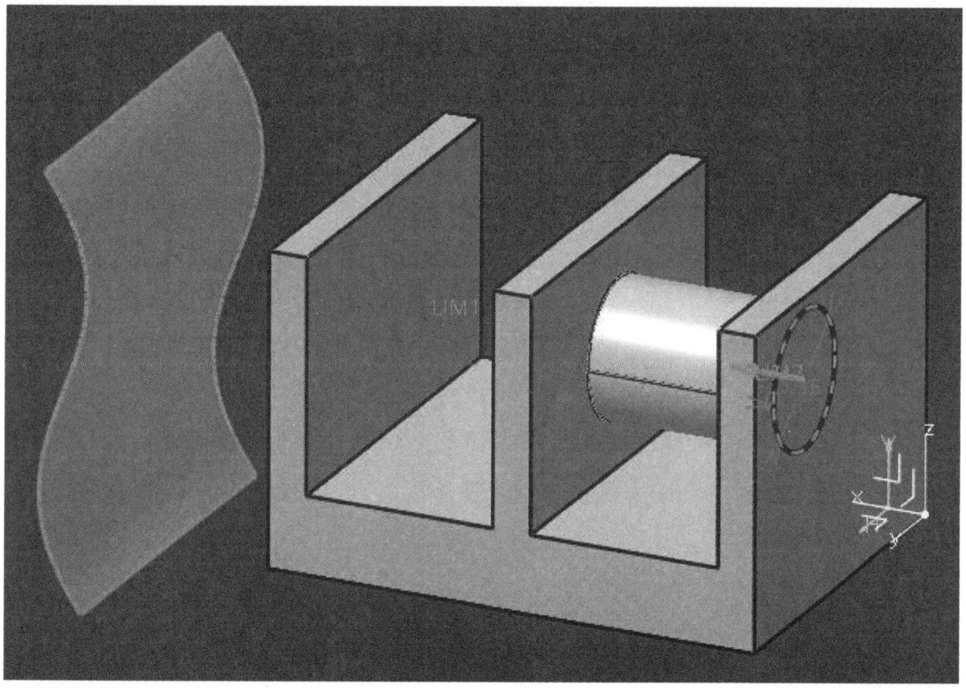

▨ Pad( ): 옵션

▣ Up to last:

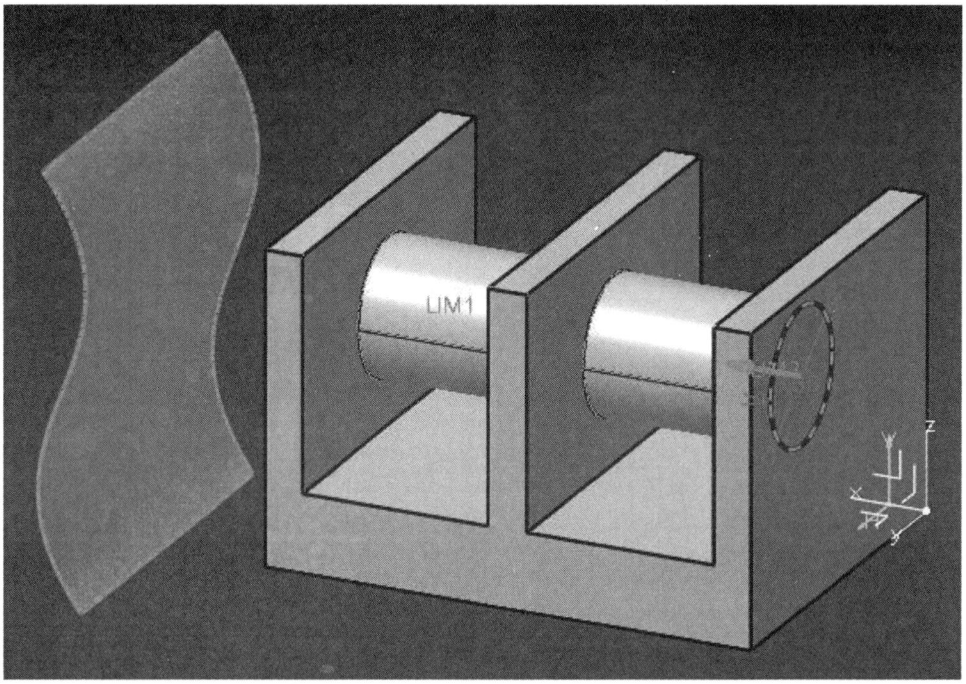

▣ Up to surface:

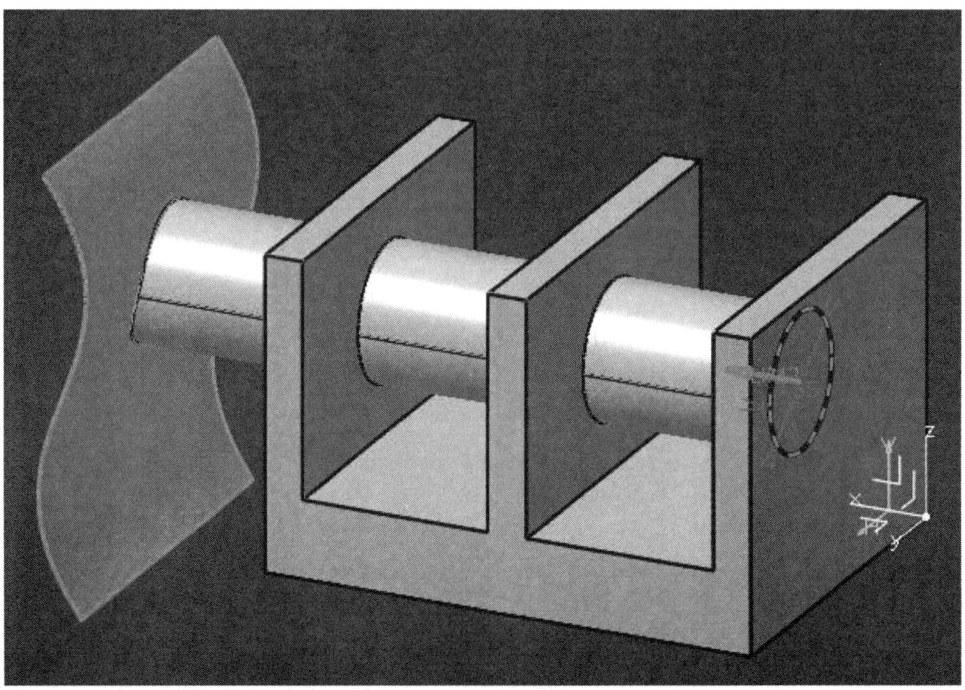

▧ Pad( ): 옵션

▣ Direction: Normal to profile

☞프로파일 형상이 존재하는 평면에 대하여 수직방향으로 깊이를 부여한다. 프로파일을 선택하면 자동으로 방향이 지정된다.(별도의 작업이 필요하지 않는다.)

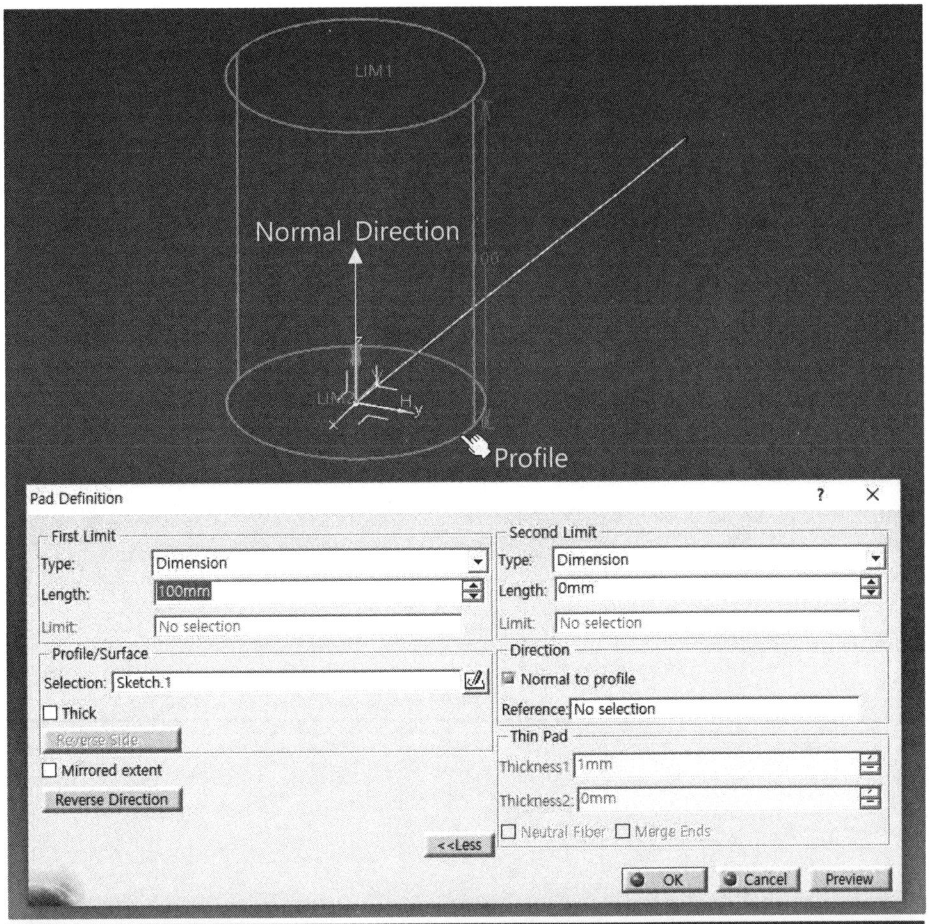

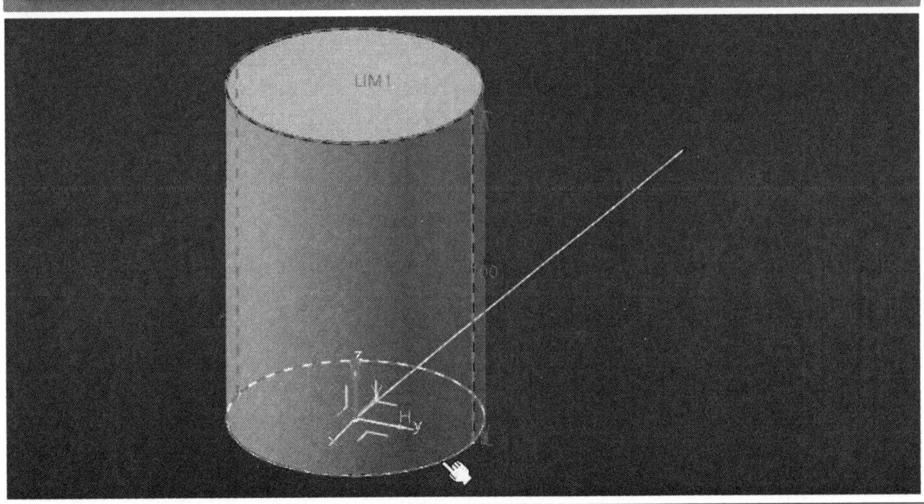

▩ Pad( ): 옵션

▣ Direction: Reference direction

☞프로파일 형상이 존재하는 평면에 대하여 사용자가 지정하는 방향으로 깊이를 부여한다. 프로파일을 선택한 후 Pad의 생성방향을 별도로 지정해야 한다.

(Pad 설정 대화창 우측하단의 More>> 버튼을 클릭하고 Direction->Reference에서 원하는 방향을 선택한다.)

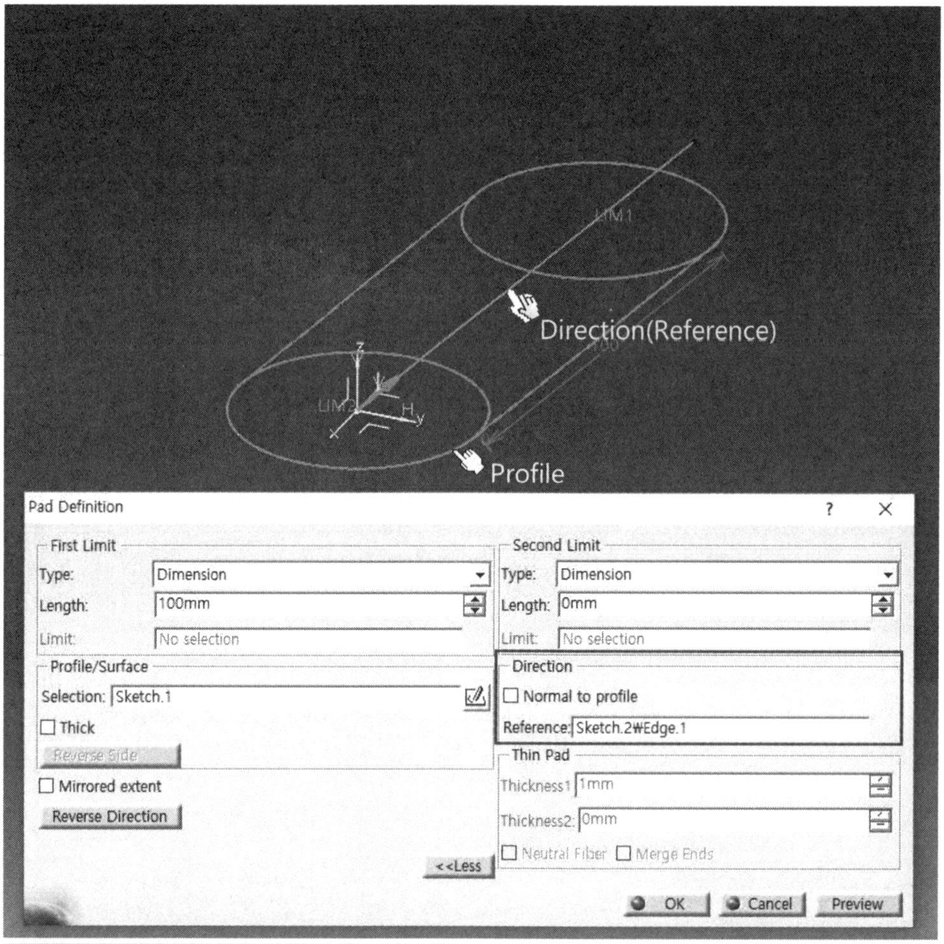

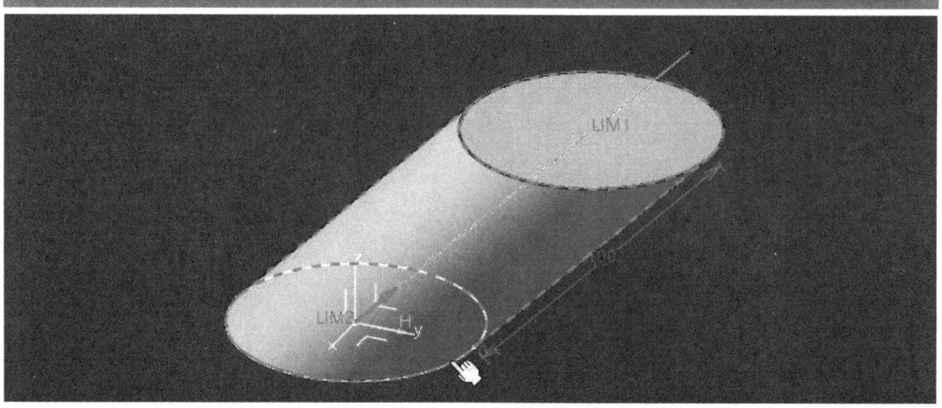

⊠ Drafted Filleted Pad(): 프로파일을 3차원 솔리드모델로 생성하는 과정에서 솔리드 모델의 옆면에 기울기(Draft Angle)를 부여하는 동시에 각 모서리에 필렛(Fillet)을 형성한다.

(1) Drafted Filleted Pad명령을 실행하고 프로파일(Profile)을 선택하면 Drafted Fillet Pad Definition 대화창이 나타난다.

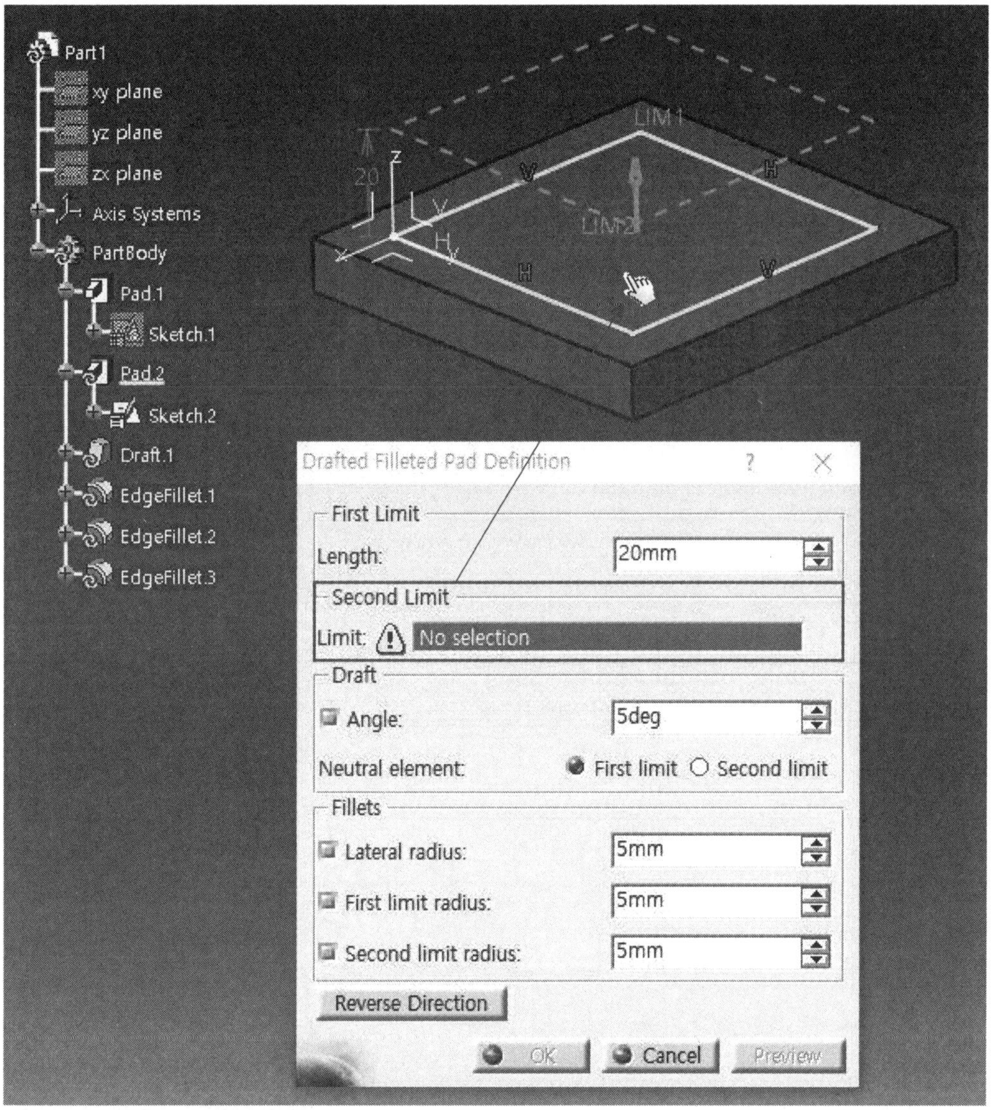

▷First Limit: Pad의 높인다.(치수를 입력한다.)
▷Second Limit: Pad가 시작되는 기준면을 지정한다.(x-y평면을 선택한다)
▷Draft- Angle: Pad의 옆면이 기준면에 대해 기울어지는 각도다.(기울기)
▷Fillets- ▸Lateral radius: Pad의 수직방향 모서리에 생성되는 필렛의 반경이다.
▸First limit radius: LIM1 모서리에 생성되는 필렛의 반경이다.
▸Second limit Radius: LIM2 모서리에 생성되는 필렛의 반경이다.

⊠ Drafted Filleted Pad( ): 프로파일을 3차원 솔리드모델로 생성하는 과정에서 솔리드 모델의 옆면에 기울기(Draft Angle)를 부여하는 동시에 각 모서리에 필렛(Fillet)을 형성한다.

(2) 실행결과다. 좌측 Specification Tree에서 Drafted Fillet Pad 명령에 의해 생성된 피쳐를 확인할 수 있다.

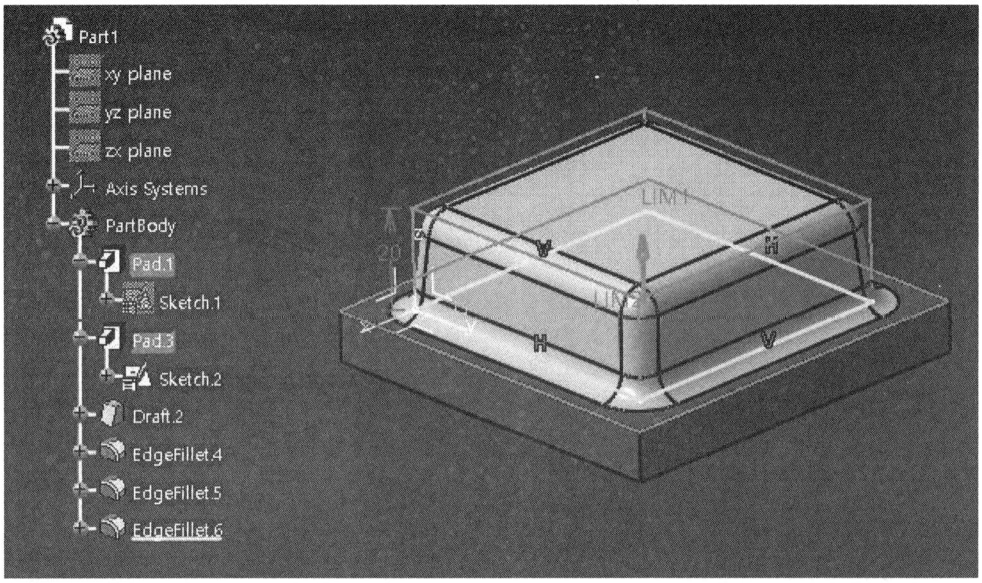

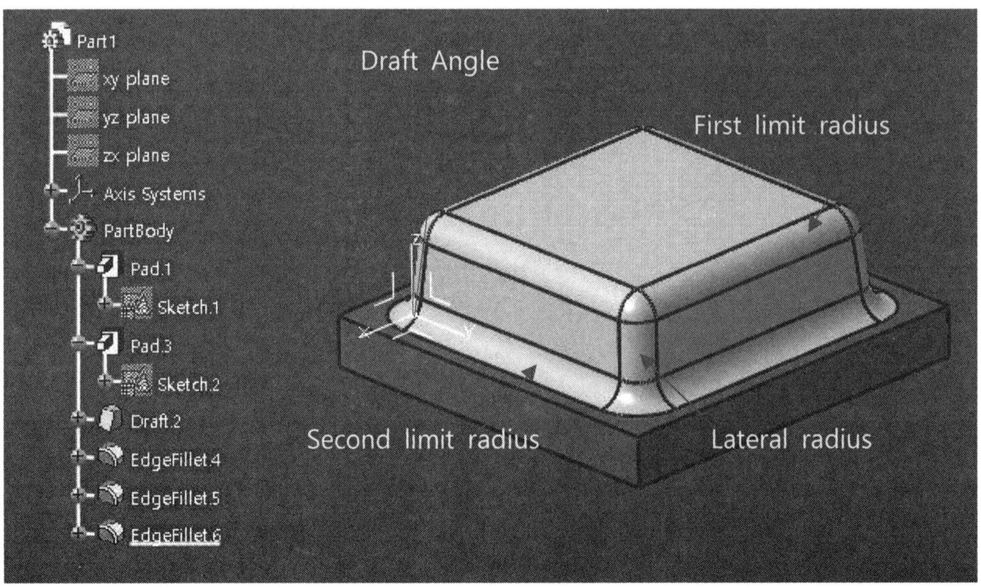

⊠ Multi-Pad( ): 여러개의 구분된 영역이 존재하는 프로파일에 적용할 수 있으며 구분된 각각의 영역에 대해 서로 다른 높이를 부여하여 솔리드 모델을 생성할 수 있다. 즉, 한번의 명령으로 여러 높이를 가지는 Pad를 만드는 것이다.

(1) Multi-Pad명령은 제한적으로 적용가능하다.
다음은 스케치에서 완성한 프로파일 형상으로 3개의 영역으로 구분되어 있음을 알 수 있다. 각 영역의 구분 여부는 신중하게 확인해야 한다.

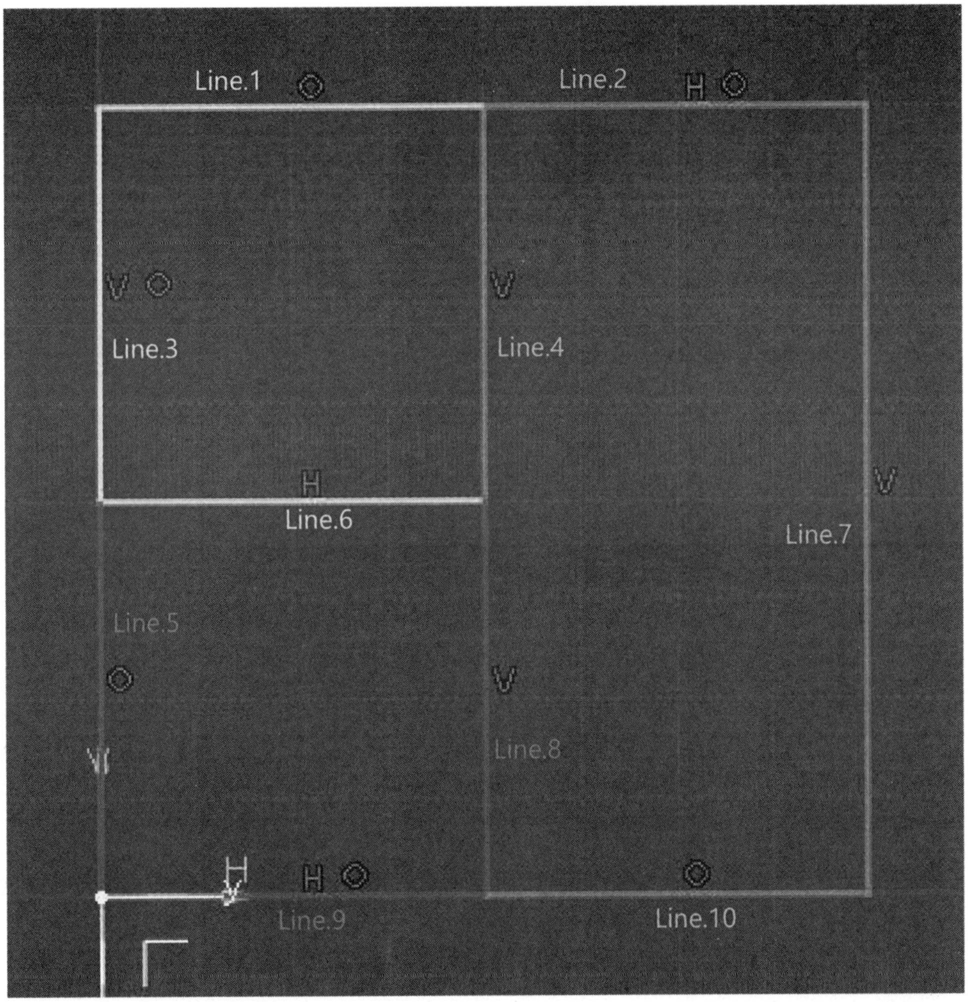

☞TIP: 각 영역이 독립적으로 구분되었는지 확인하는 방법은 각 인접하고 있는 두 영역의 경계선이 분리되어 있는지 확인하는 것이다. 분리되어 있지 않으면 Multi-Pad를 적용할 수 없다.

⊠ Multi-Pad( ): 여러개의 구분된 영역이 존재하는 프로파일에 적용할 수 있으며 구분된 각각의 영역에 대해 서로 다른 높이를 부여하여 솔리드 모델을 생성할 수 있다. 즉, 한번의 명령으로 여러 높이를 가지는 Pad를 만드는 것이다.

(2) Multi-Pad명령은 제한적으로 적용가능 하다.
다음은 앞 페이지에서 Multi-Pad명령을 실행하기 위하여 생성한 스케쳐와 동일한 형상을 가지고 있다. 앞서와 마찬가지로 3개의 영역을 가지고 있다. 그러나 이 형상에서는 각 영역을 구분하는 경계선이 분리되어 있지 않고 연결되어 있음을 알 수 있으며 이와 같은 경우 Multi-Pad명령을 실행할 수 없다.

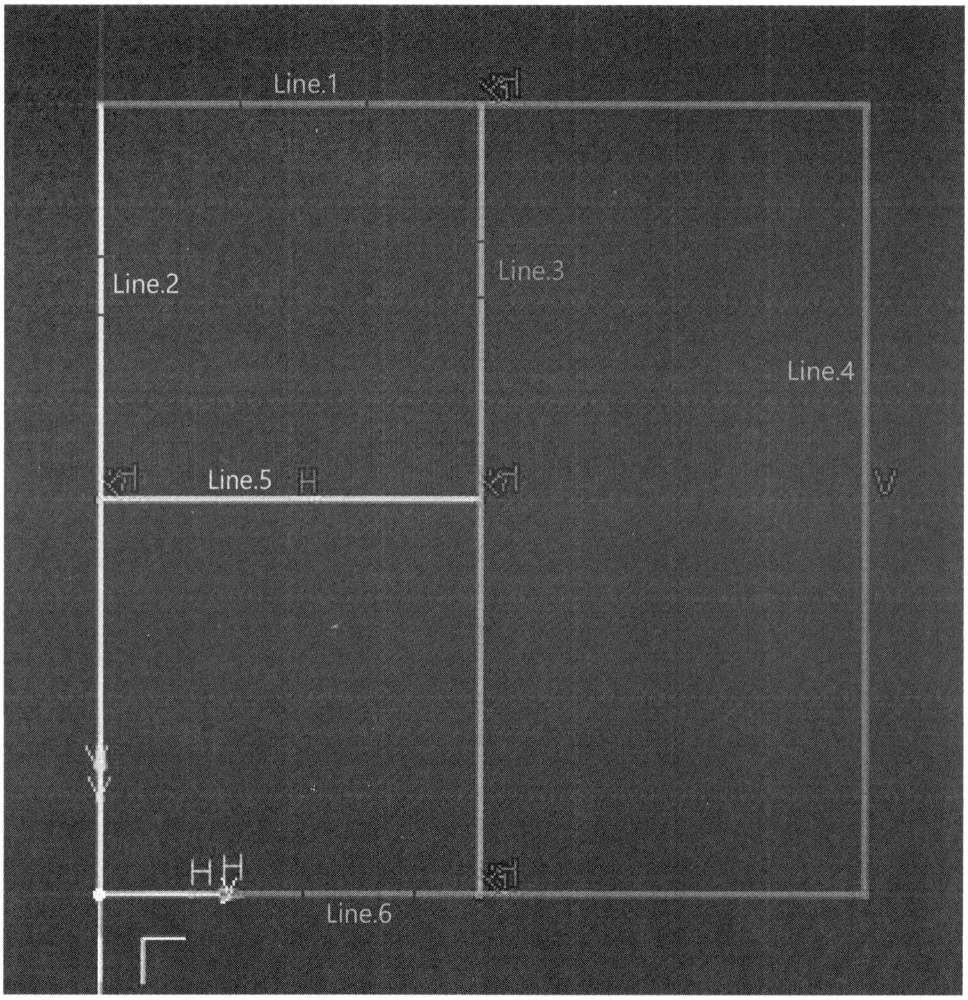

☞TIP:연결된 Line은 오퍼레이션툴바의 Break명령( )을 이용하여 자를 수 있다.

▨ Multi-Pad( ): 작업순서

▶Multi-Pad명령를 이용한 작업순서는 다음과 같다.

(1) Multi-Pad명령( )을 실행한다.

(2) 프로파일을 선택한다.

(3) Domain을 선택하고 높이를 입력한다.
- Domain 1: 30 mm
- Domain 2: 10 mm
- Domain 3: 20 mm

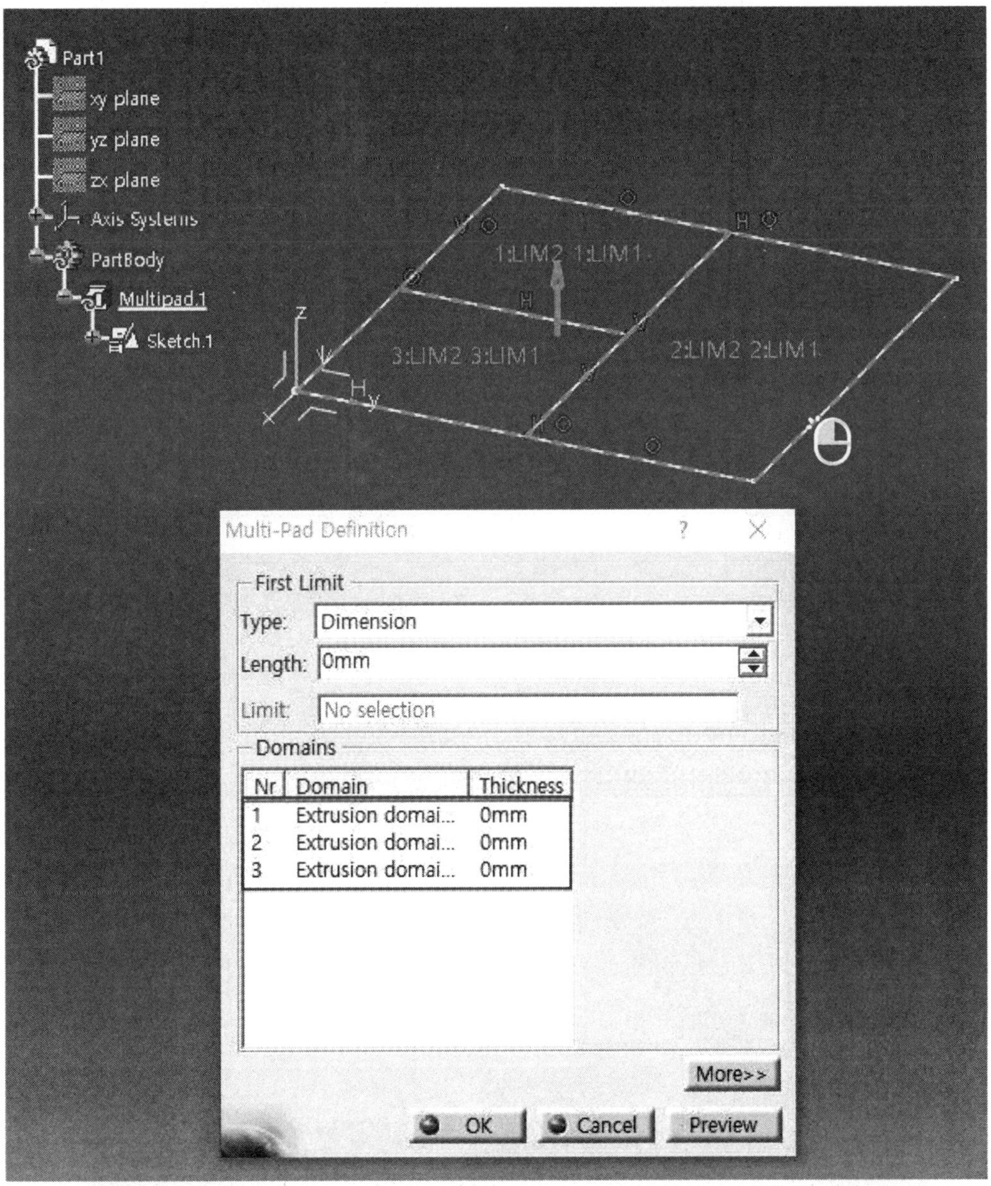

⊠ Multi-Pad( ): 작업순서

(4) 각 영역을 선택하고 높이를 입력한다.

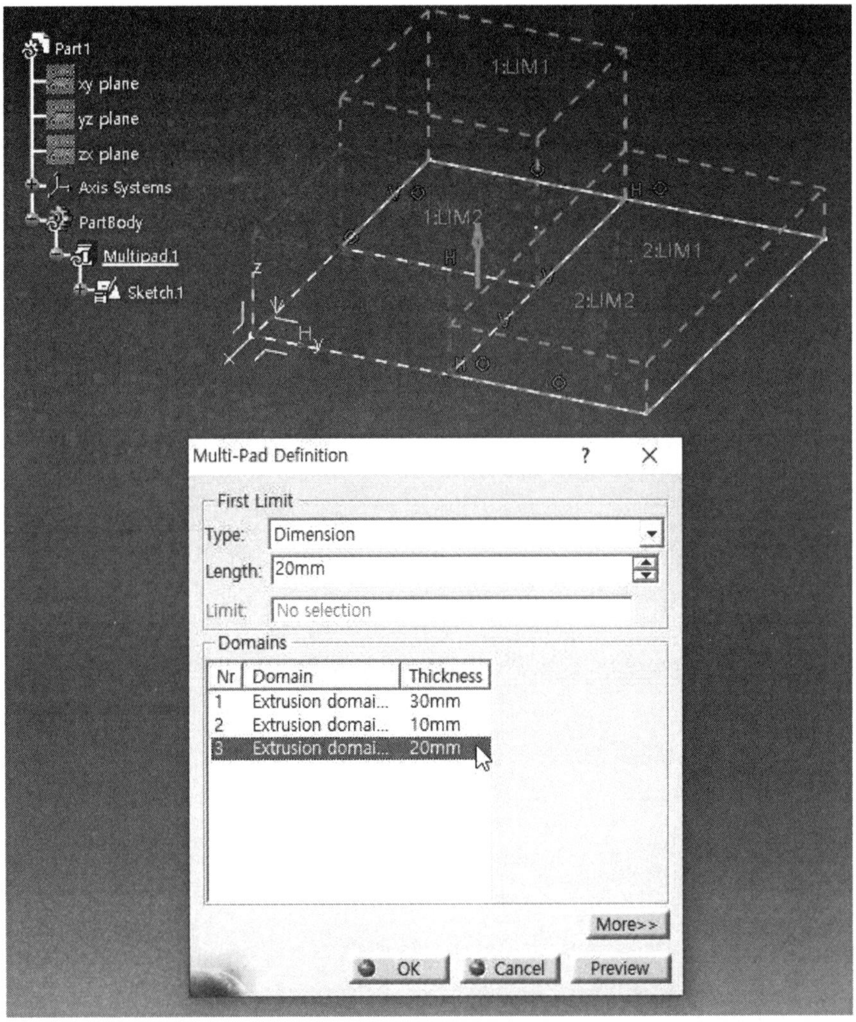

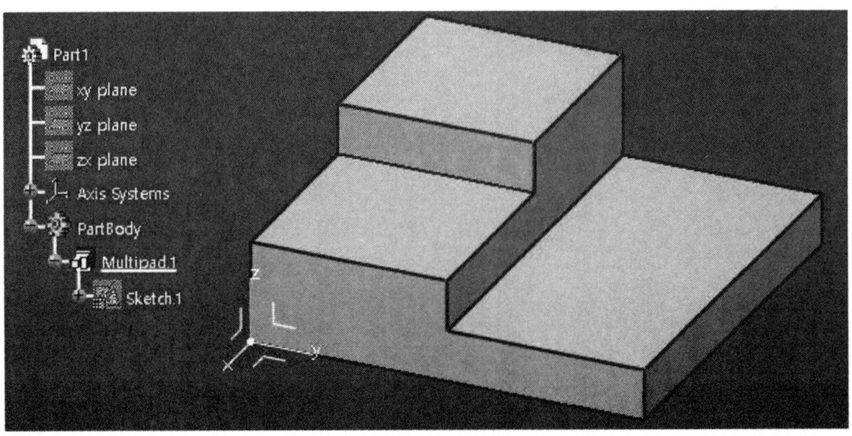

⊠ Pocket( ): 만들어진 Solid Model에서 프로파일(Profile) 형상을 제거한다.

▶Pocket명령를 이용한 작업순서는 다음과 같다.

(1) Pocket명령을 이용한 작업순서와 선택 가능한 옵션은 Pad명령과 동일하다. Pad명령은 부피를 더하는 과정, Pocket명령은 빼는 과정으로 이해하면 된다.

(2) Pocket명령을 실행하면 Pocket Definition 대화창이 나타난다.

(3) 대화창의 Profile/Surface 옵션의 Selection영역이 활성화되어 입력을 기다린다.

(4) 스케치에서 완성한 프로파일(Profile)을 선택한다.(마우스로 작업창에서 Profile을 선택한다.) 이 때 좌측 Specification Tree로부터 Sketch.1이 선택되었음을 알 수 있다.

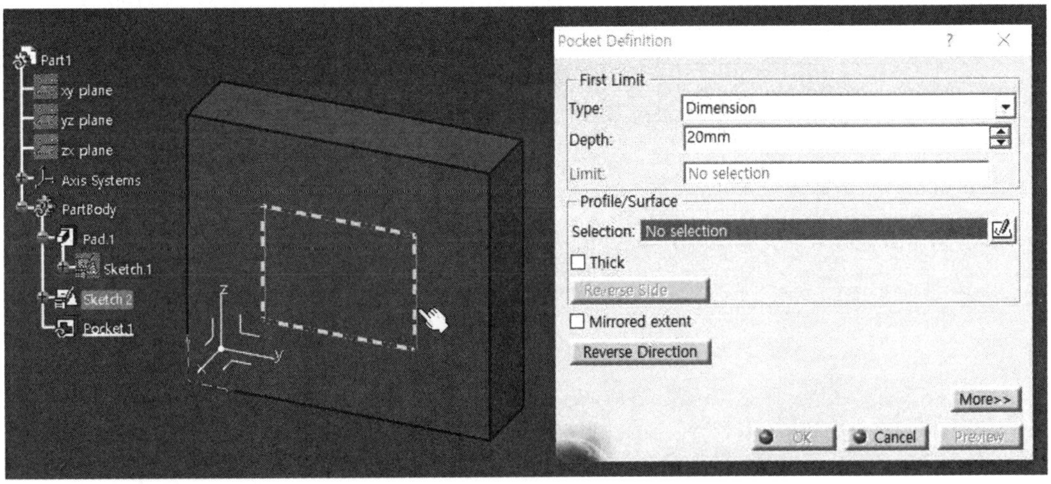

(5) 프로파일을 선택하면 다음 단계에서 Pocket의 속성을 지정할 수 있다.

(6) 깊이, 포켓의 방향, 폭 등 다양한 옵션을 선택하여 명령어를 실행한다.

(7) 오류가 없으면 OK 를 눌러 Pocket 작업을 완료한다.(Preview 를 눌러 실행결과를 미리 확인할 수도 있다.)

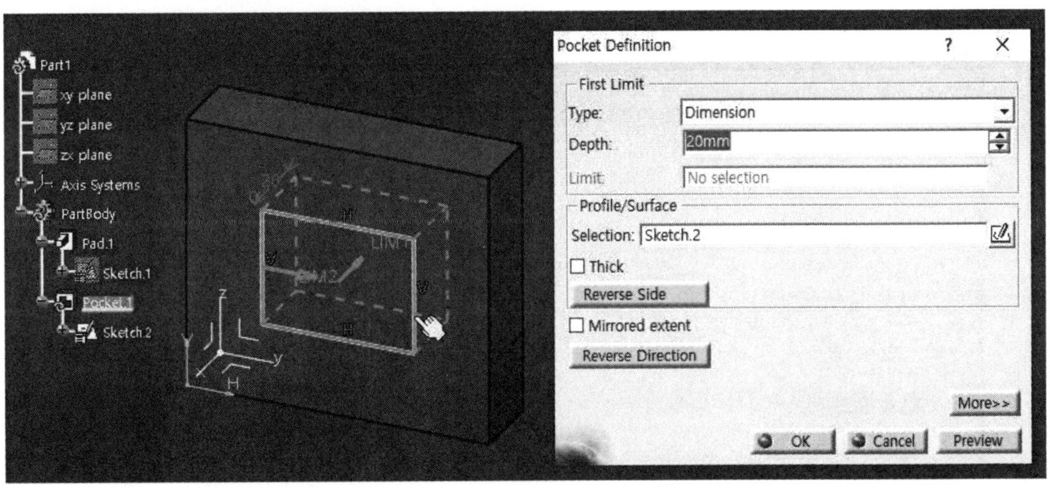

▩ Pocket( ): 옵션

▶Pocket명령 실행결과(Default Result)

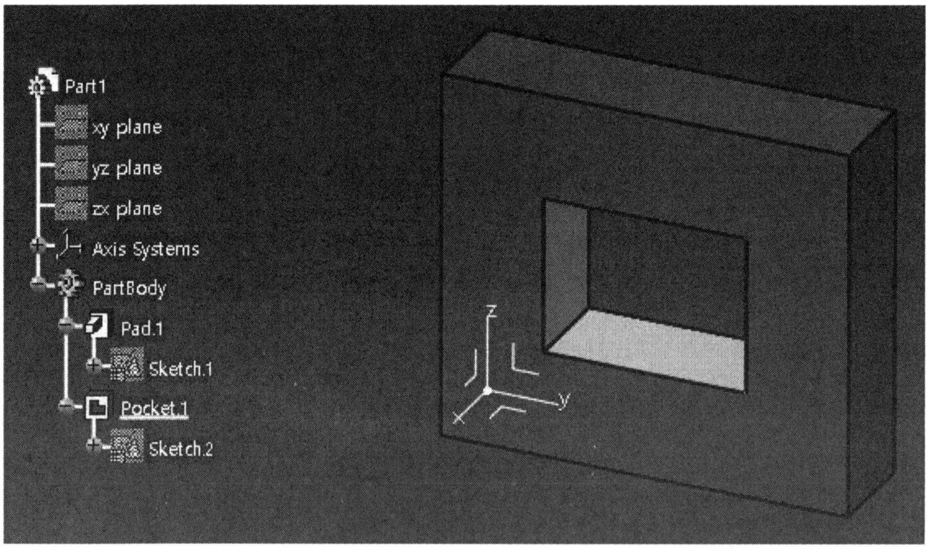

▶Thick: 프로파일을 기준으로 좌/우 거리를 두고 Pocket을 생성한다.

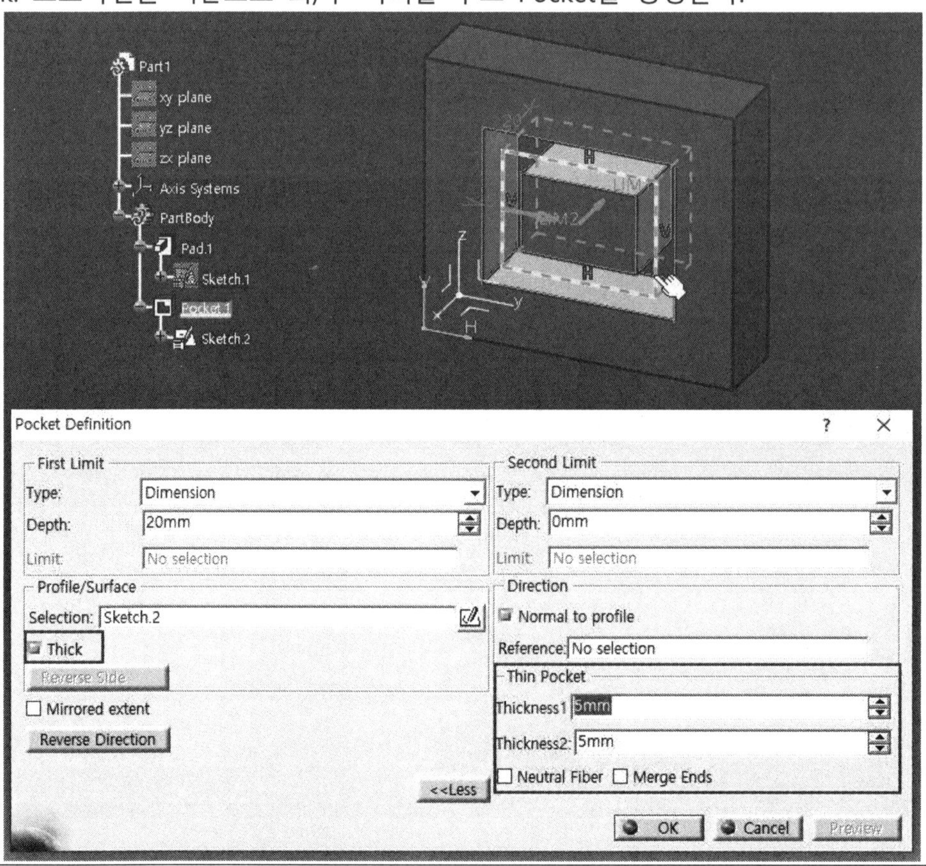

▧ Pocket( ): 옵션

▶Mirrored extent: 프로파일을 기준으로 양쪽방향으로 깊이를 부여한다.

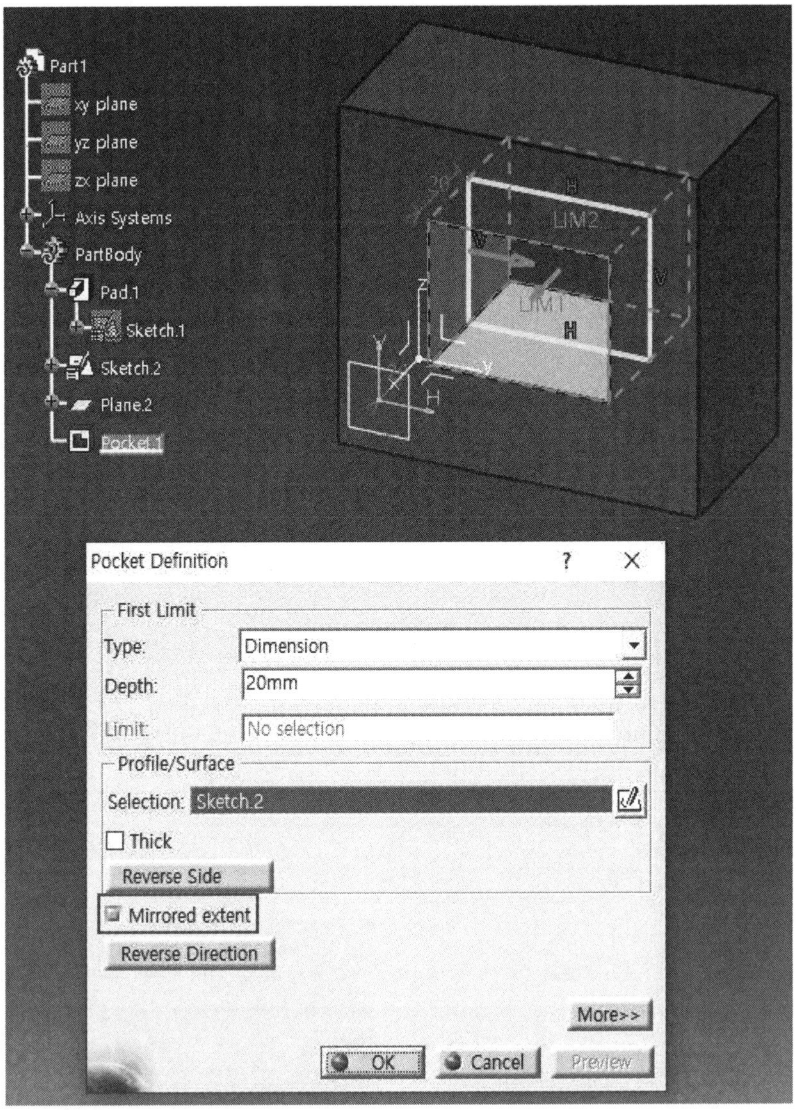

■Mirrored extent

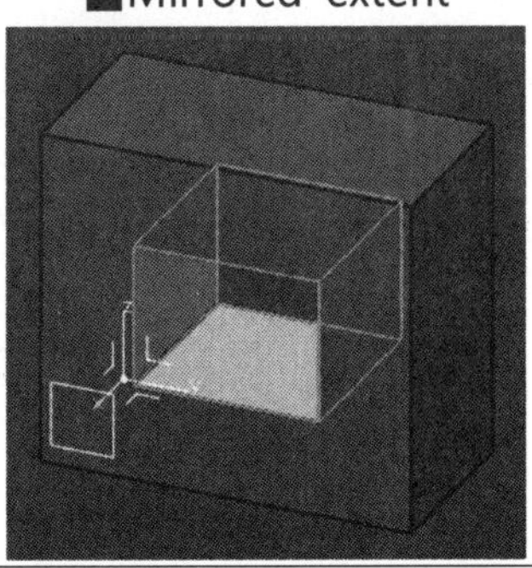

□Mirrored extent

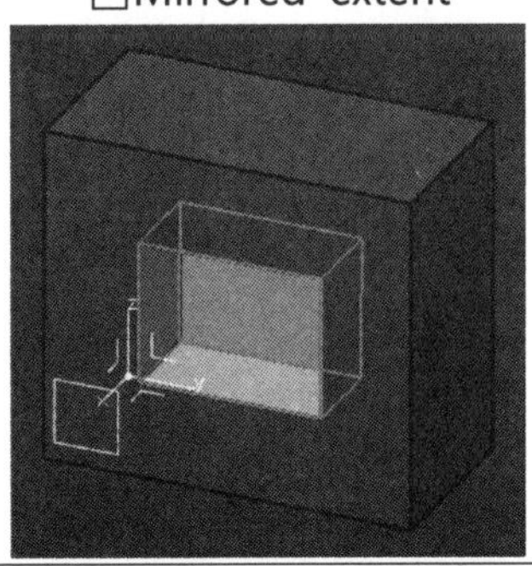

▧ Pocket( ): 옵션

▶Type: Pocket의 생성조건을 선택할 수 있다. Dimension, Up to next, Up to last, Up to plane, Up to surface의 5가지 옵션이 있다.

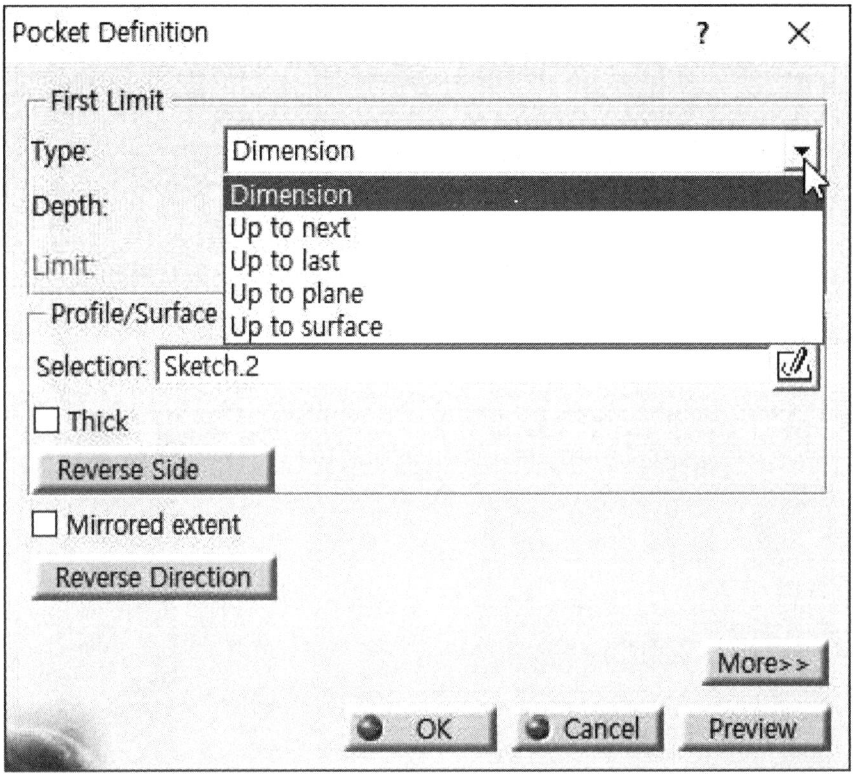

▣ Dimension:치수를 입력하여 Pocket을 생성한다.(가장 기본적인 옵션이다.)

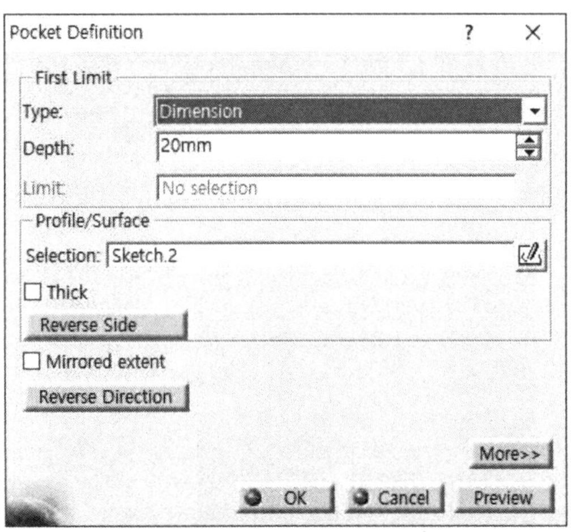

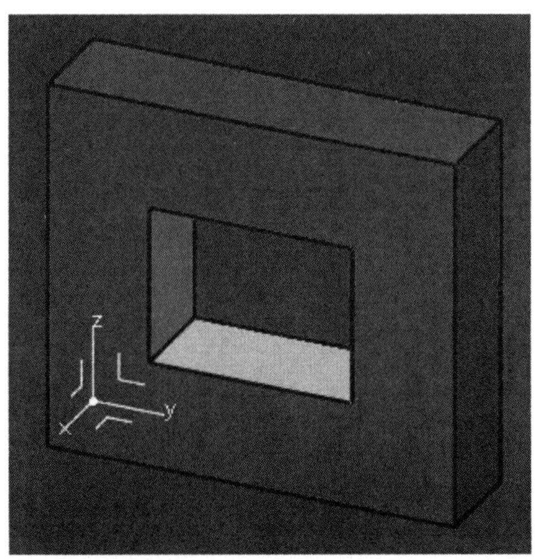

▩ Pocket( ): 옵션

▶Pocket생성 Type의 유형별 생성결과를 알아보도록 하겠다.
아래 모델에서 파란색 원이 Profile이며 회색블록이 solid model, 노란색 형상이 surface model이다.

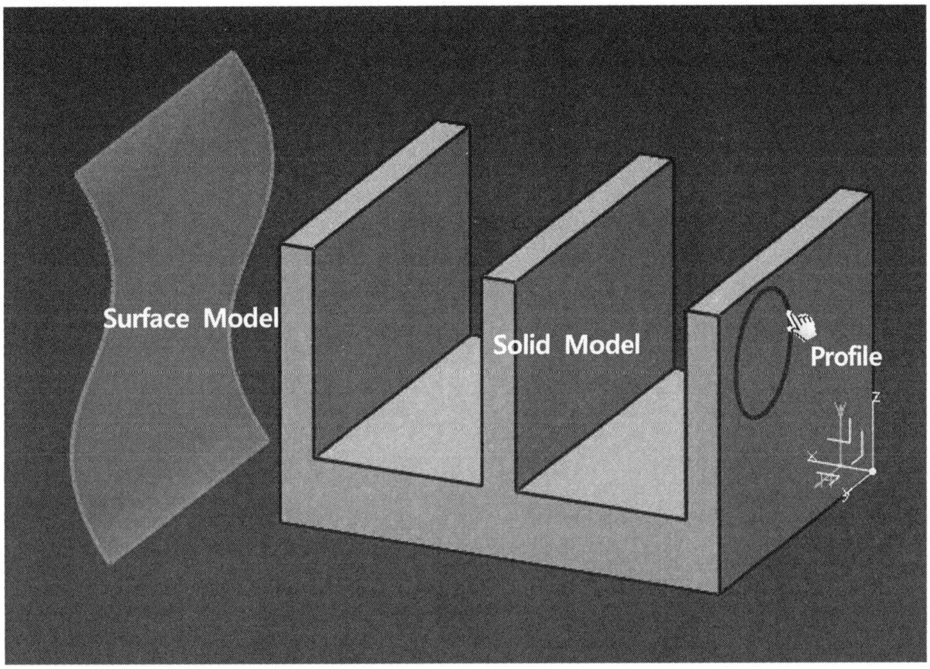

▣ Up to next:

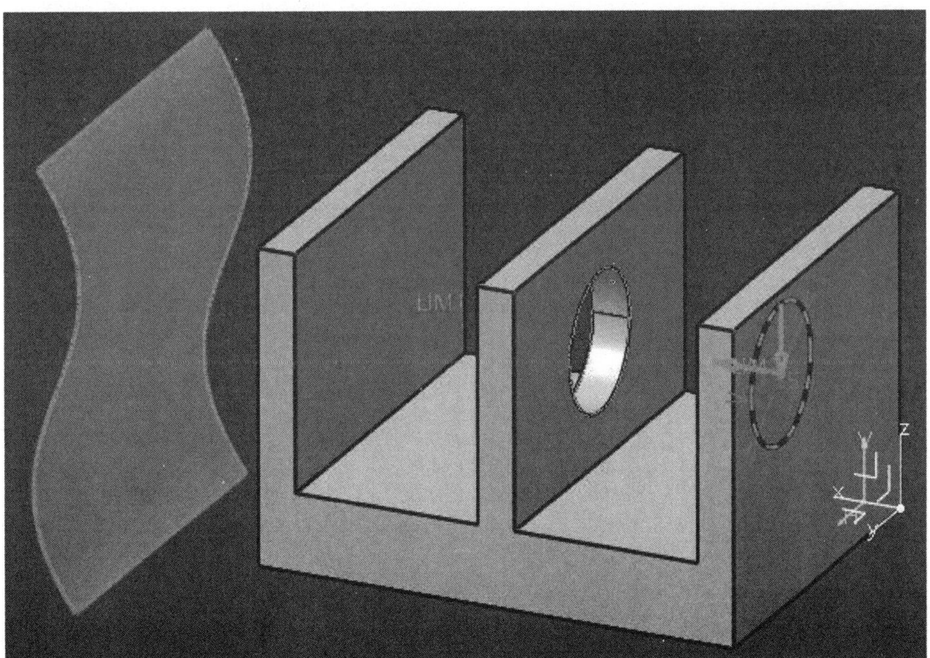

⊠ Pocket( ): 옵션

▣ Up to last:

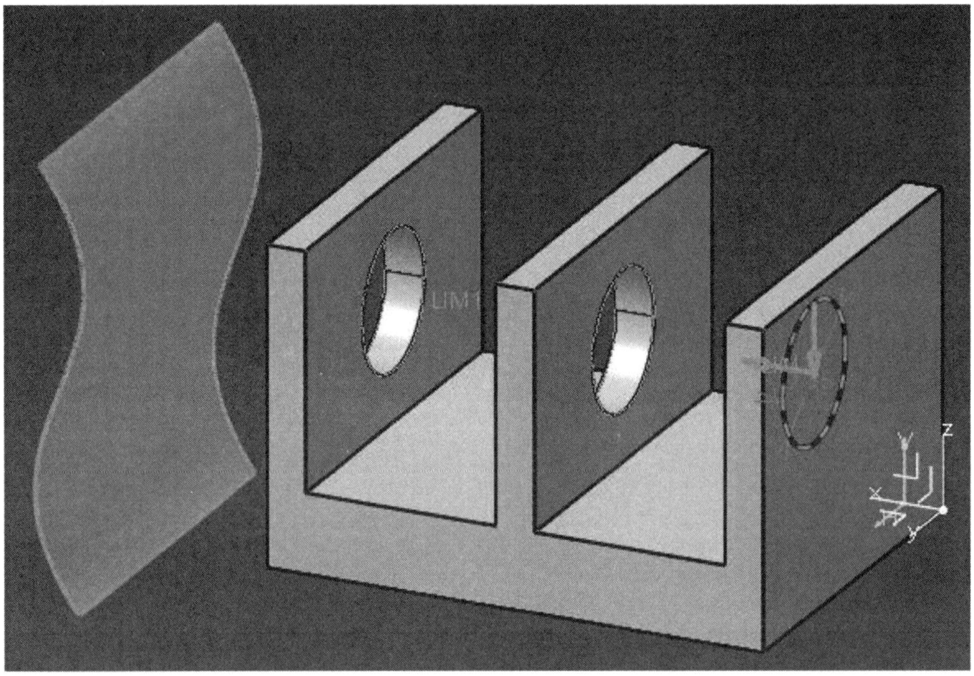

▣ Up to surface:

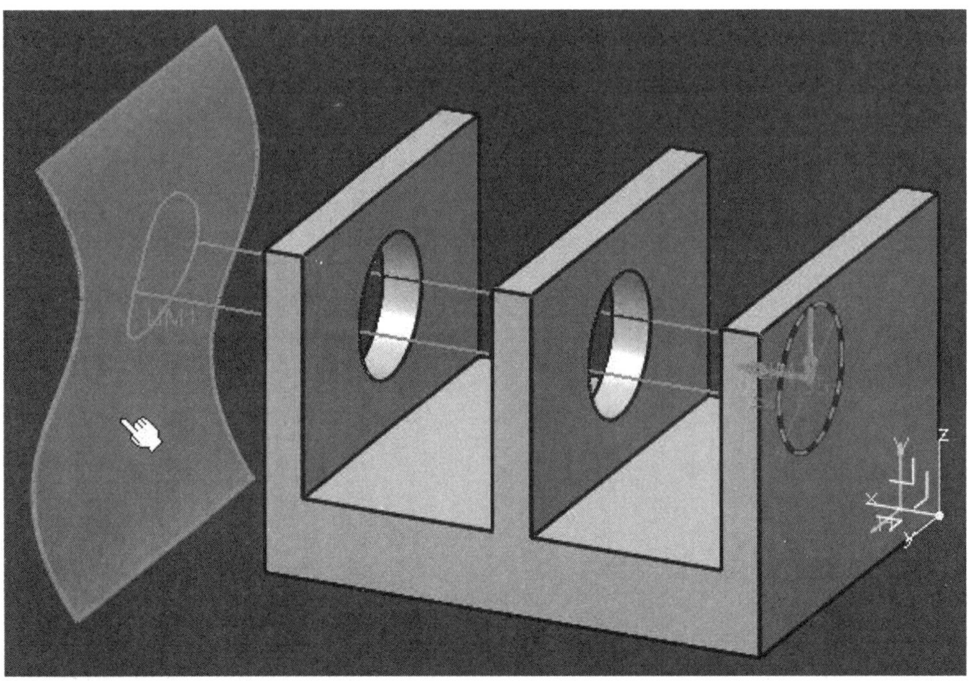

❑ Shaft( )와 Groove( )

임의의 축을 기준으로 회전하는 형상을 만든다.

Shaft명령( )과 Groove( )명령은 한 쌍으로 이해하면 된다. 즉 Shaft는 프로파일을 단면형상으로 하는 회전체를 생성하고(더하기) Groove는 만들어진 3차원 솔리드모델에 대하여 프로파일 단면형상이 회전하면서 파내는 형상을 만드는(빼기) 것이다.

▧ Shaft( ): 임의의 축을 중심으로 프로파일을 회전시켜 Solid Model을 생성한다.

(1) Shaft명령을 실행한다.(Shaft Definition 대화창이 나타난다.)
(2) 프로파일(Profile)을 선택한다.
(3) 회전축(Axis)을 선택한다.
(4) 회전시킬 각도를 설정한다.
- First angle: 최초 회전각은 360°이다.
- Second Angle: 최초 회전각은 0°이다.

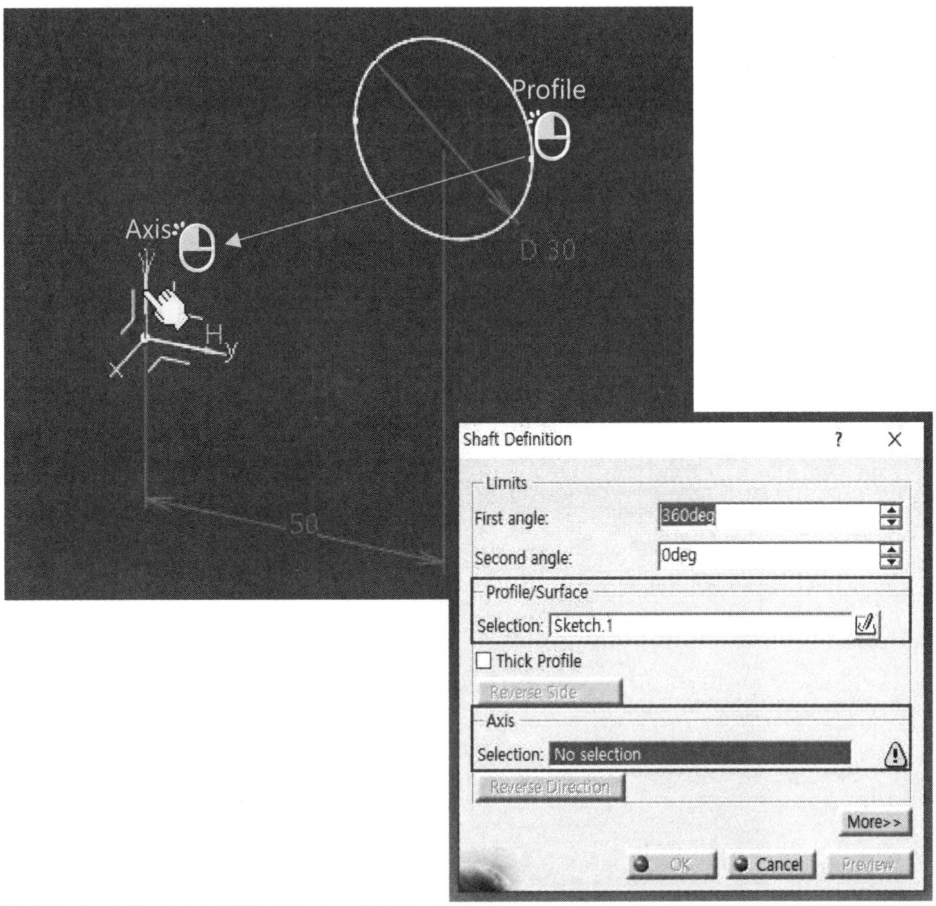

⊠ Shaft( ): 임의의 축을 중심으로 프로파일을 회전시켜 Solid Model을 생성한다.

(5) Preview 를 눌러 실행결과를 미리 확인한 후 수정한다.

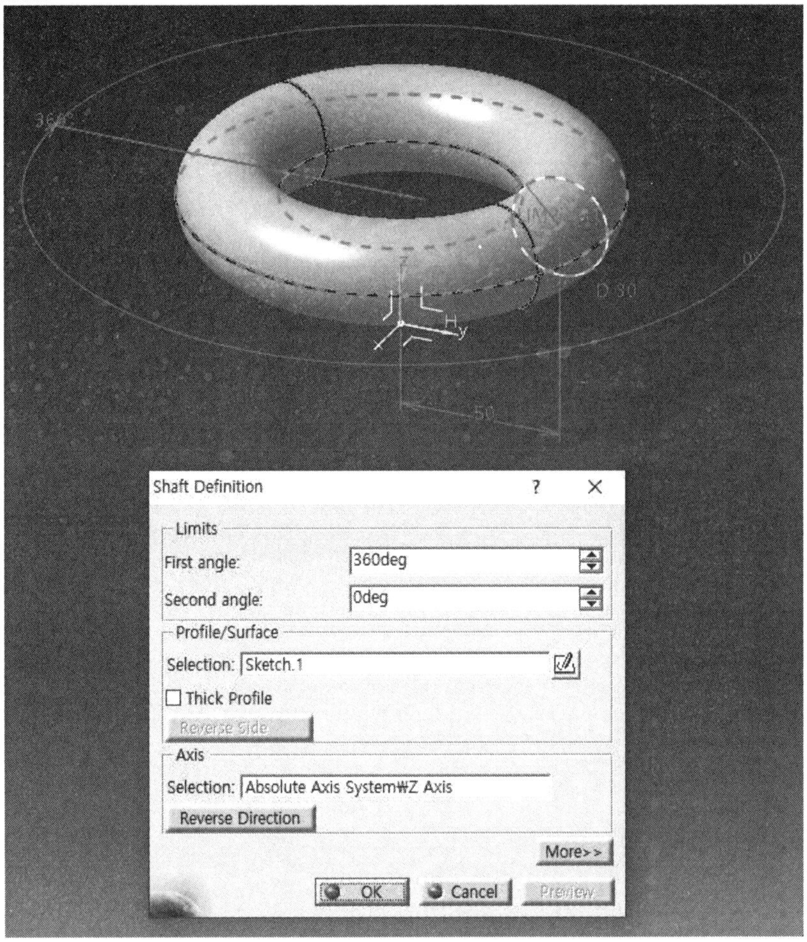

(6) 오류가 없으면 OK 를 눌러 모델링 작업을 완료한다.

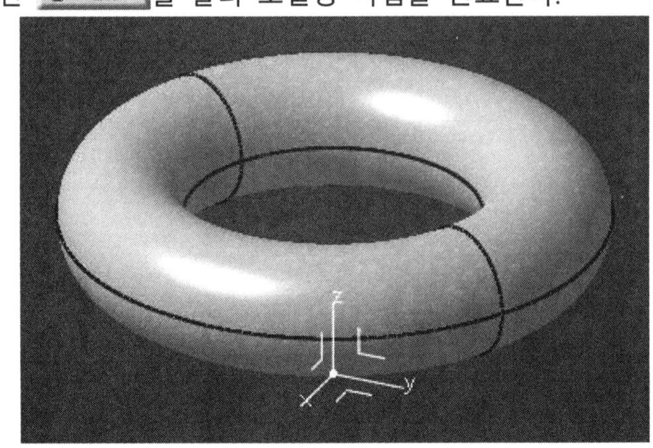

▨ Groove( ): 임의의 축을 중심으로 프로파일을 회전시켜 형상을 파낸다.

▶Groove명령( )은 Shaft명령( )과 사용방법이 유사하다. Shaft명령은 부피를 더하는 명령, Groove명령은 부피만큼 빼내는 명령이다.

(1) Groove명령을 실행한다.(Groove Definition 대화창이 나타난다.)

(2) 먼저 회전축(Axis)을 선택한다.(Definition 대화창에서 Axis메뉴를 클릭한 후 회전축을 선택한다)

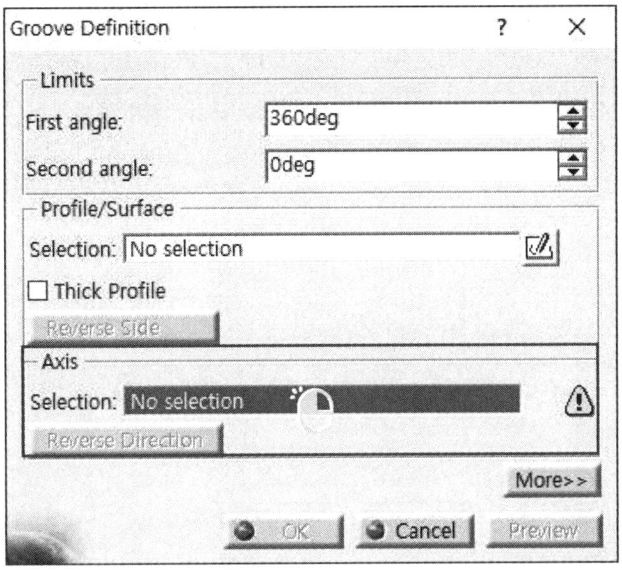

(3) 프로파일(Profile)을 선택한다.(Definition 대화창에서 Profile메뉴를 클릭한 후 프로파일을 선택한다)

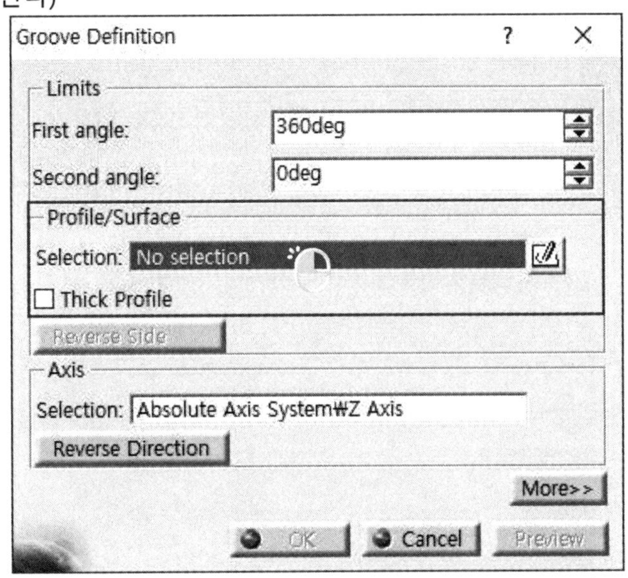

⊠ Groove( ): 임의의 축을 중심으로 프로파일을 회전시켜 형상을 파낸다.

(4) 회전시킬 각도를 설정한다.
- First angle: 최초 회전각은 360°이다.
- Second Angle: 최초 회전각은 0°이다.

(5) Preview 를 눌러 실행결과를 미리 확인한 후 수정한다.

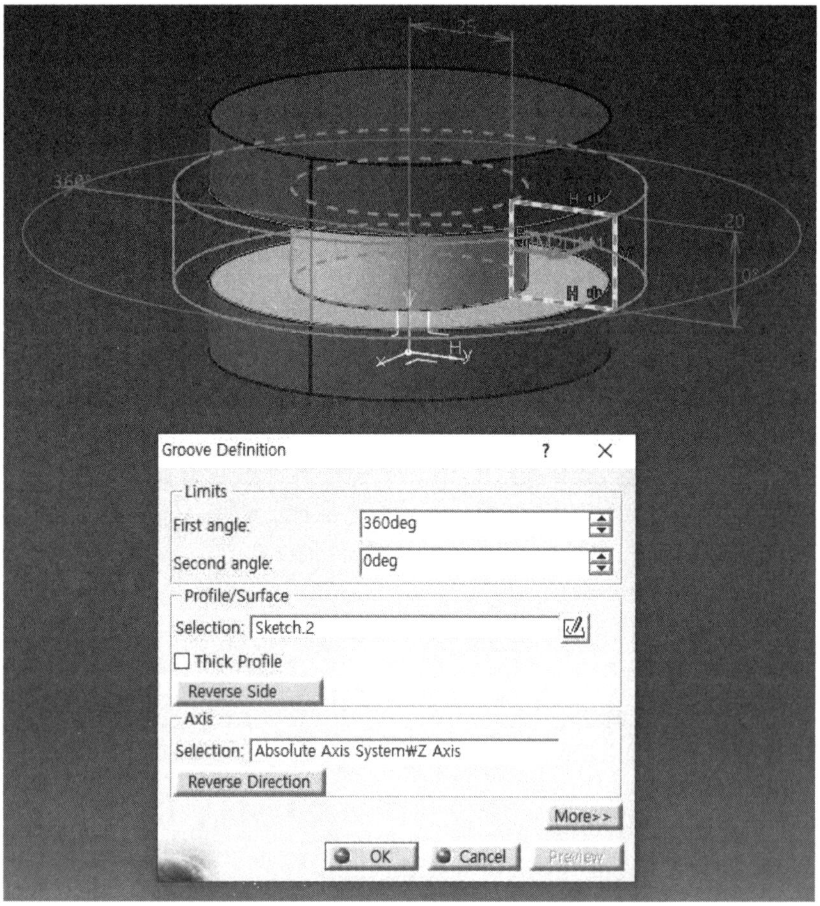

(6) 오류가 없으면 OK 를 눌러 모델링 작업을 완료한다.

❑ Hole( )

솔리드 모델에 Hole을 생성한다. Pocket명령( )으로도 Hole을 생성할 수 있지만 Pocket명령과 달리 Hole명령에 의해 생성되는 Hole은 단면 형상이 원형인 경우에만 가능하다.

Hole명령어를 사용하면 Hole Definition 대화창을 통해 생성되는 Hole의 형상을 미리 확인할 수 있다는 특징이 있다.

⊠ Hole( ): 솔리드모델의 표면에 Hole을 생성한다.

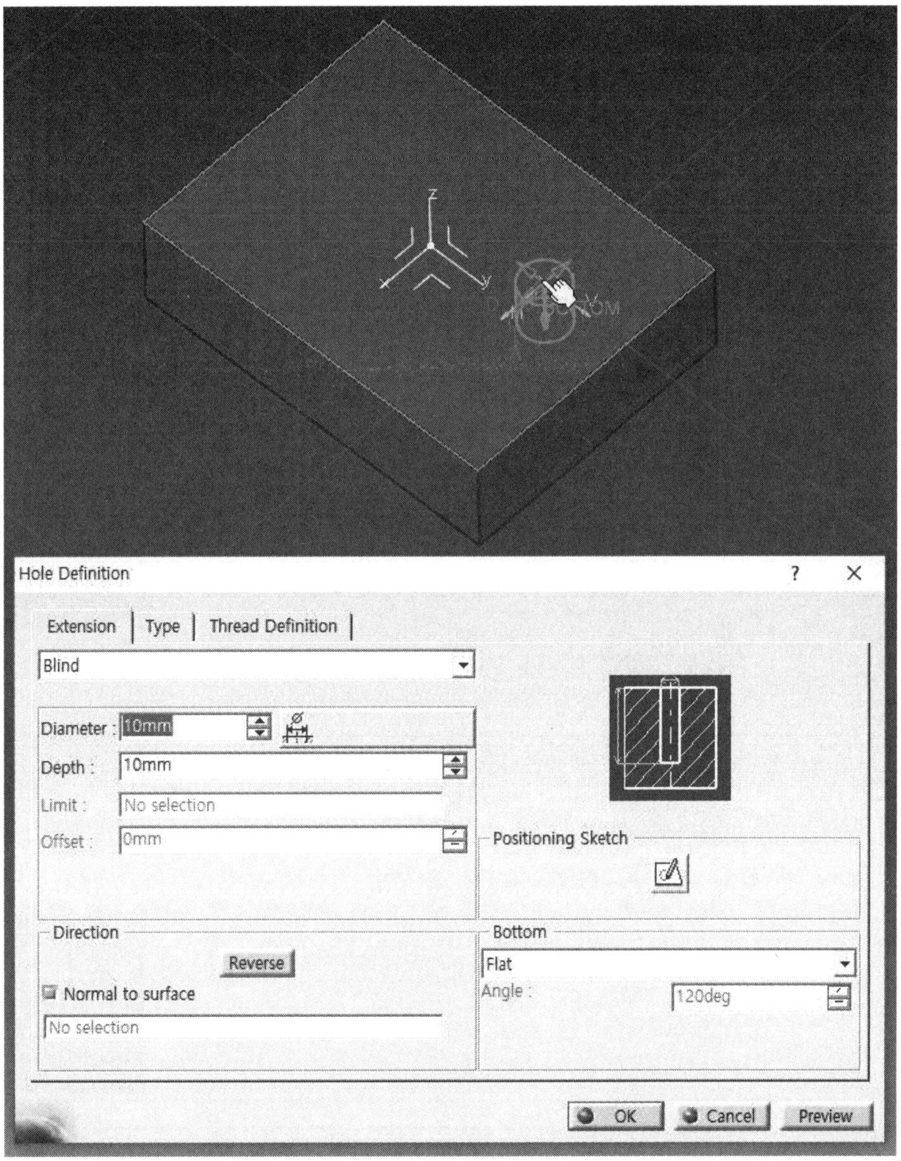

▩ Hole(): 대화창 옵션

▶Extension Menu
Hole을 생성할 때 그 깊이를 지정한다. 다음과 같은 옵션이 있다.

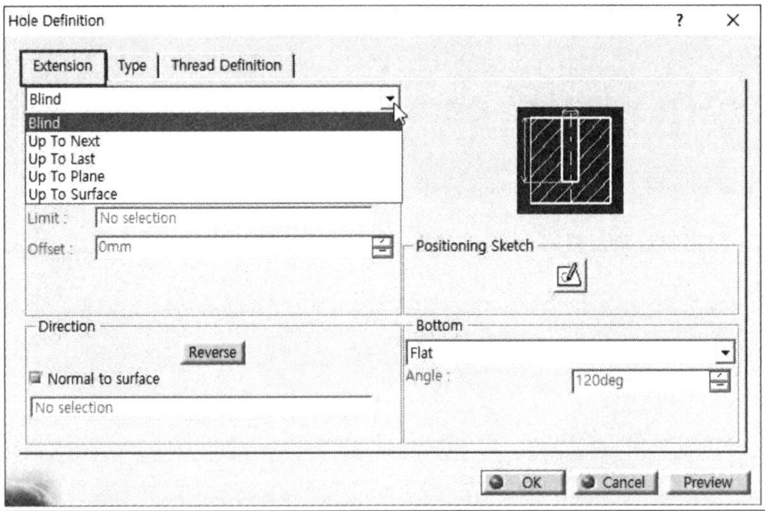

▷Blind: 직경(Diameter)과 깊이(Depth)를 지정하여 Hole을 생성한다.

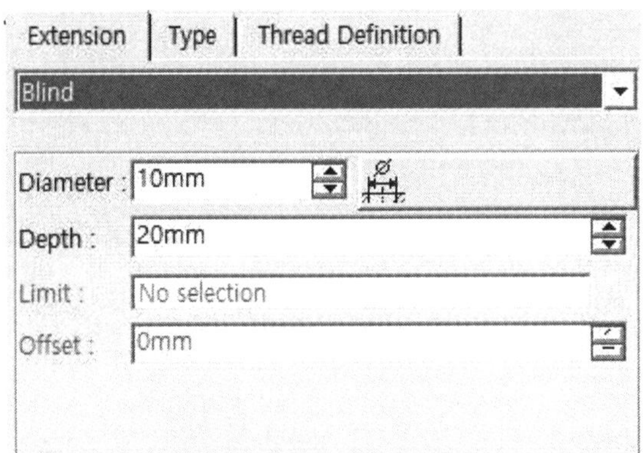

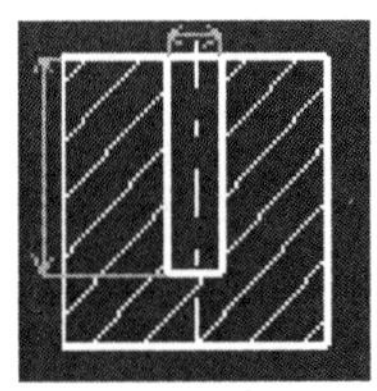

▷Up to Next: Hole을 생성할 Body면으로부터 다음 Body 앞까지 Hole을 생성한다.

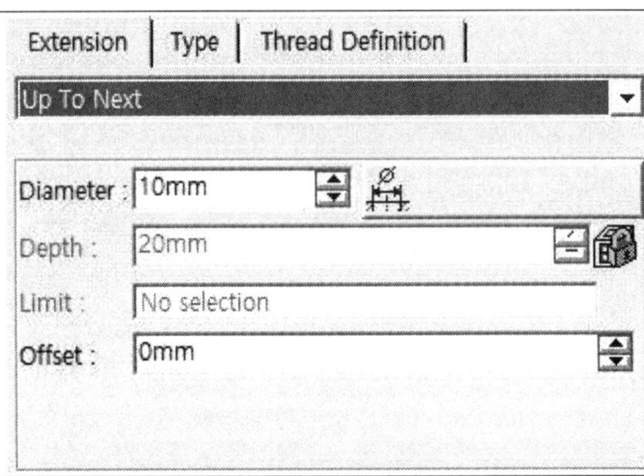

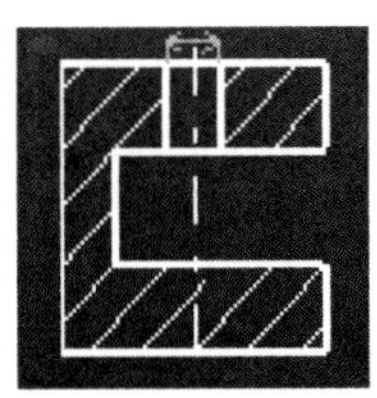

⊠ Hole( ): 대화창 옵션

▷Up to Last: Hole을 생성할 Body면으로부터 Hole의 생성방향에 있는 모든 Body를 관통하는 Hole을 생성한다.

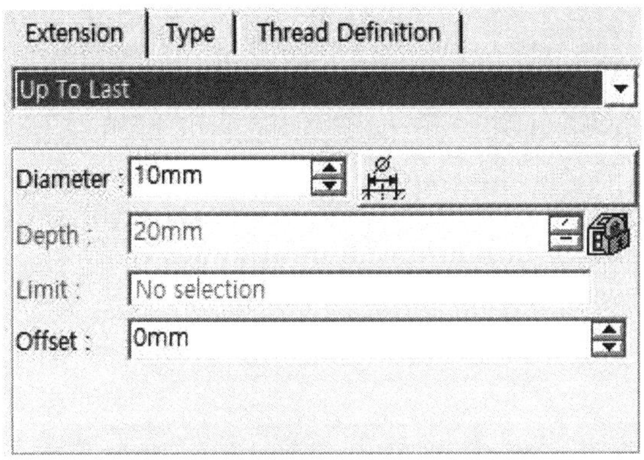

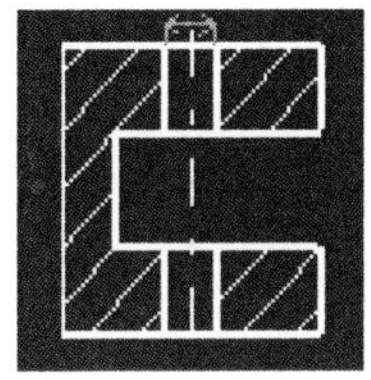

▷Up to Plane: Hole을 생성할 Body면으로부터 지정하는 표면까지 Hole을 생성한다.

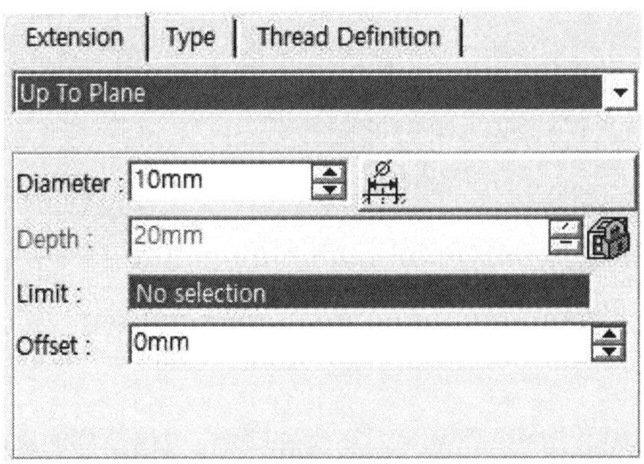

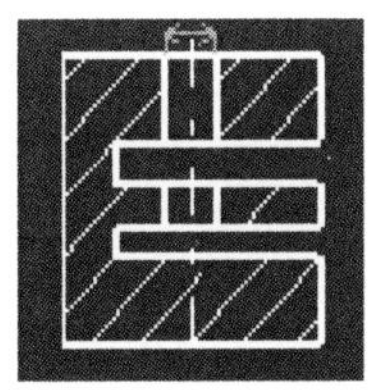

▷Up to Surface: Hole을 생성할 Body 면으로부터 지정하는 Surface까지 Hole을 생성한다.

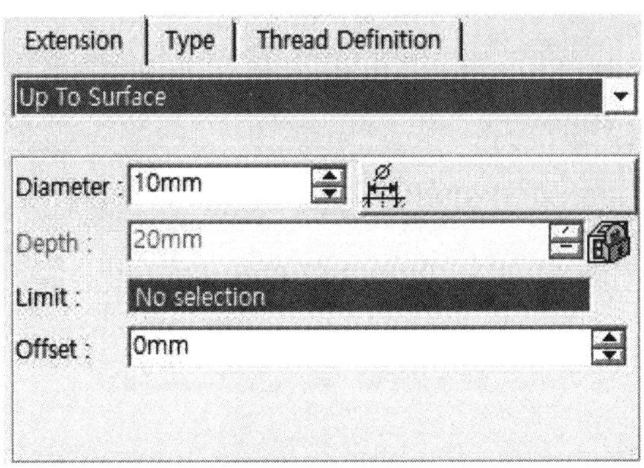

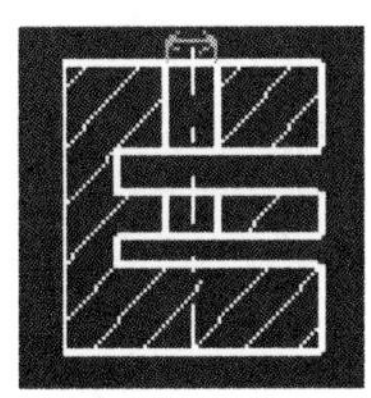

▩ Hole(): 대화창 옵션

▷Positioning Sketch

생성할 Hole의 중심은 마우스로 클릭하여 지정이 가능하다. 따라서 Hole명령을 사용하는 경우 Hole의 중심을 미리 생성해 두어야 한다.

만약 중심의 위치를 미리 생성해두지 않은 경우 Hole Definition 대화창에서 Positioning Sketch명령()을 실행하면 스케쳐워크벤치(Sketcher Workbench)에 진입하여 Hole의 중심위치를 생성할 수 있다.

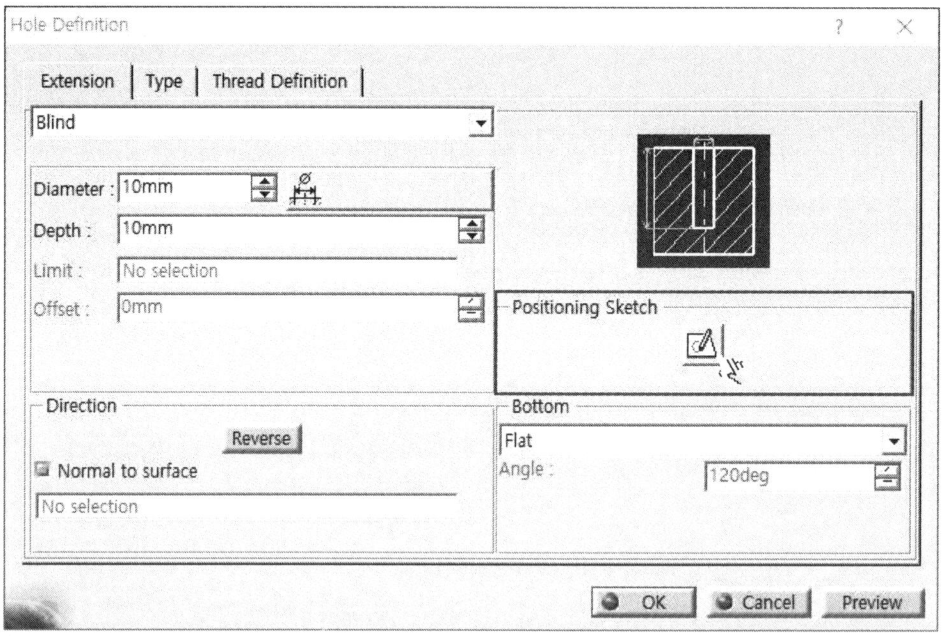

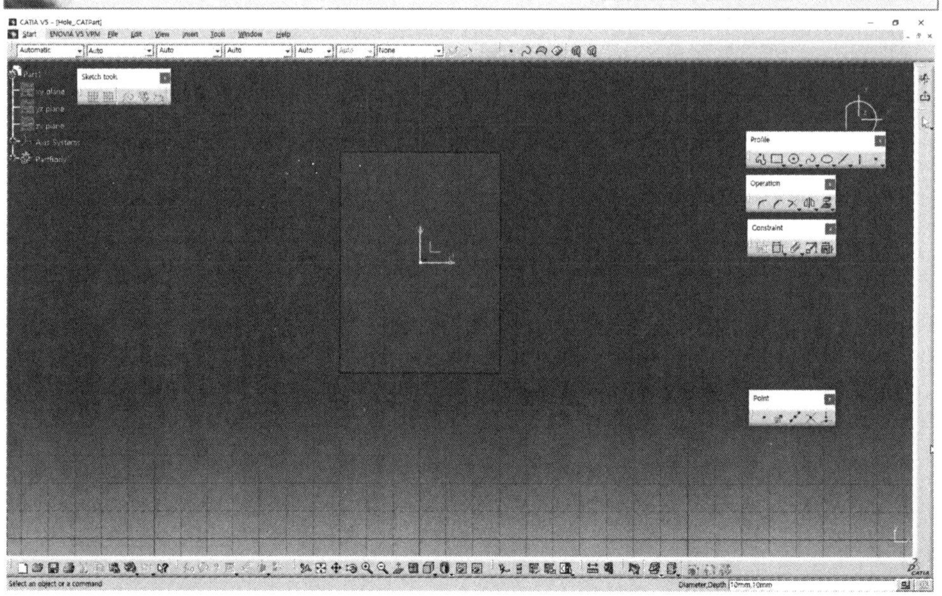

▧ Hole( ): 대화창 옵션

▶Type Menu
Hole을 생성할 때 그 깊이를 지정한다. 다음과 같은 옵션이 있다.

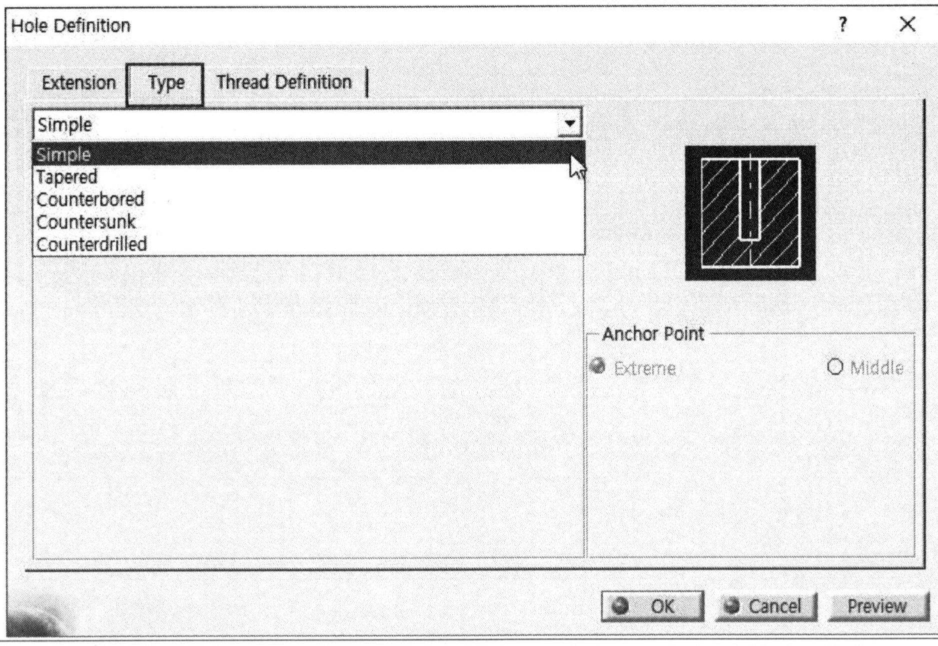

▷Simple: 가장 단순한 형상을 가진 Hole을 생성한다. 중심의 위치와 직경(Diameter)과 깊이(Depth)를 지정하여 Hole을 생성한다.

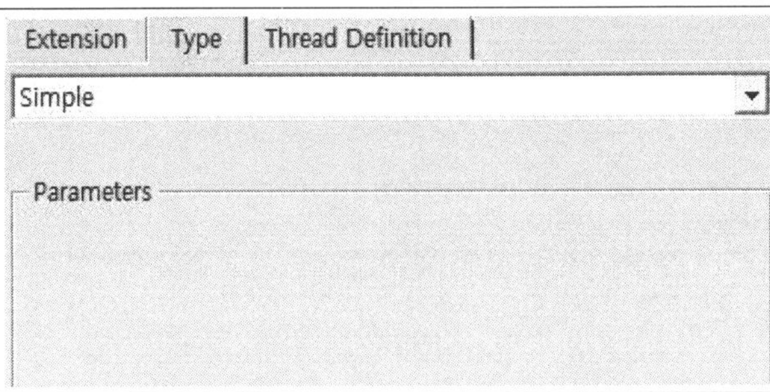

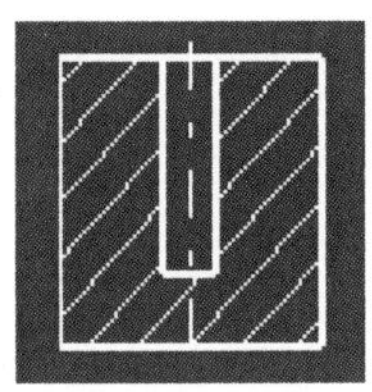

▷Tapered: Hole의 내부 원통의 형상에 기울기를 가진 Hole을 생성한다.(부여하는 각도는 중심축을 기준으로 좌/우 대칭으로 적용된다.)

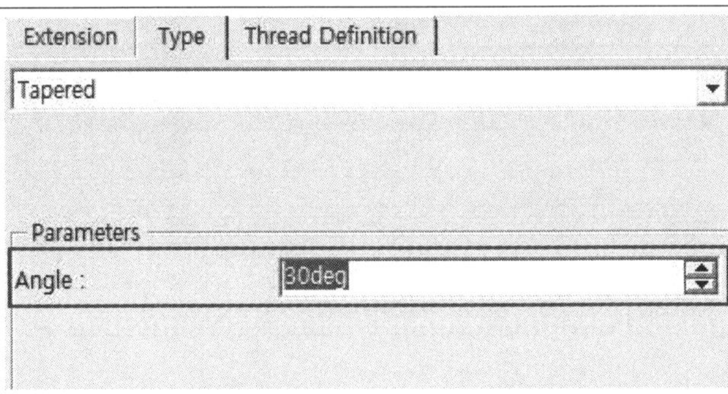

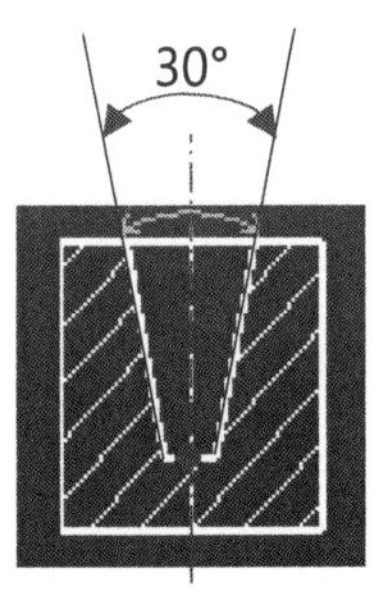

▨ Hole( ): 대화창 옵션

▷Counterbored: Hole을 생성할 나사의 머리부를 생성할 수 있다.(나사머리부 직경과 깊이를 부여한다.)

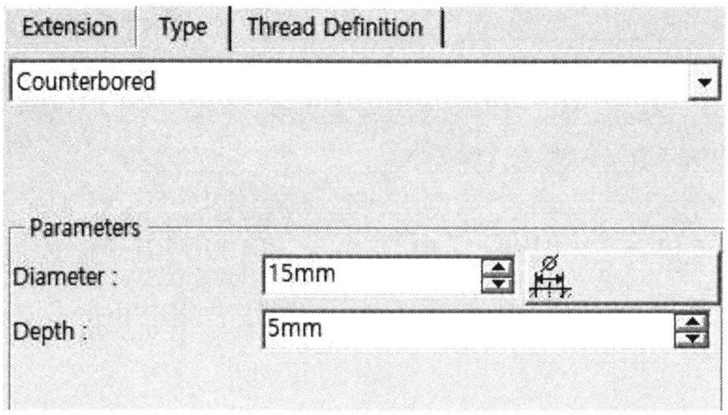

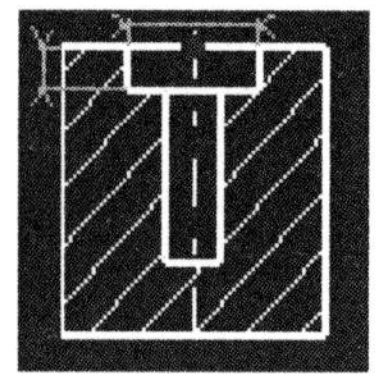

▷Countersunk: 나사머리의 형상이 접시모양인 경우 사용한다. 나사머리부 깊이와 각도를 부여한다. 부여되는 각도는 앞의 Tapered 옵션과 동일하다.)

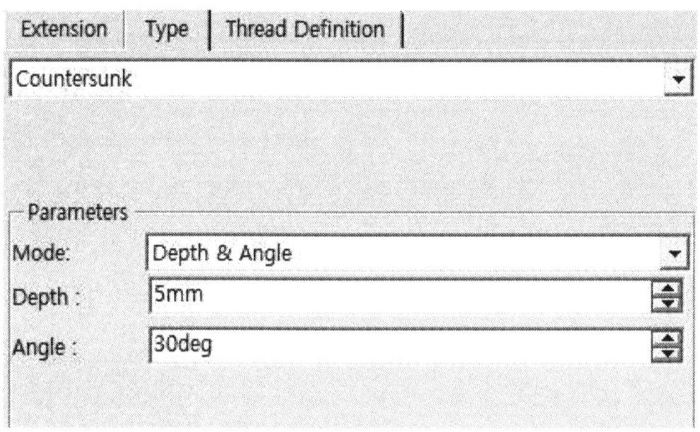

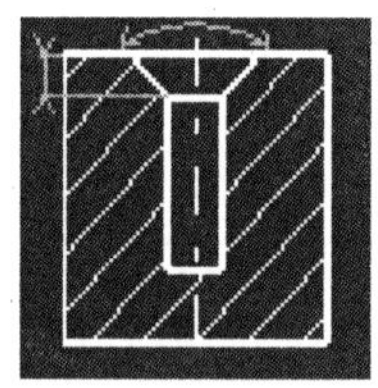

▷Counterdrilled: Countbored와 Countersunk옵션이 혼합된 나사머리부를 형성한다. 즉, 나사머리부는 기울기를 가지는 동시에 직경도 가지게 된다.

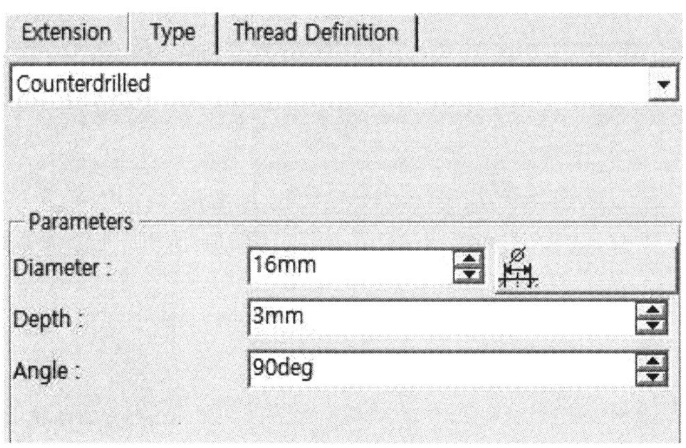

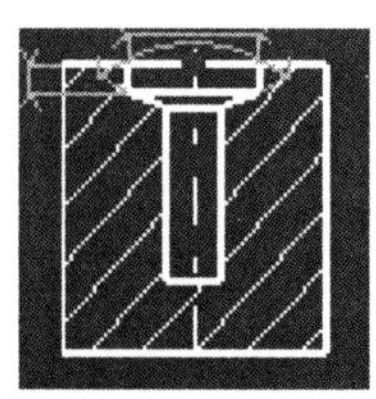

▩ Hole( ): 대화창 옵션

▶Thread Definition Menu
Hole을 생성할 때 내부에 나사산을 형성한다. Thread Definition Menu에서 Threaded를 활성화하면 사용할 수 있다.

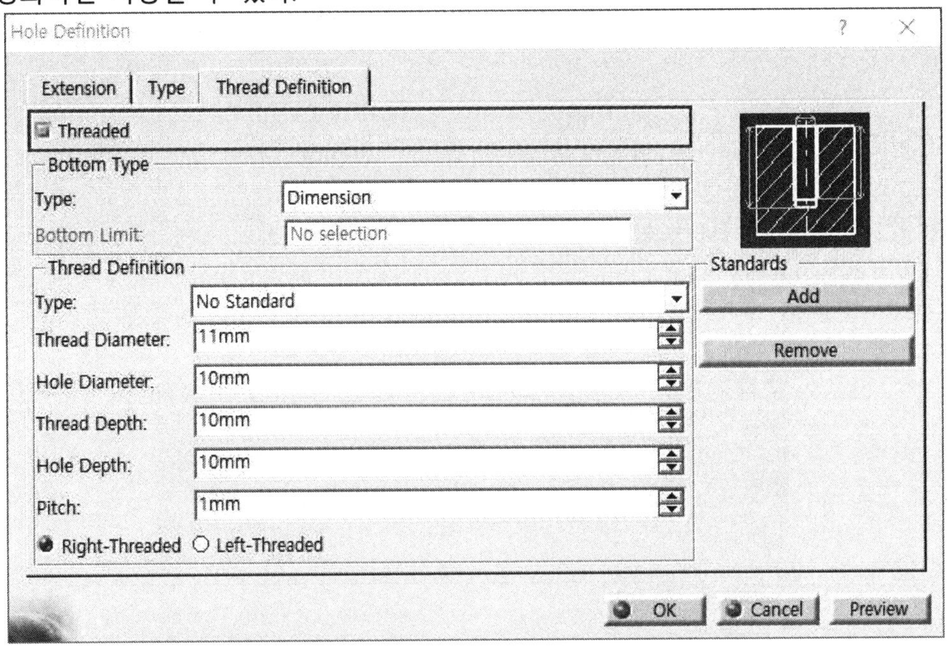

▷나사산 규격: 형성되는 나사산의 규격은 Thread Definition의 Type메뉴에서 부여할 수 있다. CATIA에서 제공하는 나사산의 규격은 다음과 같다.

(1) No Standard: 사용자정의 규격
(2) Metric Thin Pitch: ISO 965-2 규격
(3) Metric Thick Pitch: ISO 965-2 규격

☞TIP: CATIA에서는 나사산을 모델링하여 표현하지 않는다. 이 작업의 결과는 Analysis 툴바의 Tap-Thread Analysis명령( )에 의해 확인할 수 있다.

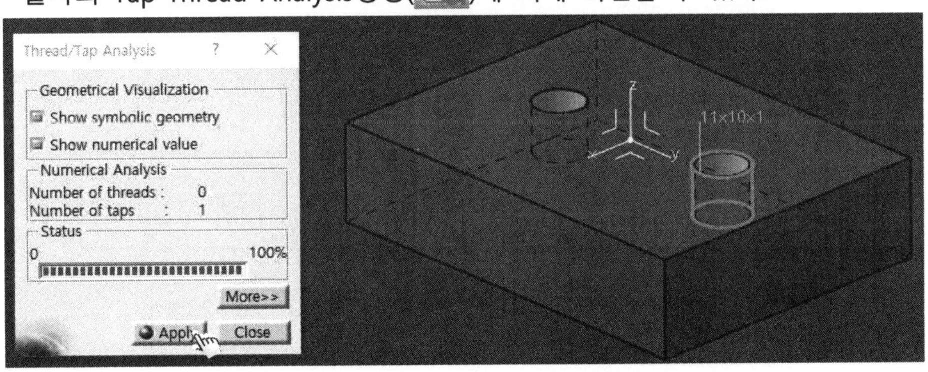

❑ Rib( )와 Slot( )

단면으로 지정한 프로파일이 임의의 가이드커브를 따라 솔리드형상을 만든다.

Rib명령( )과 Slot( )명령은 한 쌍으로 이해하면 된다. Rib명령은 솔리드모델을 생성하고(더하기) Slot명령은 만들어진 3차원 솔리드모델에 대하여 프로파일 단면형상이 임의의 가이드커브를 따라 이동하면서 파내는 형상을 만드는(빼기) 것이다.

▩ Rib( ): 지정한 단면형상이 직선 또는 임의의 곡선을 따라 솔리드모델을 생성한다. Pad명령의 경우 직선방향으로만 솔리드모델의 생성이 가능하지만 Rib명령은 직선 뿐 아니라 임의의 곡선을 따라서도 솔리드모델을 생성할 수 있다.

▶ Pad명령( )의 실행 예
Pad명령의 경우 프로파일을 선택하면 Pad의 방향이 직선방향으로 지정된다.

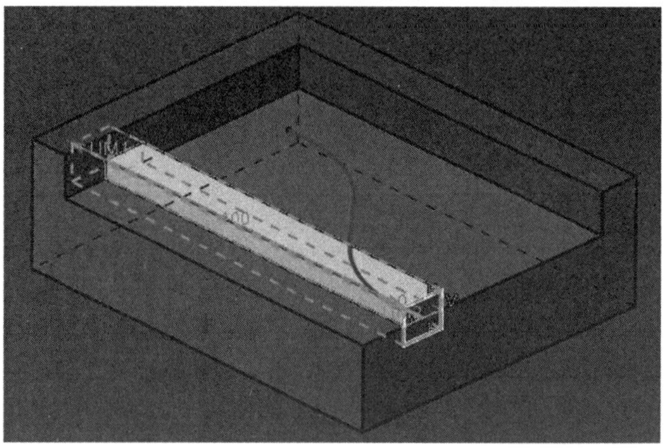

▶ Rib명령( )의 실행 예
Rib명령의 경우 프로파일을 선택한 후 가이드커브를 별도로 지정해야 한다.
가이드커브의 형상에 따라 프로파일이 솔리드모델을 생성한다.

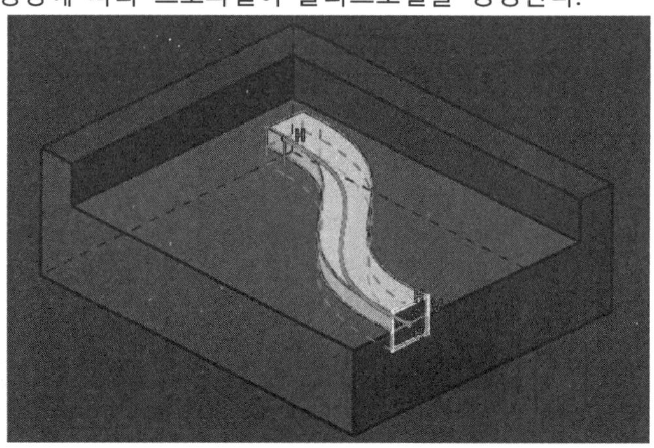

▩ Rib( ): 대화창 옵션

▶Rib명령( )을 실행하면 Rib Definition 대화창이 나타난다.

(1) Profile을 선택한다.
(2) Center curve를 선택한다.
(3) Profile control에서 옵션을 선택한다.
(4) Preview 를 눌러 실행결과를 미리 확인한 후 수정한다.
(5) 오류가 없으면 OK 를 눌러 모델링 작업을 완료한다.

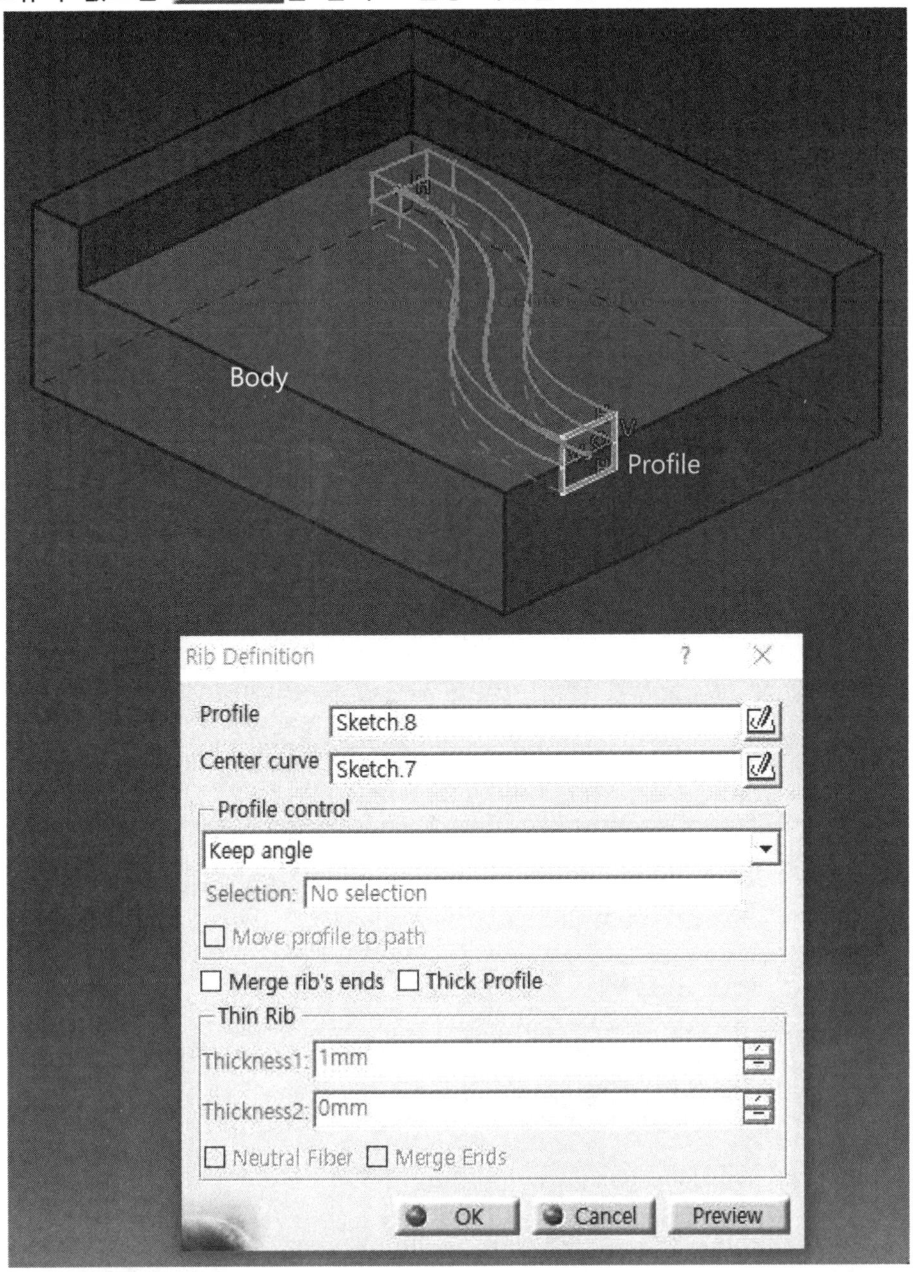

▧ Slot( ): Slot명령은 만들어진 3차원 솔리드모델에 대하여 프로파일 단면형상이 임의의 가이드커브를 따라 이동하면서 파내는 형상을 만든다.

▶Slot명령( )은 Rib명령( )과 사용방법이 유사하다. Rib명령은 부피를 더하는 명령, Slot명령은 부피만큼 빼내는 명령이다.

(1) Slot명령을 실행한다.(Slot Definition 대화창이 나타난다.)
(2) Profile을 선택한다.
(3) Center curve를 선택한다.
(4) Profile control에서 옵션을 선택한다.
(5) Preview 를 눌러 실행결과를 미리 확인한 후 수정한다.

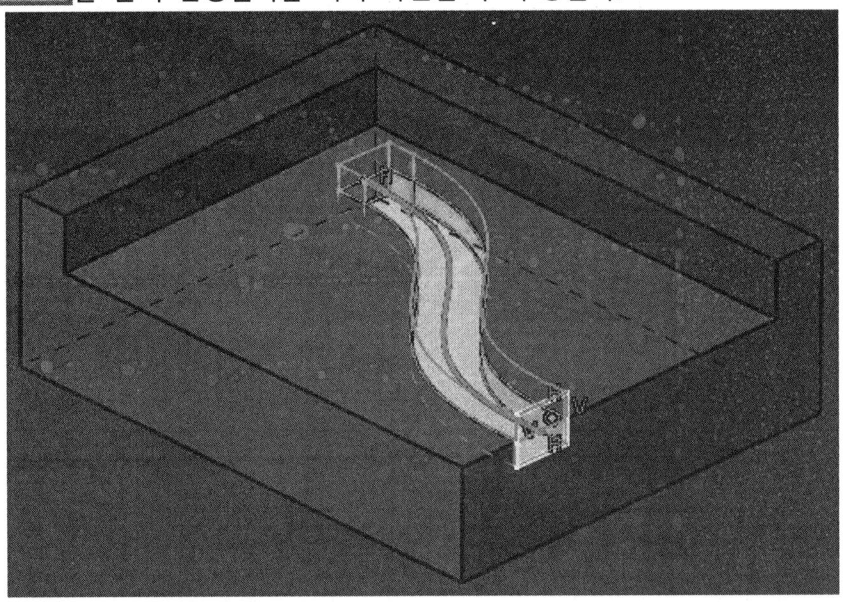

(6) 오류가 없으면 OK 를 눌러 모델링 작업을 완료한다.

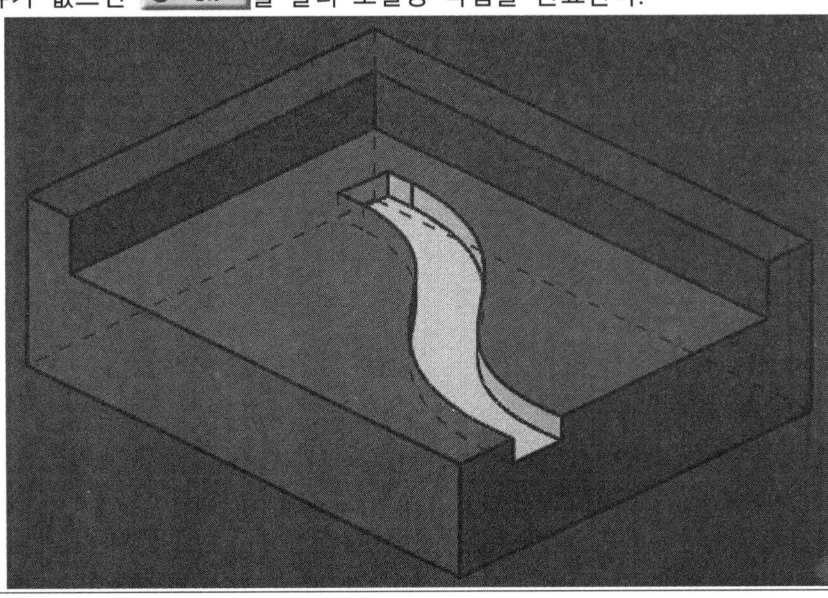

▩ Rib(): Profile control 옵션

▶Rib명령()과 Slot명령()을 실행할 때 Profile control옵션에서 3가지 Type을 선택할 수 있다.

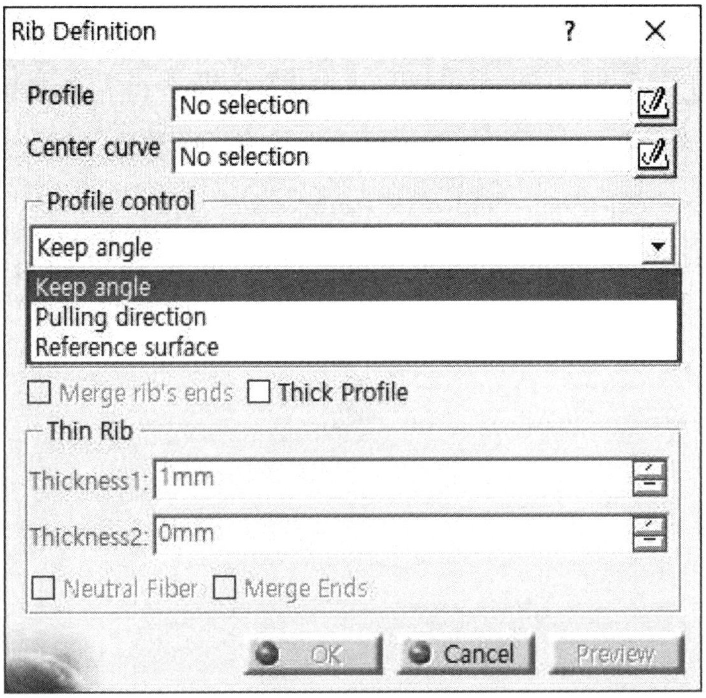

(1) Keep Angle: Profile과 Center curve가 이루는 초기 각이 그대로 유지된 상태로 솔리드모델이 생성된다. 대부분의 경우 이 옵션을 사용하지만 Center curve의 형상에 따라 원하지 않는 왜곡된 솔리드모델이 만들어 질 수 있다.

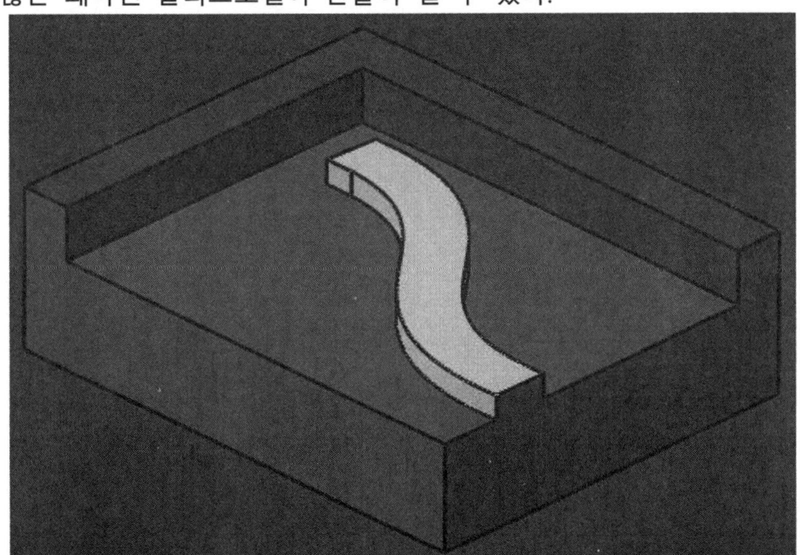

▧ Rib( ): Profile control 옵션

(2) Pulling direction: Profile과 Center curve가 이루는 초기 각이 유지되지 않는다. 솔리드모델은 Profile이 Center curve를 따라 생성되지만 초기각은 무시되며 사용자가 지정한 방향으로 생성된다.(Keep angle과 Pulling direction의 사용에 따라 생성되는 솔리드모델의 형상이 변한다.)

☞예제모델

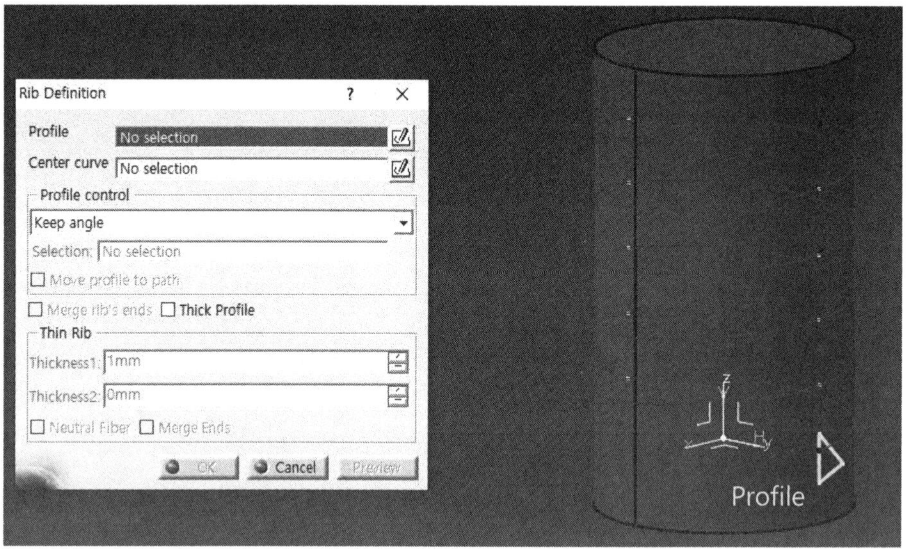

▸ Keep angle: Profile은 Center curve에 수직인 평면에 생성되어 있다. Keep angle옵션이 선택되면 Profile이 Center curve를 따라 솔리드모델을 생성할 때 이 각도를 계속 유지하게 되므로 아래와 같이 왜곡된 형상이 만들어지게 된다.

⊠ Rib( ): Profile control 옵션

▸ Pulling direction(z축): Profile은 Center curve에 수직인 평면에 생성되어 있다. Pulling direction옵션이 선택되면 Profile이 Center curve를 따라 이동하면서 솔리드 모델을 생성할 때 사용자가 지정한 방향(z축 방향이다.)을 따른다.

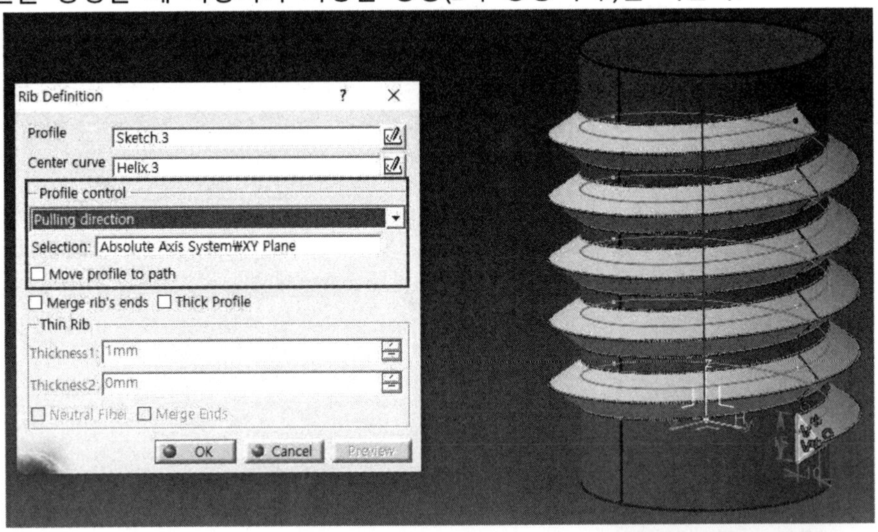

☞Section view: 우측 형상은 생성된 솔리드모델의 반경방향 단면이다. Center curve의 시작에서부터 끝까지 Center curve를 따라 최초의 프로파일형상이 계속 유지되고 있음을 확인할 수 있다.

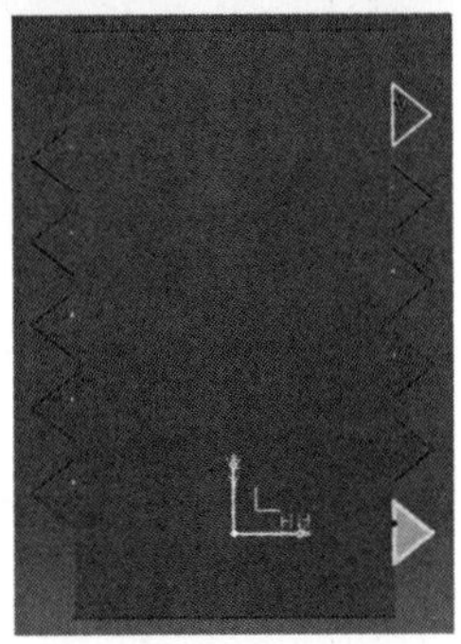

(3) Reference surface: 지정한 Surface에 존재하는 Center curve를 따라 솔리드모델이 생성된다.

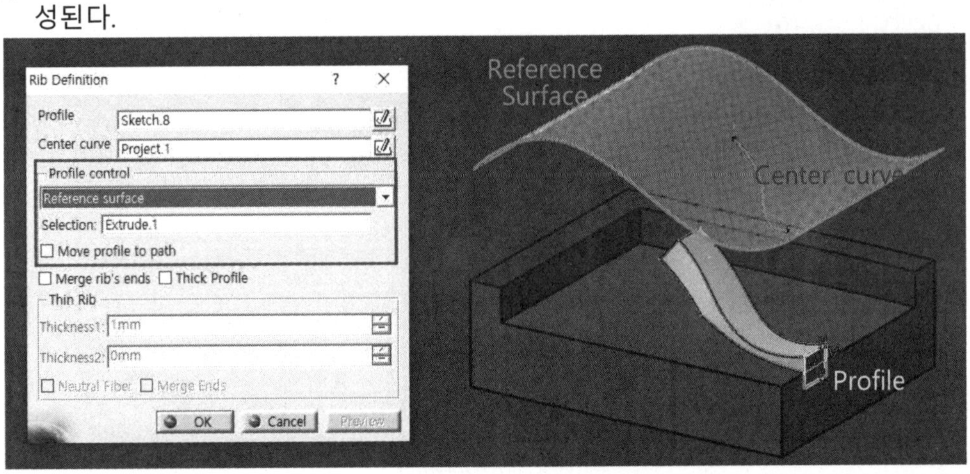

❑ Solid Combine( )과 Stiffener( )

⊠ Solid Combine( ): 두 개의 프로파일을 이용하여 솔리드모델을 만든다.

▶두 개의 Profile을 선택하여 교차하는 부분을 솔리드모델로 만든다.

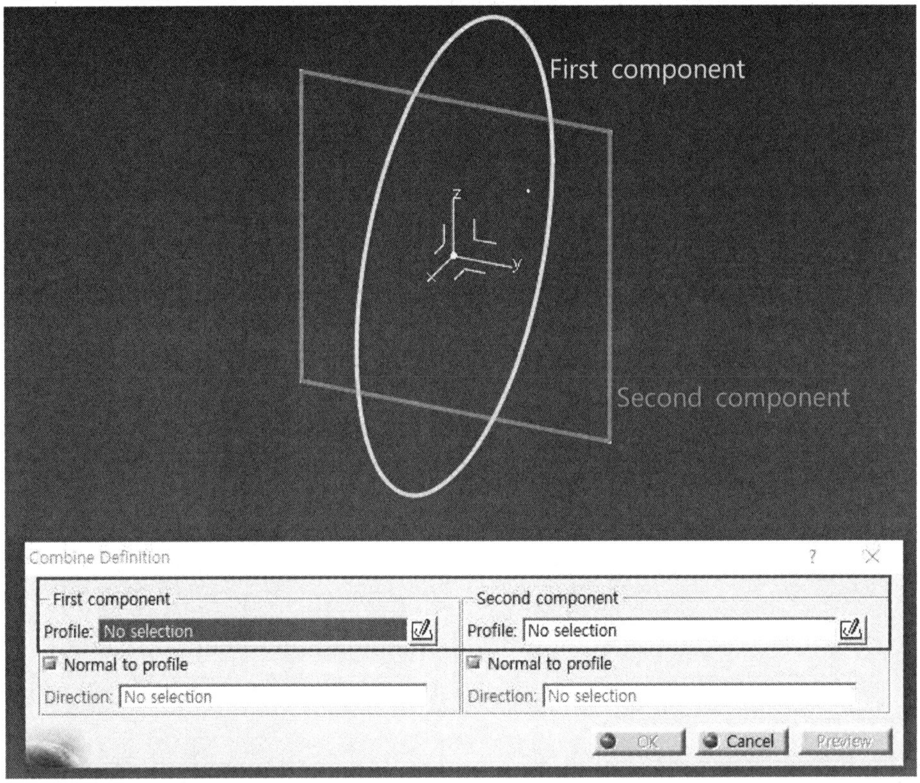

☞실행결과

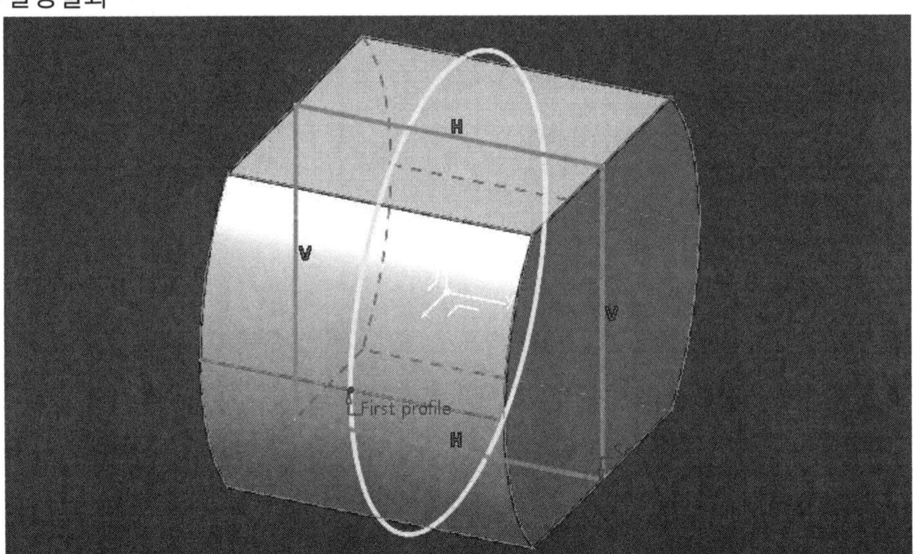

▧ Stiffener( ): 보강재를 만든다.

▶ 솔리드 모델에 보강재를 생성한다. 이 때 보강재를 생성하기 위해 사용하는 Profile은 정확한 치수를 가지지 않아도 된다.

☞주의: Profile의 양 끝단이 솔리드모델에 접촉하지 않아도 되지만 Profile의 연장선이 솔리드모델을 벗어나게 되면 오류가 발생하므로 주의해야 한다.

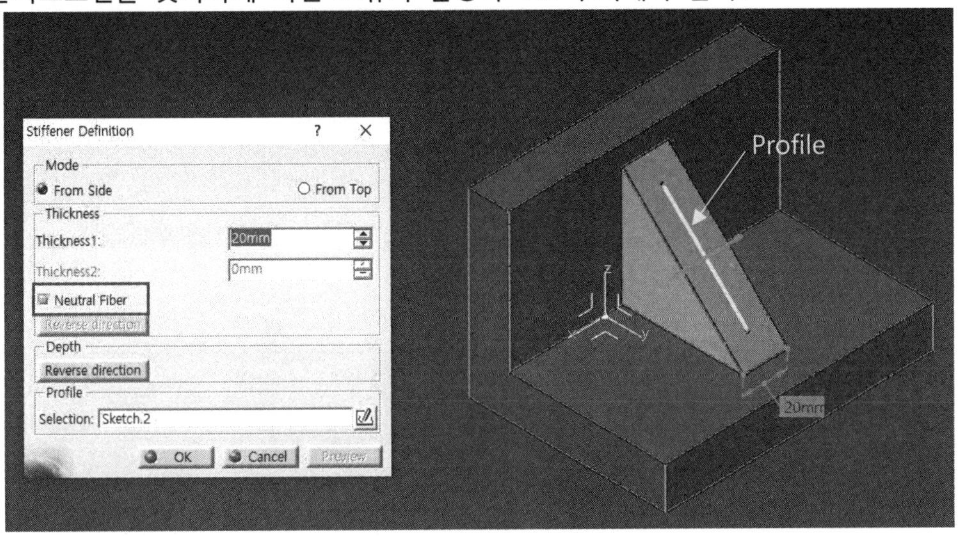

▶ Stiffener Definition 대화창 옵션:

■ Neutral Fiber

- Profile을 기준으로 좌/우 방향으로 두께를 부여한다.
- Neutral Fiber옵션을 해제하면 Profile에서 좌/우 방향의 두께를 부여한다.

(Reverse direction 을 클릭하면 반대방향으로 두께를 부여할 수 있다.)

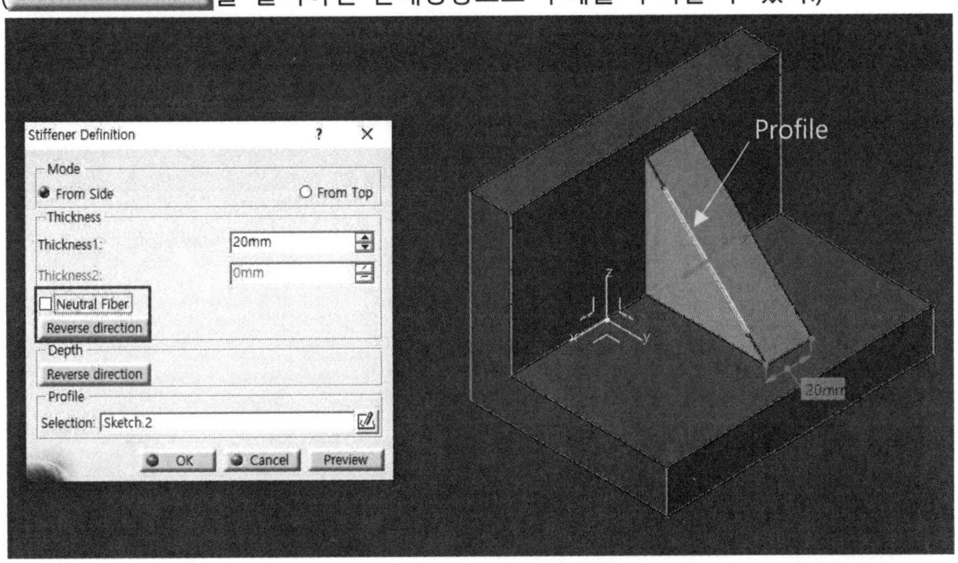

❑ Multi-Sections Solid( )와 Removed Multi-Sections Solid( )

Multi-Sections Solid( )명령과 Removed Multi-Sections Solid( )명령은 한 쌍으로 이해하면 된다.(솔리드모델 생성과 솔리드모델에서 형상을 제거)

이 명령은 여러개의 Profile을 단면형상으로 가지는 솔리드모델을 만든다. 일반적인 방법으로 솔리드모델을 생성하면 그 단면형상은 변하지 않지만 비행기의 날개와 같이 그 단면형상이 길이방향에 따라 계속하여 변하는 경우 Multi-Sections Solid명령( )을 사용한다.

▶ Pad( )와 Multi-Sections Solid( )

▶ Pad( )

하나의 Profile이 하나의 솔리드모델을 생성한다. 단면의 형상이 일정하다.

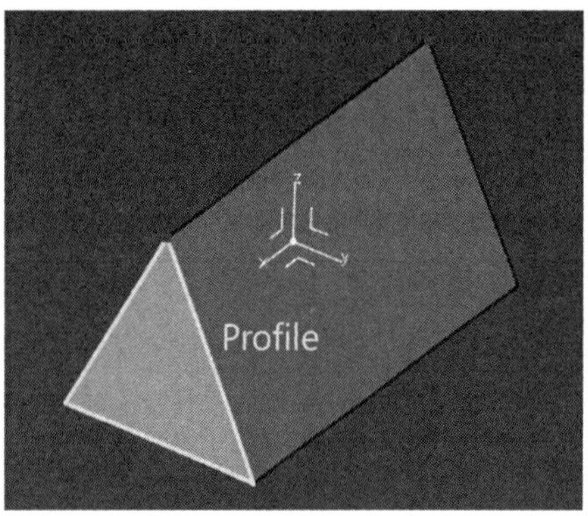

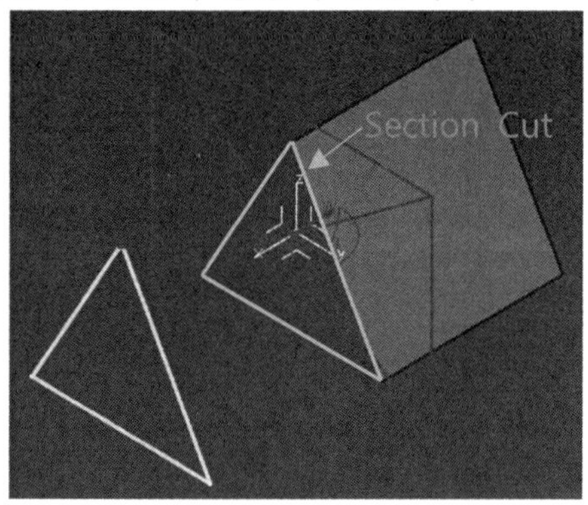

▶ Multi-Sections Solid( )

여러 개의 Profile(section)이 하나의 솔리드모델을 생성한다. 단면의 형상이 길이방향으로 계속 변한다.(아래 예제의 경우 Profile의 형상이 시작위치에서는 삼각형이고 종료위치에서는 사각형이다. 따라서, 생성되는 솔리드모델은 시작위치에서 종료위치로 가면서 그 단면의 형상이 계속 변하게 된다. 이러한 형상을 생성하는 명령이 Multi-Sections Solid( )이다.

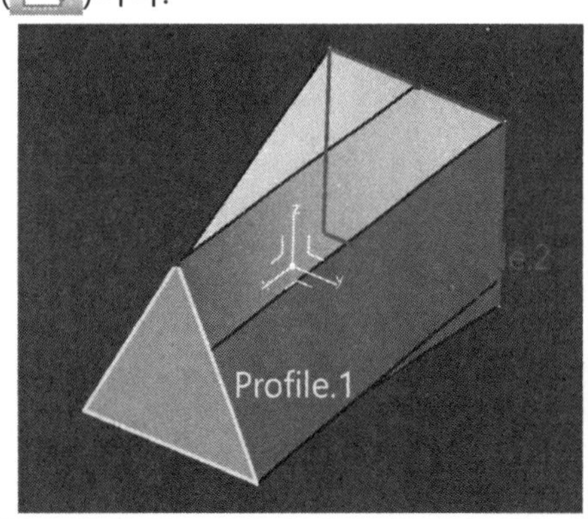

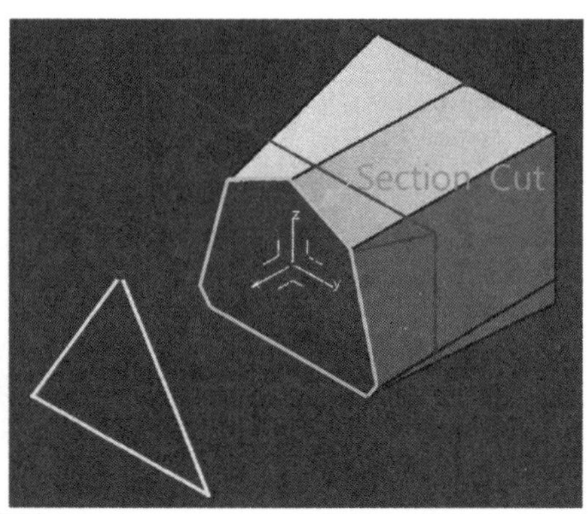

▩ Multi-Sections Solid( )

▶아래 형상에 대해 Multi-Sections Solid( )를 이용하여 솔리드모델을 생성 해보도록 하자.

(1) Multi-Sections Solid( )을 실행하면 Multi-Sections Solid Definition 대화창이 나타난다.

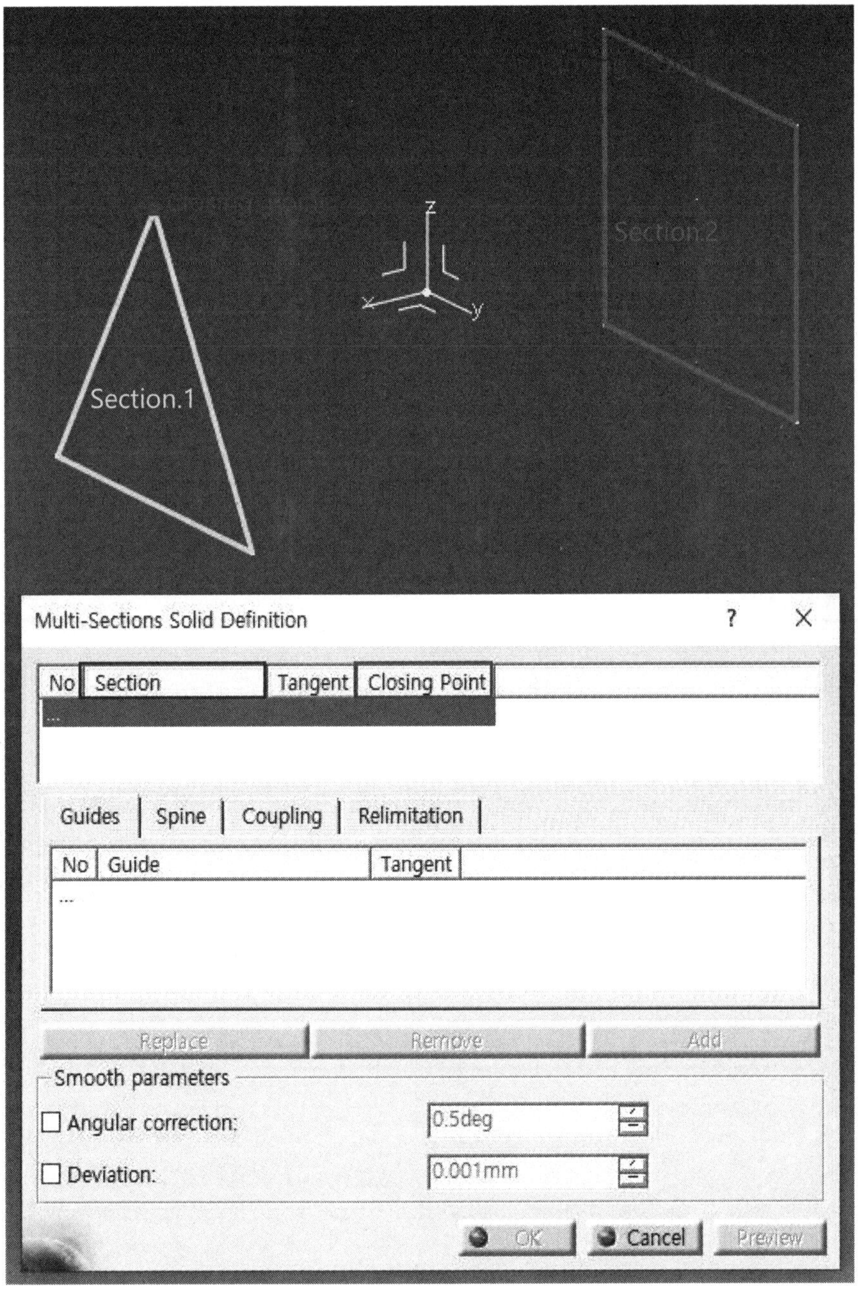

⊠ Multi-Sections Solid( )

(2) 단면형상으로 사용할 Profile을 선택한다.
(3) Closing Point가 자동으로 부여된다.
☞Closing Point는 선택한 Profile들이 하나의 솔리드모델을 만들 때 꼭지점의 역할을 하므로 Profile을 선택할 때 Closing Point의 위치는 서로 같은 위치에 존재하도록 선택해야 한다.(Closing Point의 위치가 다르면 원하는 솔리드모델을 만들 수 없다.)

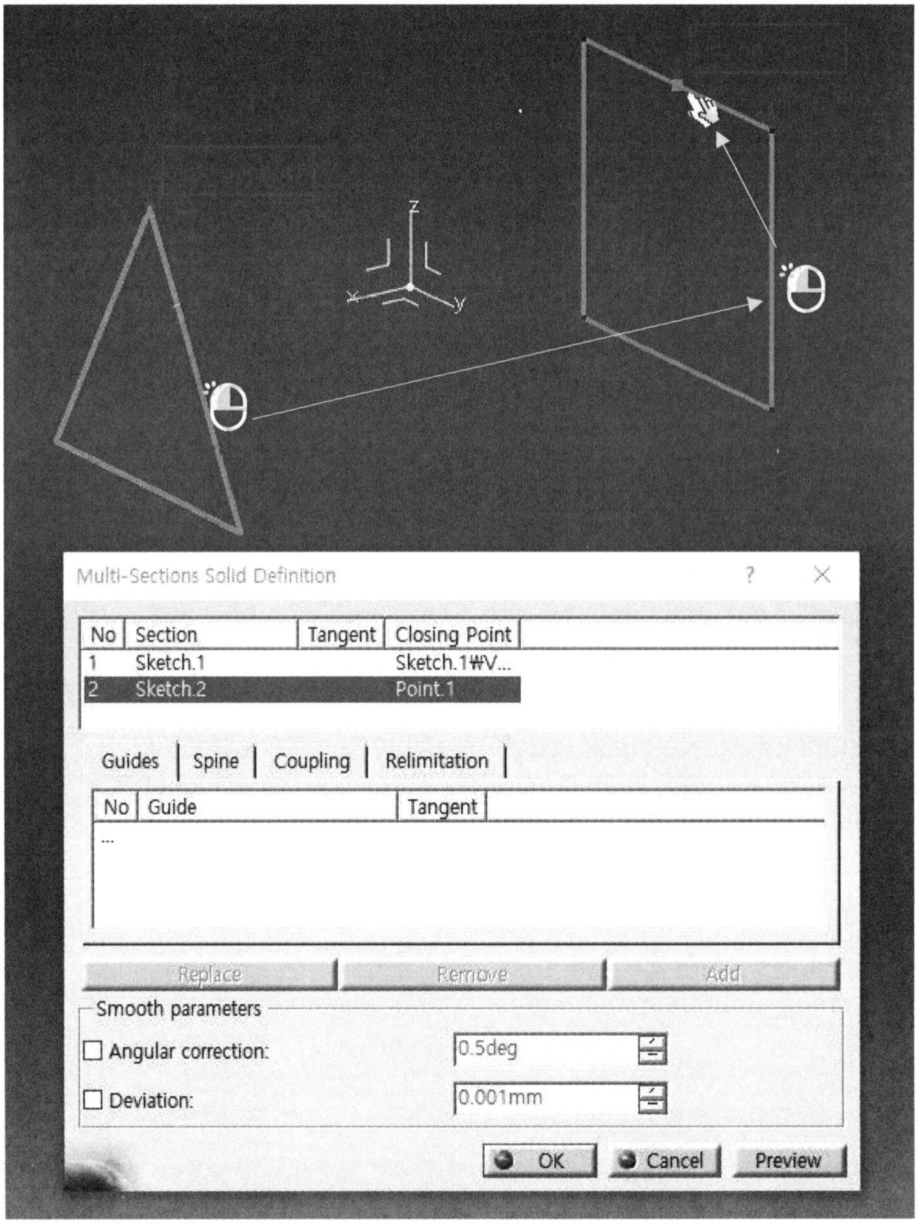

⊠Multi-Sections Solid( )

(4) Multi-Sections Solid Definition대화창의 Coupling메뉴에서 Sections coupling 옵션을 Ratio로 선택한다.
☞Coupling메뉴는 선택한 단면(Profile)이 서로 전혀 다른 형상을 가지는 경우 사용한다. 즉, 각 단면이 가지고 있는 꼭지점(Closing Point)이 솔리드모델을 생성할 때 서로 연결되는 방법을 지정하는 것이다. 이 경우 Ratio옵션을 사용한다.

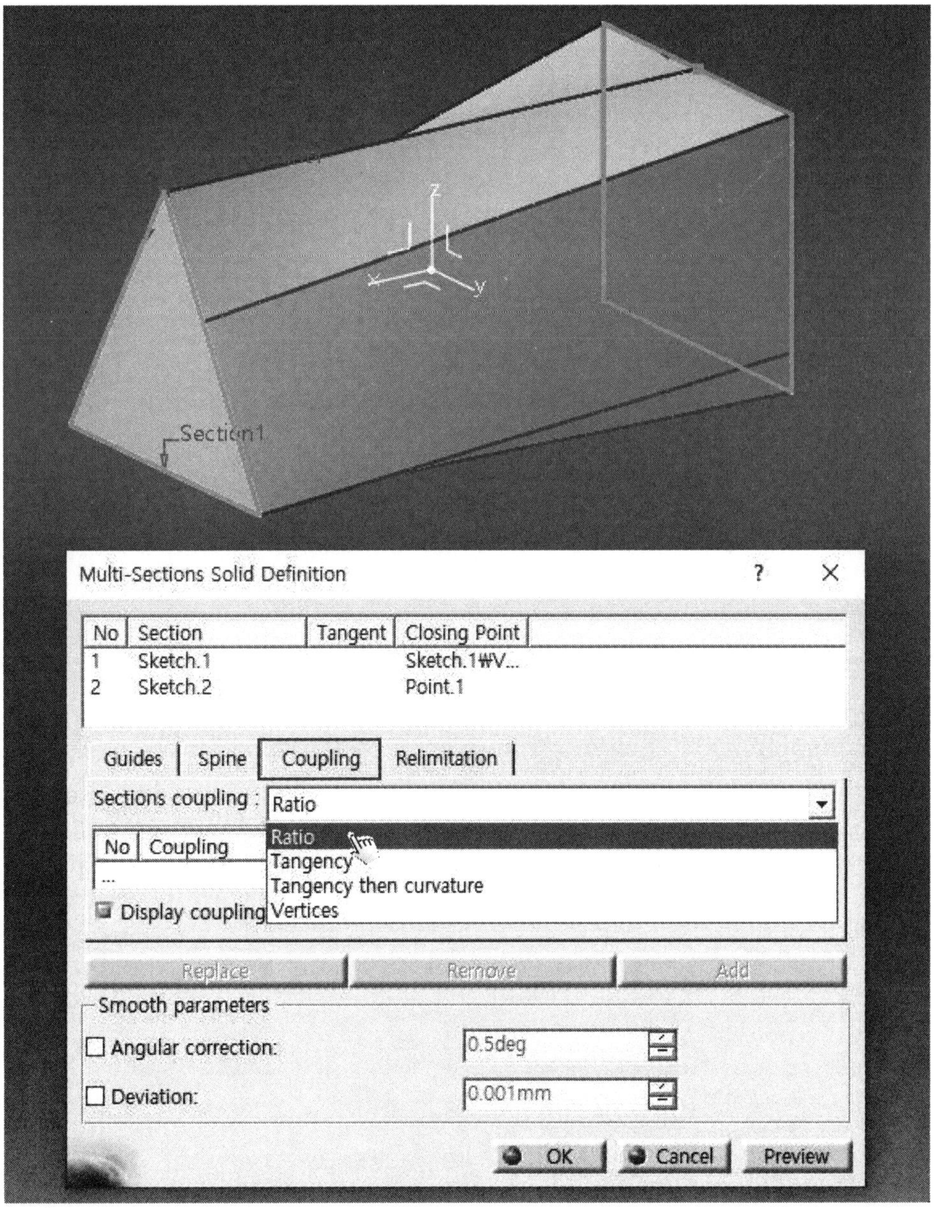

(5) Preview 를 눌러 생성되는 솔리드모델을 확인한 후 이상이 없으면 OK 를 눌러 모델링을 완성한다.

▨ Removed Multi-Sections Solid( )

▶Removed Multi-Sections Solid( )명령은 기존의 솔리드모델을 지정한 단면형상으로 파낸다. 기본적으로 Multi-Sections Solid( )명령과 사용방법이 유사하다.

(1) Removed Multi-Sections Solid( )명령을 실행한다.(Removed-Multi-sections Solid Definition 대화창이 나타난다.)

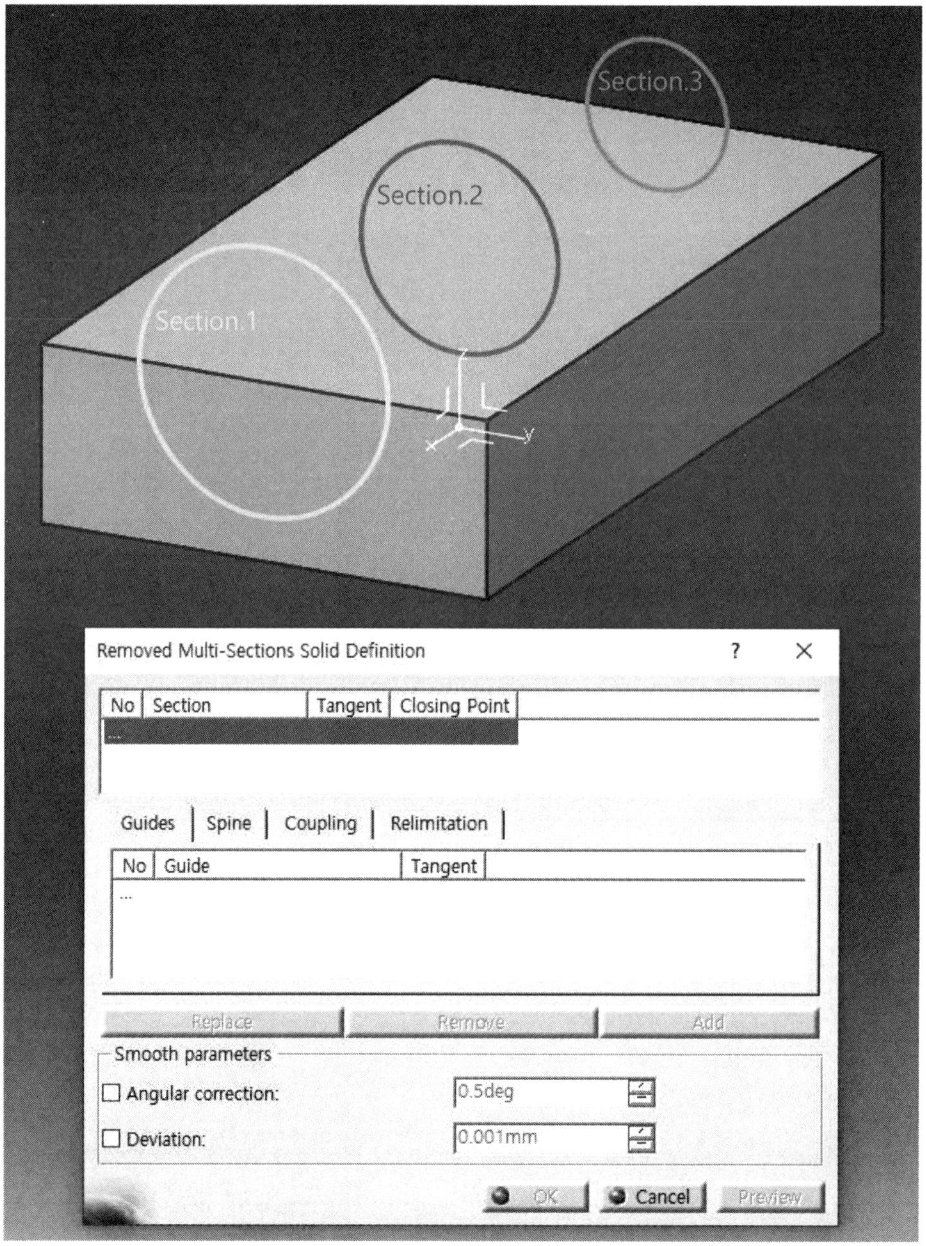

▨ Removed Multi-Sections Solid( )

(2) 각 Profile을 선택한다. 이 때 Closing Point의 위치와 화살표의 방향이 일치하도록 확인해야 한다.(방향이 일치하지 않는 경우 원하는 결과를 얻을 수 없다. 마우스로 화살표를 클릭하여 방향을 바꿀 수 있다.)

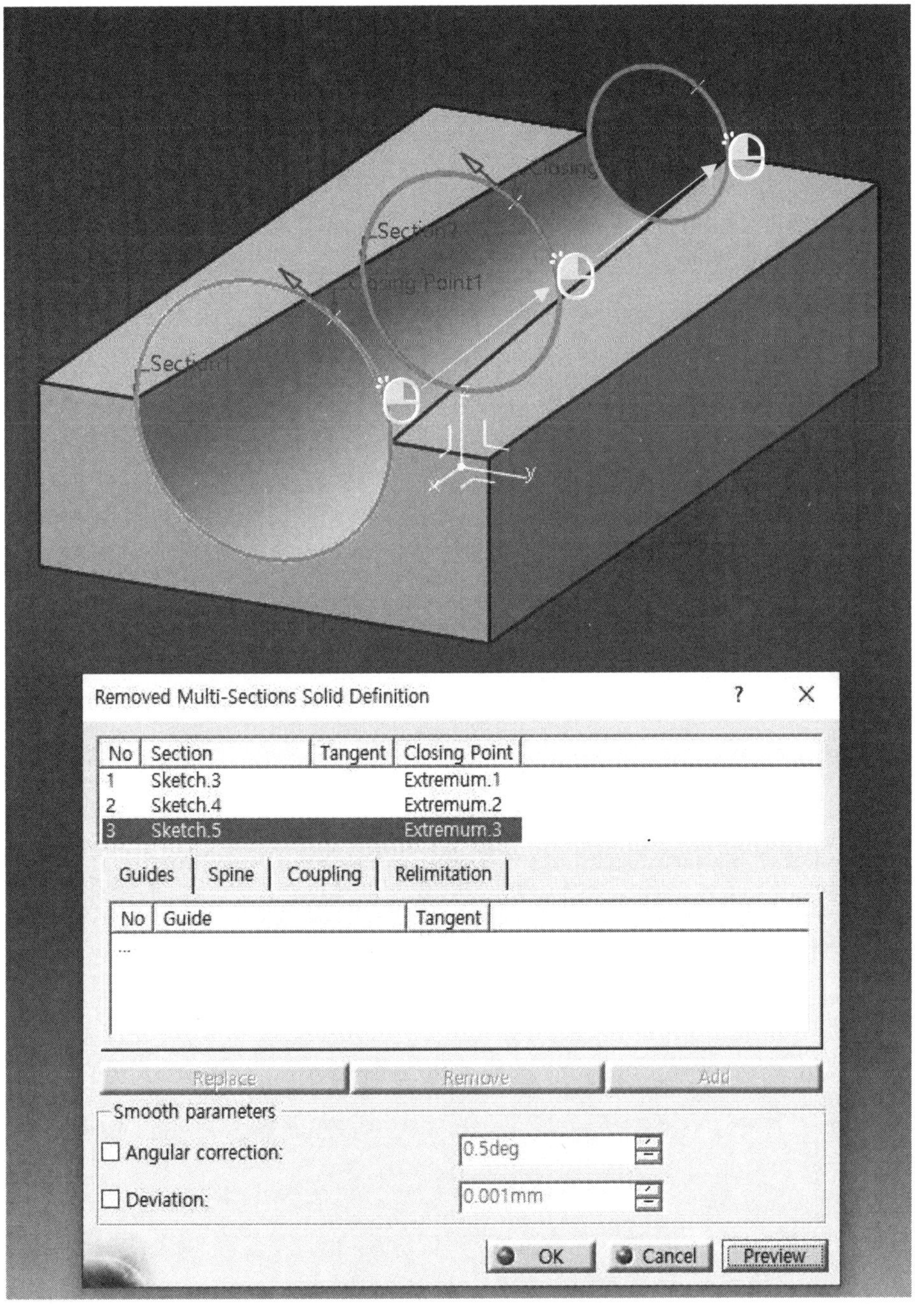

(3) Preview 를 눌러 생성되는 솔리드모델을 확인한 후 이상이 없으면 OK 를 눌러 모델링을 완성한다.

(2) 드레스-업 피쳐스 툴바(Dress-Up Features Toolbar)

Sketch-Based Features로 생성한 솔리드모델을 편집하여 원하는 형상으로 만들 수 있다.

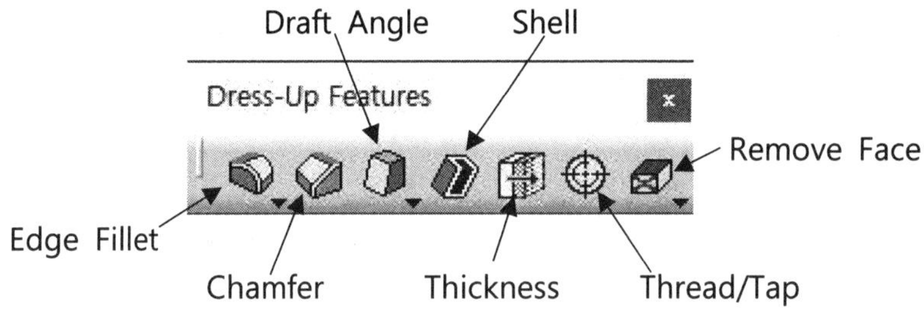

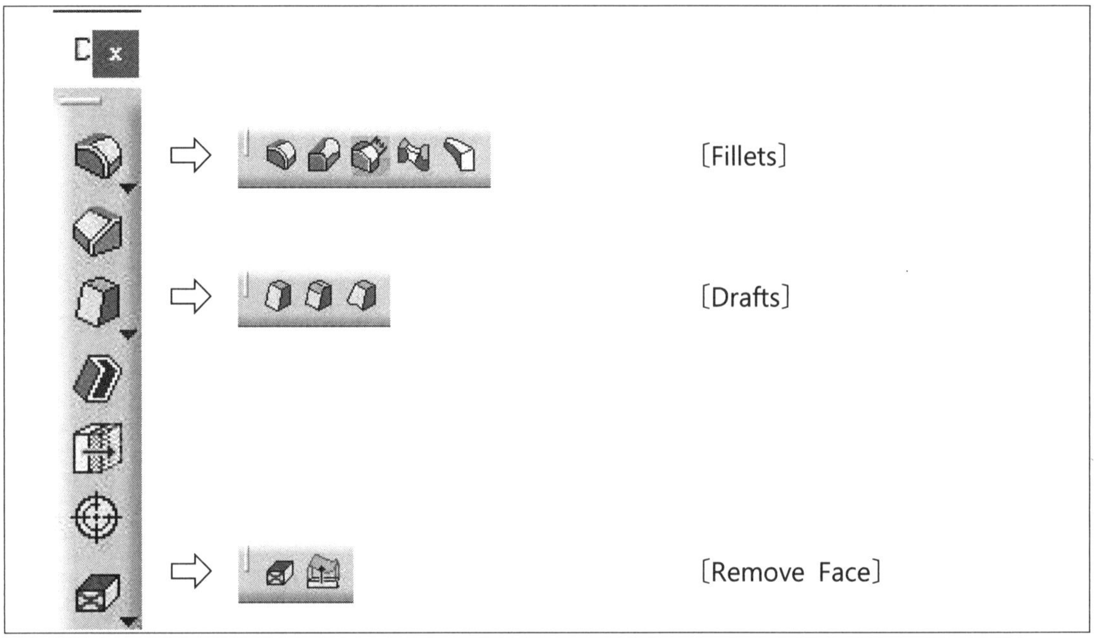

3차원 솔리드모델을 만드는 일반적인 단계를 살펴보면,

(1) 스케치(Sketch)툴바의 스케치(Sketch)명령으로 2차원 프로파일(Profile)을 생성한다.

(2) 스케치베이스드피쳐(Sketch-Based Feature)툴바의 명령을 이용하여 3차원 형상을 만든다.(Pad-Pocket, Shaft-Groove, Hole, Rib-Slot 등)

(3) 드레스-업피쳐(Dress-Up Feature)툴바의 명령으로 3차원 형상을 다듬어 솔리드모델을 완성한다.

위에서 나열한 일반적인 단계를 통해 대부분의 3차원 솔리드모델을 완성할 수 있다.(실제 모델링 작업과정에서는 위 단계의 실행순서를 적절하게 변경해야 한다.)

☞ TIP: 드레스-업피쳐(Dress-Up Feature)툴바에서 각 명령을 실행할 때에는 스케치베이스드피쳐(Sketch-Based Feature)툴바의 명령어 사용과 달리 프로파일(Profile)이 사용되지 않으며 수정 할 3차원 형상의 모서리, 꼭지점 및 표면만이 사용된다.

⊠ Edge Fillet( ): 솔리드모델의 모서리부에 라운드(Round)를 생성한다.

▶라운드의 형상은 모서리부의 생성조건에 따라 2가지 형태로 생성된다.

[볼록한모서리]

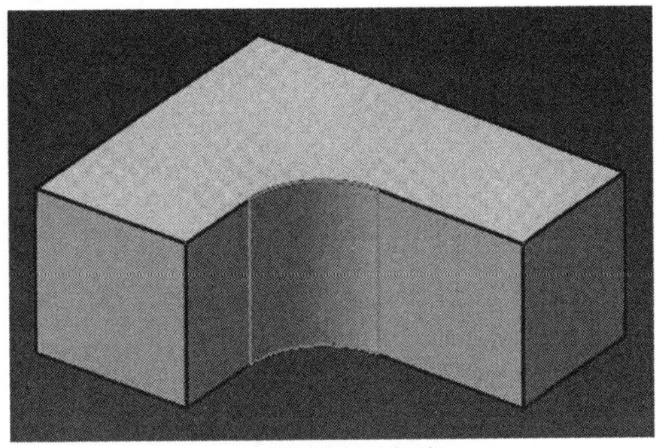

[오목한모서리]

▶Edge Fillet명령의 실행순서는 다음과 같다.

(1) Edge Fillet( )명령을 실행한다.
(2) Edge Fillet Definition 대화창이 나타난다.

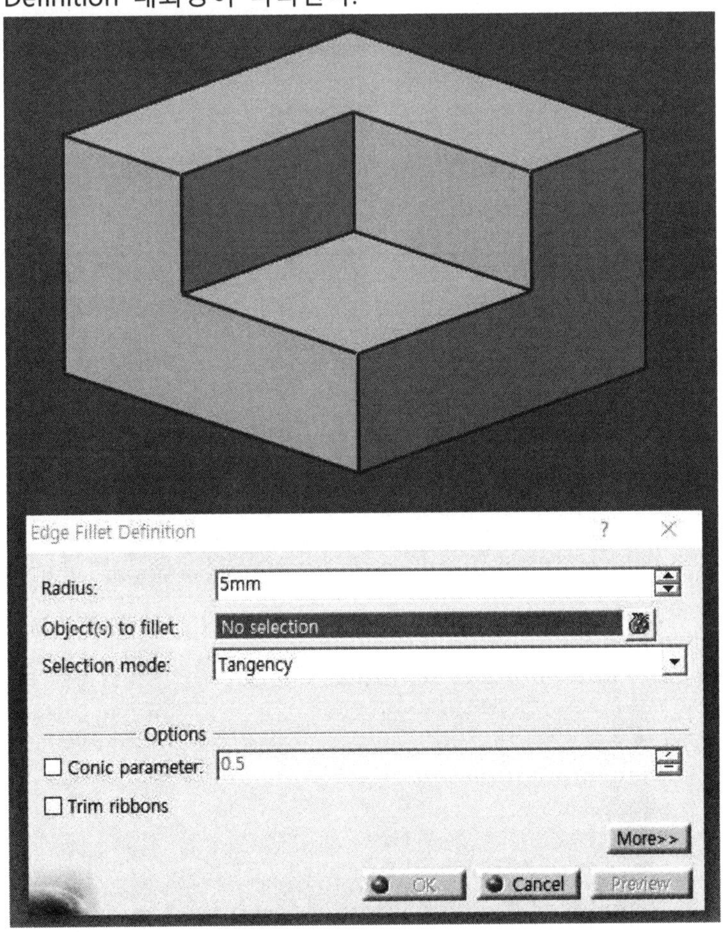

⊠ Edge Fillet( ): 솔리드모델의 모서리부에 라운드(Round)를 생성한다.

(3) 솔리드모델에서 Fillet을 생성할 모서리부를 선택한다.(라운드의 크기가 같은 모서리는 한번에 모두 선택하여 작업하는 것이 좋다.)

(4) Fillet 반경을 입력하고 Preview 를 눌러 생성되는 Fillet의 형상을 확인한다.

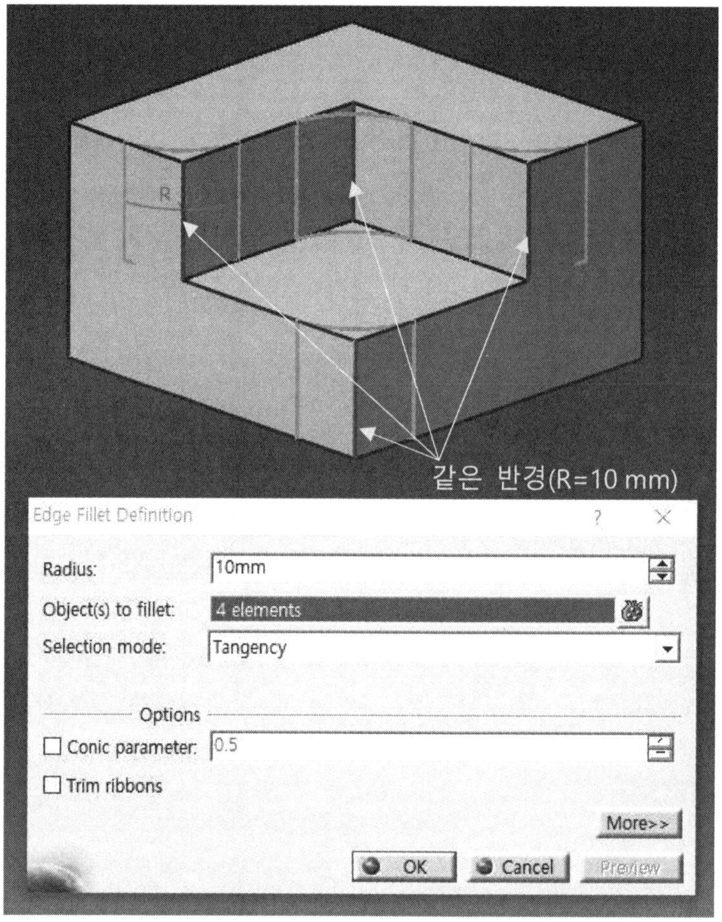

(5) 이상이 없으면 OK 를 눌러 모델링을 완성한다.

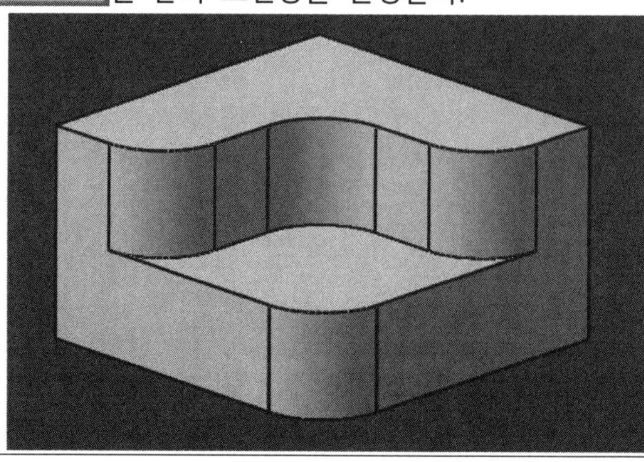

▩ Edge Fillet( ): 대화창 옵션

▷Selection mode 옵션

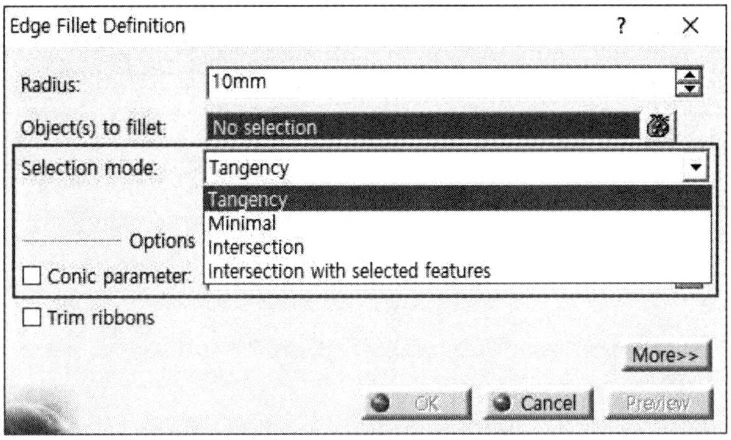

- Tangency: Fillet을 생성할 모서리와 접선방향으로 접하는 모든 모서리가 선택된다.

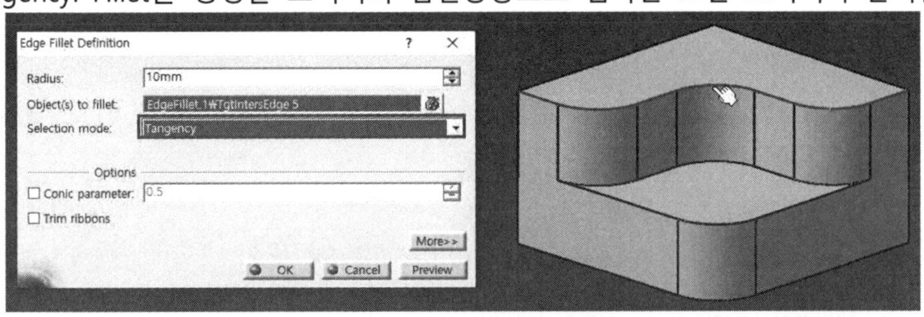

- Minimal: Fillet을 생성할 모서리와 이웃하는 최소한의 모서리가 선택된다.

- Intersection: 교차하는 형상이 있는 솔리드모델의 교차부에 Fillet을 만든다.

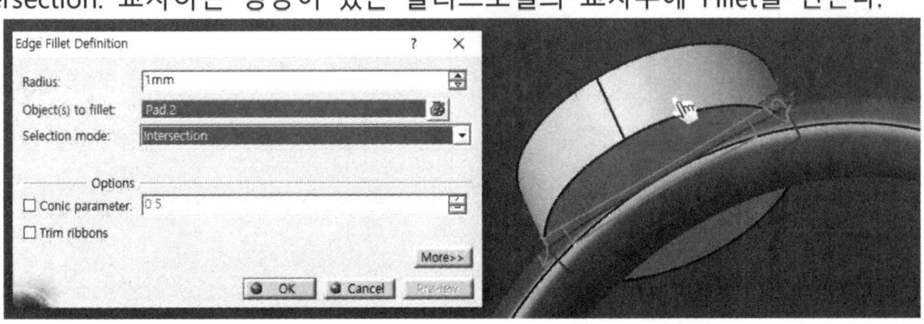

▩ Edge Fillet( ): 대화창 옵션

▷부가 옵션: Edge Fillet Definition 대화창의 우측하단 More>> 버튼을 클릭하면 부가 옵션을 확인할 수 있다.

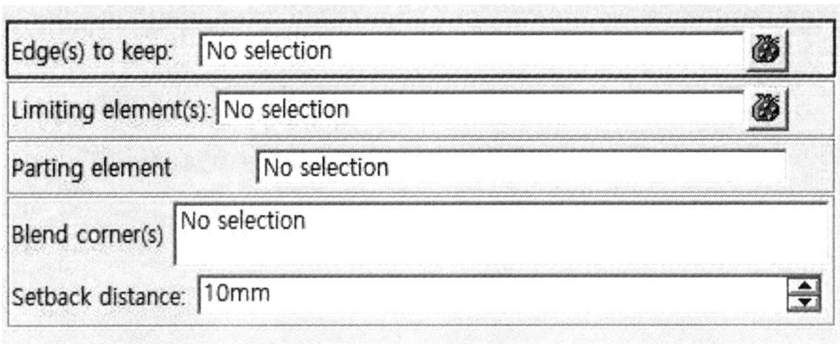

▸ Edge(s) to keep: 생성되는 Fillet이 인접한 모서리를 변형시키는 경우 모서리가 변형되지 않도록 보호한다. 두 가지 적용예가 있다.

(1) 일반적인 Fillet의 생성예(R=5 mm)

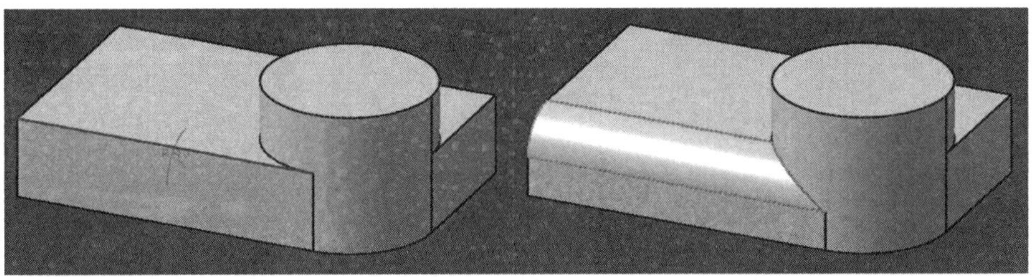

(2) 생성되는 Fillet이 인접한 모서리를 변형시키는 경우

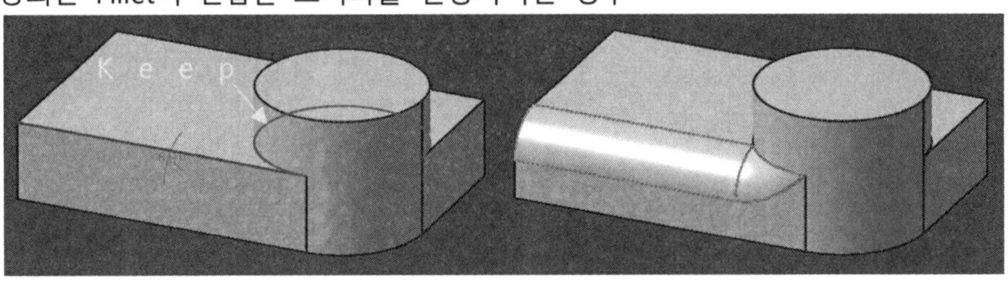

(3) 생성하려는 Fillet의 크기(R=10 mm)가 남은 공간보다 큰 경우

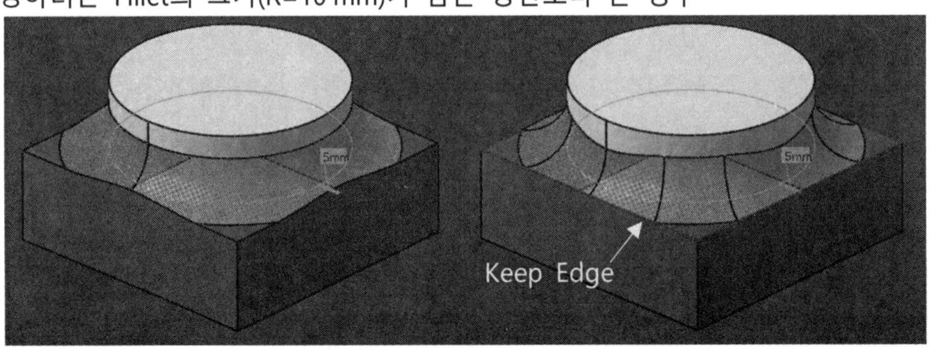

⊠ Edge Fillet( ): 대화창 옵션

▷부가 옵션: Edge Fillet Definition 대화창의 우측하단 More>> 버튼을 클릭하면 부가 옵션을 확인할 수 있다.

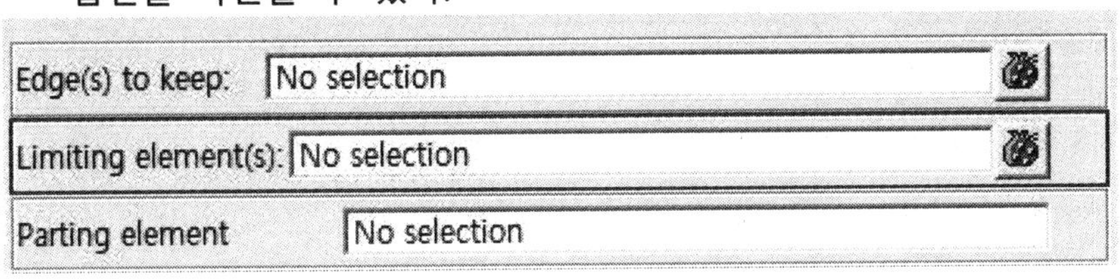

▸ Limiting Element(s): 모서리의 일부구간에만 Fillet을 생성한다.

(1) 일반적인 Fillet의 생성예(R=5 mm)

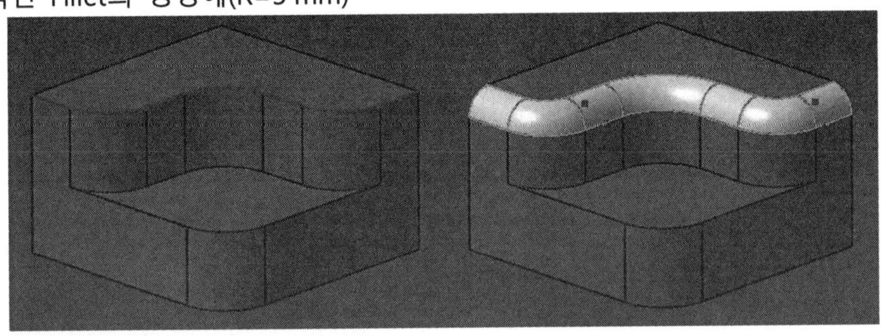

(2) 일부구간에만 Fillet을 생성하는 경우

▹ Fillet을 생성할 모서리를 선택한다.

▹ 구간을 선택한다. (화살표를 클릭하여 Fillet 생성방향을 변경한다.)

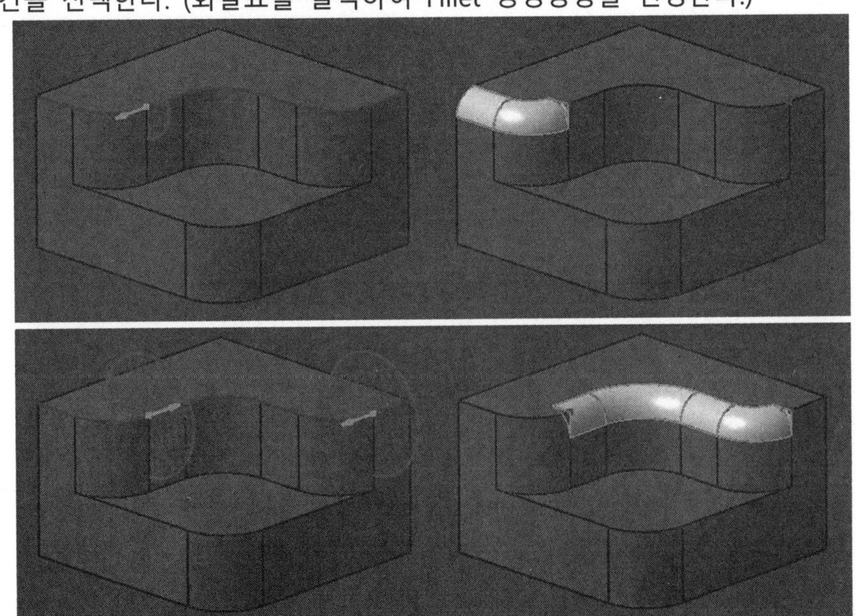

☞TIP: 구간을 지정할 때 point, plane등 다양한 개체를 사용할 수 있다.

▩ Edge Fillet( ): 대화창 옵션

▷부가 옵션: Edge Fillet Definition 대화창의 우측하단 More>> 버튼을 클릭하면 부가 옵션을 확인할 수 있다.

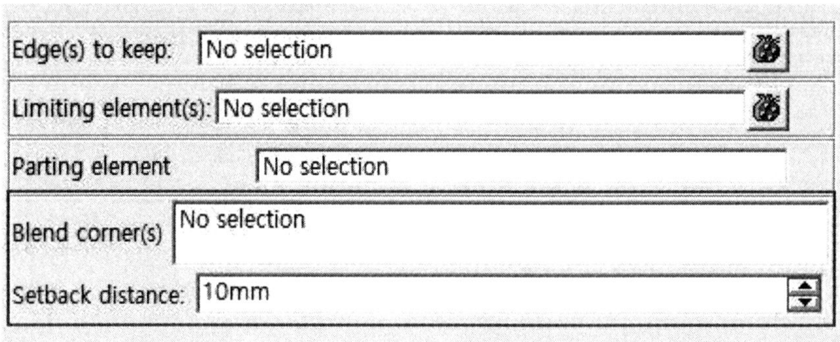

▸ Blend Corner(s): 여러개의 모서리가 만나는 형상에 대하여 Fillet을 생성할 때 사용한다. 다소 복잡한 형상의 Fillet을 부드럽게 연결하여 코너부 형상을 만든다.

(1) 복잡한 형상에서 일반적인 Fillet의 생성예(R=5 mm)

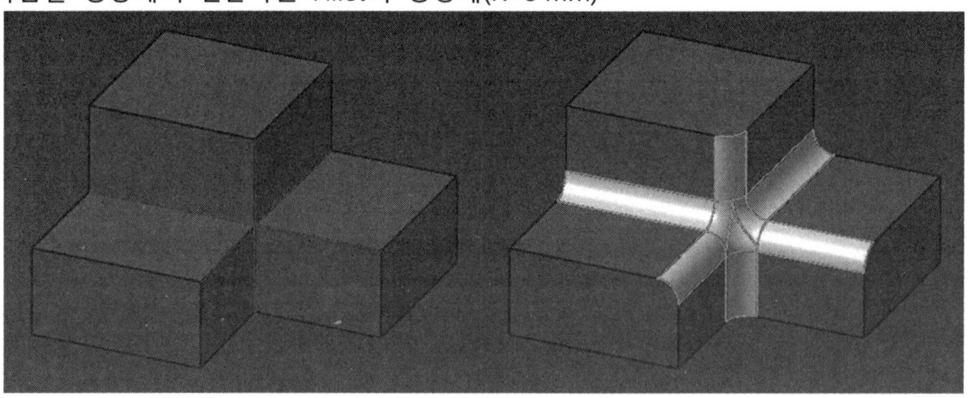

(2) Blend corner(s) 옵션을 적용한 Fillet의 생성

☞Setback distance는 Fillet 반경보다 항상 큰 값을 부여해야 한다.

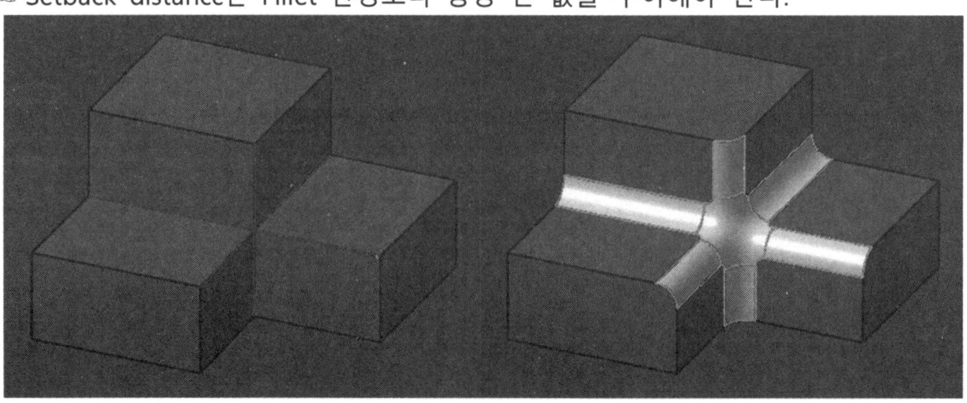

▩ Edge Fillet(): 대화창 옵션

▷Blend Corner(s) 옵션을 적용하여 Fillet을 생성하는 절차는 다음과 같다.

- ▹ Edge Fillet()명령을 실행하고 Fillet을 생성할 모서리를 모두 선택한다.
- ▹ 대화창의 우측하단 More>> 버튼을 클릭하여 Blend corner(s) 옵션을 선택한다.
- ▹ Setback distance를 입력한다.(Fillet 반경보다 큰 값을 부여한다.)
- ▹ Blend Corner(s) 창에서 "No selection"을 선택하고 마우스의 우측버튼을 누른다.
- ▹ 대화창에서 "Create by edges"를 선택한다.

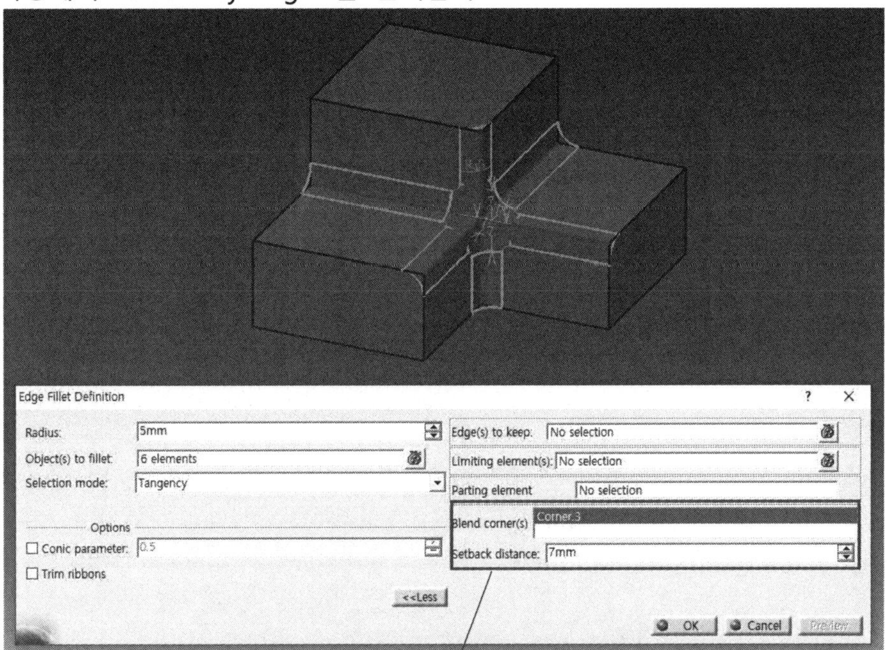

- ▹ OK 를 눌러 모델링을 완성한다.

⊠ Variable Radius Fillet( ): Fillet을 생성할 때 하나의 모서리에 여러 개의 필렛반경을 부여할 수 있다.

▶Variable Radius Fillet( )명령의 실행순서는 다음과 같다.

(1) Variable Radius Fillet( )명령을 실행한다.

(2) Variable Radius Fillet Definition 대화창이 나타난다.

(3) Fillet을 생성할 모서리를 선택한다.

(4) Variation Option에서 Point(s)를 선택한다. 이 Point를 기준으로 Fillet의 반경이 부여된다.(여러 개의 Point를 지정하면 하나의 모서리에 여러 개의 필렛반경을 부여할 수 있다.)

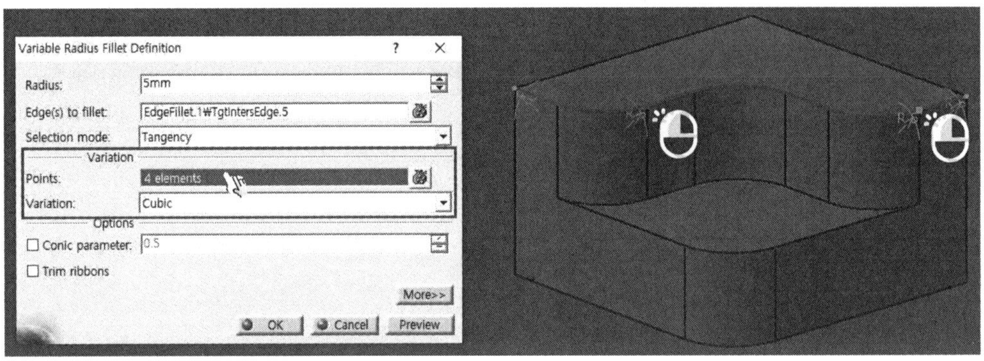

(5) Point를 선택하면 기본적으로 최초 부여한 Fillet반경(R=5 mm)이 부여된다. 이 때 변경하고자 하는 Fillet반경 위치에서 마우스를 2번 클릭하여 원하는 치수로 변경한다.

(6) R1=5 mm, R2=6 mm, R3=7 mm, R4=8 mm로 점진적으로 증가하는 값을 부여한 후 완성된 솔리드모델이다. 하나의 모서리에 여러 개의 Fillet반경이 반영되어 Fillet이 생성된다.

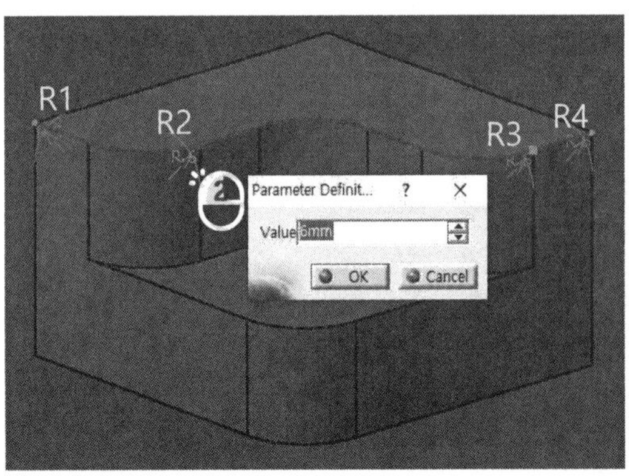

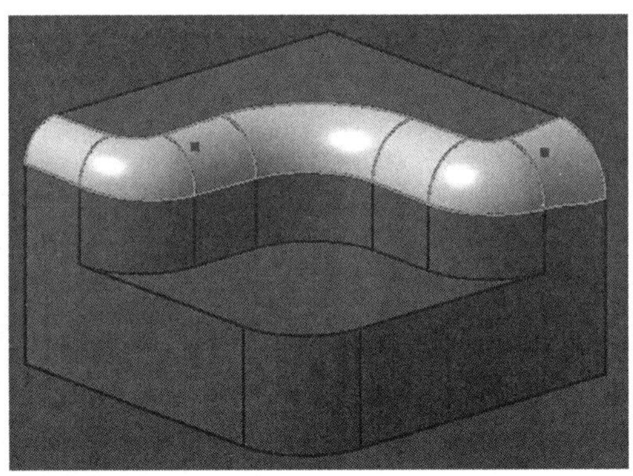

(7) [Preview]를 눌러 생성되는 솔리드모델을 확인한 후 이상이 없으면 [OK]를 눌러 모델링을 완성한다.

▩ Chordal Fillet( ): Fillet을 생성할 때 하나의 모서리에 여러 개의 필렛반경을 부여할 수 있다. 그러나 Variable Radius Fillet과 달리 필렛반경을 직접 부여하는 것이 아닌 필렛형상의 양끝단 직선거리를 부여하여 필렛을 생성한다.

▶Chordal Fillet( )명령은 Variable Radius Fillet명령과 실행순서가 같다.

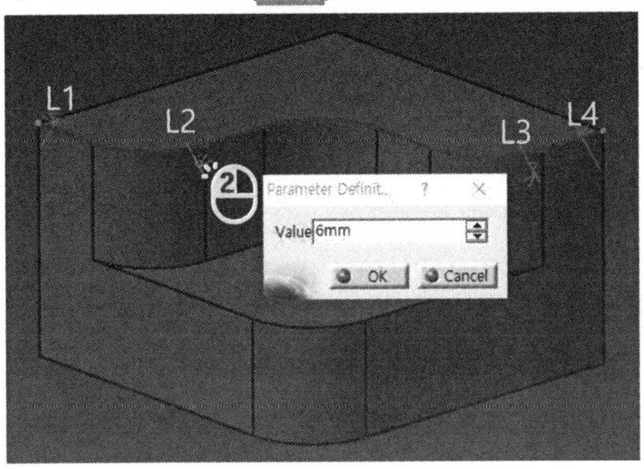

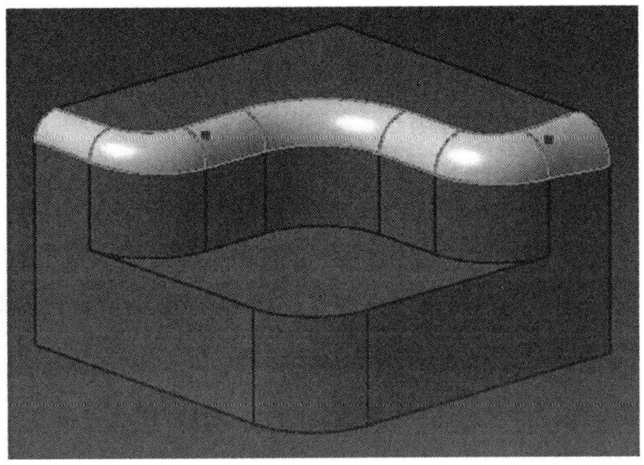

▩ Face-Face Fillet( )

▶서로 떨어져 있는 두 개의 면을 연결하는 Fillet을 생성한다.

(1) 떨어져 있는 두 개의 면을 선택한다.
(2) 필렛의 반경을 입력한다.(필렛의 반경은 두 개의 면 사이의 거리보다 크면 안된다.)
(3) 중간에 위치한 면은 무시되고 주어진 반경에 의해 Fillet이 생성된다.

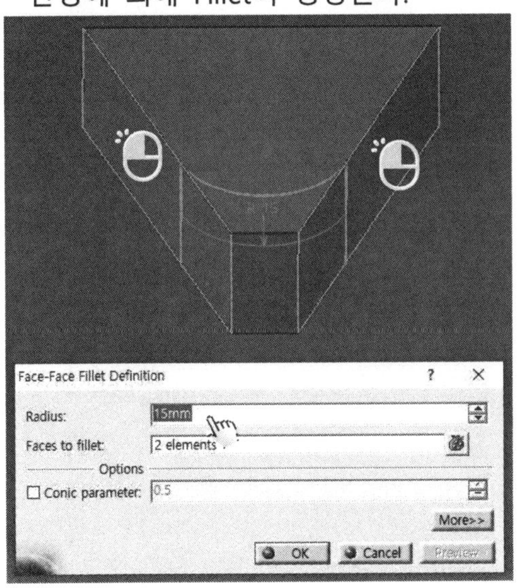

▩ Tri-Tangent Fillet( )

▶세 개의 면에 접하는 Fillet을 생성한다. (세 번째 선택되는 면은 제거된다.)

(1) Fillet으로 연결할 두 개의 면을 먼저 선택한 후 Fillet이 생성되면서 제거되는 면을 선택한다.
(2) Fillet의 반경은 첫 번째와 두 번째 면에 접하면서 동시에 세 번째 면에 접하는 크기로 자동으로 부여된다.

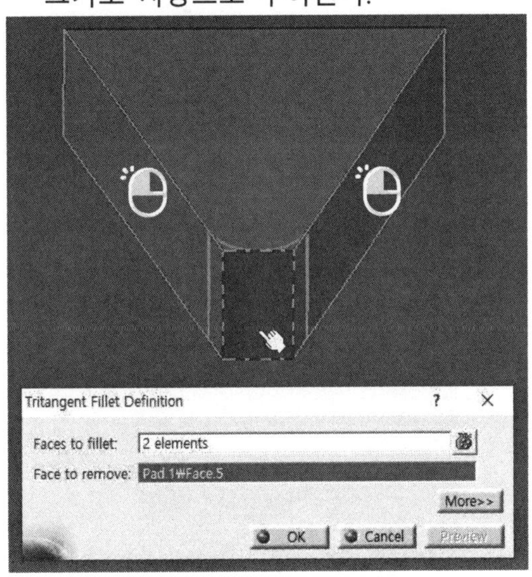

❑ Chamfer( )

Chamfer( )명령은 모서리부에 모따기를 할 때 사용한다. 기본적인 작업순서나 방법은 Edge Fillet( )과 유사하다.

⊠ Chamfer( ): 지정한 모서리를 모따기한다.

▶Chamfer명령의 실행순서는 다음과 같다.

(1) Chamfer( )명령을 실행한다.
(2) Edge Fillet Definition 대화창이 나타난다.

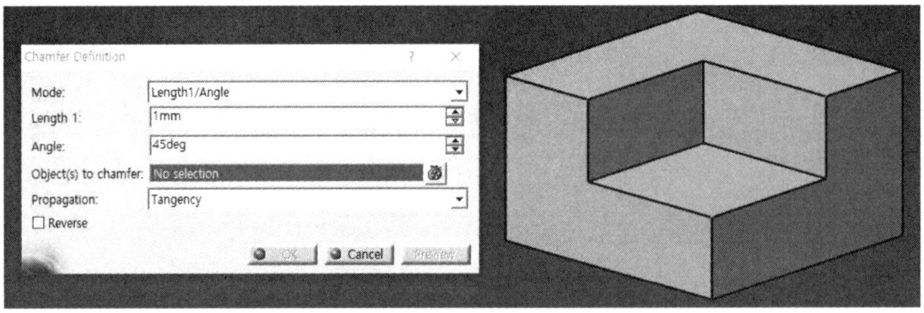

(3) 모따기 할 모서리를 선택한다.(여러개의 모서리를 선택할 수 있다.)

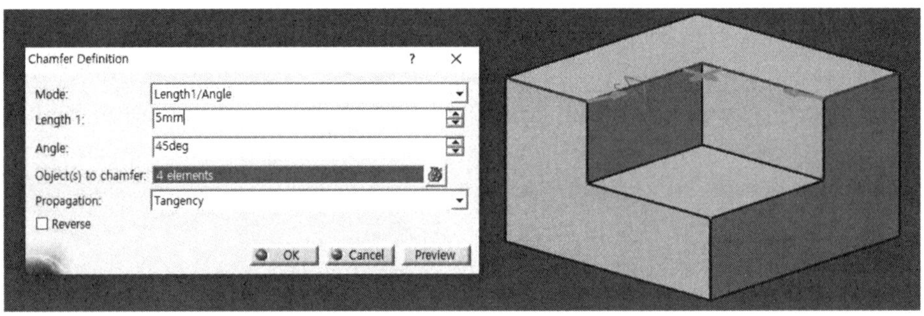

☞모따기 옵션은 2가지가 있다.
- ▸길이와 각도를 입력(Length1/Angle): 5 mm, 45°
- ▸두개의 길이를 입력(Length1/Length2)

(4) OK 를 눌러 모델링을 완성한다.

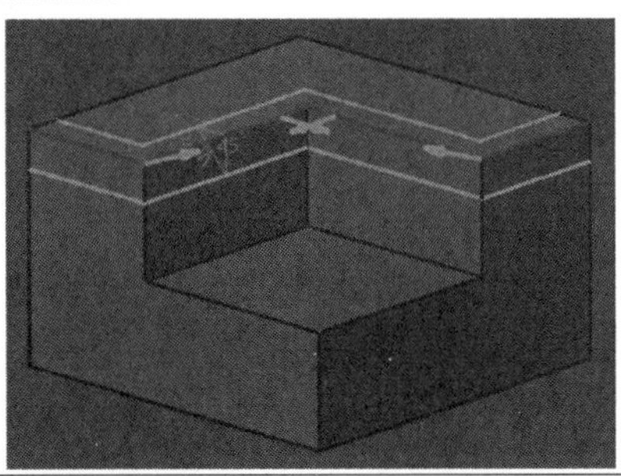

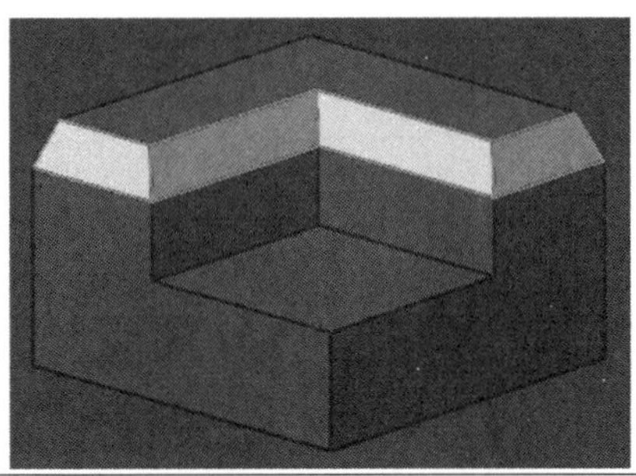

❑ Drafts( )

Drafts( )는 드레스업피쳐스(Dress-Up Features)툴바에 속하는 하위툴바로서 선택한 솔리드모델의 면에 기울기를 부여한다. 서브툴바에 다음과 같은 명령어를 가지고 있다.

Draft Reflect Line

Draft Angle　　　　Variable Angle Draft

▩ Draft Angle( ): 솔리드모델의 선택한 면을 원하는 각도로 깍아서 기울어진 형상으로 만든다.

▶Draft Angle( )명령의 실행순서는 다음과 같다.

(1) Draft Angle( )명령을 실행한다.
(2) Draft Definition 대화창이 나타난다.

(3) 기울기를 부여할 면과 각도를 선택한 후 기준면(Neutral Element)을 지정한다.
(4) Preview 를 눌러 기울기가 원하는 방향으로 적용되었는지 확인한다. 화살표를 클릭하면 기울기의 방향을 바꿀 수 있다.

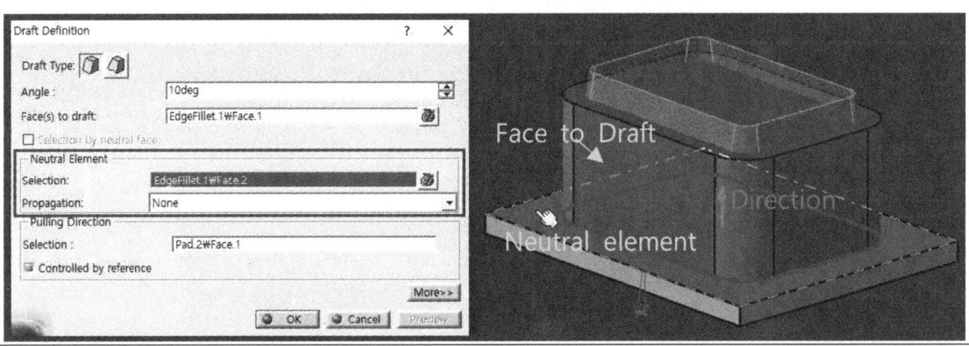

⊠ Draft Angle( ): 솔리드모델의 선택한 면을 원하는 각도로 깎아서 기울어진 형상으로 만든다.

(5) 이상이 없으면 OK 를 눌러 모델링을 완성한다.

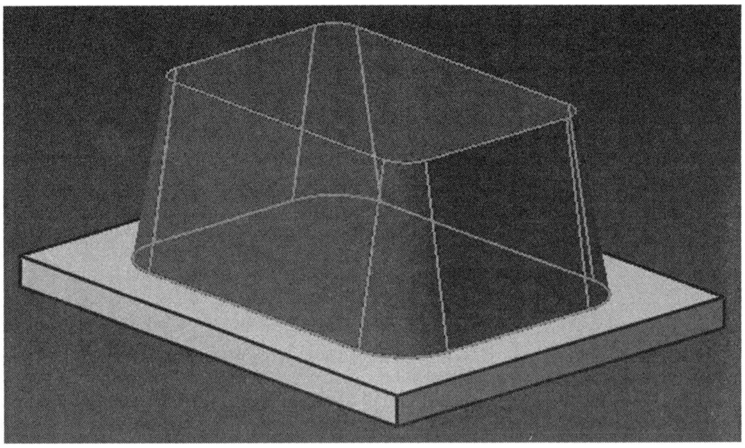

☞Tip: 위의 예제모델과 같이 모서리부에 Fillet이 형성되어 있는 경우 Draft Angle명령( )과 Edge Fillet( )명령의 실행 순서에 따라 완성되는 솔리드 모델의 형상이 달라집니다.

▸ Edge Fillet 적용 후 Draft Angle 실행:

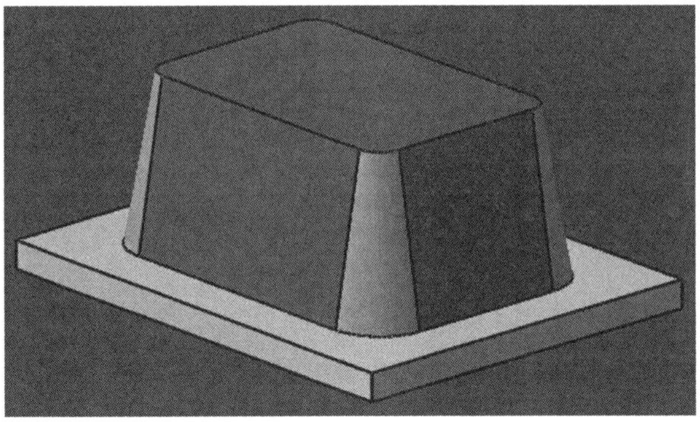

▸ Draft Angle 적용 후 Edge Fillet 실행:

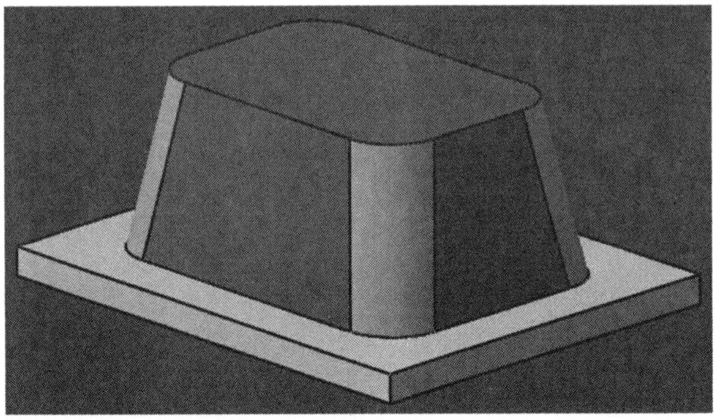

⊠Variable Angle Draft( ):	솔리드모델의 선택한 면에 대하여 모서리부에 생성한 Point를 기준으로 각도를 서로 다르게 부여함으로써 다양한 기울기를 적용하여 깎아낼 수 있다.

▶Variable Angle Draft( )명령의 실행순서는 다음과 같다.

(1) Variable Angle Draft( )명령을 실행한다.
(2) Draft Definition 대화창이 나타난다.

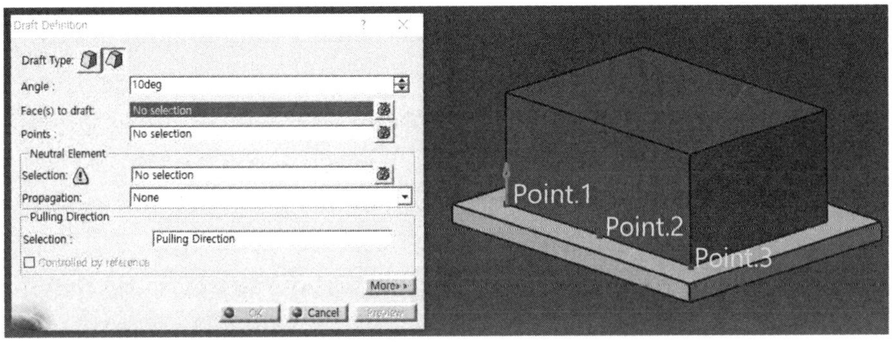

(3) 기울기를 부여할 면을 선택한 후 기준면(Neutral Element)을 지정한다.
(4) 각도를 부여할 Point를 선택한다.
(5) 각각의 Point에 자동으로 부여된 각도를 더블클릭하여 원하는 각도로 수정한다.

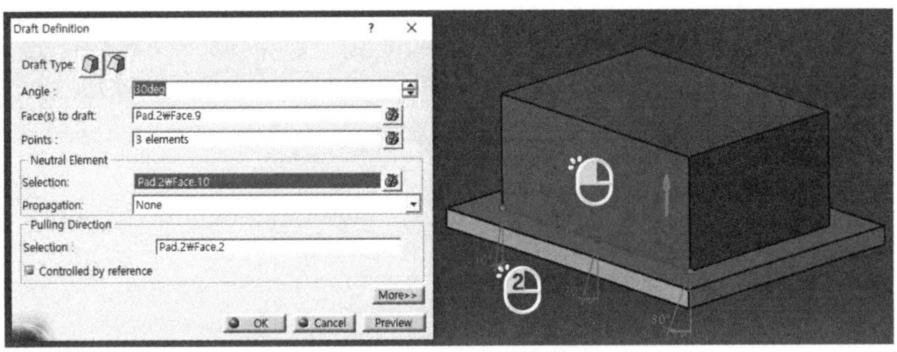

(6) Preview 를 눌러 기울기가 원하는 방향으로 적용되었는지 확인한다. 화살표를 클릭하면 기울기의 방향을 바꿀 수 있다.
(7) 이상이 없으면 OK 를 눌러 모델링을 완성한다.

❑ Shell( )

Shell명령( )은 솔리드모델의 내부를 주어진 두께로 파내어 내부가 비어있는 형상으로 만든다.

▩ Shell( ): 솔리드모델의 내부를 파낸다.

▶Shell( )명령의 실행순서는 다음과 같다.

(1) Shell( )명령을 실행한다.
(2) Shell Definition 대화창이 나타난다.

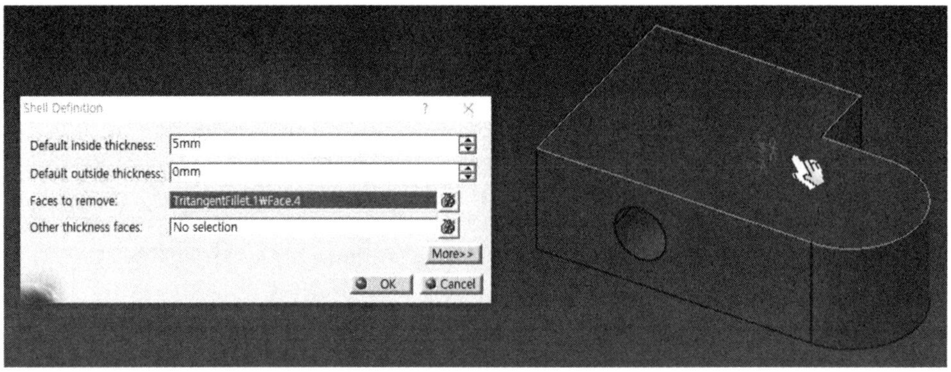

(3) 파 낼 면을 선택하고 두께(Default Inside Thickness: 5 mm)를 부여한다.
(4) OK 를 눌러 모델을 완성한다.

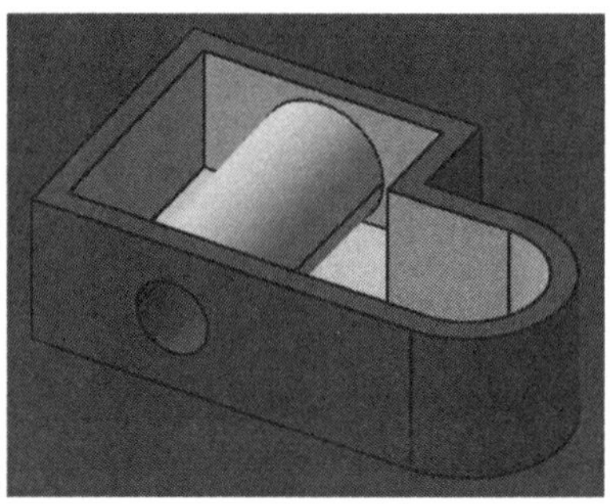

☞TIP: 기본적으로 외곽경계를 기준으로 내부(Inside Thickness)를 파낸다. Outside Thickness를 부여하면 경계면 바깥으로도 두께를 줄 수 있다.

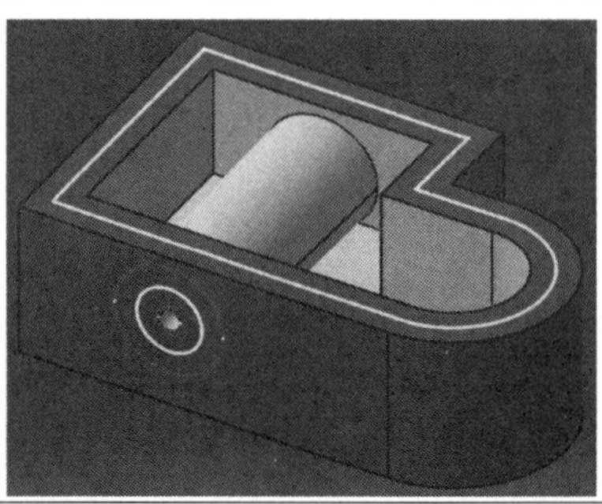

❑ Thickness( )

Thickness( )명령은 솔리드모델에 두께를 더하거나 줄일 수 있다.(+, -값을 부여할 수 있다.)

⊠ Thickness( ): 솔리드모델의 두께로 더하거나 뺀다.

▶Thickness( )명령의 실행순서는 다음과 같다.

(1) Thickness( )명령을 실행한다.
(2) Thickness Definition 대화창이 나타난다.

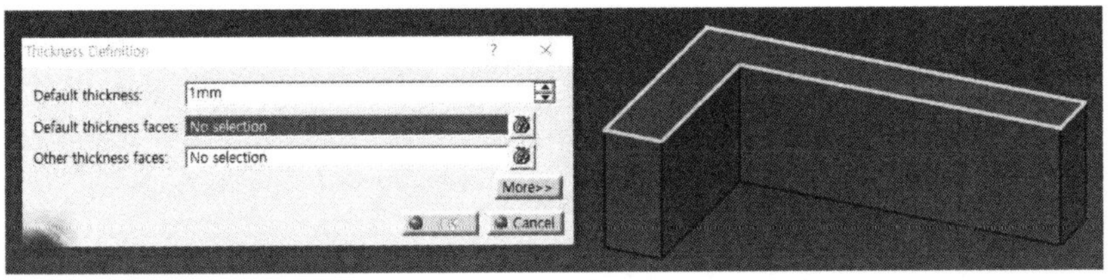

(3) 솔리드모델에서 두께를 변경할 면을 선택(Default Thickness faces:)하고 두께를 입력한다.(Default Thickness: 10 mm)

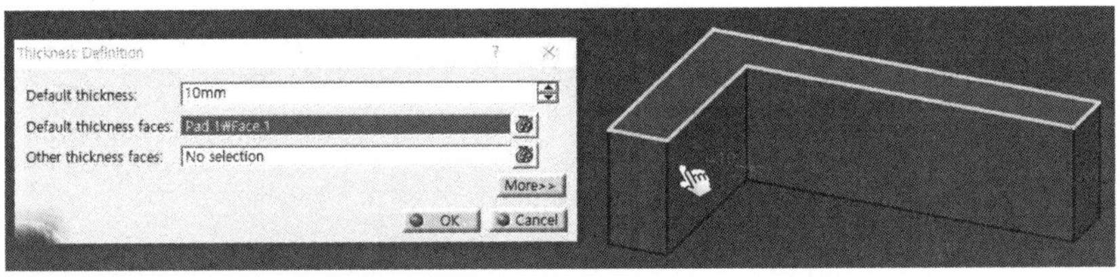

(4) OK 를 눌러 모델을 완성한다.

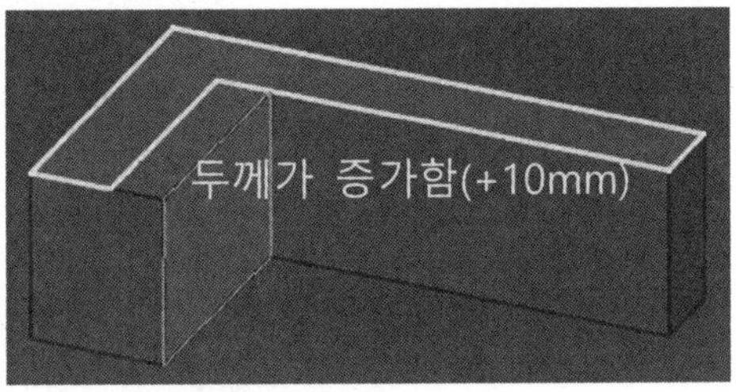

☞TIP: 솔리드모델의 각 면에 두께를 다르게 부여할 수 있다.
(Other thickness faces: -5 mm 부여)

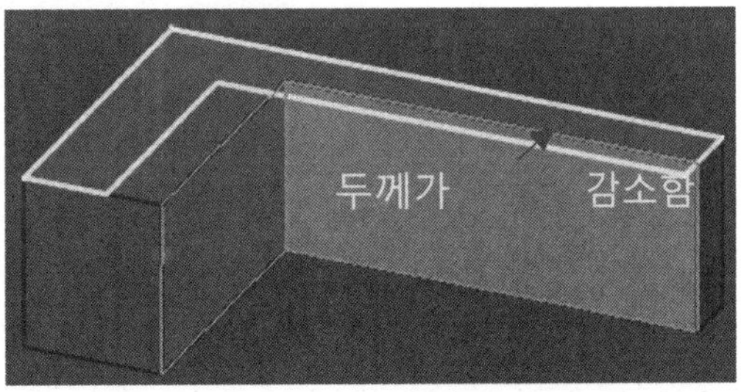

❑ Thread/Tap()

스케치베이스드피쳐스(Sketch-Based Features)툴바의 Hole()명령 실행 옵션에서 나사 또는 탭을 생성하는 작업과정과 동일하다.

▣ Hole()명령과 Thread/Tap()의 차이점은 다음과 같다.

- Hole()명령: 솔리드모델에 Hole을 생성하고 선택적으로 Hole의 내면에 Thread/Tap을 만든다.
- Thread/Tap()명령: 솔리드모델에 이미 형성되어 있는 Hole의 내면을 선택하고 Thread/Tap을 만든다.

⊠ Thread/Tap(): 만들어져 있는 홀의 내면에 Thread/Tap을 만든다.

▶Thread/Tap()명령의 실행순서는 다음과 같다.

(1) Thread/Tap()명령을 실행한다.

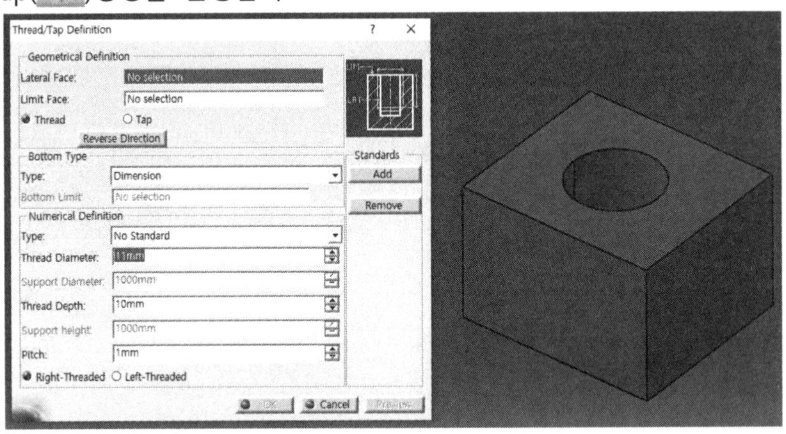

(2) Thread/Tap을 생성하고자 하는 Hole의 내측면을 클릭하여 선택한 후 Thread/Tap이 시작하는 면을 선택한다.(작업이 완료된 후에도 나사산은 보이지 않는다.)

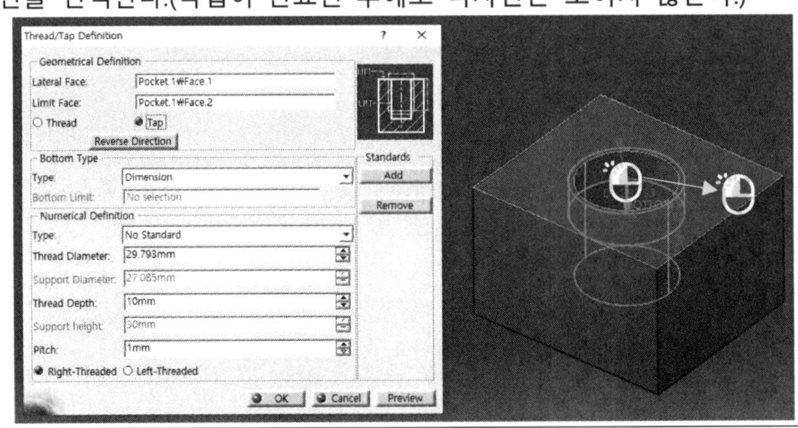

❑ Remove Face( )

솔리드모델에서 Shell( )명령 등에 의해 제거된 면이 있는 경우 Remove Face( )명령을 이용하면 원래 형상으로 되돌릴 수 있다.

⊠ Remove Face( ): 선택한 면을 제거하여 원래 형상으로 되돌린다.

▶ Remove Face( )명령의 실행순서는 다음과 같다.

(1) Remove Face( )명령을 실행한다.

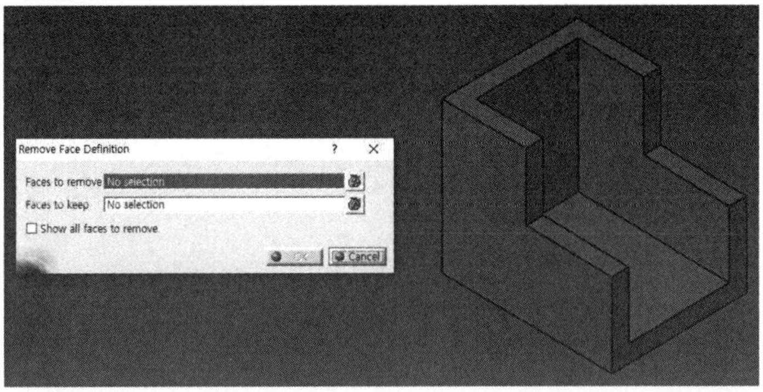

(2) 제거할 면을 선택한다.

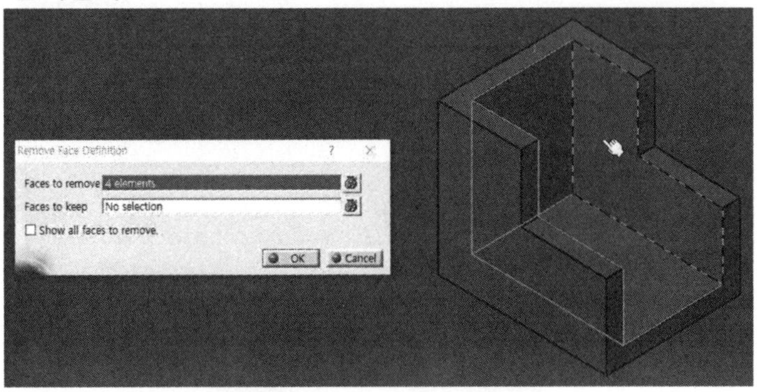

(3) OK 를 눌러 모델링을 완성한다.

⊠ Replace Face( ): 선택한 Surface로 솔리드모델의 면을 대체한다.

▶Replace Face( )명령은 현재 솔리드모델의 면을 선택한 다른 면으로 변경한다.

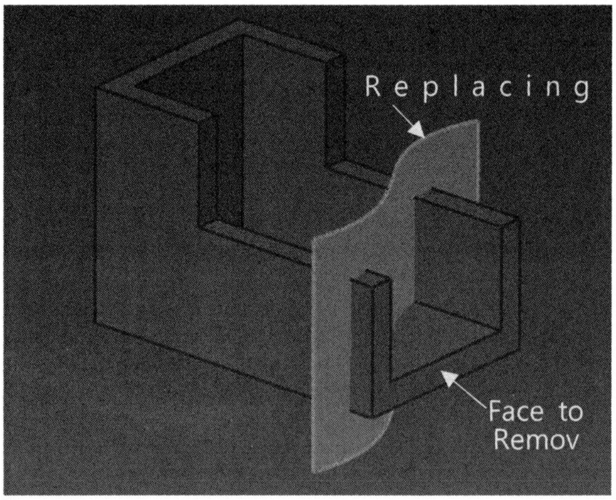

(1) Replace Face( )명령을 실행하고 ①대체할 Surface를 선택한 후 ②제거할 면을 선택한다.(화살표의 방향으로 솔리드모델이 유지된다. 반대편이 제거된다.)

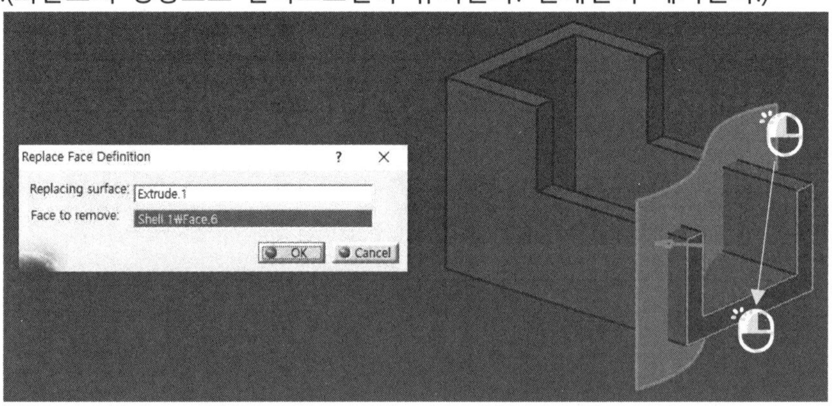

(2) OK 를 눌러 모델링을 완성한다.

(3) 트랜스포메이션 피쳐스 툴바(Transformation Features Toolbar)

완성된 솔리드모델을 이동/복사, 패턴에 따라 배열 및 확대/축소 등 다양한 수정작업을 할 수 있다.

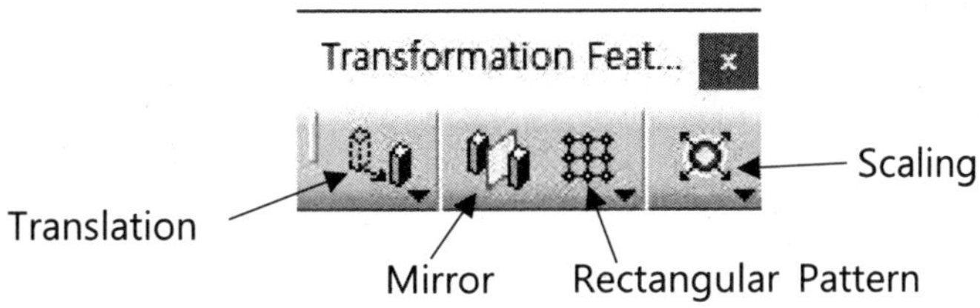

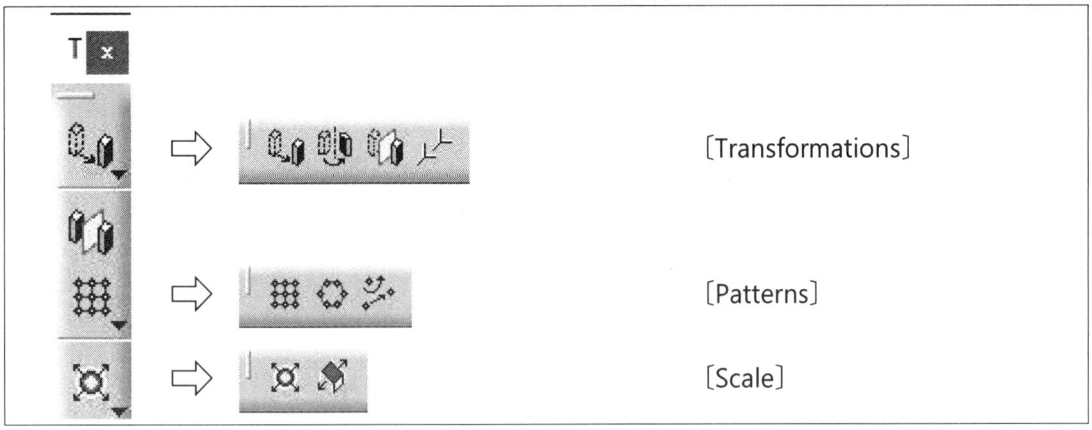

□ Transformations()

트랜스포메이션 피쳐스 툴바의 하위툴바로서 솔리드모델의 평행이동(Translate,), 회전이동(Rotate,), 대칭이동(Symmetry,) 및 새로운 축으로 형상전체를 이동(AxisToAxis,)시키는 명령어를 포함하고 있다.

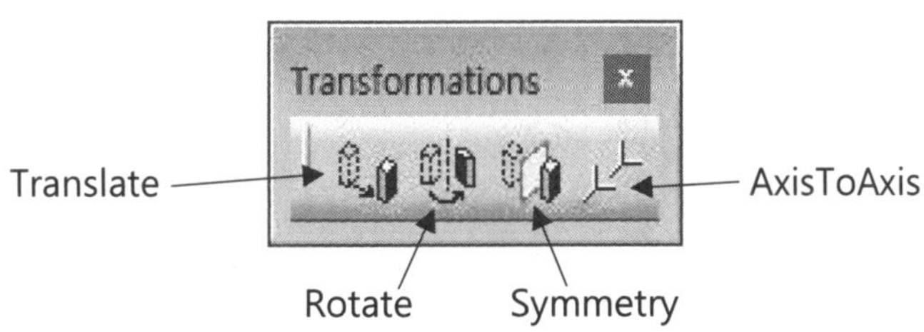

▩ Translate(): 솔리드모델을 지정한 방향으로 평행이동시킨다.

▶Translate()명령의 실행순서는 다음과 같다.

(1) Translate()명령을 실행하면 다음과 같은 대화창이 나타난다. 이 대화창은 Translate명령에 의해 현재 PartBody내 모든 솔리드모델이 평행이동하게 되며 되돌릴 수 없다는 것을 알려주는 것이다. 예(Y) 를 클릭한다.

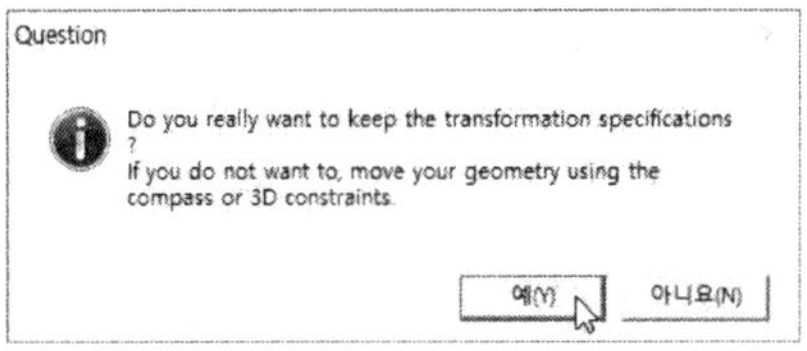

(2) Translate Definition 대화창이 나타난다.

(3) 이동방향(Direction: z축)을 지정하고 평행이동거리(Distance=30 mm)를 부여한다.

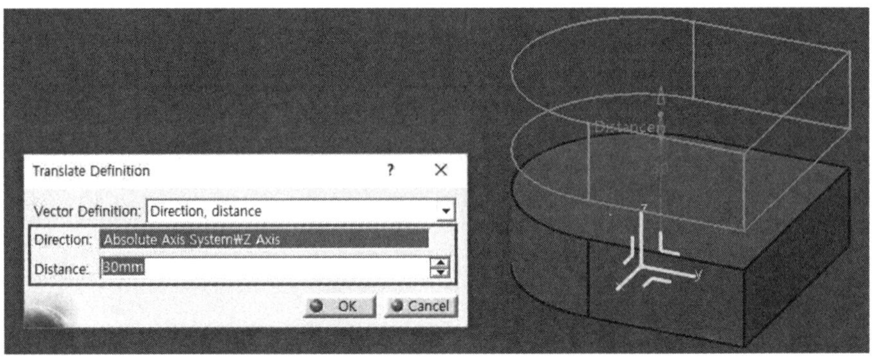

(4) OK 를 눌러 작업을 완료한다.

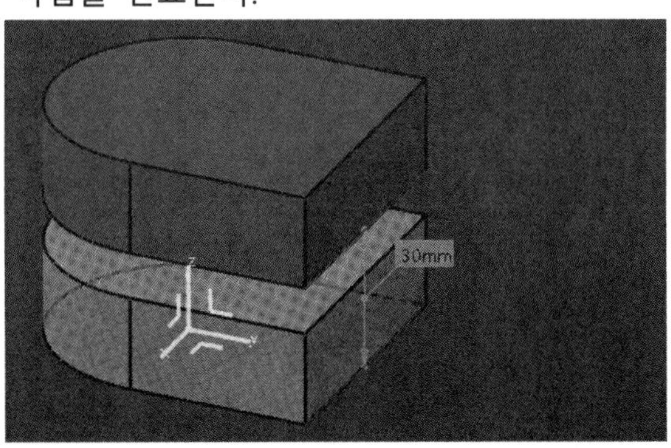

⊠ Rotate(): 솔리드모델을 중심축을 기준으로 회전이동시킨다.

▶Rotate()명령의 실행순서는 다음과 같다.

(1) Rotate()명령을 실행하면 다음과 같은 대화창이 나타난다. 이 대화창은 Rotate명령에 의해 현재 PartBody내 모든 솔리드모델이 회전이동하게 되며 되돌릴 수 없다는 것을 알려주는 것이다. 예(Y) 를 클릭한다.

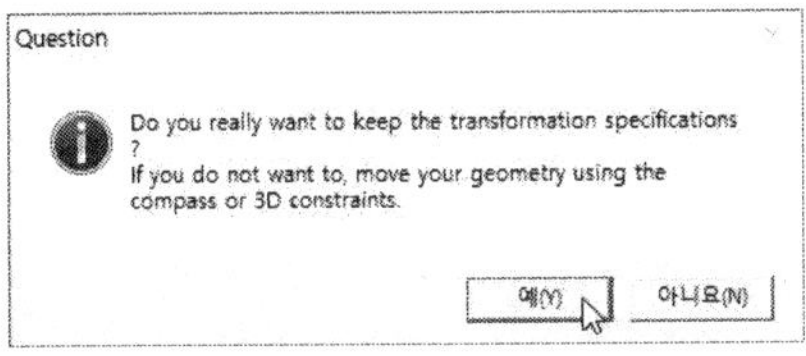

(2) Rotate Definition 대화창이 나타난다.

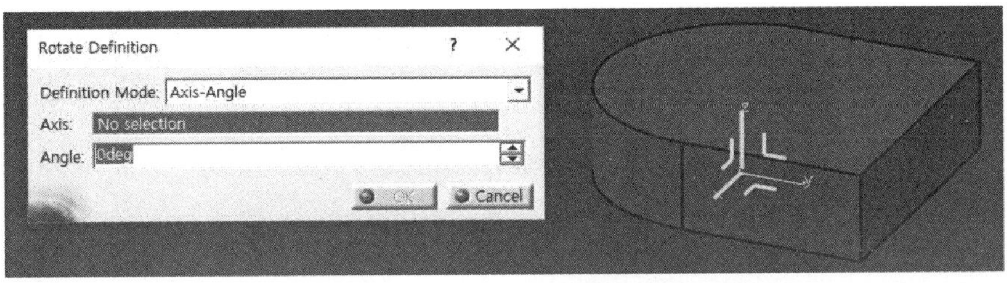

(3) 회전의 중심축(Axis: y축)을 지정하고 회전각도(90°)를 부여한다.

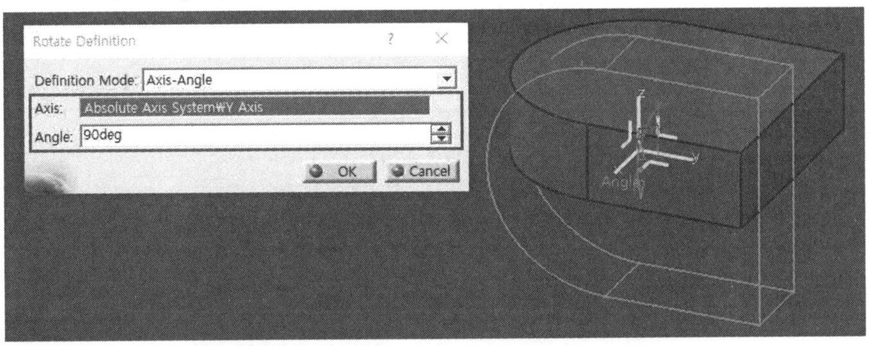

(4) OK 를 눌러 작업을 완료한다.

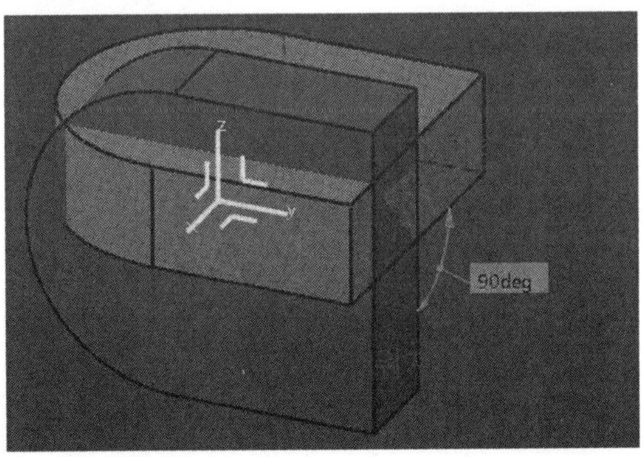

☒ Symmetry( ): 솔리드모델을 임의의 기준면에 대해 대칭이동시킨다.

▶Symmetry( )명령의 실행순서는 다음과 같다.

(1) Symmetry( )명령을 실행하면 다음과 같은 대화창이 나타난다. 이 대화창은 Symmetry명령에 의해 현재 PartBody내 모든 솔리드모델이 대칭이동하게 되며 되돌릴 수 없다는 것을 알려주는 것이다. [예(Y)]를 클릭한다.

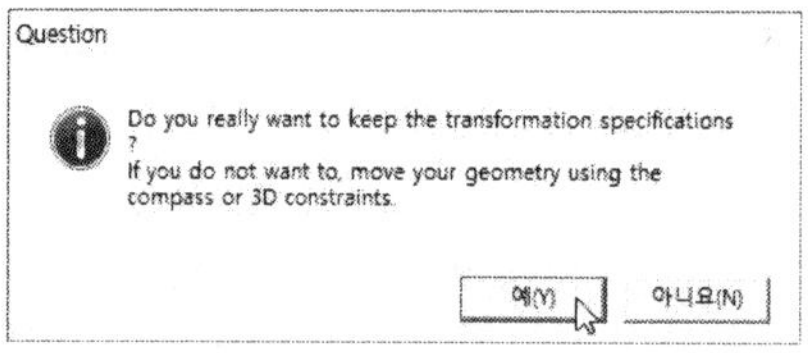

(2) Symmetry Definition 대화창이 나타난다.

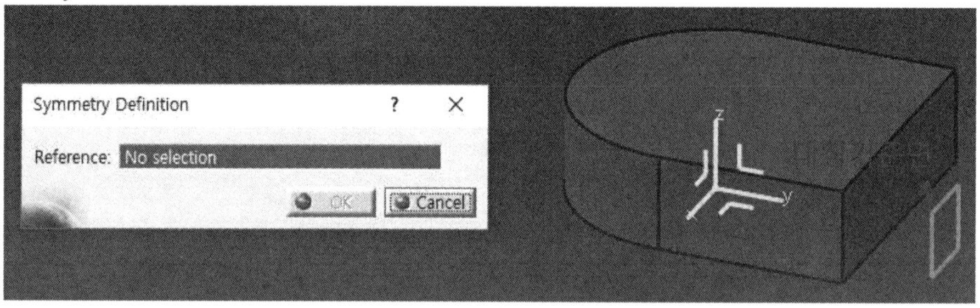

(3) 대칭기준면(Reference:)을 선택한다.

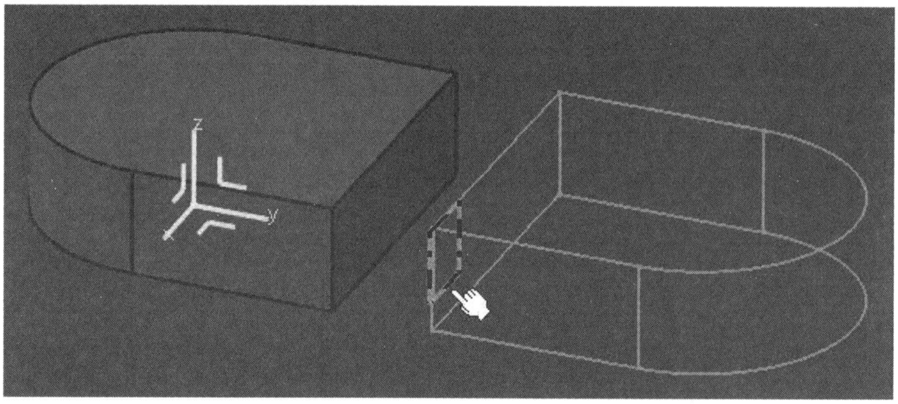

(4) [OK]를 눌러 작업을 완료한다.

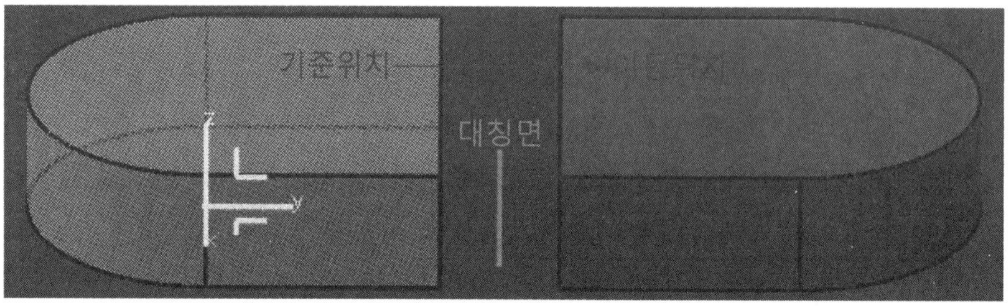

⊠ AxisToAxis(): 솔리드모델을 현재의 Axis system에서 새로이 만든 Axis system으로 이동시킨다. 이 때 축의 방향은 기존 Axis system의 방향을 기준으로 적용된다.

▶AxisToAxis()명령의 실행순서는 다음과 같다.

(1) AxisToAxis()명령을 실행하면 다음과 같은 대화창이 나타난다. 이 대화창은 AxisToAxis명령에 의해 현재 PartBody내 모든 솔리드모델이 새로 지정한 Axis System으로 이동하게 되며 되돌릴 수 없다는 것을 알려주는 것이다. [예(Y)]를 클릭한다.

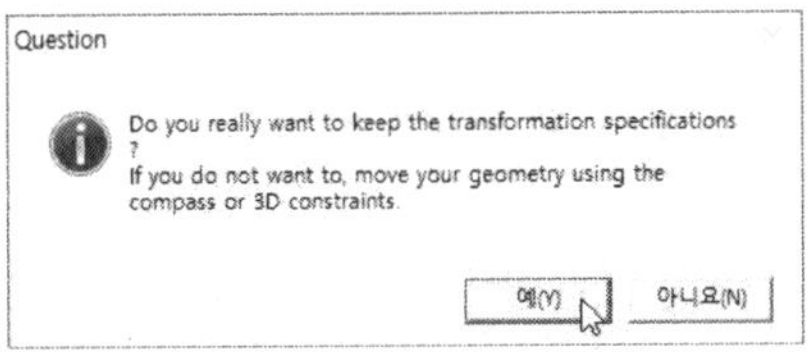

(2) Axis To Axis Definition 대화창이 나타난다.

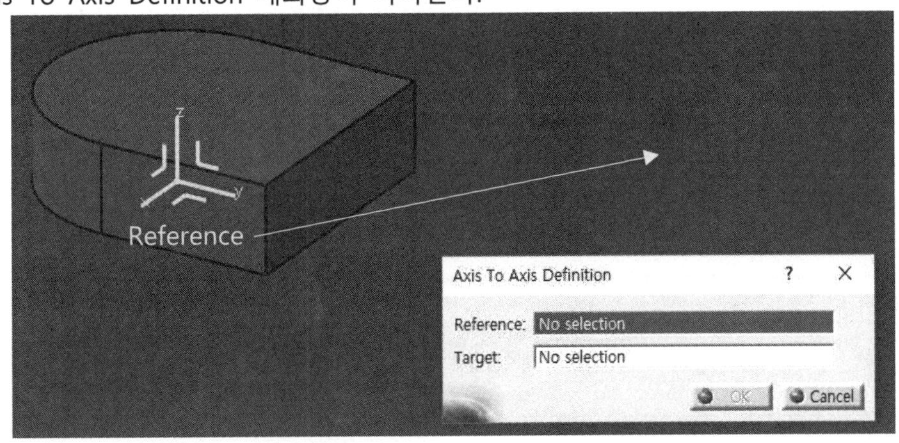

(3) Reference Axis(이동전 기준축)와 Target Axis(이동후 기준축)을 지정한다. 이 때 축의 방향을 확인한다.(x, y, z축의 방향과 솔리드모델의 형상을 비교하면 이동전·후 솔리드모델의 형상이 축의 방향에 따라 변한 것을 확인할 수 있다.)

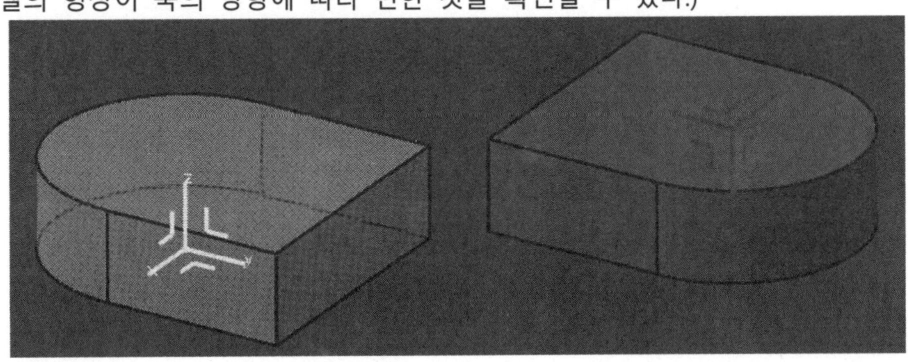

(4) [OK]를 눌러 작업을 완료한다.

❑ Mirror( )

Mirror( )명령은 트랜스포메이션툴바의 Symmetry( )명령과 실행순서가 동일하다. 이 두 명령의 차이점은 다음과 같다.

- Symmetry( ): 솔리드모델을 임의의 기준면에 대해 대칭이동한다.
- Mirror( ): 솔리드모델을 임의의 기준면에 대해 대칭복사한다.

▨ Mirror( ): 솔리드모델을 임의의 기준면을 중심으로 대칭복사한다.

▶Mirror( )명령의 실행순서는 다음과 같다.

(1) Mirror( )명령 실행 후 대칭기준면을 클릭하면 Mirror Definition 대화창이 나타난다.

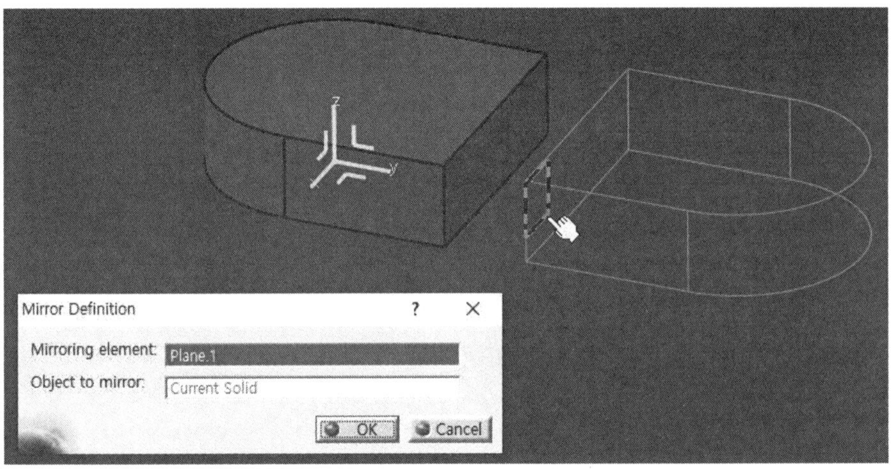

(2) OK 를 눌러 작업을 완료한다.

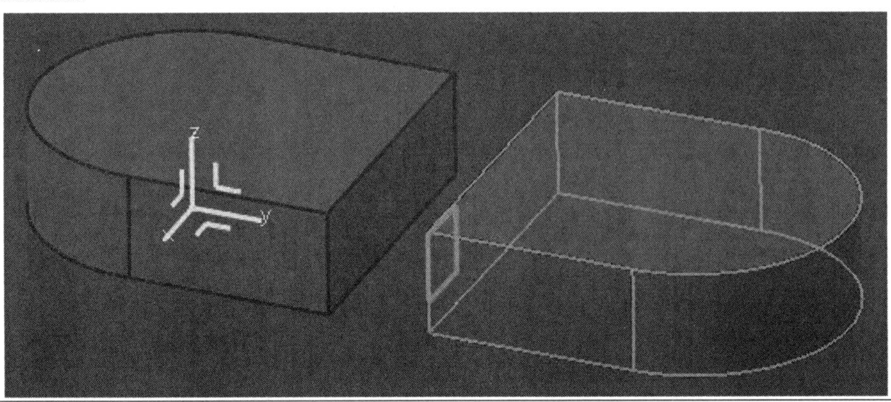

❑ Patterns( )

패턴스툴바(Patterns Toolbar)는 트랜스포메이션피쳐스툴바의 하위툴바로서 솔리드모델을 복사하여 다양한 방법으로 배열할 수 있다.

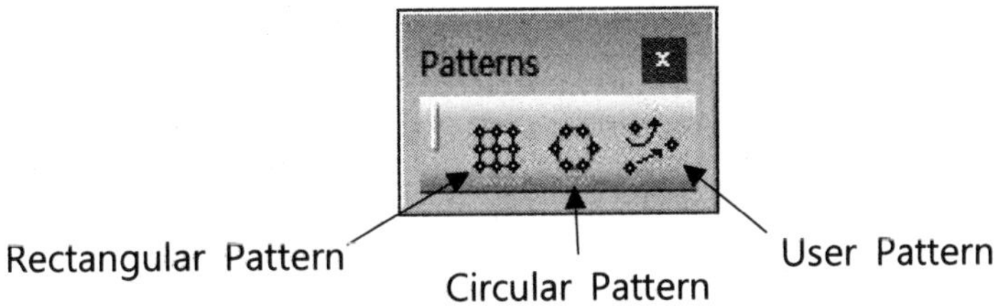

⊠ Rectangular Pattern( ): 선택한 솔리드모델을 복사하여 격자방향으로 배열한다.

▶Rectangular Pattern( )명령의 실행순서는 다음과 같다.

(1) Rectangular Pattern( )명령을 실행한다.
(2) Rectangular Pattern Definition 대화창이 나타난다.

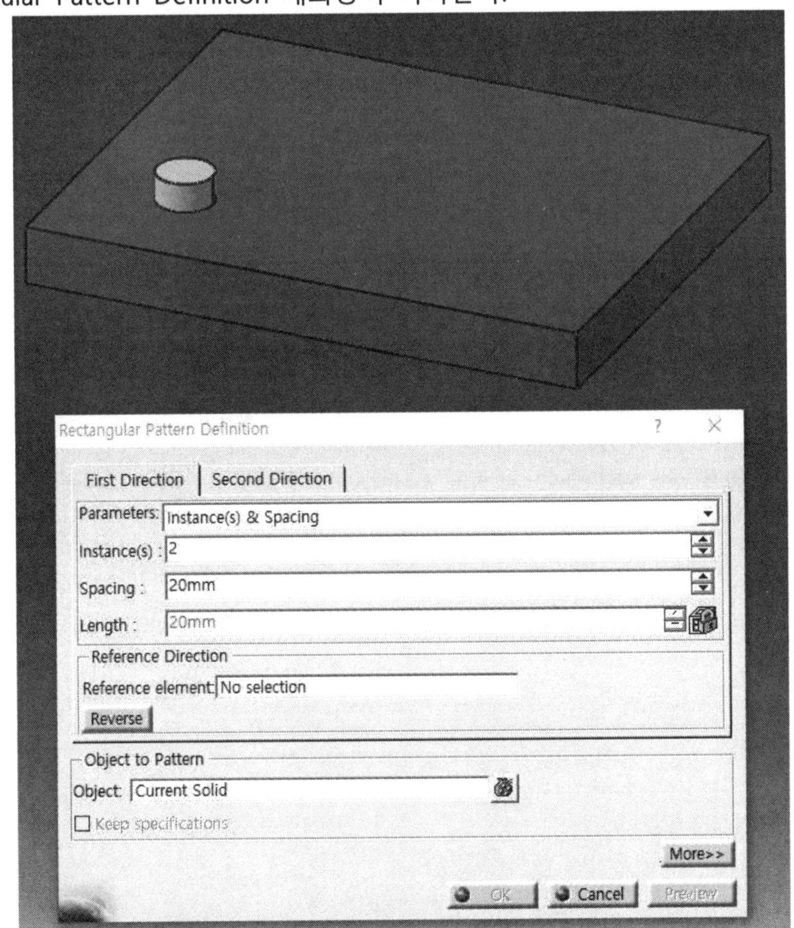

▩ Rectangular Pattern( ): 선택한 솔리드모델을 복사하여 격자방향으로 배열한다.

(3) Pattern복사할 솔리드모델을 선택한다.(여러개의 개체를 선택할 수 있다.)

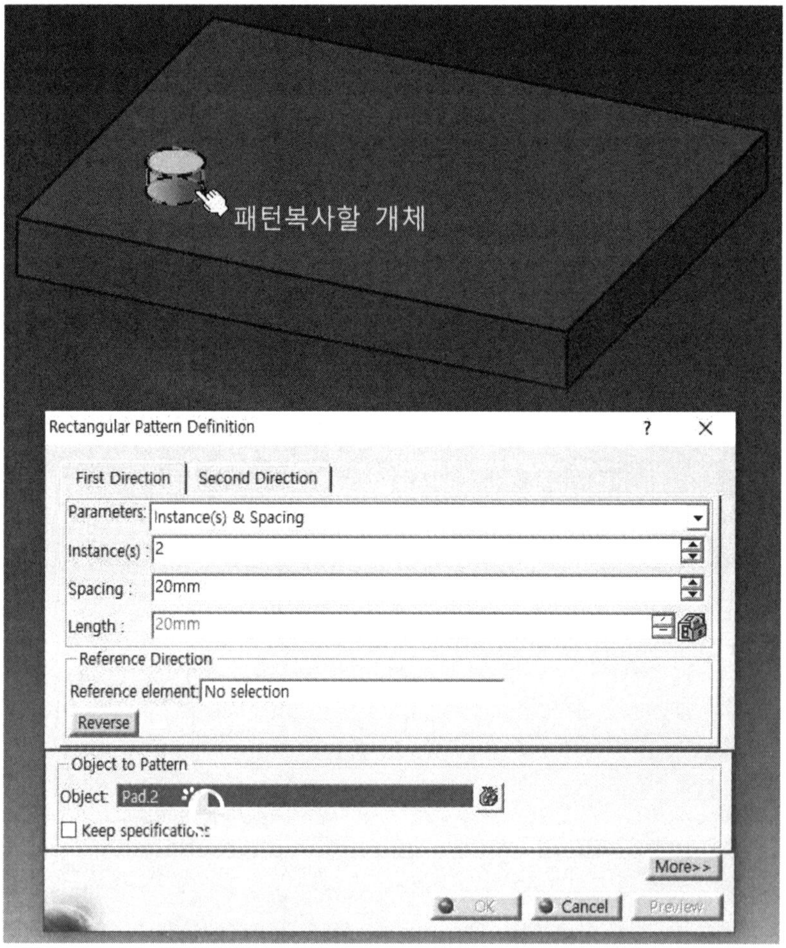

(4) 패턴복사의 경우 두 방향으로 개체를 복사하여 배열할 수 있다. 대화창에서 첫 번째 방향의 복사 개수(Instance:4)와 간격(Spacing:20 mm)을 지정한 후 두 번째 방향의 복사 개수(Instance:3)와 간격(Spacing:20 mm)을 지정한다.

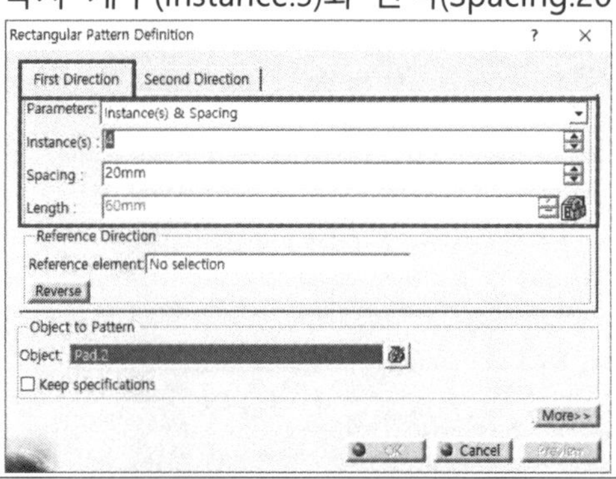

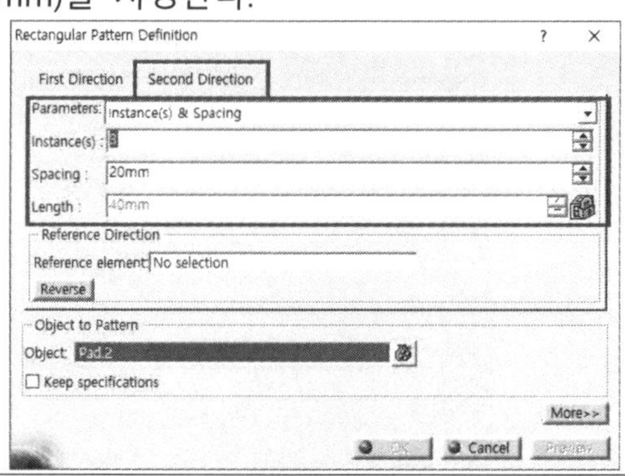

⊠ Rectangular Pattern( ): 선택한 솔리드모델을 복사하여 격자방향으로 배열한다.

(5) 패턴복사할 솔리드모델의 기준면을 지정한다.
☞Reference Direction을 확인한다. 화살표를 클릭하면 방향을 바꿀수 있다.

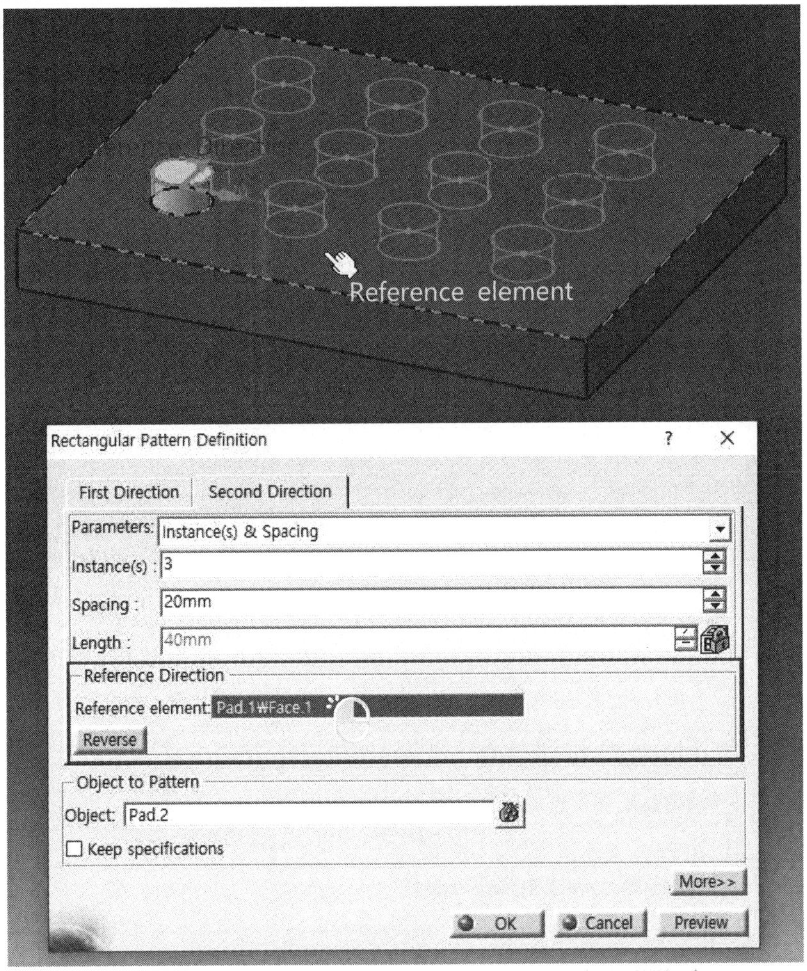

(6) Preview 를 눌러 실행결과를 확인한 후 이상이 없으면 OK 를 눌러 모델링을 완성한다.

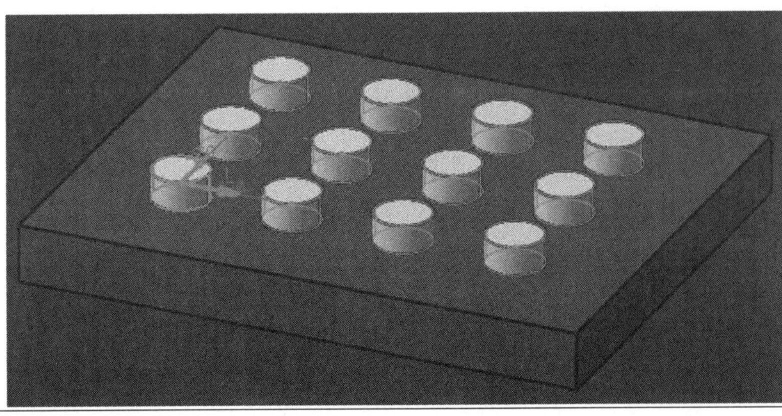

▨ Circular Pattern( ): 선택한 솔리드모델을 복사하여 원형방향으로 배열한다.

▶Circular Pattern( )명령의 실행순서는 다음과 같다.

(1) Circular Pattern( )명령을 실행한다.
(2) Circular Pattern Definition 대화창이 나타난다.
(3) 원형패턴으로 복사할 개체를 선택한다.

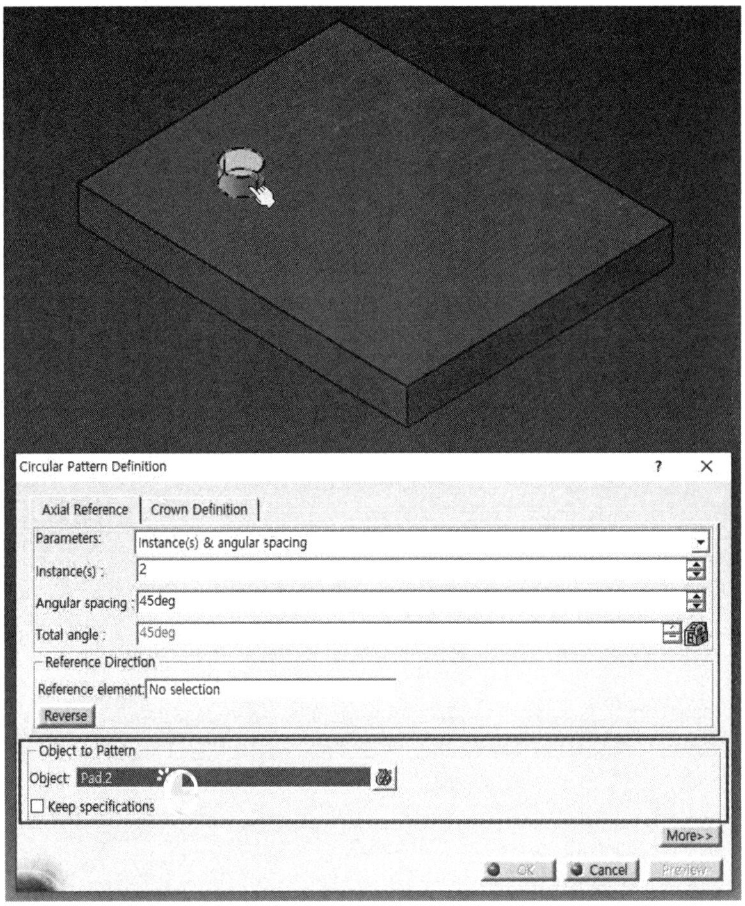

(4) Reference element를 선택한다.

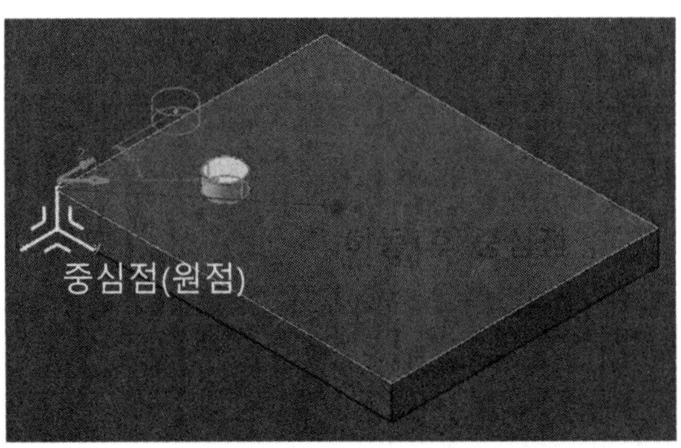

▸ 원형패턴으로 복사하여 배열하는 경우 회전중심이 필요하다. 기본적으로 회전의 중심은 Reference element의 원점이 된다.
▸ 필요에 따라 사용자가 정하는 위치로 중심점의 위치를 옮길 수 있다.

⊠ Circular Pattern( ): 선택한 솔리드모델을 복사하여 원형방향으로 배열한다.

☞회전의 중심점 변경작업 순서

- Circular Pattern 대화창의 Reference element:를 선택하고 솔리드모델의 기준면을 클릭한다.(원점이 회전의 중심점으로 선택된다.)

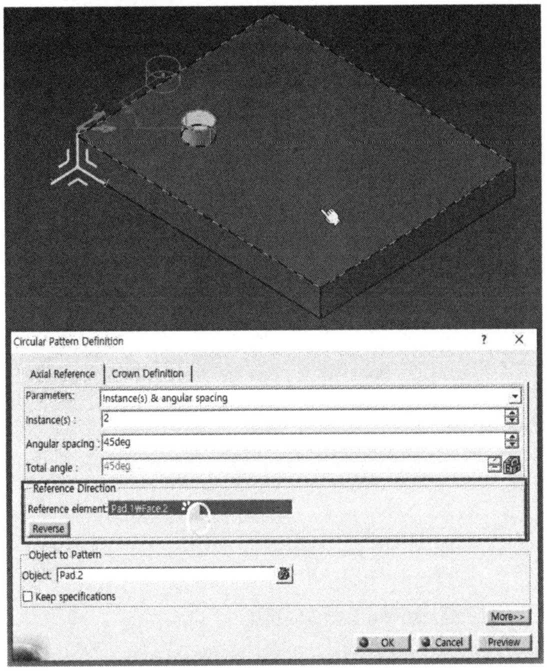

- Circular Pattern 대화창의 Reference element:를 다시 클릭하고 변경할 중심점(Point)를 클릭한다.(회전의 중심점이 사용자가 원하는 위치로 이동한다.)

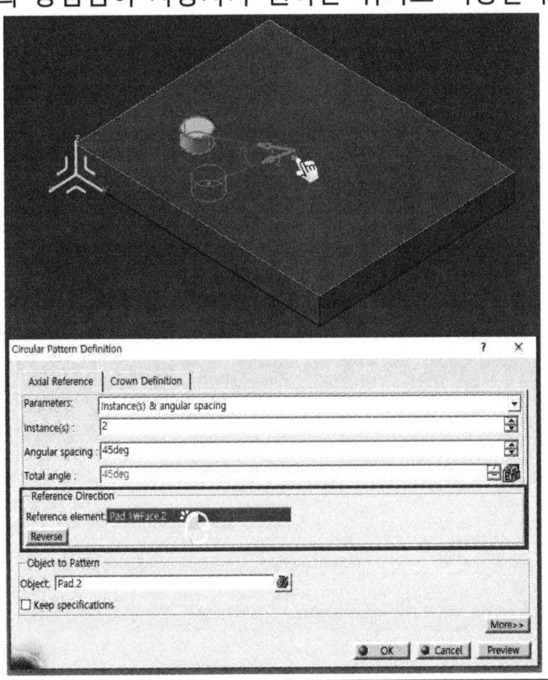

⊠ Circular Pattern( ): 선택한 솔리드모델을 복사하여 원형방향으로 배열한다.

(5) 복사할 개체의 개수(Instances:8)와 배열의 각도(Angular spacing:45°)를 입력한다.

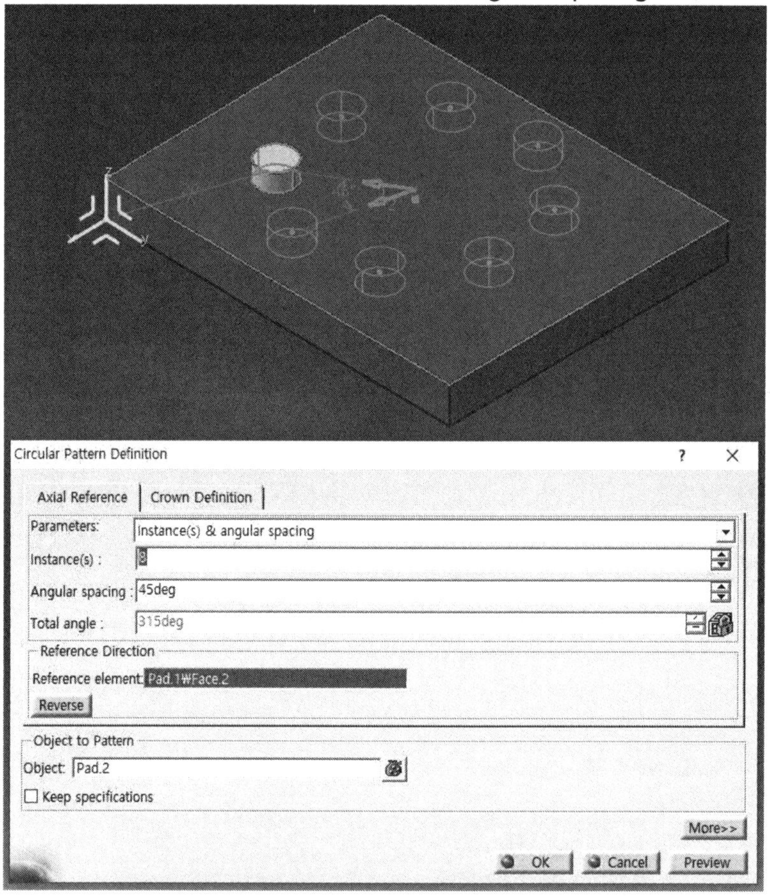

(6) Preview 를 눌러 실행결과를 확인한 후 이상이 없으면 OK 를 눌러 모델링을 완성한다.

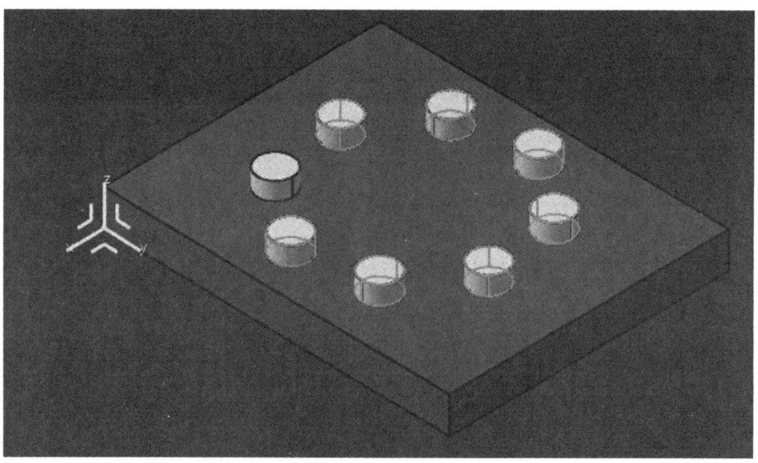

⊠ User Pattern( ): 선택한 솔리드모델을 사용자가 원하는 위치(Point)로 복사한다.

▶User Pattern( )명령은 사용자가 스케치(Sketch)에서 생성한 Point의 위치로 개체를 복사한다. 정해진 패턴이 존재하지 않으며 사용자가 임의로 생성한 Point를 기준으로 개체를 복사하는 것이다.

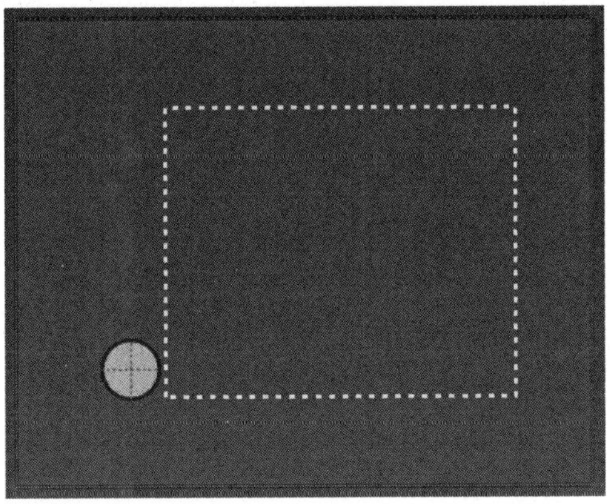

(1) User Pattern( )명령을 실행한다.
(2) User Pattern Definition 대화창이 나타난다.

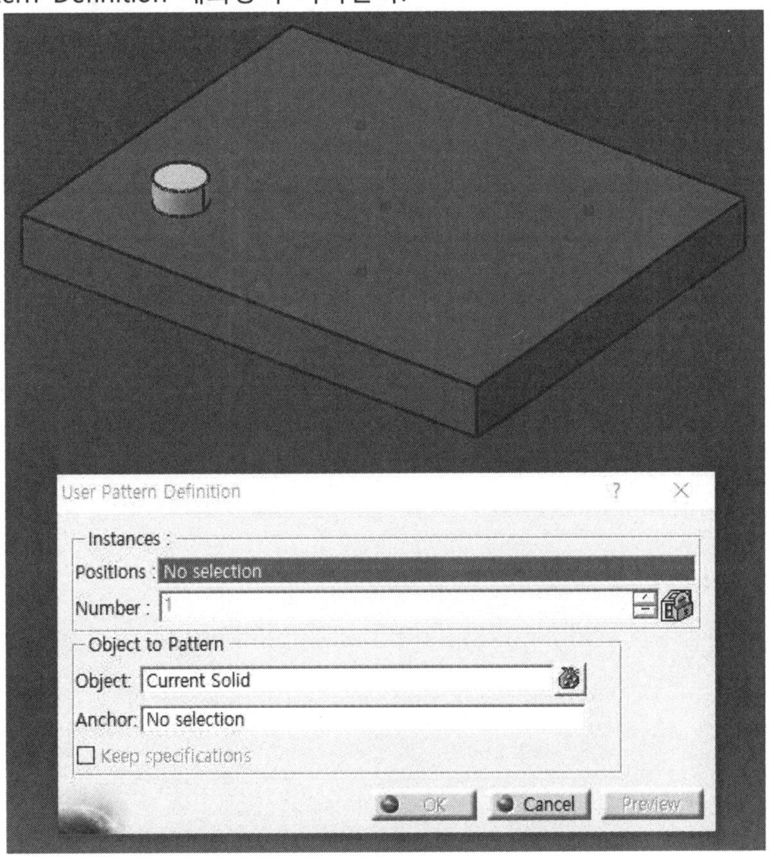

⊠ User Pattern(): 선택한 솔리드모델을 사용자가 원하는 위치(Point)로 복사한다.

(3) 복사할 개체를 선택(Object to Pattern)하고 Positions: 선택창에서 앞서 생성한 스케치(Point)를 선택한다.

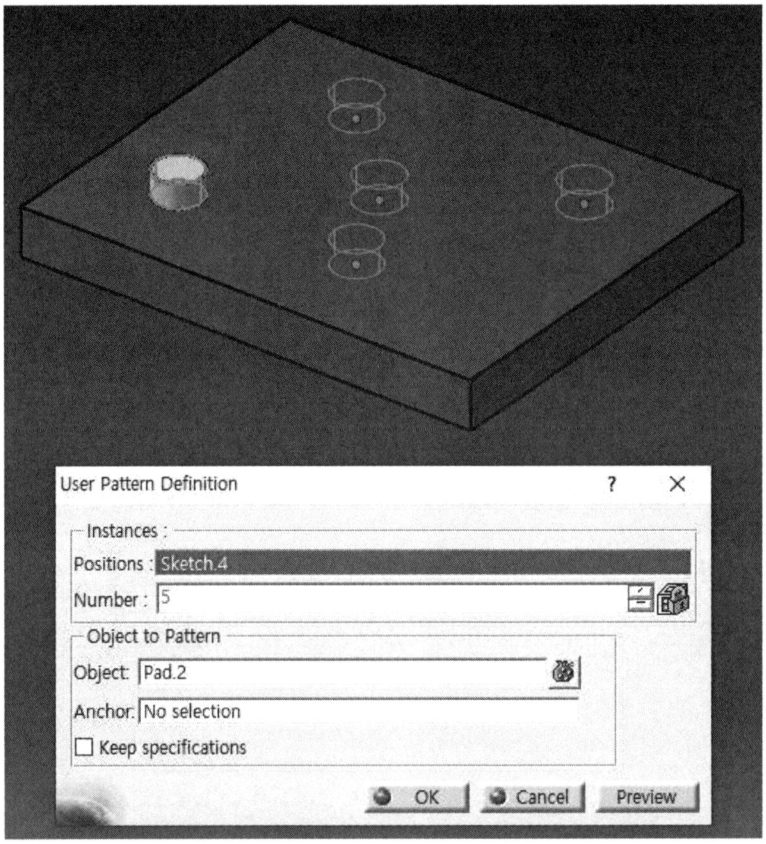

(4) Preview를 눌러 실행결과를 확인한 후 이상이 없으면 OK를 눌러 모델링을 완성한다.

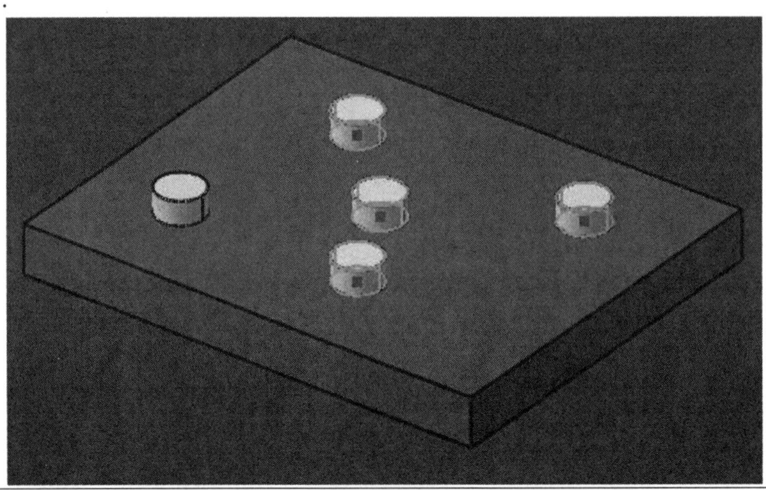

❑ Scale( )

점(Point) 또는 면(Plane)을 기준으로 선택한 솔리드모델을 확대/축소한다. 스케일툴바(Scale Toolbar)에는 Scale( )명령과 Affinity( )이 있다.

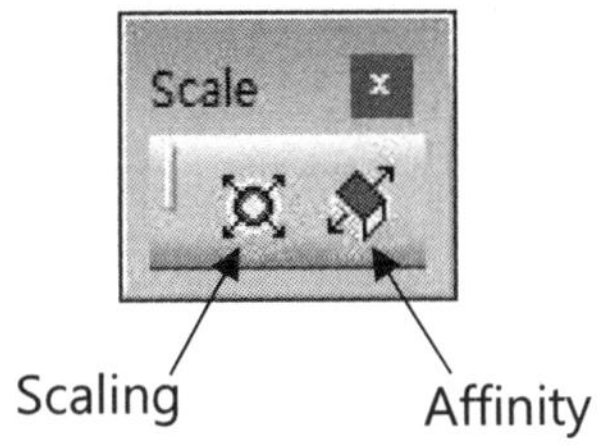

⊠ Scale( ): 점 또는 면을 기준으로 선택한 개체를 확대/축소한다.

▶Scale( )명령의 실행순서는 다음과 같다.

(1) Scale( )명령을 실행한다.
(2) Scaling Definition 대화창이 나타난다.

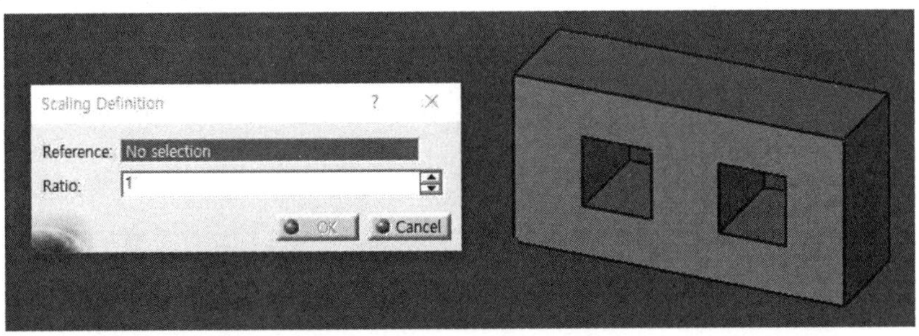

(3) 확대/축소시 배율을 적용할 기준(Reference:)을 선택한다.(점 또는 면)
(4) 확대/축소 배율(Ratio:)을 부여한다.

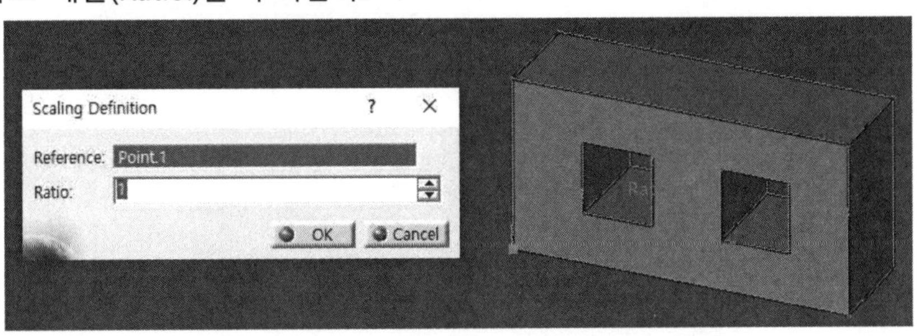

☞Tip: 확대/축소 배율(Ratio)은 1을 기준으로 1보다 크면 확대, 1보다 작으면 축소이다. (-)값을 부여하면 Scale명령 실행 후 모델의 방향이 반대방향으로 바뀐다.

- Ratio=1: 확대/축소하지 않는다.
- Ratio=2: 선택한 점 또는 면을 기준으로 2배 확대한다.
- Ratio=0.5: 0.5배 축소한다.
- Ratio=-1: 확대/축소하지 않는다. 방향이 반대방향으로 바뀐다.

⊠ Scale( ): 점 또는 면을 기준으로 선택한 개체를 확대/축소한다.

☞Scale( )명령 실행시 점을 기준으로 하는 경우와 면을 기준으로 하는 경우 다음과 같은 차이가 있다.(같은 배율에서 결과가 서로 다르다.)

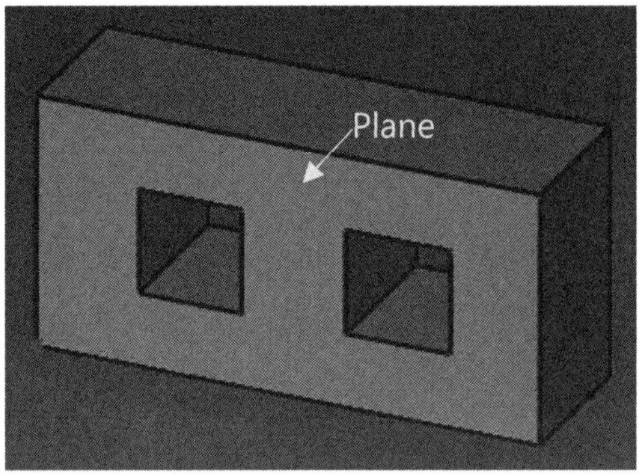

▸ 점(Point)을 기준으로 하는 경우(1.5배율)

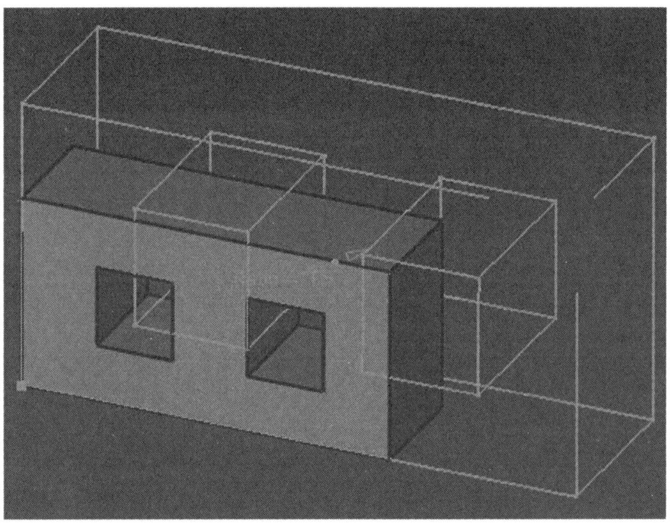

▸ 면(Plane)을 기준으로 하는 경우(1.5배율)

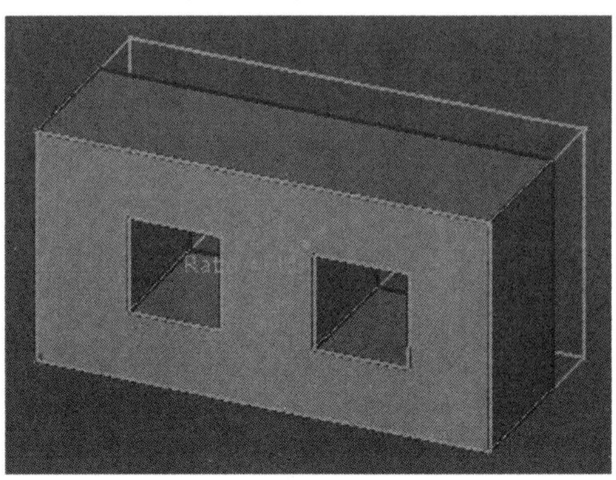

⊠ Affinity( ): x-y-z축을 기준으로 각 방향에 대해 서로 다른 배율로 확대/축소한다.

▶Affinity( )명령의 실행순서는 다음과 같다.

(1) Affinity( )명령을 실행한다.
(2) Affinity Definition 대화창이 나타난다.
☞Compass의 방향을 기준으로 개체가 확대/축소된다.
☞Axis system:
‣ Origin: 원점의 위치를 재설정한다.
‣ XY Plane: X-Y평면을 재설정한다.
‣ X axis: X축을 재설정한다.

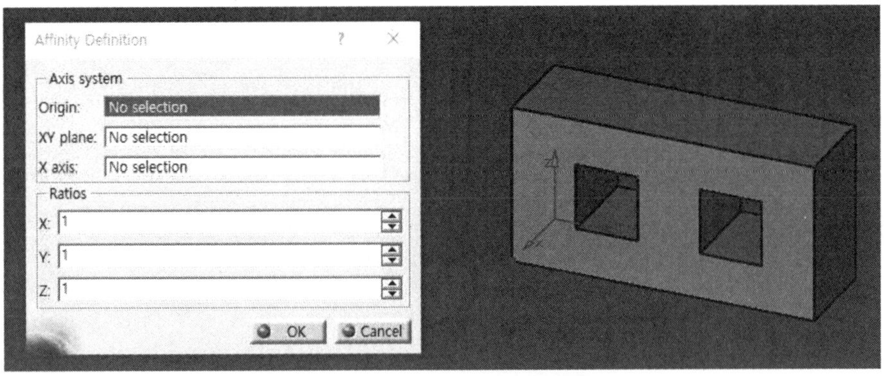

(3) 축의 방향별로 각 각 확대/축소 배율(Ratio)을 부여한다.
☞Axis system: CATIA Default(필요시 재설정이 가능하다.)
☞Ratio: X=0.5(축소), Y=1(유지), Z=2(확대)

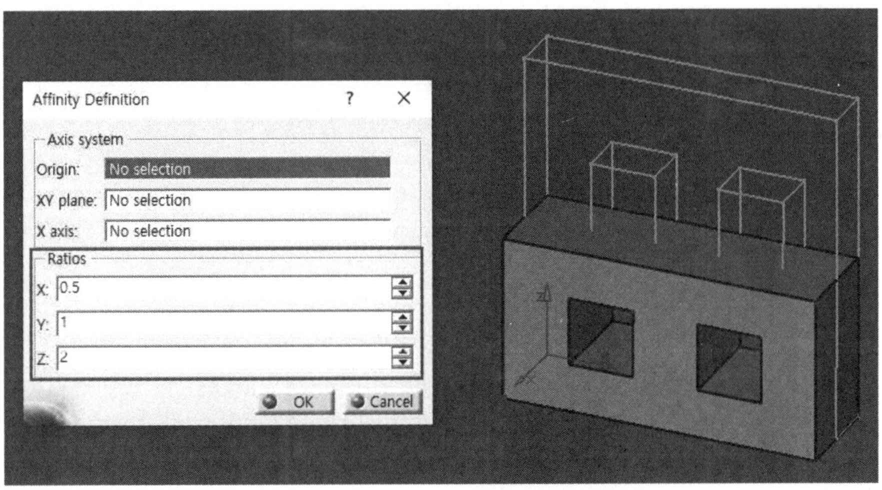

(4) Preview 를 눌러 실행결과를 확인한 후 이상이 없으면 OK 를 눌러 모델링을 완성한다.

(4) 서피스-베이스드 피쳐스 툴바(Surface-Based Features Toolbar)

서피스(Surface)모델을 이용하여 솔리드(Solid)모델을 수정한다. Surface로 Solid모델을 자르거나 Surface로부터 솔리드모델을 만들 수 있다.

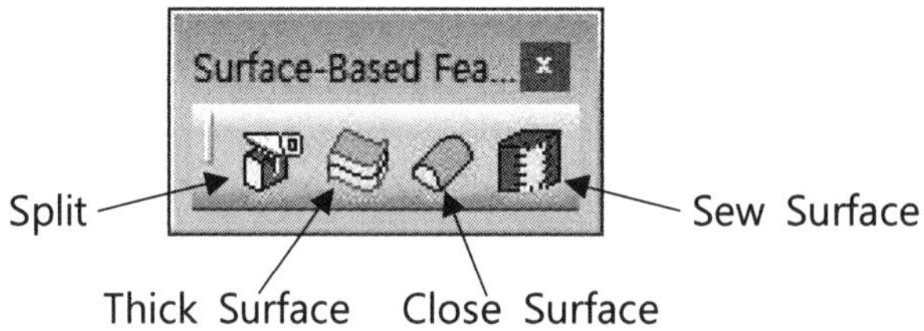

⊠ Split(): 서피스(Surface) 또는 면(Plane)으로 솔리드모델을 자른다.

▶Split()명령의 실행순서는 다음과 같다.

(1) Split()명령을 실행한다.
(2) Split Definition 대화창이 나타난다.

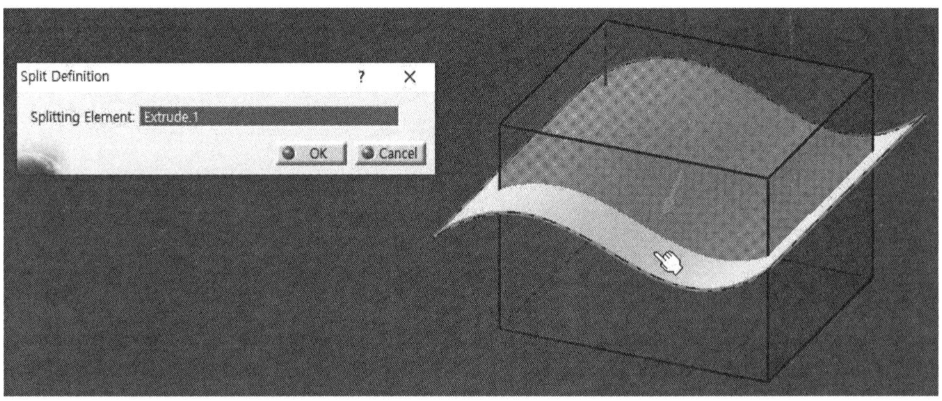

(3) 서피스(Surface)를 선택한다.(교차된 솔리드모델이 잘린다.)
(4) 화살표를 클릭하여 자르는 방향을 선택한다.(화살표가 가리키는 방향으로 솔리드모델이 유지된다. 반대방향이 잘려 없어진다.)
(5) 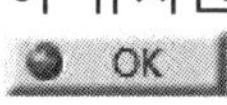를 눌러 모델링을 완성한다.

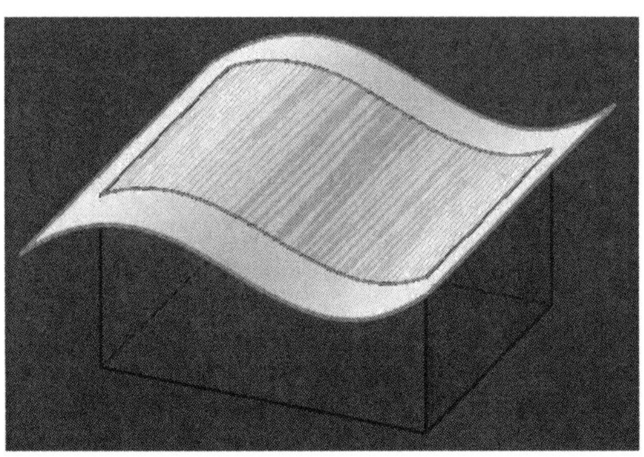

⊠ Thick Surface( ): 서피스(Surface)에 두께를 부여하여 솔리드모델로 만든다.

▶Thick Surface( )명령의 실행순서는 다음과 같다.

(1) Thick Surface( )명령을 실행한다.
(2) ThickSurface Definition 대화창이 나타난다.

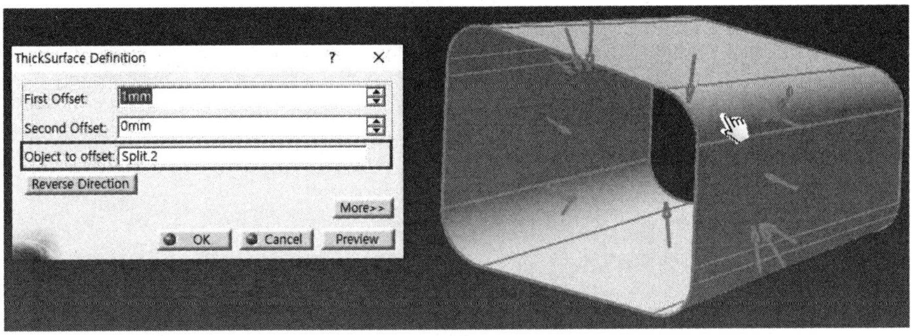

(3) 서피스(Surface)를 선택한다.
(4) 서피스면 기준 양 옆방향으로 Offset을 부여한다.
☞화살표가 가리키는 방향이 First Offset, 반대방향이 Second Offset이다.
- First Offset: 5 mm
- Second Offset: 0 mm

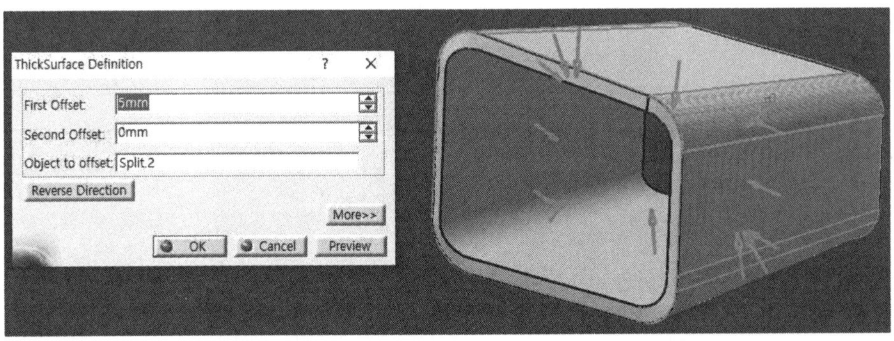

(5) Preview 를 눌러 실행결과를 확인한 후 이상이 없으면 OK 를 눌러 모델링을 완성한다.

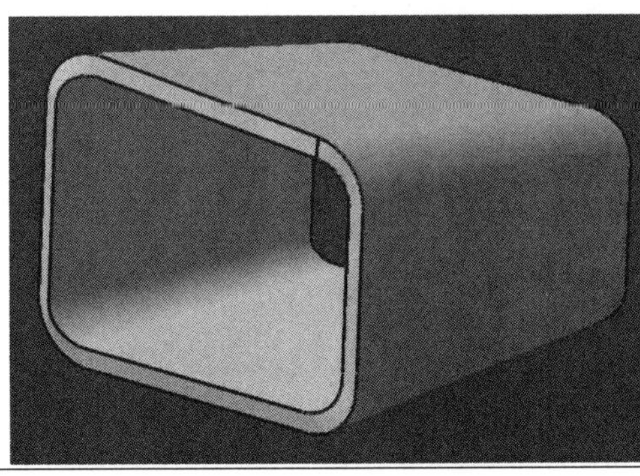

▧ Close Surface( ): 서피스(Surface)의 내부를 채워 솔리드모델로 만든다.

▶Close Surface( )명령의 실행순서는 다음과 같다.

(1) Close Surface( )명령을 실행한다.
(2) CloseSurface Definition 대화창이 나타난다.
(3) 솔리드모델로 만들고자 하는 Surface를 선택한다.

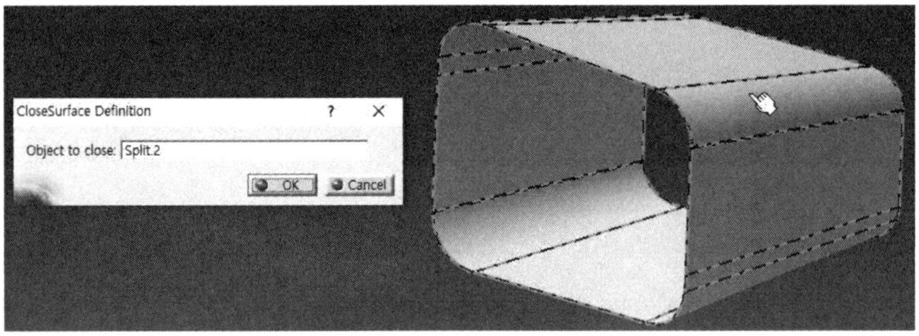

(4) OK 를 눌러 모델링을 완성한다.

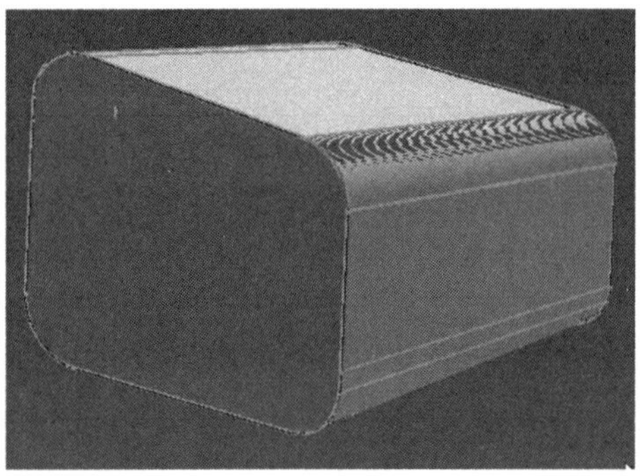

☞TIP: 이 모델의 경우 좌/우측이 열려있지만 Close Surface명령이 실행된다. 일반적으로는 서피스면이 모두 막혀있는 동시에 서로 연결되어 있는 상태에서 Close Surface 명령을 실행한다.

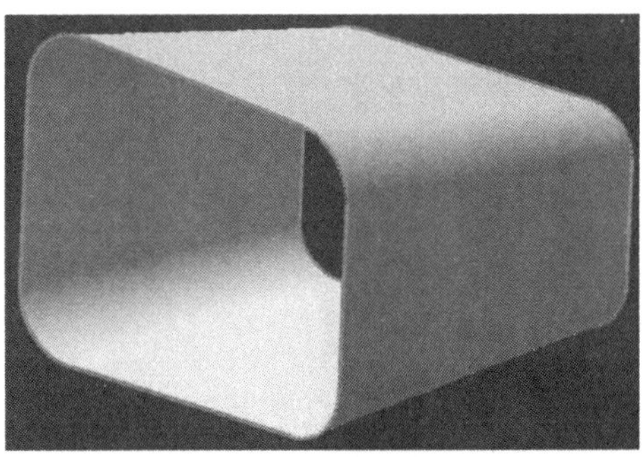
(Open Surface)

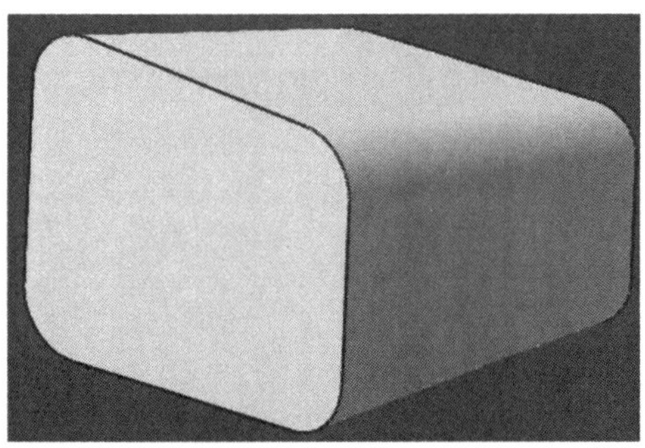
(Closed Surface)

⊠ Sew Surface(): 서피스와 솔리드모델을 연결한다.

▶Sew Surface()는 교차된 Surface와 Solid를 Surface를 기준으로 연결한다.
☞"연결한다"의 의미: 교차되는 부분은 제거하고 비어있는 부분은 채운다.

▶Sew Surface()명령의 실행순서는 다음과 같다.

(1) Sew Surface()명령을 실행한다.
(2) Sew Surface Definition 대화창이 나타난다.
(3) 솔리드모델과 연결하고자 하는 Surface를 선택한다.(Object to sew)
 ▸화살표의 방향으로 연결하므로 화살표가 가리키는 방향의 반대방향 솔리드모델은 제거된다. 화살표의 방향이 잘 못 설정되면 Sew Surface명령이 실행되지 않으므로 화살표의 방향에 주의해야 한다. 화살표를 클릭하면 방향을 바꿀 수 있다.
(4) 제거되는 면(Faces to remove:솔리드 모델의 표면)을 선택한다.

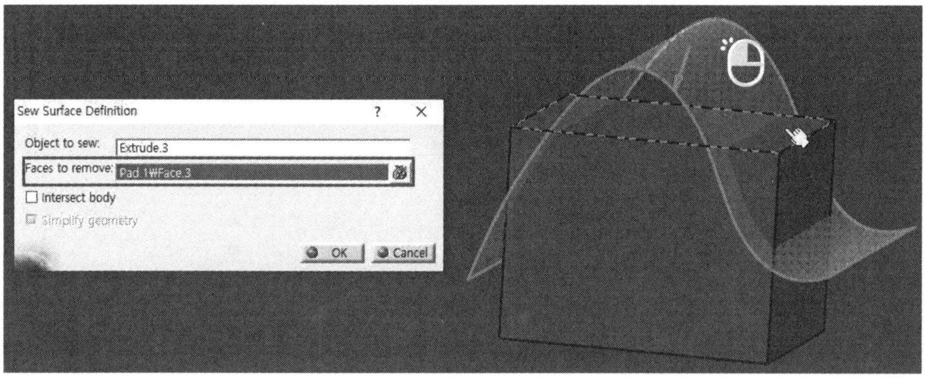

(5) OK 를 눌러 모델링을 완성한다.
 ▸Surface를 기준으로 화살표의 안쪽부분에 솔리드모델이 생성되었다. 화살표의 바깥부분 솔리드모델은 지워지고 안쪽 부분의 Surface와 Solid사이 빈 공간은 솔리드모델로 채워진다.

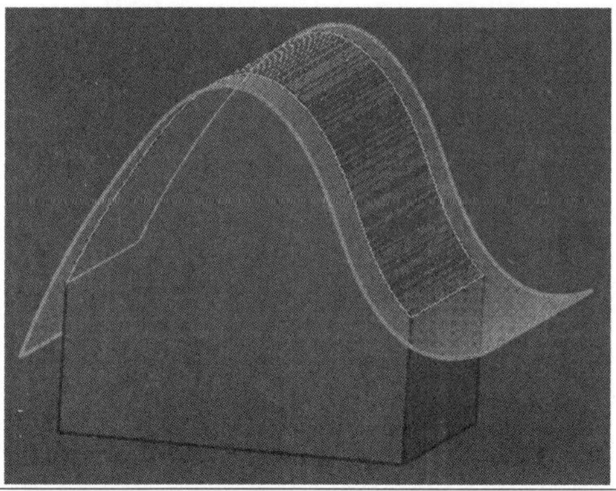

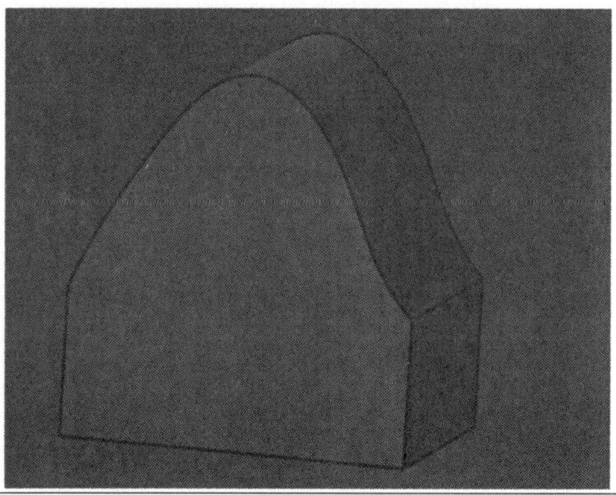

(5) 부울리언오퍼레이션스 툴바(Boolean Operations Toolbar)

두 개 이상의 솔리드모델을 합치거나(Assemble,) 더하거나(Add,) 빼는(Remove,) 작업을 통하여 새로운 솔리드모델을 만든다.

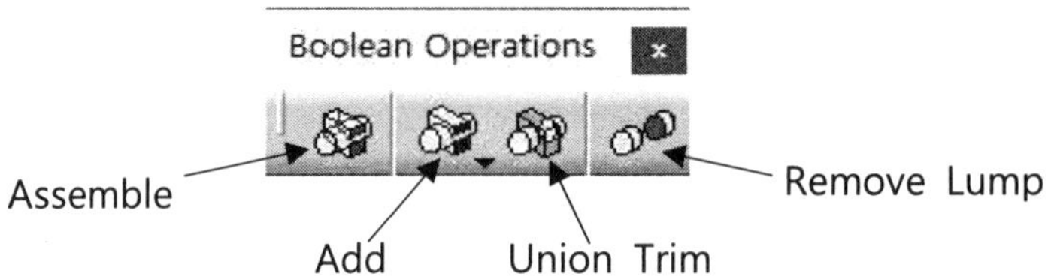

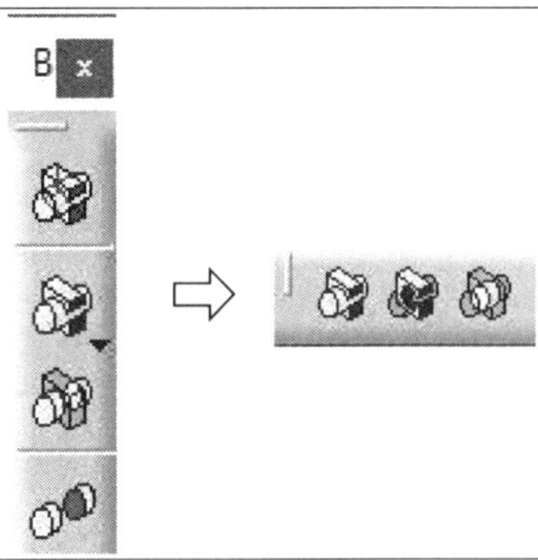

〔Boolean Operations〕

❑ Assemble( )

Assemble( )명령은 여러 개의 솔리드모델(이후 Body라고 한다.)을 합친다.

☞ Assemble명령을 사용하기 위해서는 두 개 이상의 Body가 필요하다. Specification Tree에서 현재 Workbench에 존재하는 Body의 개수를 확인할 수 있다.

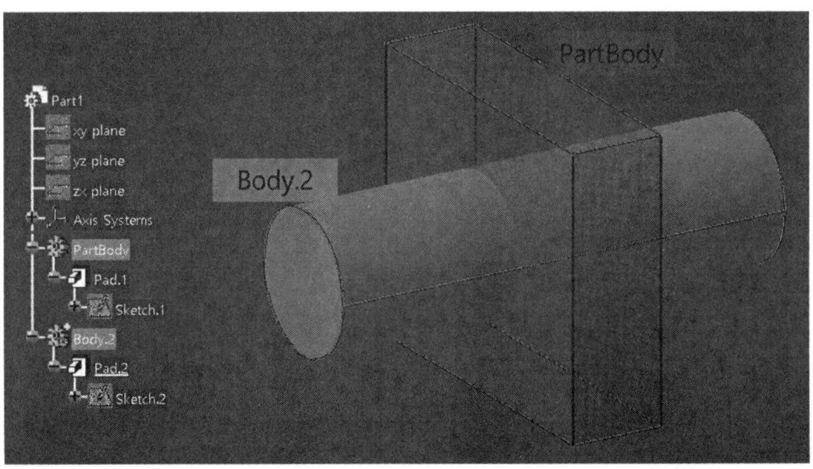

두 개의 Body가 서로 겹쳐져 있으며 Assemble명령에 의해 하나의 Body가 된다. 이 때 각 각의 Body 속성(Pad, Pocket)이 반영된다.

⊠ Assemble( ): 여러 개의 Body를 합친다.

▶Boolean Operation 작업시 두가지 작업방법을 선택할 수 있다.

(1) 명령어를 클릭하여 실행하는 방법

① Assemble( )명령을 실행한다.

② Assemble 대화창이 나타나면 Assemble할 대상인 Body와 기준이 되는 Body(일반적으로 PartBody가 된다.)를 선택한다.

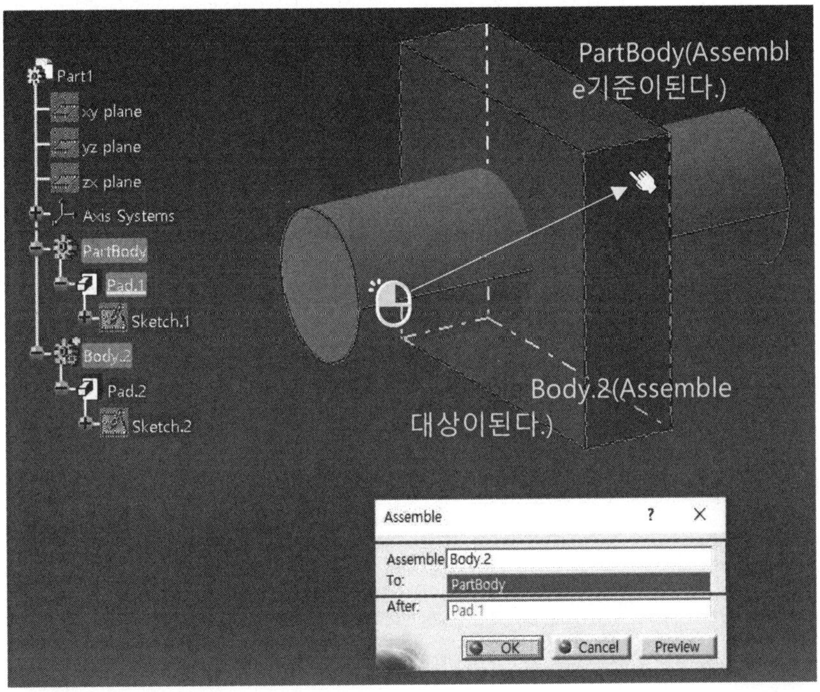

③ OK 를 눌러 모델링을 완성한다.

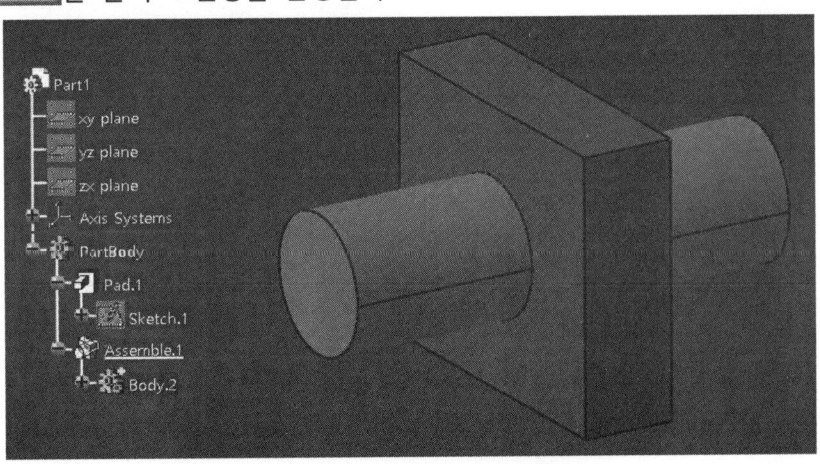

☞Specification Tree를 확인하면 Assemble명령 실행 전 2개의 Body가 Assemble 명령 실행 후 하나의 Body로 합쳐진 것을 알 수 있다.(Body.2가 Assemble명령과 함께 PartBody에 포함되어 있다.)

⊠ Assemble( ): 여러 개의 Body를 합친다.

(2) Specification Tree에서 직접 실행하는 방법

① Specification Tree에서 Assemble 대상(Body.2)을 찾는다.

② Body.2에서 「마우스 오른쪽버튼」 클릭→Contextual Menu 하단에서 "Body.2 Object" 선택→Boolean Operation 옵션 중 "Assemble"을 선택한다.

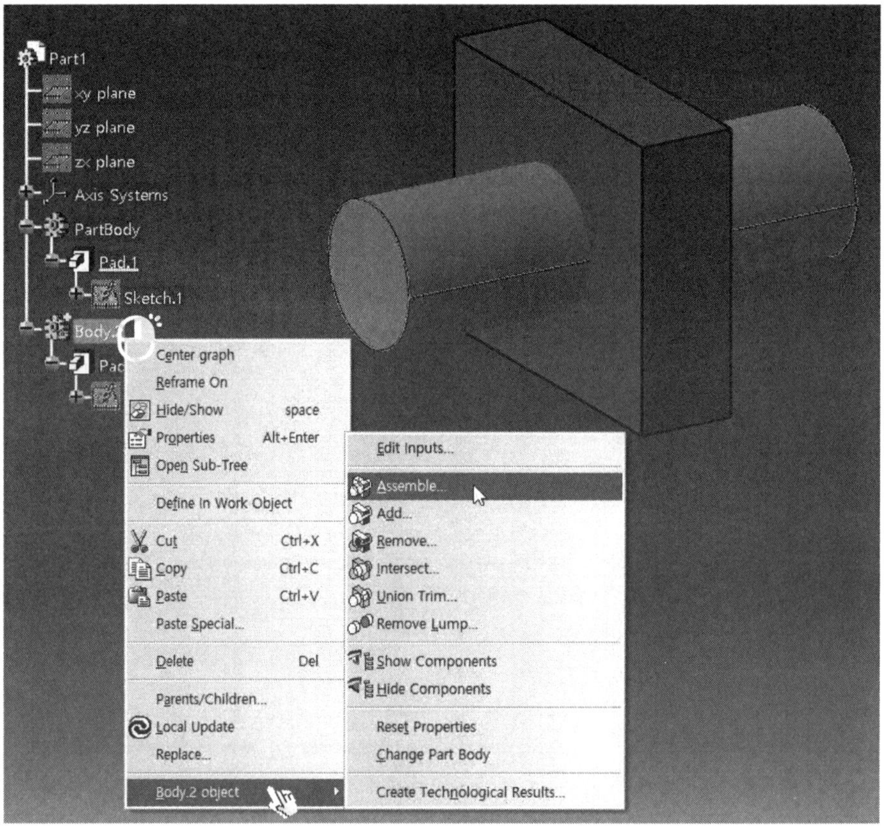

③ Specification Tree를 확인하면 Assemble명령 실행 전 2개의 Body가 Assemble 명령 실행 후 하나의 Body로 합쳐진 것을 알 수 있다.

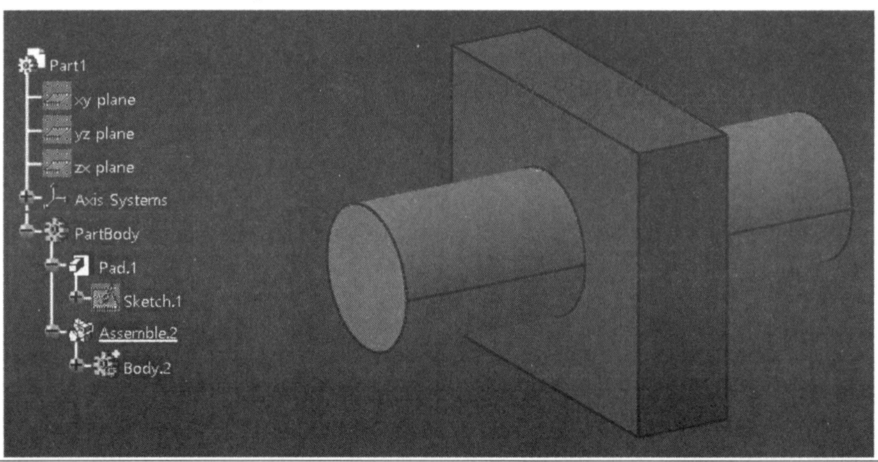

⊠ Assemble( ): 여러 개의 Body를 합친다.

▶Assemble( )명령은 Assemble 대상 Body의 속성이 반영되어 합쳐진다.

▷Specification Tree로부터 Body 속성을 알 수 있다.

☞Body 속성이 Pad인 경우: 

("+"표시가 있다.)

☞Body 속성이 Pocket인 경우: 

("-"표시가 있다.)

▶Body 속성이 Pocket인 경우 Assemble( )명령 실행 결과는 다음과 같다.

① 아래 모델의 예에서 알 수 있듯이 pocket명령어 실행결과는 Pad명령어 실행결과와 동일하게 보이지만 그 속성은 (-) 즉, 빼는 속성을 가지고 있다. 빼는 대상이 없는 상태에서 Pocket명령을 실행하면 화면상으로 Pad명령의 결과와 같이 보이지만 어떤 솔리드모델과 합쳐지면 그 속성이 반영되는 것이다.

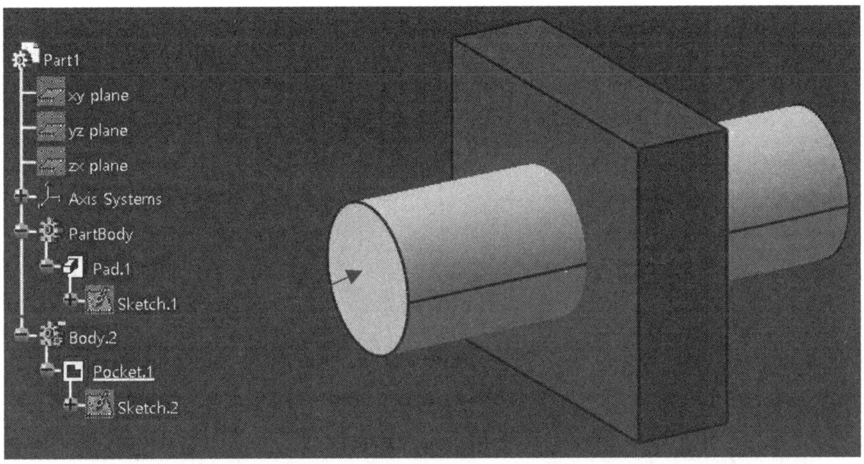

② Assemble명령에 의해 Partbody에 Body.2의 Pocket속성이 반영되어 가운데 Hole이 뚫린 솔리드모델이 완성되었다.

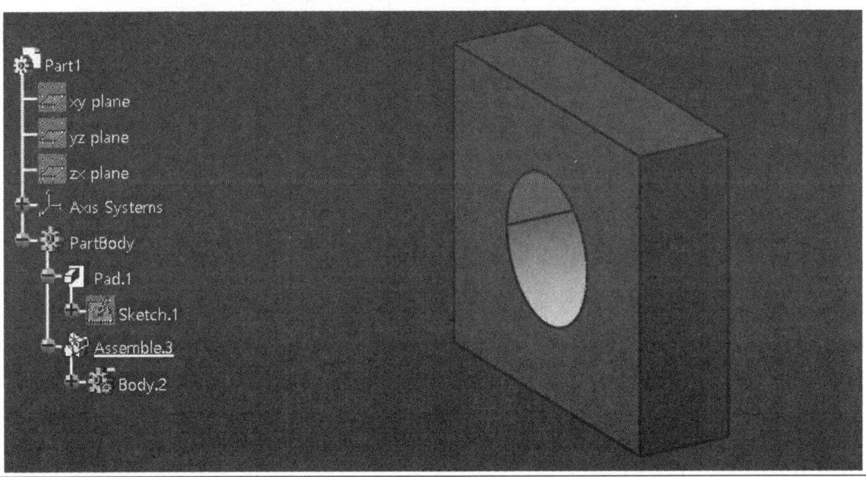

❑ Boolean Operation( )

부울리언오퍼레이션툴바의 하위툴바로서 대상이 되는 Body를 기준이 되는 Body와 합치거나(Add,) 빼거나(Remove,) 서로 교차하는 부분만 남기거나(Intersect,) 하는 작업을 통하여 새로운 솔리드모델을 만든다.

⊠ Add( ): 기준이 되는 Body에 선택한 Body를 합친다.

▶Add( )명령은 기본적으로 Assemble( )명령의 실행과 유사하다.

(1) 명령어를 클릭하여 실행하는 방법

① Add( )명령을 실행한다.

② Add 대화창이 나타나면 [Add대상Body]와 [기준Body](일반적으로 PartBody가 된다.)를 선택한다.

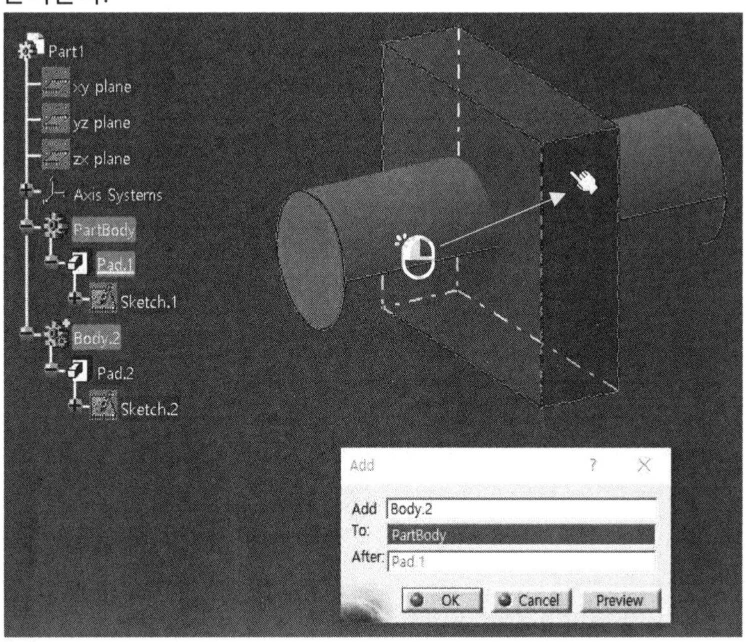

③ OK 를 눌러 모델링을 완성한다.

▸Specification Tree를 확인하면 Add명령 실행 전 2개의 Body가 Add명령 실행 후 PartBody내에서 하나로 합쳐진 것을 알 수 있다.

☞TIP: Add명령은 Assembly명령과 달리 Body의 속성을 반영하지 않는다.(Pocket속성과 Pad속성을 가진 Body 모두 Add명령에 의해 합쳐지면 속성이 무시된다.)

▨ Add( ): 기준이 되는 Body에 선택한 Body를 합친다.

(2) Specification Tree에서 직접 실행하는 방법

① Specification Tree에서 Add 대상(Body.2)을 찾는다.

② Body.2에서 「마우스 오른쪽버튼」 클릭→Contextual Menu 하단에서 "Body.2 Object" 선택→Boolean Operation 옵션 중 "Add"를 선택한다.

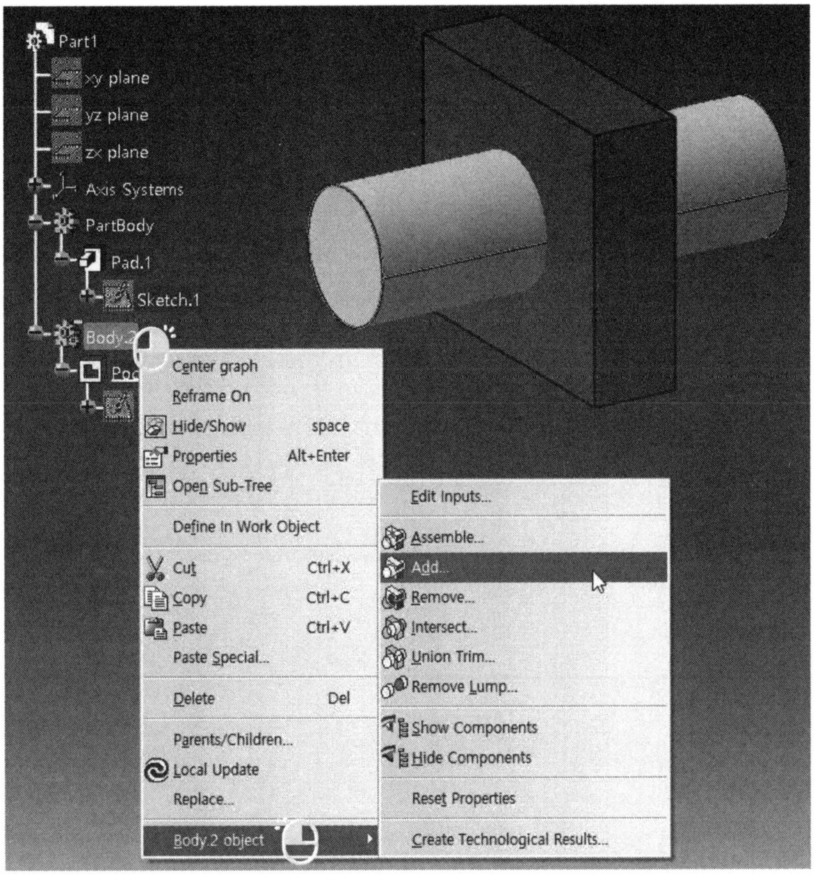

③ Specification Tree를 확인하면 2개의 Body가 하나로 합쳐진 것을 알 수 있다.

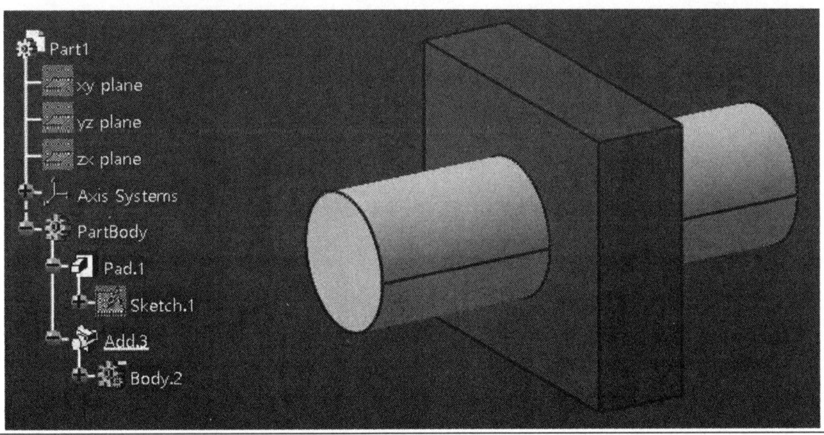

⊠ Remove( ): 기준이 되는 Body에서 선택한 Body를 뺀다.

▶ Remove( )명령은 기본적으로 Assemble( )명령의 실행과 유사하다.

▷ 명령어를 클릭하여 실행하는 방법

① Remove( )명령을 실행한다.

② Remove 대화창이 나타나면 [Remove대상Body]와 [기준Body](일반적으로 PartBody가 된다.)를 선택한다.

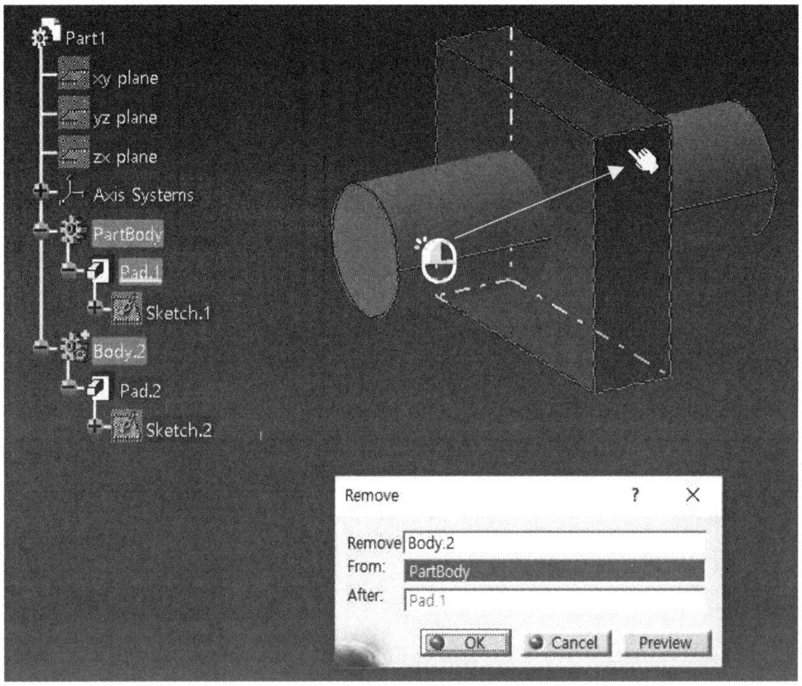

③ Specification Tree를 확인하면 2개의 Body가 하나로 합쳐진 것을 알 수 있다.(대상 Body는 Pad속성을 가지고 있지만 Remove명령이 실행되면 속성이 무시되고 Remove명령만 적용된다.)

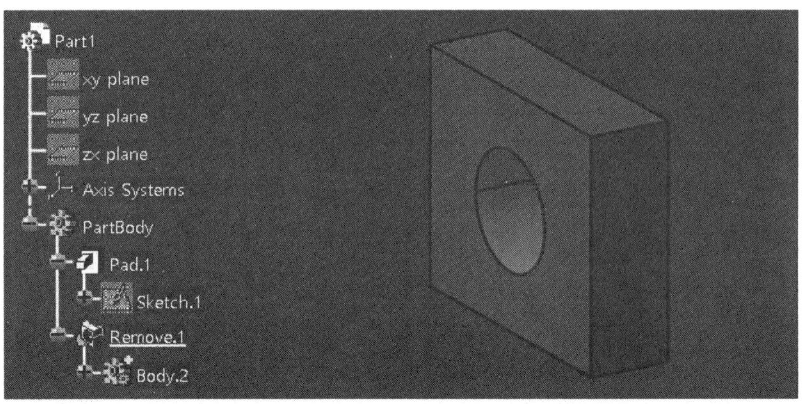

☞Specification Tree에서 직접 실행하는 과정은 Assemble명령과 동일하다.

⊠ Intersect( ): 기준이 되는 Body와 선택한 Body가 서로 교차하는 부분만 남긴다.

▶Intersect( )명령은 기본적으로 Assemble( )명령의 실행과 유사하다.

▷명령어를 클릭하여 실행하는 방법

① Intersect( )명령을 실행한다.

② Intersect 대화창이 나타나면 [Intersect대상Body]와 [기준Body](일반적으로 PartBody가 된다.)를 선택한다.

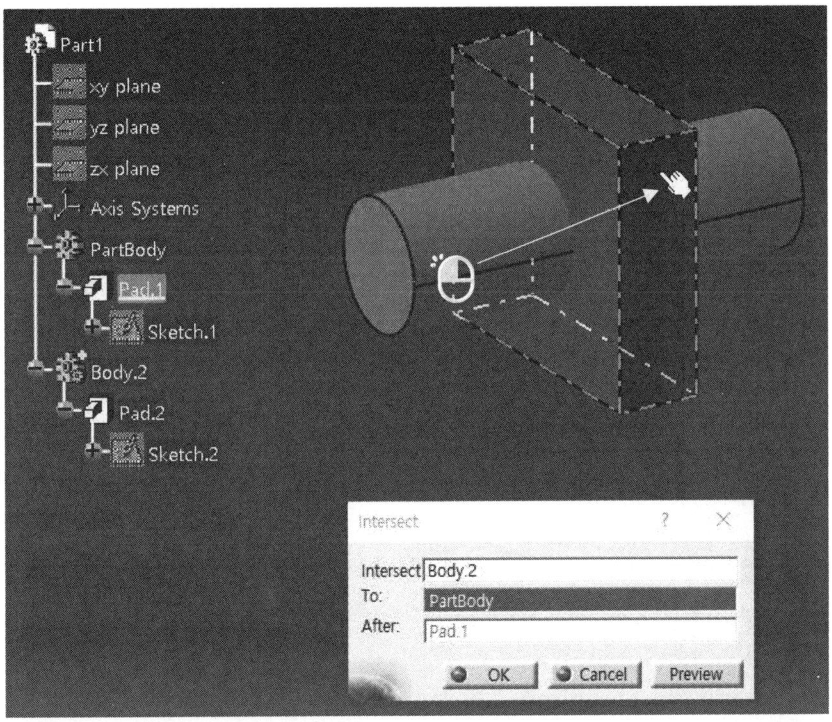

③ 두 개의 Body에서 교차하는 부분의 솔리드모델만 남고 나머지는 제거된다.

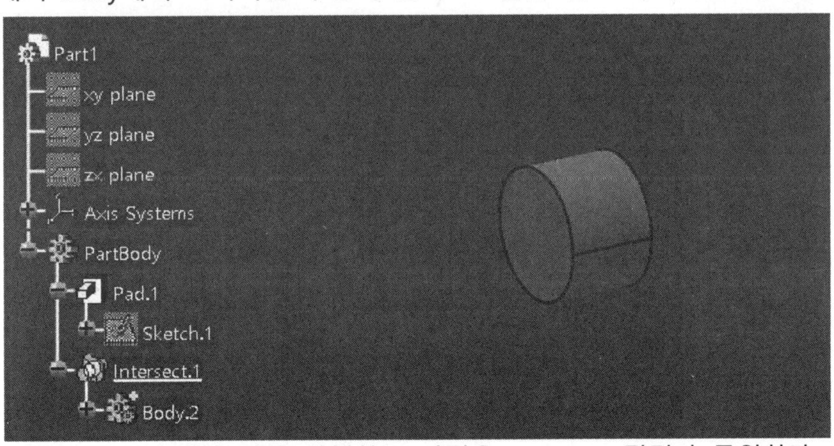

☞Specification Tree에서 직접 실행하는 과정은 Assemble명령과 동일하다.

⊠ Union Trim( ): Body를 합칠 때 필요한 부분과 제거할 부분을 선택한다.

▶Union Trim( )명령은 두 개의 Body를 합칠 때 남길 부분과 제거할 부분을 선택하여 적용한다. 기본적으로 Add( )명령과 동일하다.

① Union Trim( )명령을 실행한다.
② Trim할 Body를 선택하면 Trim Definition 대화창이 나타난다.
③ 대화창에서 제거할부분(Faces to remove)과 남길 부분(Faces to keep)을 선택한다.
▸ Faces to remove: 왼쪽 면(여러개의 면을 선택할 수 있다.)

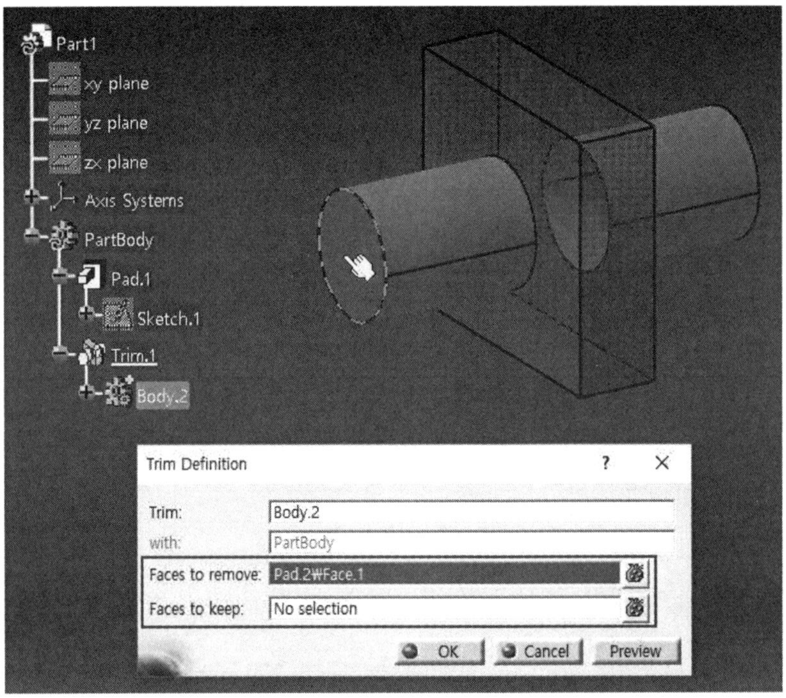

④ 선택한 부분이 제거되고 나머지 부분이 합쳐진 하나의 PartBody가 생성된다.

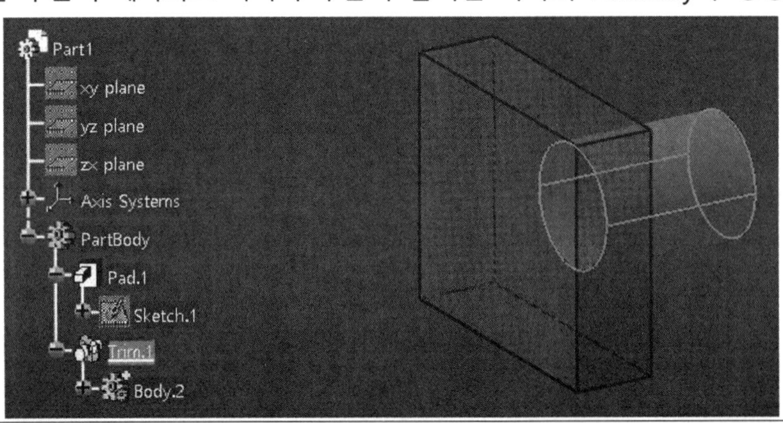

⊠ Remove Lump( ): Boolean Operation 후 생성된 Body에서 불필요한 부분을 제거한다.

▶Remove Lump( )명령은 Boolean Operation 작업이 완료된 후 최종적으로 생성되는 Body에서 불필요한 부분을 제거한다. 즉, Remove Lump명령을 실행하기 위해서는 먼저 Boolean Operation 작업이 선행되어야 한다.

▷Remove Lump( )명령의 적용 예에 대해 알아보자.

① 두개의 Body에 대해 Remove명령( )을 먼저 실행한다.

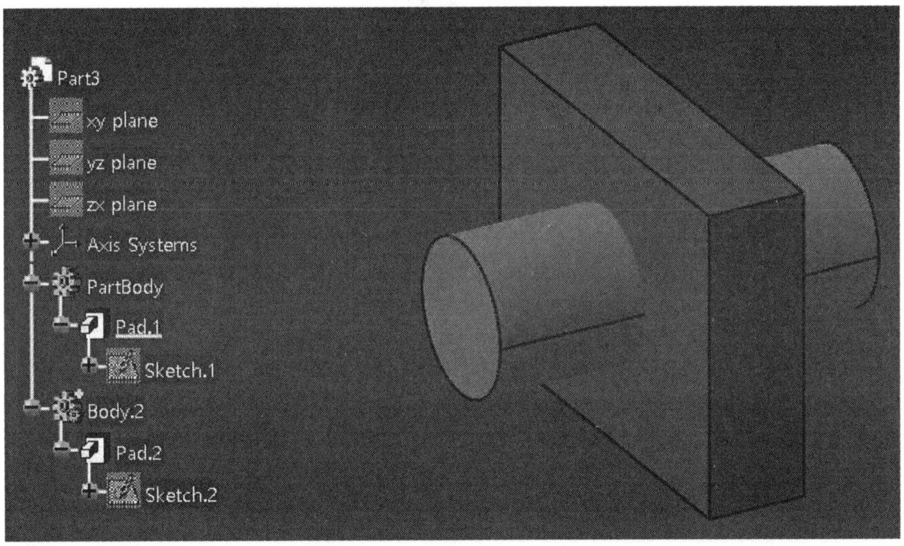

② Remove명령 적용 후 PartBody의 상태다.

▸ 아래와 같이 Boolean Operation 작업 후 완성된 Body는 서로 분리되어 떨어져 있어야 한다.

▸ 예제에서는 왼쪽을 제거하고 오른쪽을 남기도록 하겠다.

⊠ Remove Lump( ): Boolean Operation 후 생성된 Body에서 불필요한 부분을 제거한다.

③ Remove Lump( )명령을 실행하고 PartBody를 선택한다.
- Faces to remove: 왼쪽 Body
- Faces to keep: 오른쪽 Body

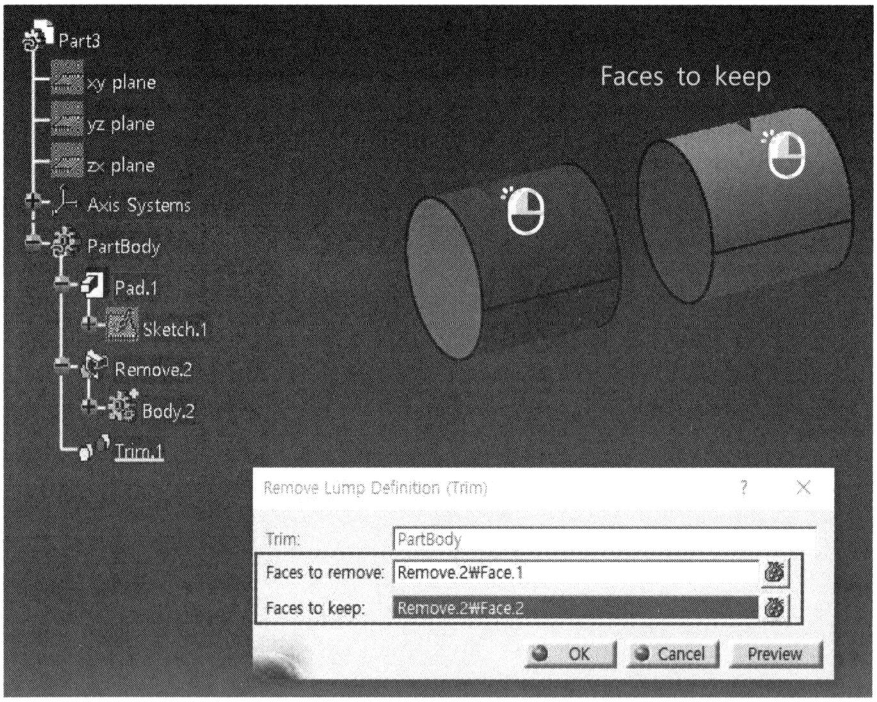

④ Boolean Operation-Remove명령에 의해 분리된 두 개의 Body 중 왼쪽은 제거되고 오른쪽만 남는다.

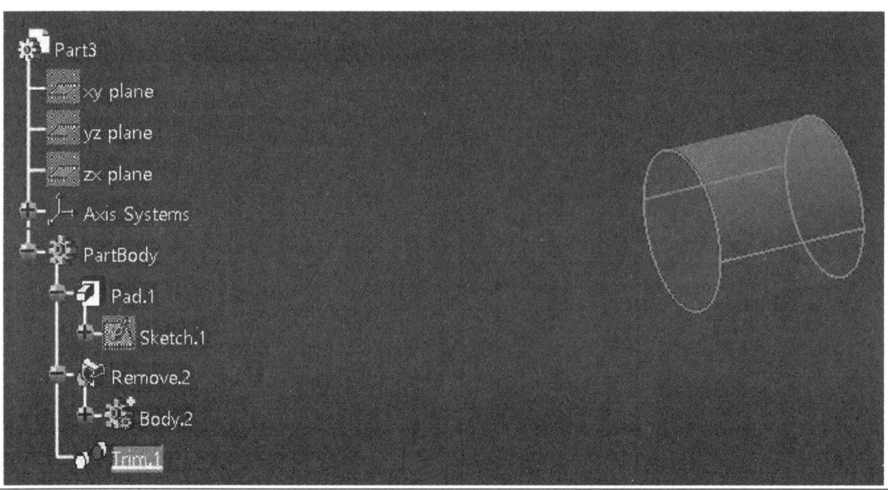

3-4 파트디자인 연습(Part Design Exercise)

(1) 투상도

CATIA에서는 파트디자인워크벤치(Part Design Workbench)에서 3차원 모델을 완성한다. 3차원 모델이라 함은 3개의 축(x축, y축, z축)이 있는 공간 좌표상에서 물체의 형상이 입체적으로 표현된 것을 의미한다. 점(Point)과 점을 이으면 선(Line)이되고 선을 이어 폐곡선을 만들면 면(Plane)이 되며 다시 면이 이동하여 입체(Solid)를 만든다. 즉, 입체라 함은 평면이나 곡면으로 구성된 3차원의 물체를 의미하며 삼각주, 사각주 등과 같은 다면체와 원주, 원뿔 등 곡면체를 포함하는 것이다.

CATIA에서 3차원 모델을 완성하기 위해서는 단일평면(2차원) 위에 입체형상을 나타낸 도면이 필요하며 이 도면을 투상도(Projection Drawing)라 한다. 여기서 투상(Projection)이라 함은 입체형상이 존재하는 공간에서 각각의 좌표축(x축, y축, z축)에 대해 수직방향의 평면을 두고 이 평면에 입체의 허상을 투영하는 것을 말하며, 이 허상을 단일평면 위에 도면으로 나타낸 것을 투상도라 하는 것이다.

(2) 투상도의 배치법

기계설계에서 사용되는 투상도 배치법으로 제1각법(1st Angle Projection)과 제3각법(3rd Angle Projection)이 있다.

아래 3차원 솔리드모델에 대해 제1각법과 제3각법을 적용한 전개도를 그려보자. 여기서 화살표를 투사선(Projection Line)의 방향, 투상을 이루는 면을 투상면(Plane of Projection), 바라보는 눈의 위치를 시점(Eye Point) 또는 투상의 중심(Center of Projection)이라 한다.(아래 예시는 3각법을 적용한 것이다. 주로 3각법을 사용한다.)

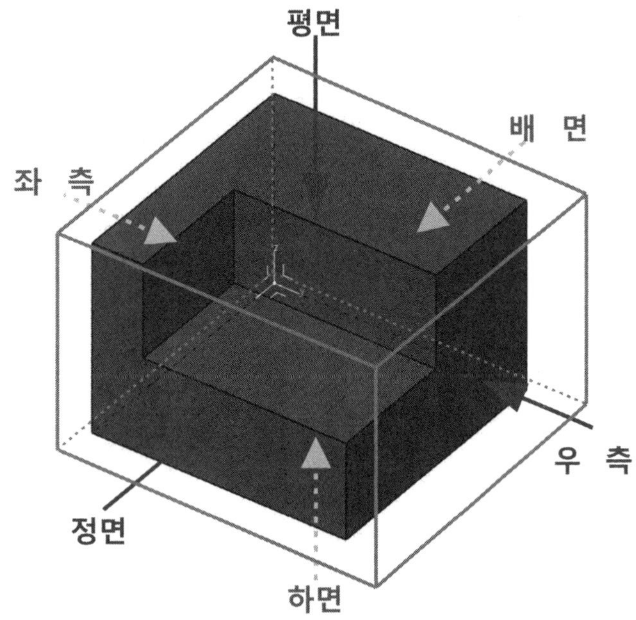

【3각투상법에 의한 시선의 방향】

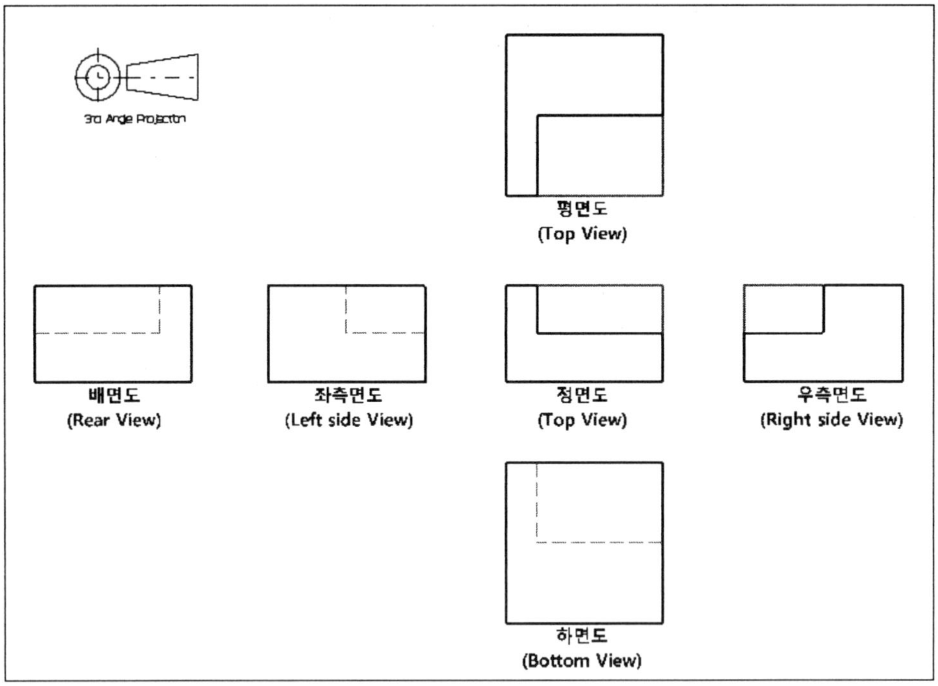

【3각 투상법으로 그린 전개도】

투상도를 이용하여 3차원 솔리드모델의 형상을 판단하기 위한 투상법칙은 다음과 같다.

1) 직선의 경우

① 투상면에 대하여 평행한 직선은 길이를 나타낸다.

② 투상면에 대하여 수직한 직선은 점이 된다.

③ 투상면에 대하여 경사진 직선은 실제 길이보다 짧게 나타난다.

2) 평면의 경우

① 투상면에 평행한 평면은 외곽선이 표현된다.

② 투상면에 수직한 평면은 실선으로 표현된다.

③ 투상면에 경사진 평면은 실제보다 좁게 나타난다.

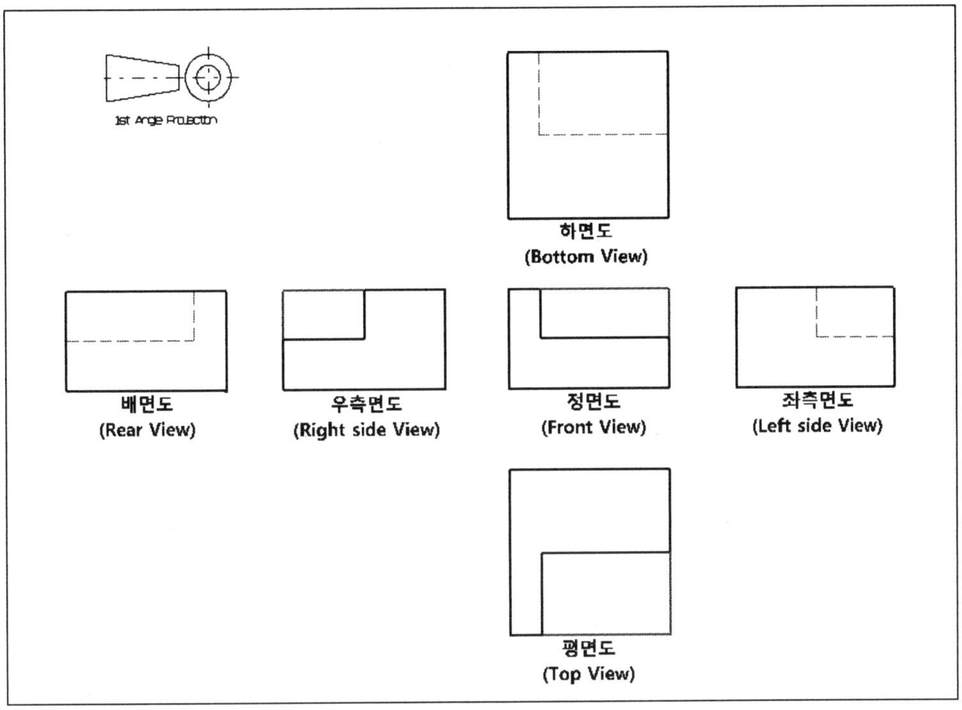

【1각 투상법으로 그린 전개도】

(3)파트디자인 워크벤치(Part Design Workbench)에서 3차원 모델링 작업하기

3차원 솔리드모델을 완성하기 위하여 먼저 프로파일(Profile)을 만든다. 프로파일이란 스케치(Sketch)로 완성한 2차원 형상을 말하며 제공되는 투상도(주로 3각투상법에 의한 투상도를 사용한다.) 중 적절한 투상도를 이용하여 완성한다.

프로파일이 완성되면 스케치베이스드피쳐스(Sketch-Based Features)툴바의 다양한 명령어를 이용하여 2차원 형상의 프로파일을 3차원형상으로 만든다.

3차원형상의 솔리드모델이 완성되면 필요에 따라 드레스-업피쳐스(Dress-up Features)툴바 및 트랜스포메이션피쳐스(Transformation Features)툴바 등을 이용하여 세부적인 부분을 다듬어 최종 솔리드모델을 완성한다.

<table>
<tr><td rowspan="2">STEP1</td><td>
</td></tr>
<tr><td>스케쳐(Sketcher)에서 투상법에 의한 전개도 중 적절한 투상도를 선택하여 프로파일(Profile)을 먼저 생성한다.</td></tr>
<tr><td rowspan="2">STEP2</td><td>
</td></tr>
<tr><td>스케치로 완성한 프로파일을 3차원 솔리드모델의 형상으로 만든다.</td></tr>
<tr><td rowspan="2">STEP3</td><td>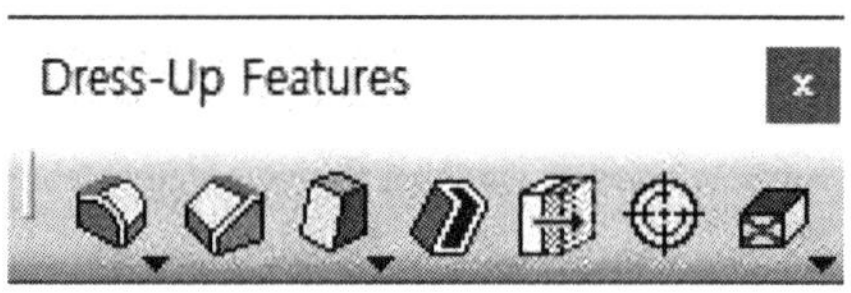

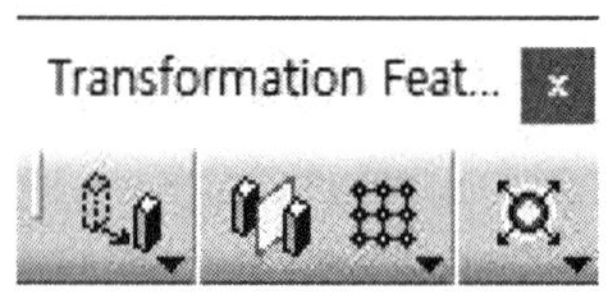
</td></tr>
<tr><td>STEP2에서 완성한 3차원 솔리드모델을 다듬거나 복사/이동/배치하여 최종적으로 완성된 솔리드모델을 만든다. 필요시 위 단계를 반복한다.</td></tr>
</table>

Part Design 예제 따라하기

예제1

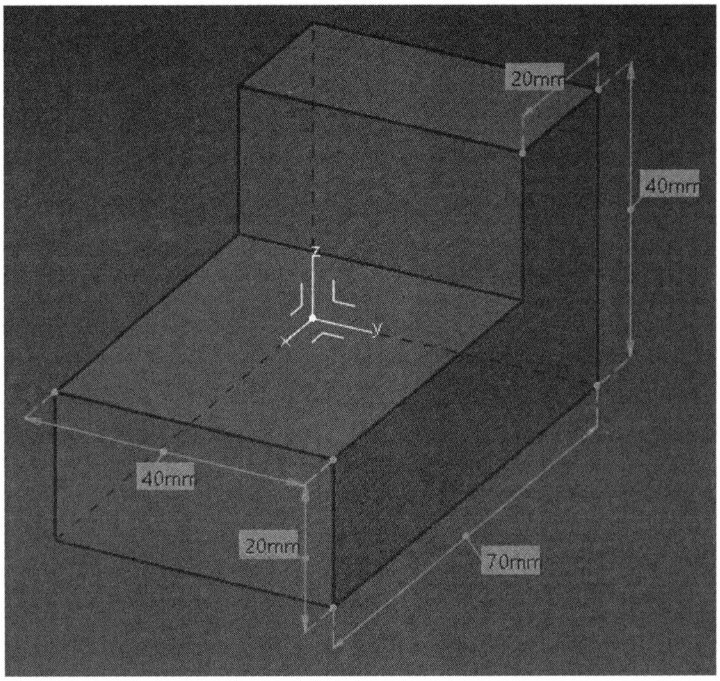

▣ 3각법에 의한 투상도를 모두 사용하여 이 모델을 완성해 보도록 하자.

1. 정면도(Front View)를 이용하여 작업
   1) 정면도는 좌표축을 기준으로 y-z평면이 된다.
      ① 포지션드 스케치(Positioned Sketch,) 명령을 실행하고 y-z평면을 선택한다.

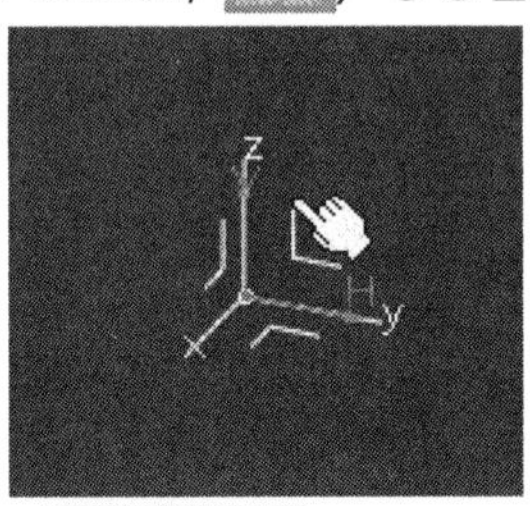

▸ 축의 방향(H, V)을 확인하고 OK 버튼을 눌려 스케치(Sketch)로 진입한다.

② 수평(H)방향으로 40 mm, 수직(V)방향으로 40 mm인 사각형을 그린다.

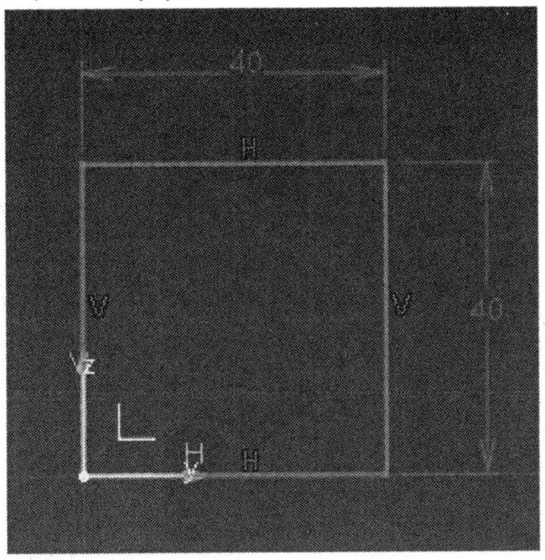

③ Exit Workbench( )명령을 클릭하여 스케치(Sketch)를 종료하고 파트디자인워크벤치(Part Design Workbench)로 이동한다.

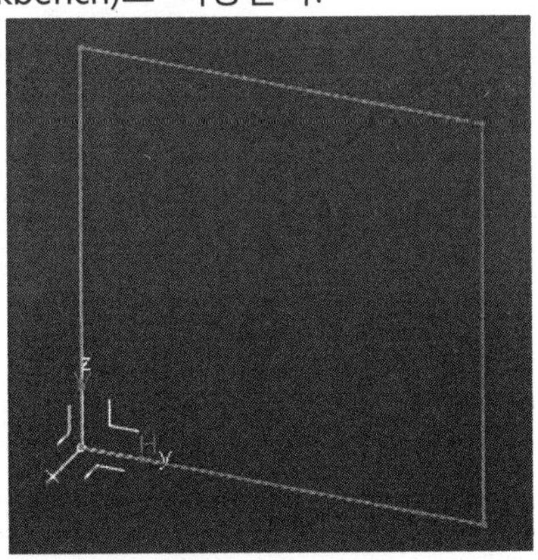

④ Pad( )명령을 실행하고 First Limit의 길이(Length)를 부여한다. 여기서는 x축 방향의 길이가 "First Limit Length"가 된다.(L=70 mm)

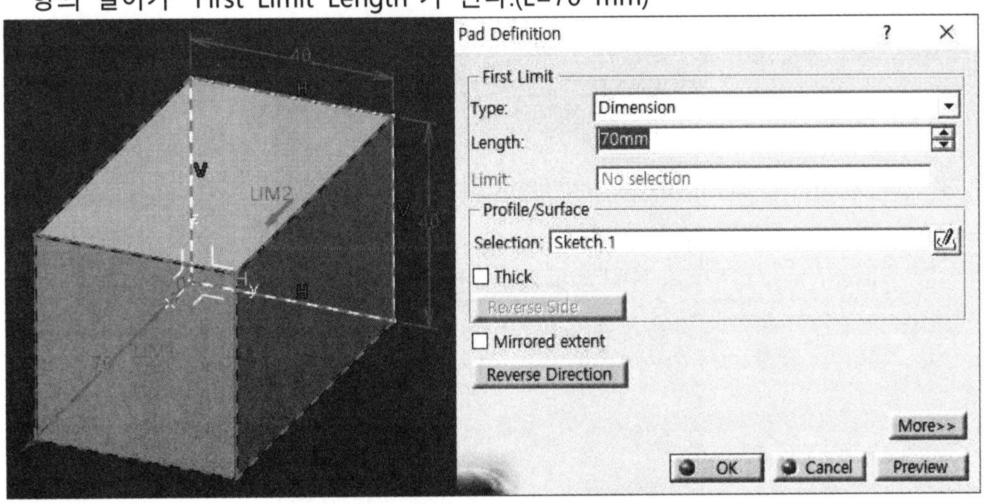

⑤ 만들어진 솔리드모델을 수정한다. 우측면도를 이용하여 형상을 파낸다.

- 포지션드 스케치(Positioned Sketch,) 명령을 실행하고 솔리드모델의 우측면을 선택한다.
- 축의 방향(H, V)을 확인하고 OK 버튼을 눌러 스케치(Sketch)로 진입한다.

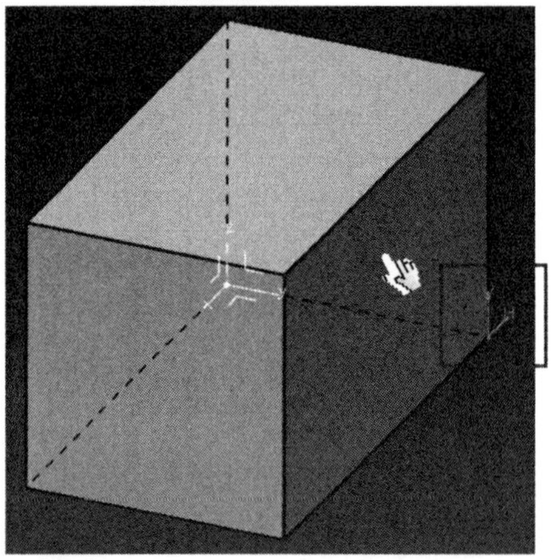

⑥ 치수를 입력하고 구속한다.

⑦ Exit Workbench( )명령을 클릭하여 스케치(Sketch)를 종료하고 파트디자인워크벤치(Part Design Workbench)로 이동한다.

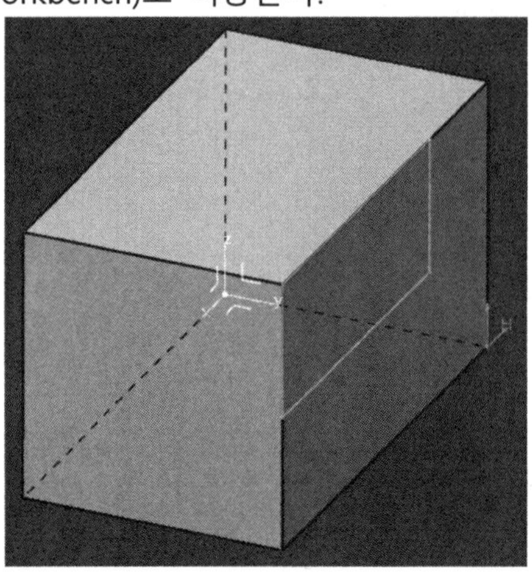

⑧ Pocket( )명령을 실행하고 First Limit의 길이(Length)를 부여한다. 여기서는 y축 방향의 길이가 "First Limit Length"가 된다.(L=40 mm)

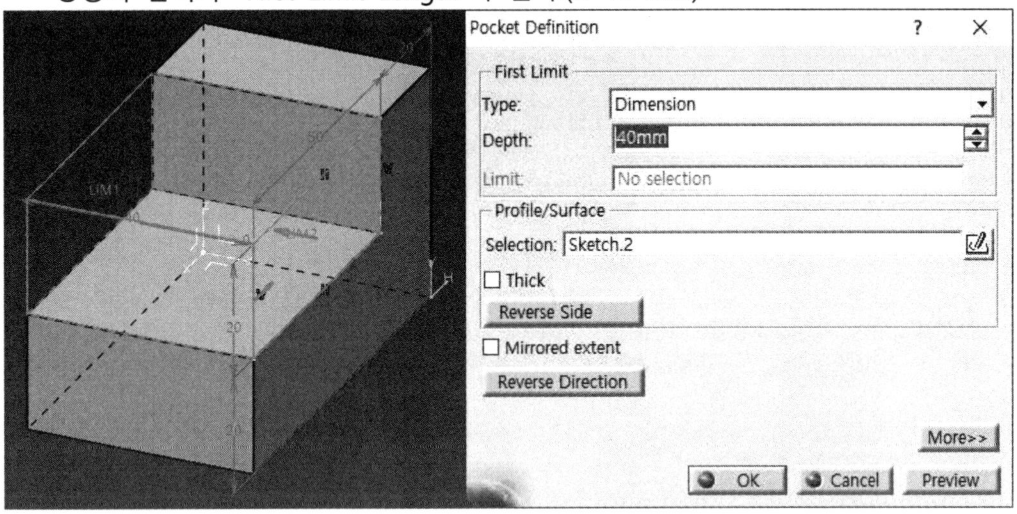

☞TIP:여기서는 First Limit로서 길이(Length)대신 【Type:"Up to next"】를 선택하는 것이 간편하다.

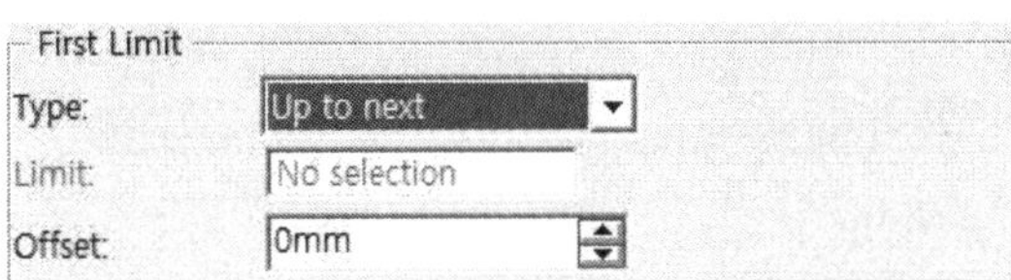

⑨ Preview 를 눌러 실행결과를 먼저 확인한 후 이상이 없으면 OK 를 눌러 모델링 작업을 완료한다.

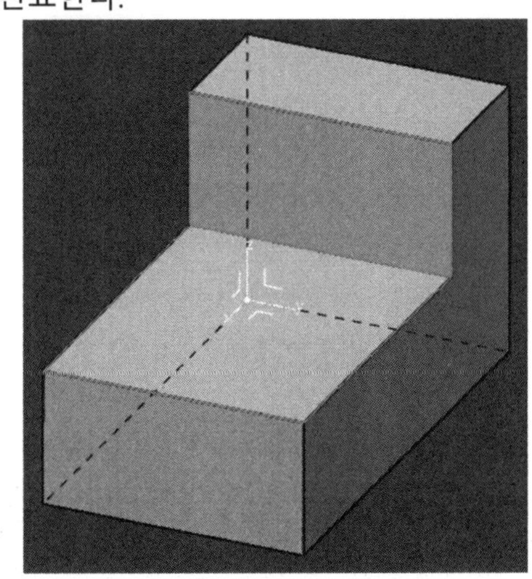

2. 우측면도(Right side View)를 이용하여 작업

1) 우측도는 좌표축을 기준으로 x-z평면이 된다.

① 포지션드 스케치(Positioned Sketch, ) 명령을 실행하고 x-z평면을 선택한다.

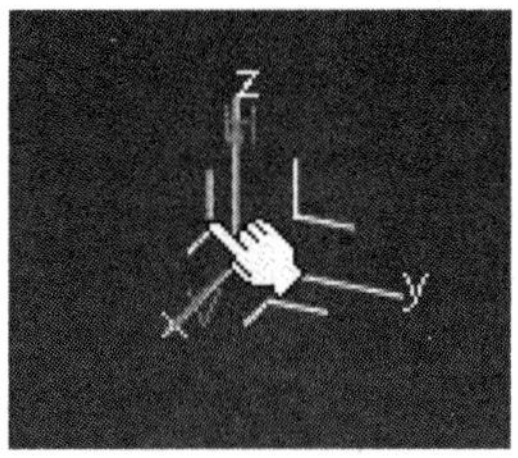

▸ 축의 방향(H, V)을 확인합니다. 축의 방향을 변경해야 할 때에는 Sketch Positiong 대화창에서 Orientation 옵션을 조정하면 된다.

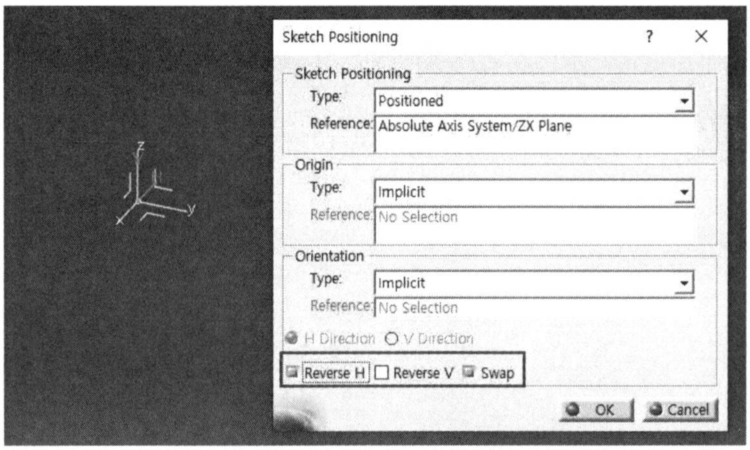

② 축의 방향을 조정한 후 버튼을 눌러 스케치(Sketch)로 진입한다.

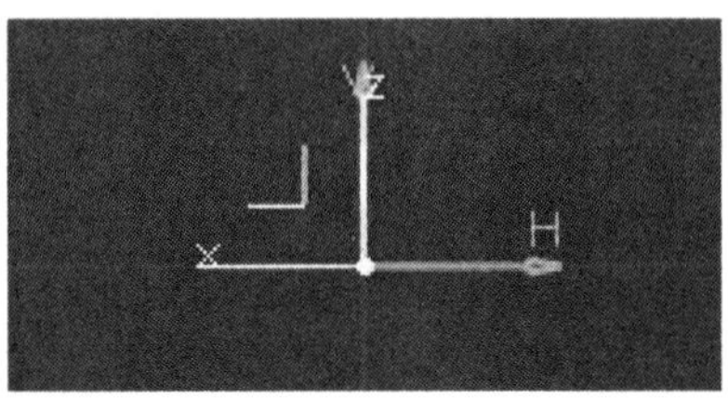

③ Profile()명령으로 우측면도의 형상을 완성하고 치수구속한다.

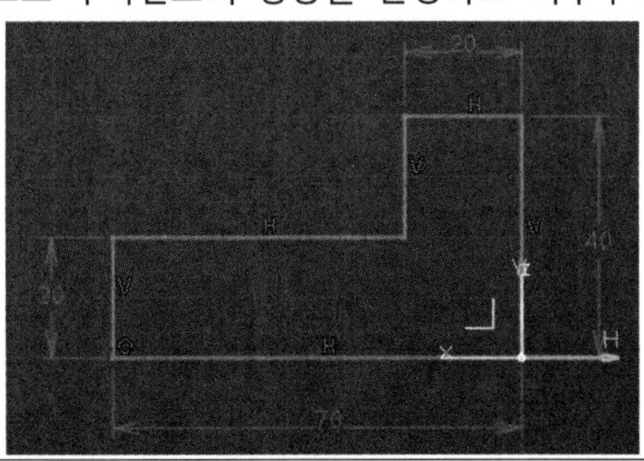

④ Exit Workbench( )명령을 클릭하여 스케치(Sketch)를 종료하고 파트디자인워크벤치(Part Design Workbench)로 이동한다.

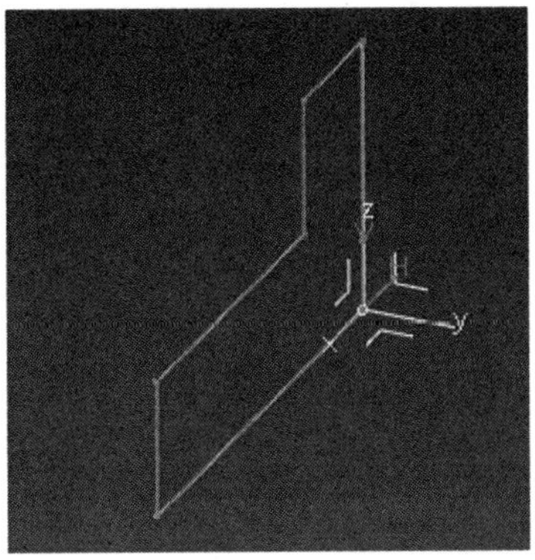

⑤ Pad( )명령을 실행하고 First Limit의 길이(Length)를 부여한다. 여기서는 y축 방향의 길이가 "First Limit Length"가 된다.(L=40 mm)

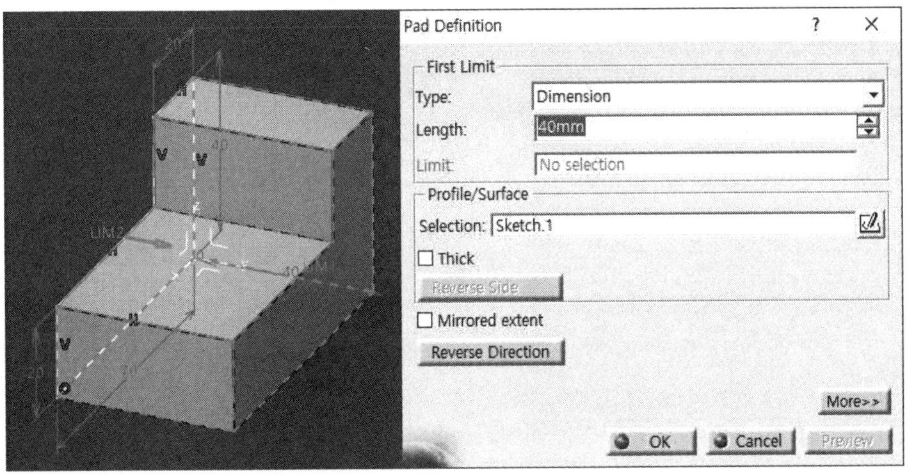

⑥ Preview 를 눌러 실행결과를 먼저 확인한 후 이상이 없으면 OK 를 눌러 모델링 작업을 완료한다.

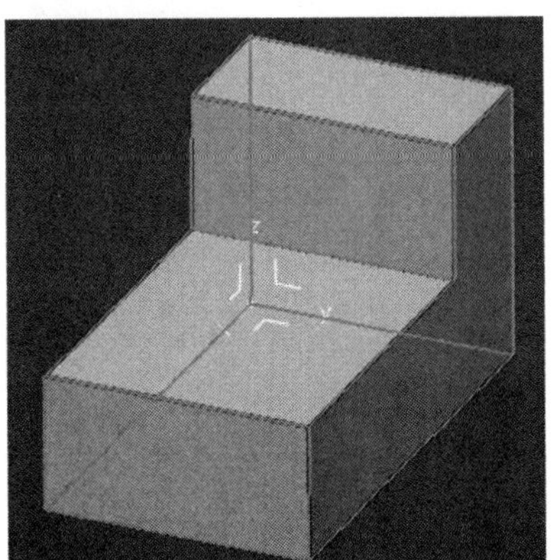

3. 평면도(Top View)를 이용하여 작업

1) 평면도는 좌표축을 기준으로 x-y평면이 된다.

① 포지션드 스케치(Positioned Sketch, ) 명령을 실행하고 x-y평면을 선택한다.

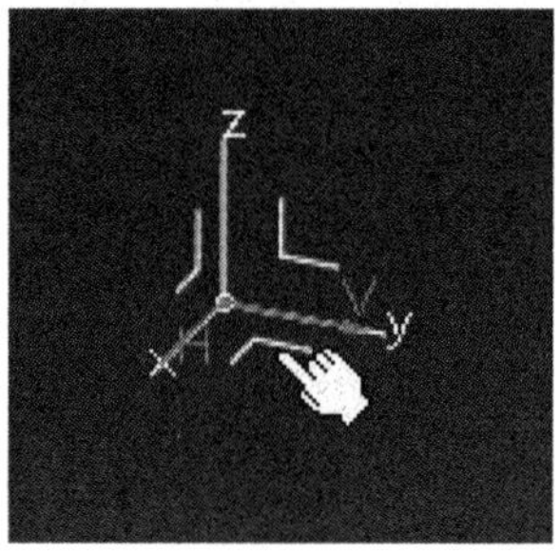

▸ 축의 방향(H, V)을 확인합니다. 축의 방향을 변경해야 할 때에는 Sketch Positiong 대화창에서 Orientation 옵션을 조정하면 된다.

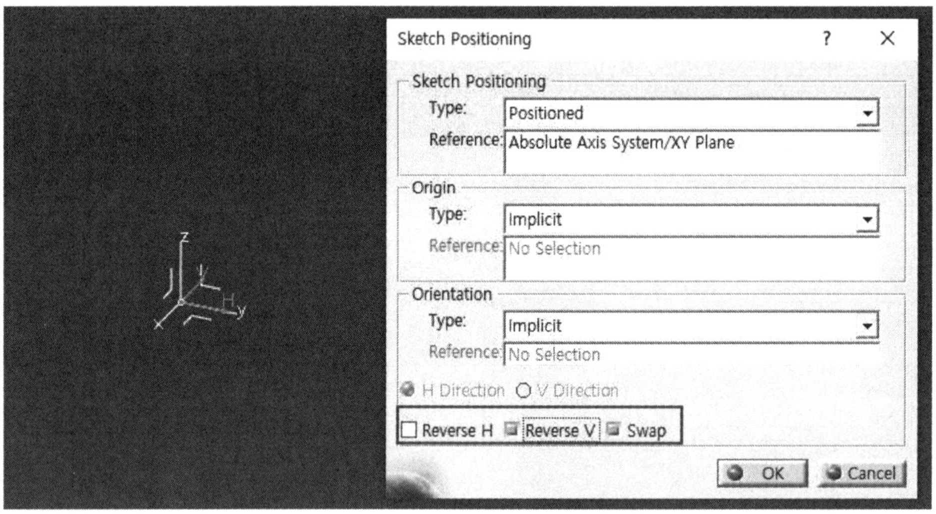

② 축의 방향을 조정한 후  버튼을 눌러 스케치(Sketch)로 진입한다.

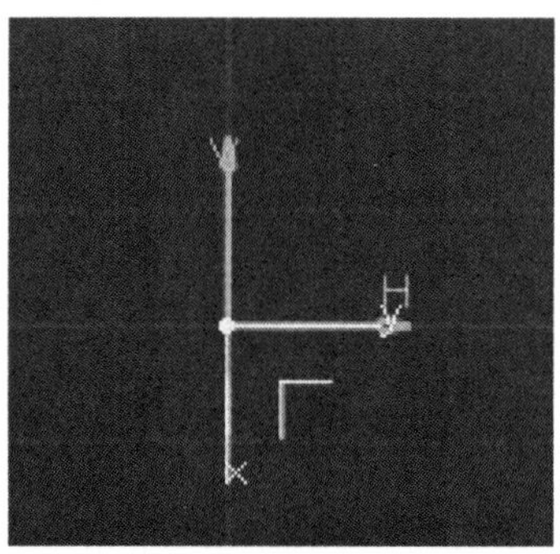

③ 수평(H)방향으로 40 mm, 수직(V)방향으로 70 mm인 사각형을 그린다.

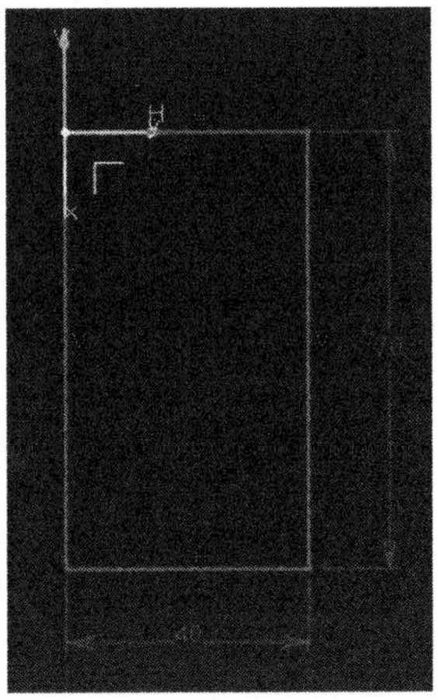

④ Exit Workbench( )명령을 클릭하여 스케치(Sketch)를 종료하고 파트디자인워크벤치(Part Design Workbench)로 이동한다.

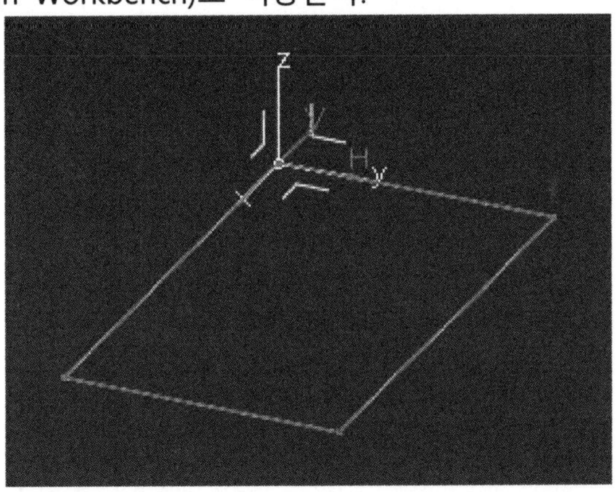

⑤ Pad( )명령을 실행하고 First Limit의 길이(Length)를 부여한다. 여기서는 z축 방향의 길이가 "First Limit Length"가 된다.(L=40 mm)

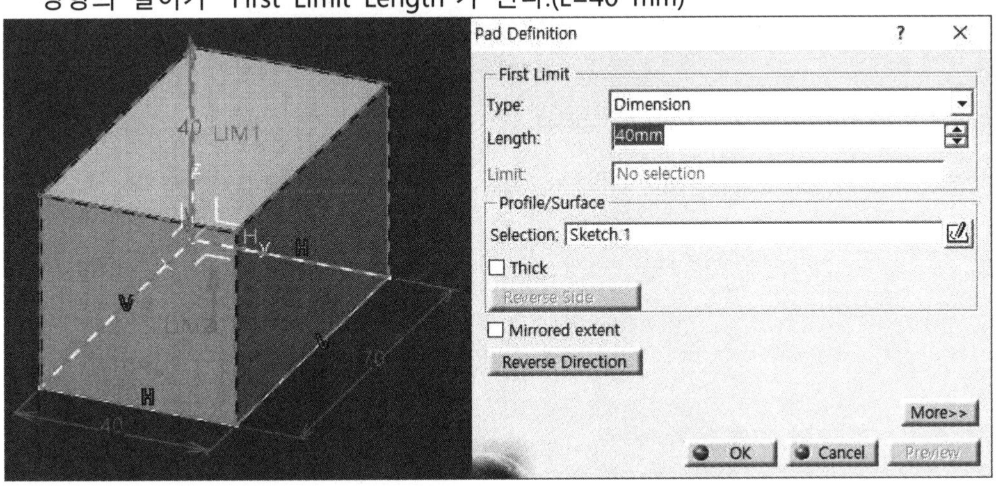

⑥ 만들어진 솔리드모델을 수정한다. 평면도를 이용하여 형상을 파낸다.

- 포지션드 스케치(Positioned Sketch,) 명령을 실행하고 솔리드모델의 윗면을 선택한다.
- 축의 방향(H, V)을 확인하고 OK 버튼을 눌러 스케치(Sketch)로 진입한다.

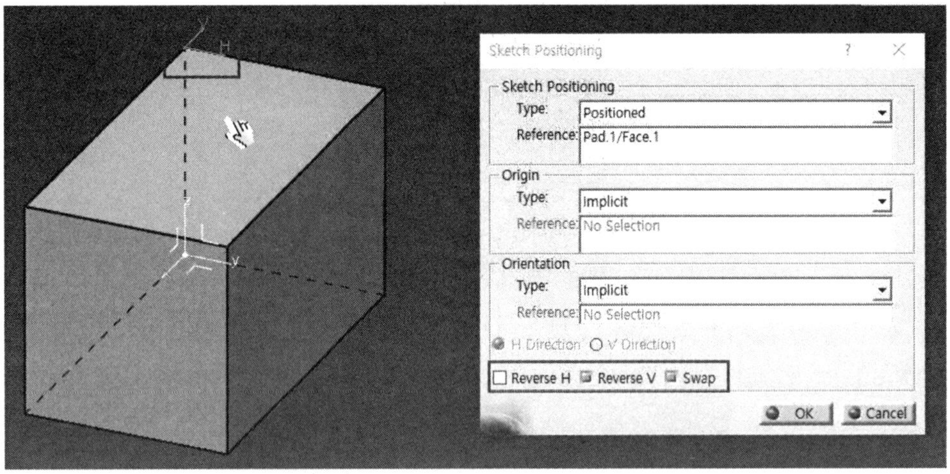

⑦ 치수를 입력하고 구속한다.

⑧ Exit Workbench( )명령을 클릭하여 스케치(Sketch)를 종료하고 파트디자인워크벤치(Part Design Workbench)로 이동한다.

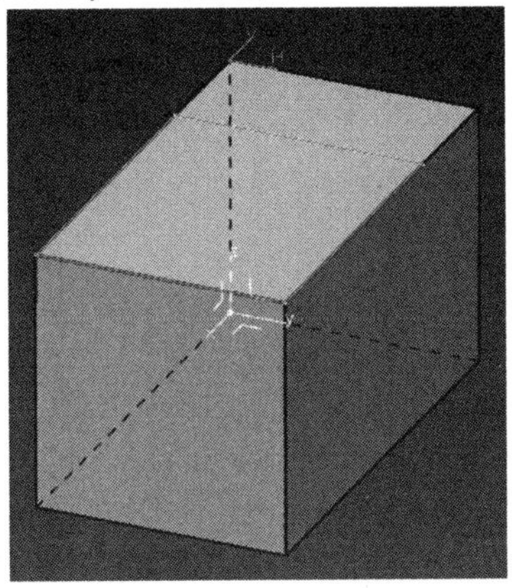

⑧ Pocket( )명령을 실행하고 First Limit의 길이(Length)를 부여한다. 여기서는 z축 방향의 길이가 "First Limit Length"가 된다.(L=20 mm)

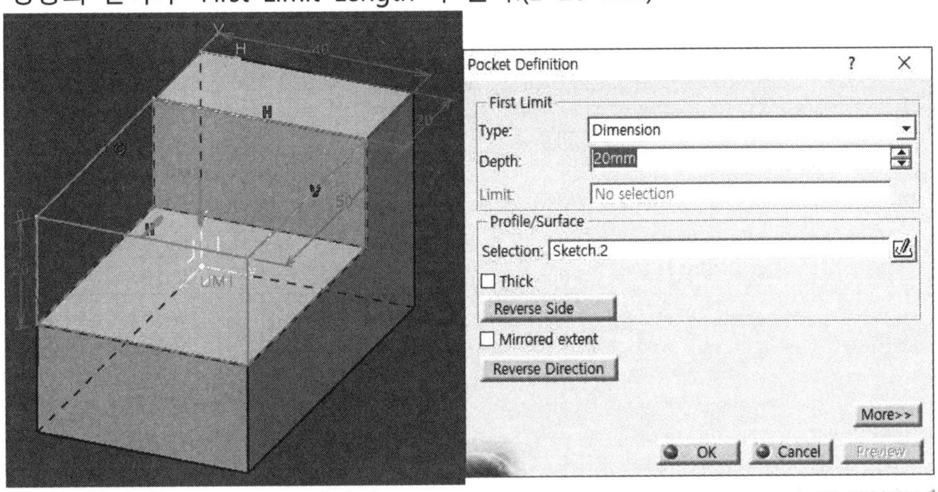

⑨ Preview 를 눌러 실행결과를 먼저 확인한 후 이상이 없으면 OK 를 눌러 모델링 작업을 완료한다.

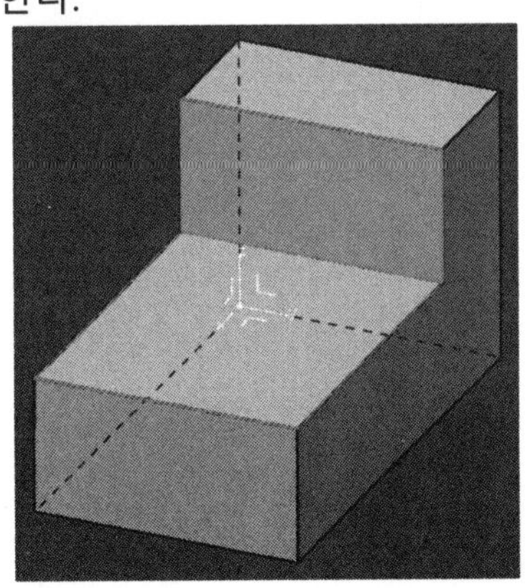

예제2

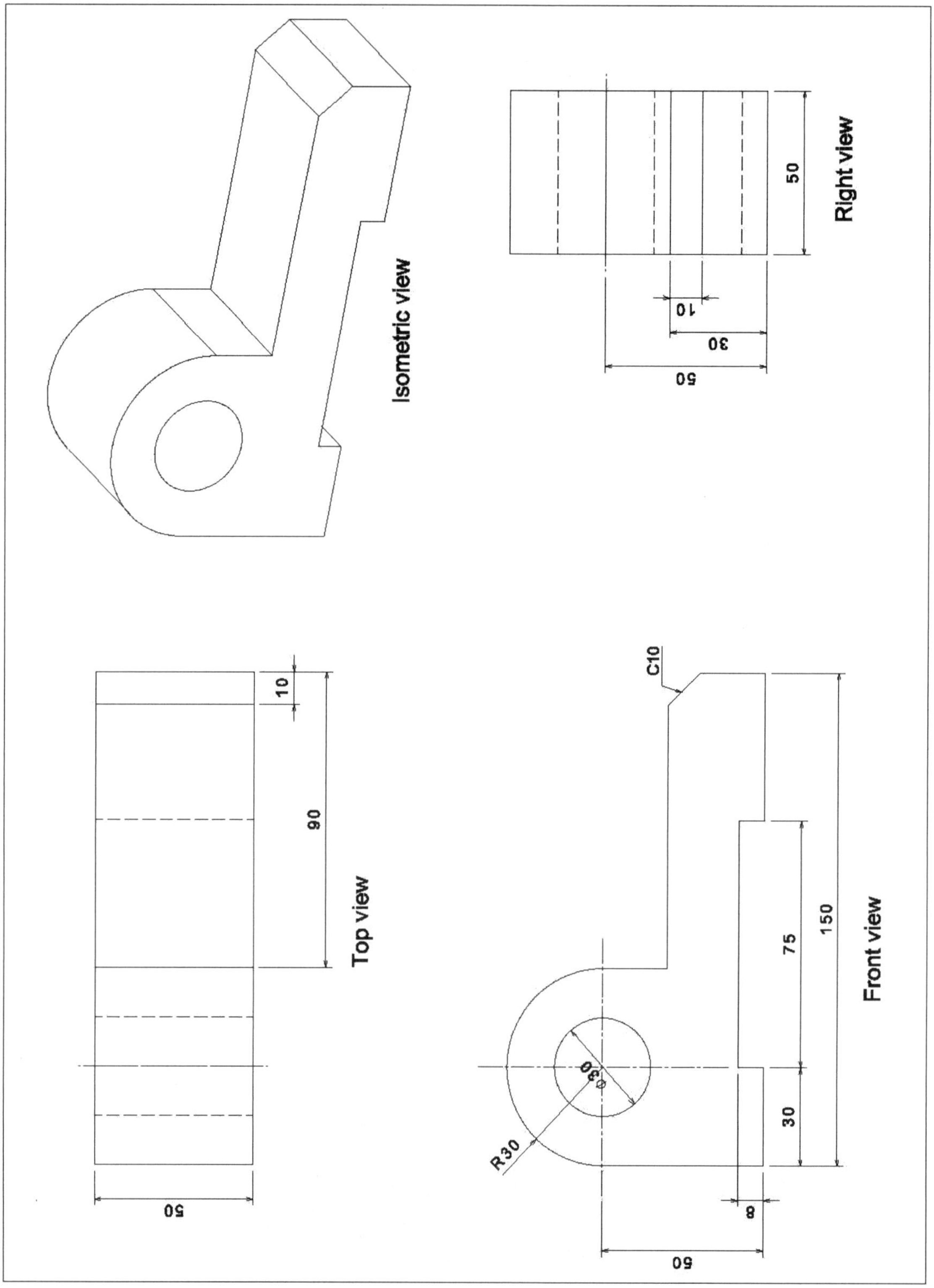

Isometric view
Right view
50
10
30
50
Top view
10
90
50
Front view
C10
150
75
30
R30
φ30
8
60

▣ 다음과 같은 순서로 모델링 작업을 진행한다.

1. 먼저 작업할 투상도를 선택한다.
   ▸ 정면도(Front view)를 기준으로 모델링을 시작한다.

2. Positioned Sketch( )명령을 실행하고 y-z평면을 Sketch평면으로 선택한다.

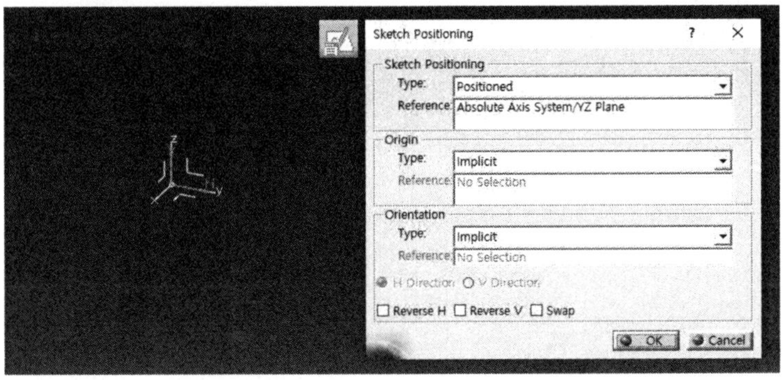

3. 스케쳐워크벤치에서 Profile( )명령을 실행하고 대략적인 형상을 그린다.

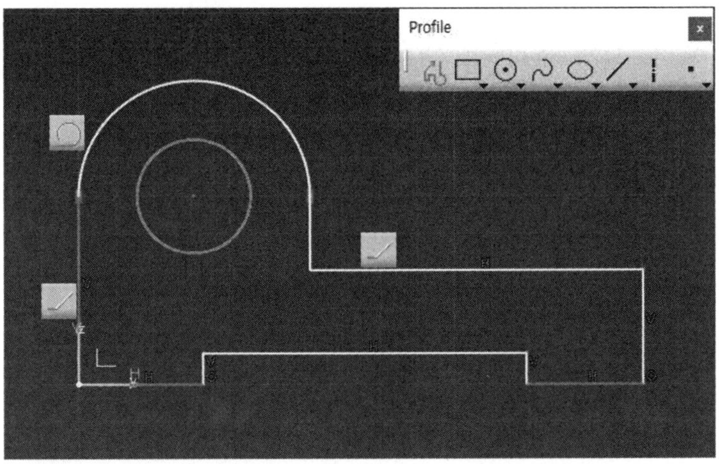

4. Constraint( )명령을 더블클릭하고 Profile에 치수구속을 부여한다.

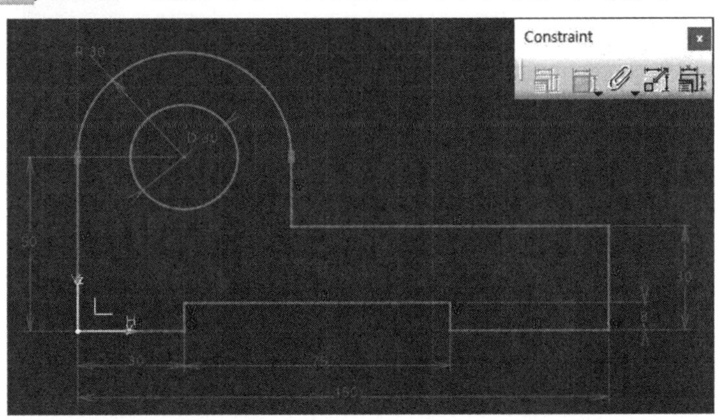

5. Exit Workbench( )명령을 클릭하여 스케치작업을 종료하고 파트디자인워크벤치(Part Design Workbench)로 이동한다.

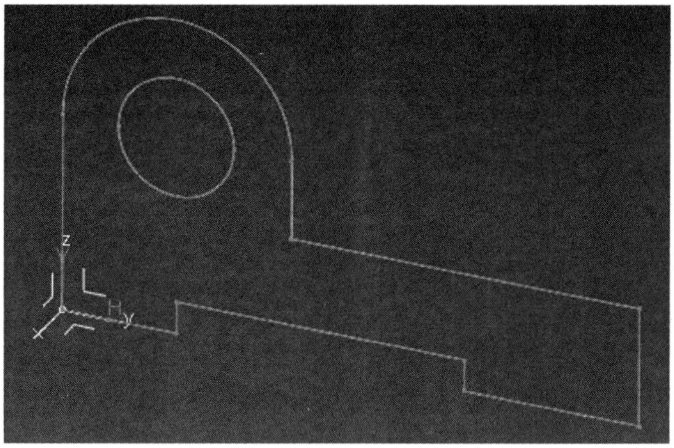

6. Pad( )명령을 실행하고 First Limit Length를 부여한다.(L=50 mm)

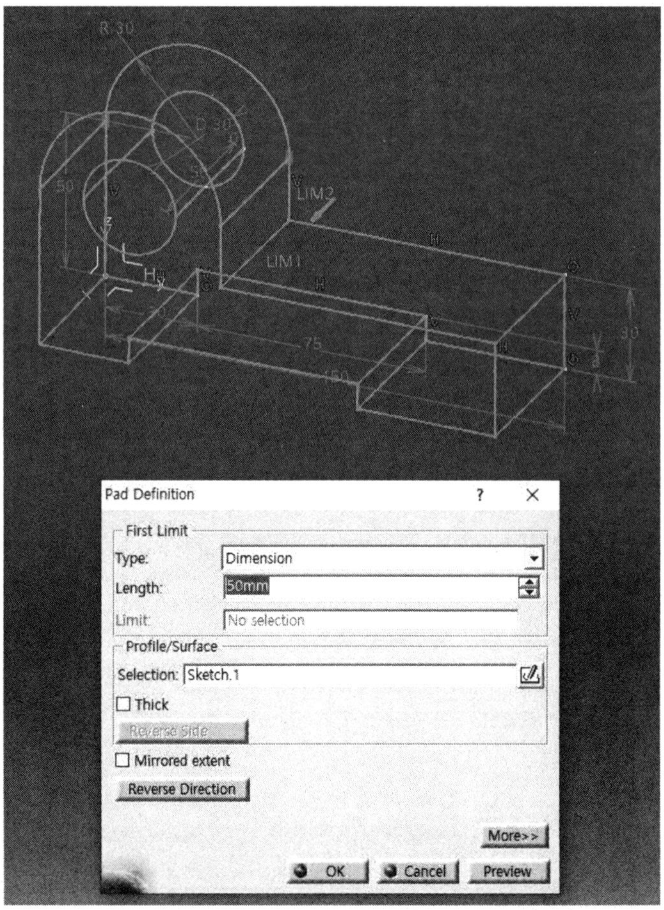

7. OK 를 눌러 솔리드모델을 먼저 완성한다.

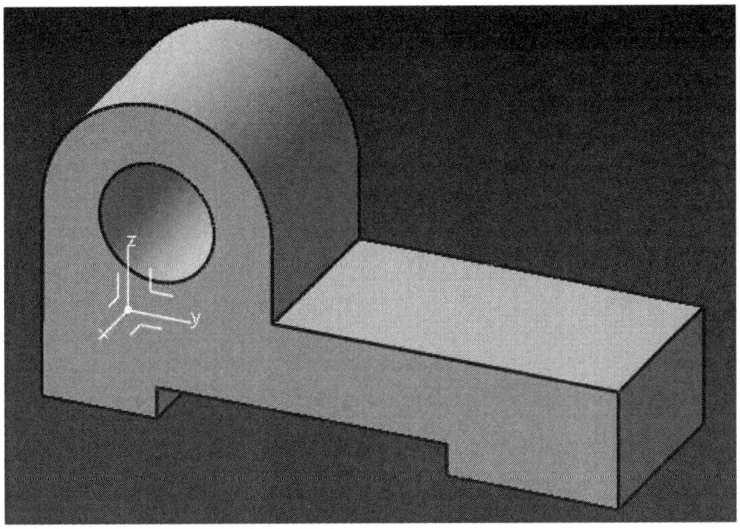

8. Chamfer( )명령을 실행하고 치수를 부여한 후 모델링작업을 완료한다.

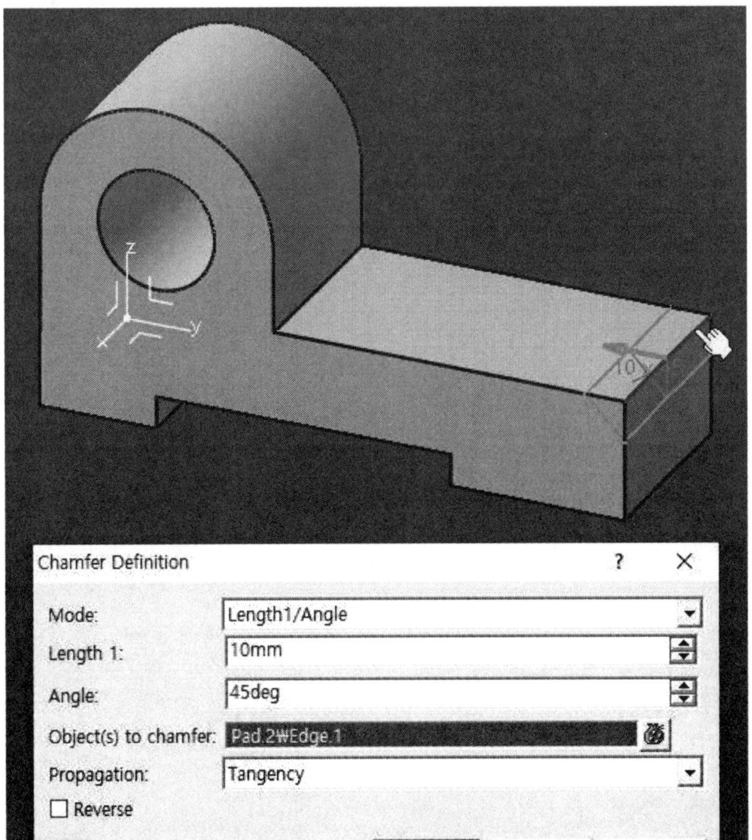

예제3

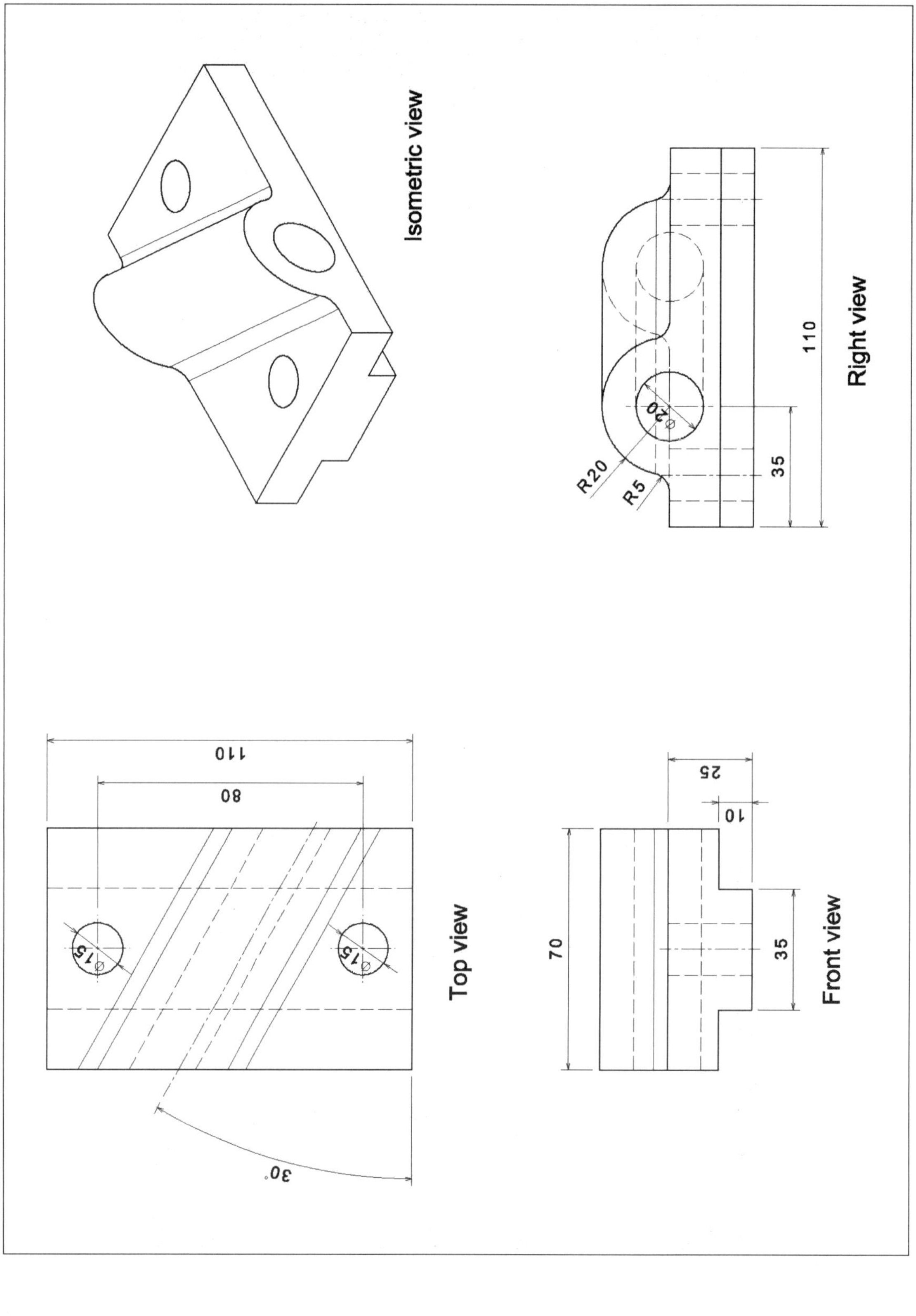
Isometric view
Right view
110
35
R20
R5
⌀20
Top view
110
80
⌀15
⌀15
30°
Front view
70
25
10
35

1. 정면도(Front view)를 기준으로 모델링을 시작한다.

- Positioned Sketch()명령을 실행하고 y-z평면을 선택한다.
- 축의 방향(H축, V축)을 확인하고 를 눌러 스케치로 진입한다.

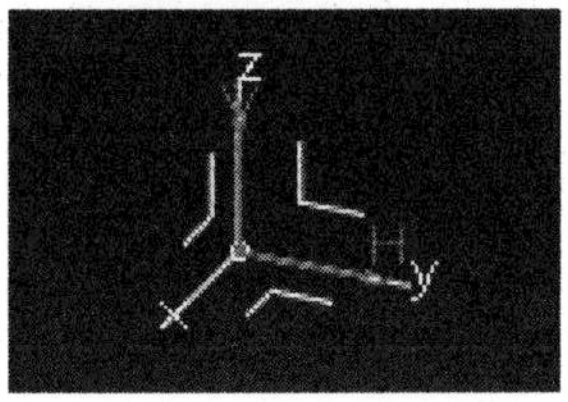

2. Profile()명령을 실행하고 정면도의 형상을 완성한다.

- 대략적인 형상을 완성한다.

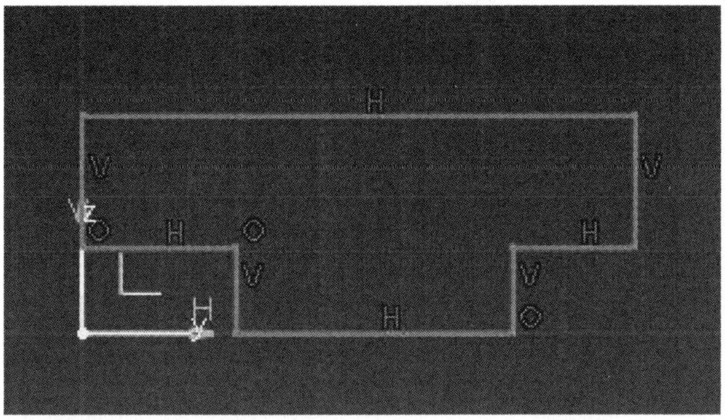

- 중심선을 그리고() 중심선에 좌/우 대칭구속조건(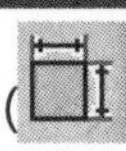)을 부여한다.

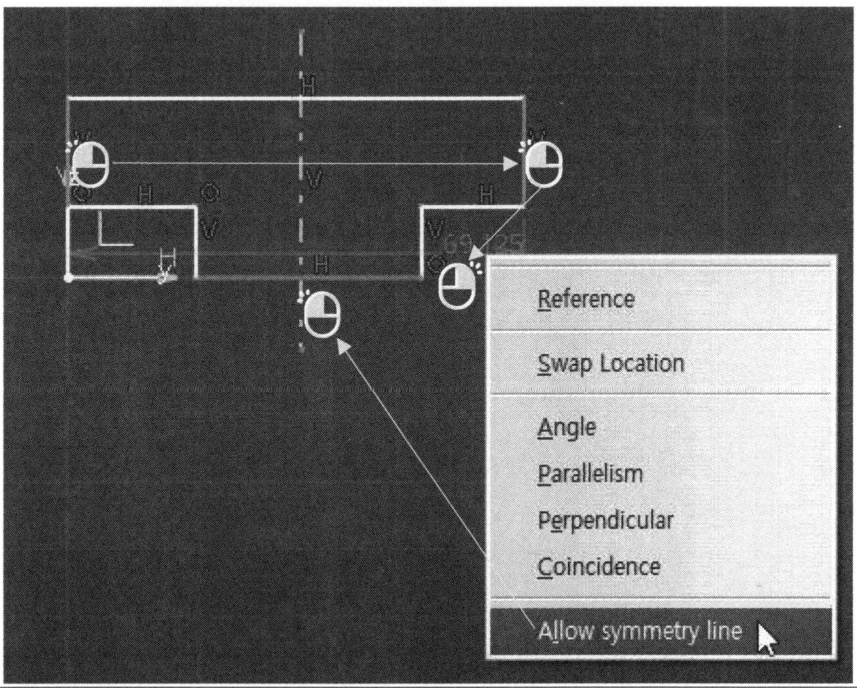

3. Profile에 치수를 부여하고 구속한다.

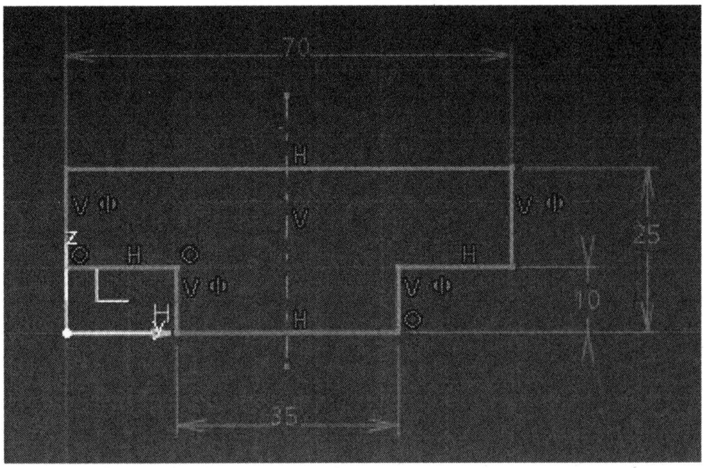

4. Exit Workbench( )명령을 클릭하여 스케치작업을 종료하고 파트디자인워크벤치(Part Design Workbench)로 이동한다.

5. Pad( )명령을 실행한다.
   - Mirrored extent옵션을 선택하고 First Limit Length를 부여한다.(L=55 mm)

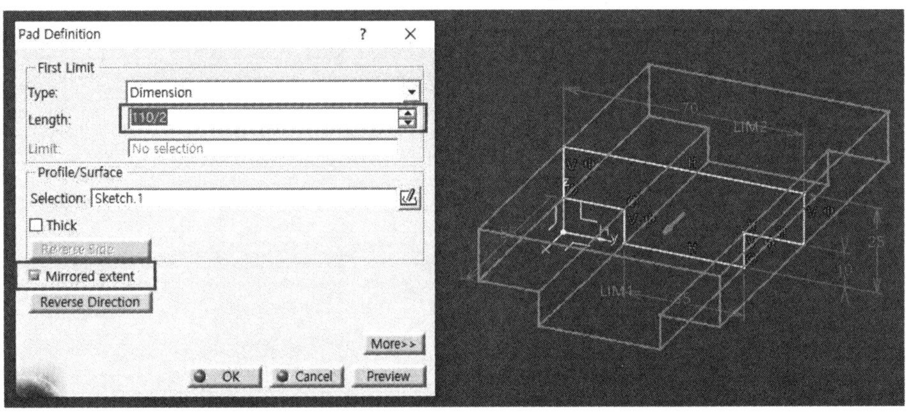

6. OK 를 눌러 모델링 작업을 완료한다.

7. 우측면도의 형상을 이용하여 앞서 완성한 솔리드모델의 윗면에 기울어진 원통형상을 생성한다.

▸ Positioned Sketch( )명령을 실행하고 우측평면을 선택한다.

▸ 축의 방향(H축, V축)을 확인하고 OK 를 눌러 스케치로 진입한다.

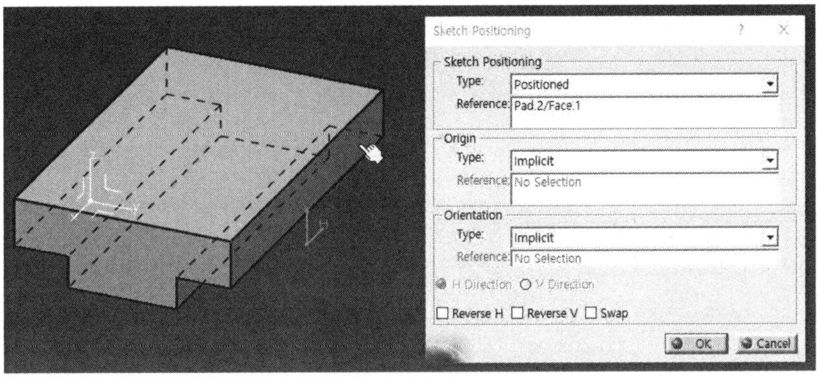

8. Profile을 완성한다.(중앙의 Φ=20 mm원은 지금 작업하지 않는다.)

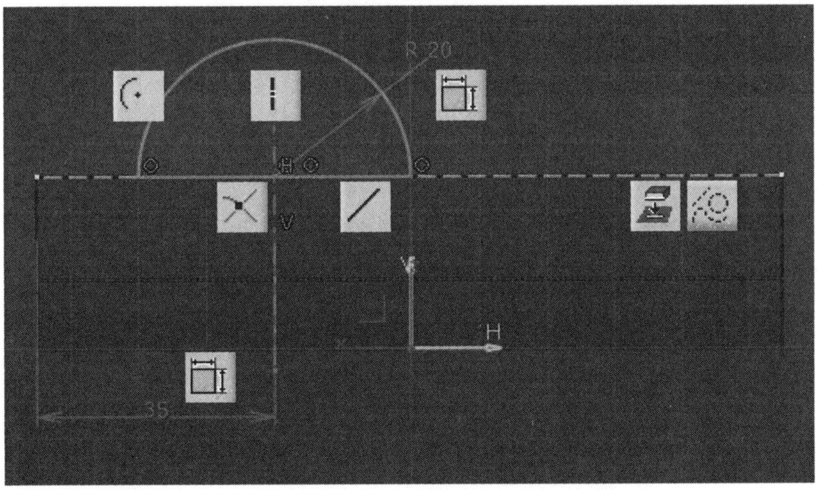

9. Exit Workbench( )명령을 클릭하여 스케치작업을 종료하고 파트디자인워크벤치(Part Design Workbench)로 이동한다.

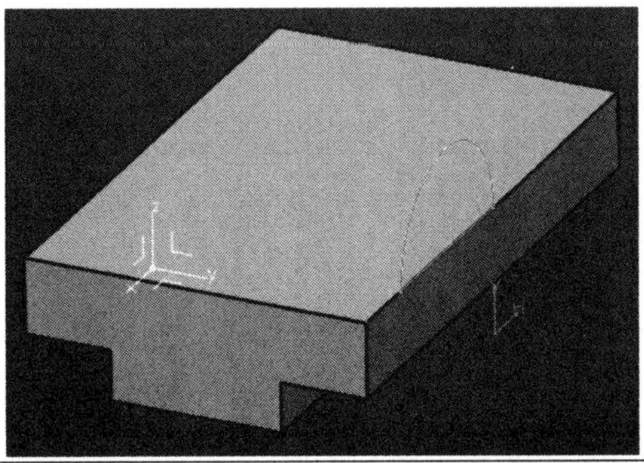

10. 솔리드모델의 윗면에 기울어진 원통형상을 생성하기 위하여 Pad명령을 실행한다. 이 예제에서는 Pad가 Profile에 수직한 방향이 아닌 일정한 각도(30°)만큼 기울어진 방향으로 생성되므로 Reference Line이 필요하게 된다.

11. Reference Elements툴바에서 Line( )명령을 실행하여 솔리드모델의 윗면에 Reference Line을 생성한다.(Line의 길이보다 방향이 중요하다.)

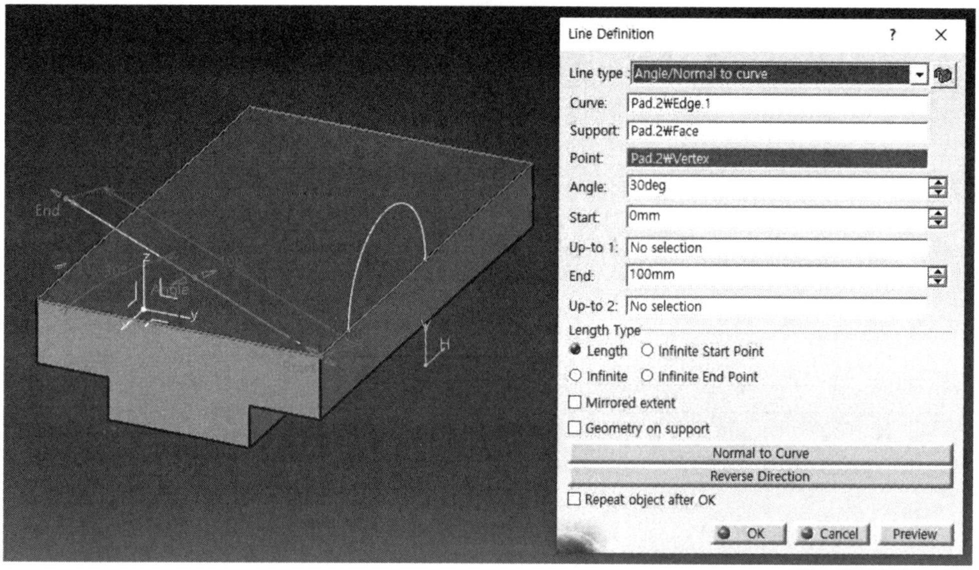

12. Pad( )명령을 실행한다.

▸ Profile/Surface: 8번 단계에서 생성한 profile(반원)을 선택한다.(화살표의 방향이 Pad의 생성방향이다. 화살표를 클릭하면 방향을 바꿀 수 있다.)

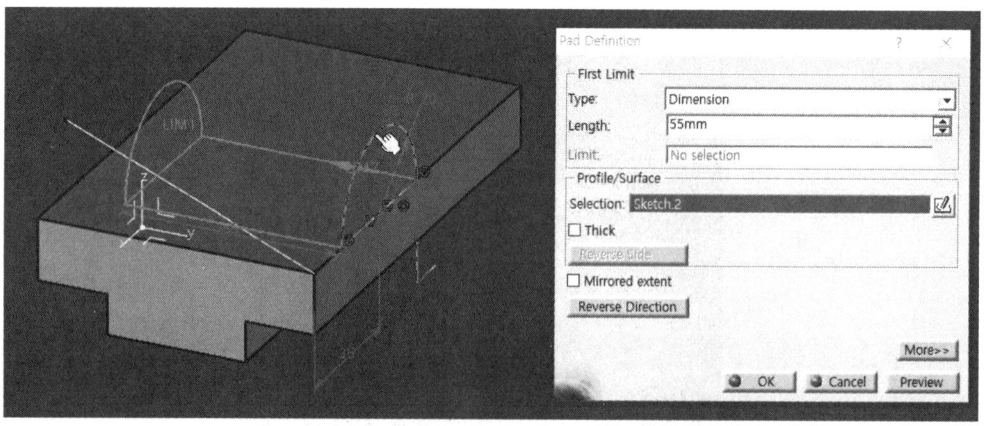

13. Pad Definition 대화창 우측 하단의 More>> 를 클릭하면 대화창이 확장된다.

- Direction: 옵션을 수정한다.

① □ Normal to profile을 끈다.
② Reference에 11번 단계에서 생성한 Reference Line을 선택한다.
③ Pad의 생성방향이 지정한 Reference Line의 방향으로 바뀐다.

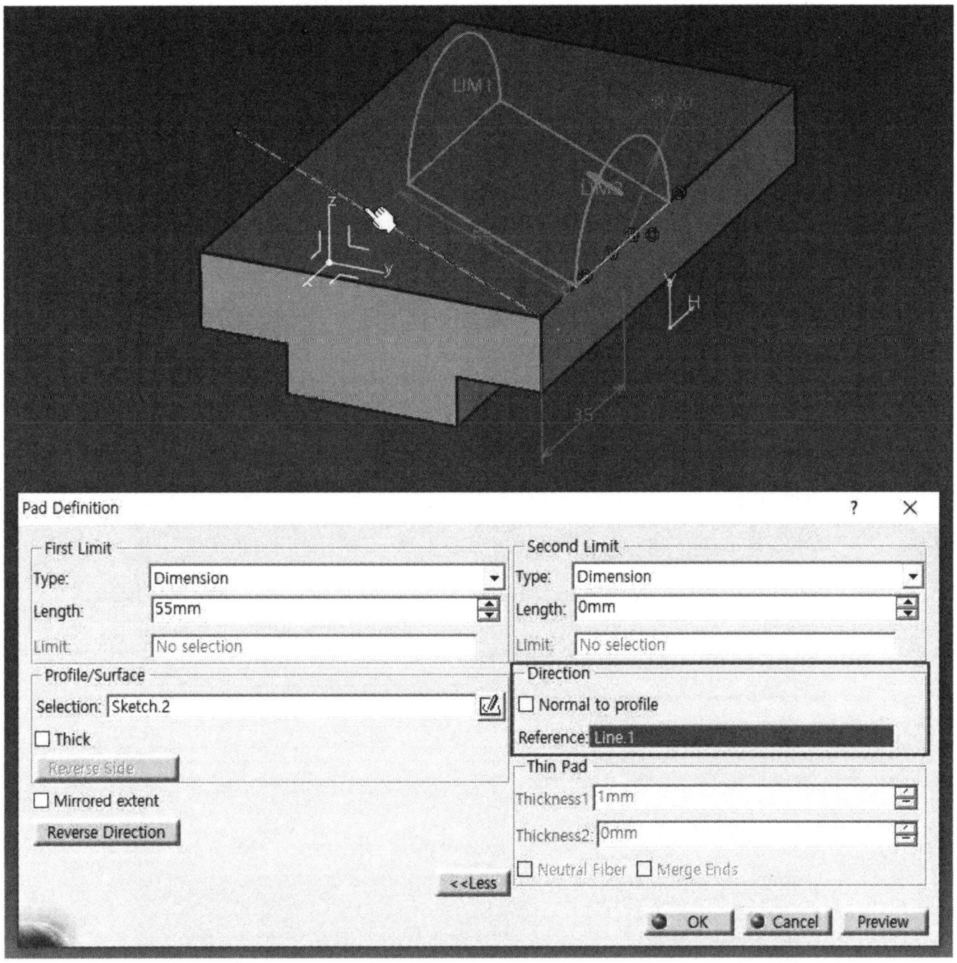

14. Pad Definition 대화창의 First Limit: Type옵션을 "Up to plane"으로 선택한다.

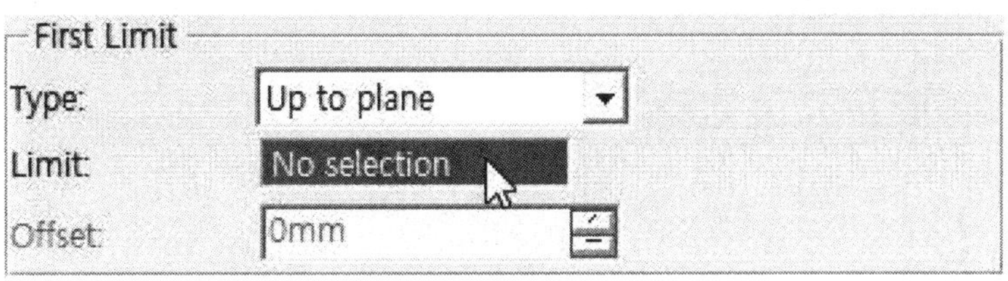

- Limit: 솔리드모델의 좌측면을 선택한다.(마우스를 이용하여 솔리드모델을 회전시키면 면을 선택할 수 있다.)

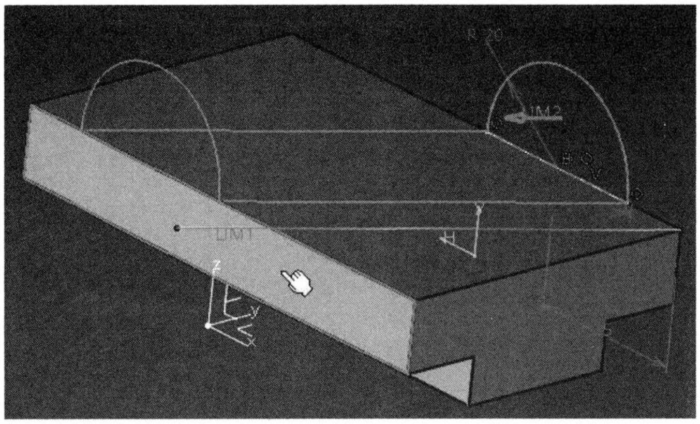

15. OK 를 눌러 Pad명령을 종료한다.

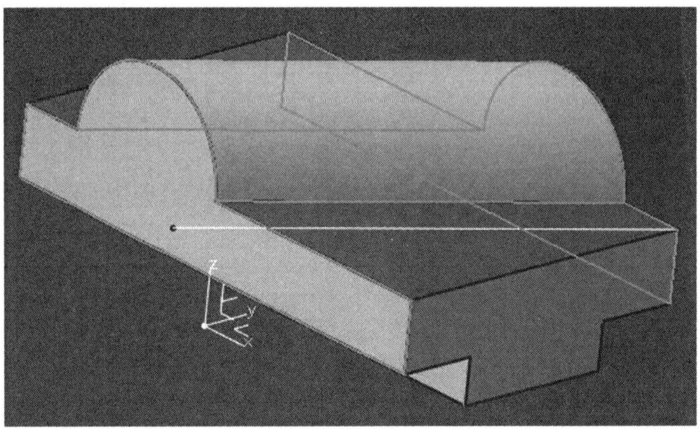

16. 원통형상의 내부에 Hole을 생성한다.

- Positioned Sketch( )명령을 실행하고 우측평면을 선택한다.
- 축의 방향(H축, V축)을 확인하고 OK 를 눌러 스케치로 진입한다.

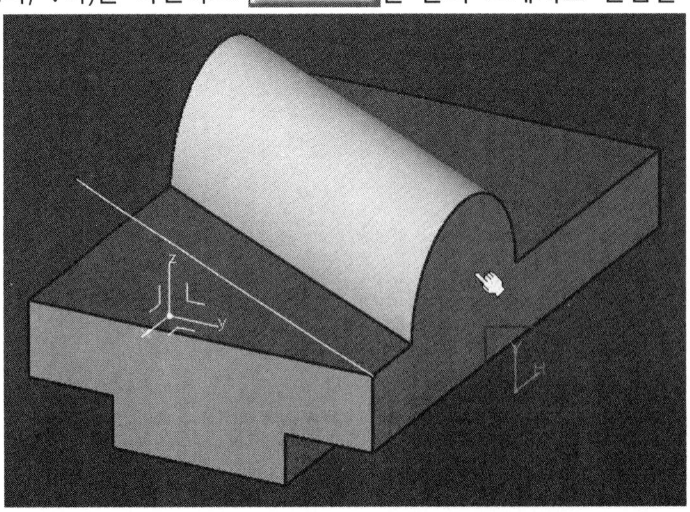

17. 원을 그린다.(임의의 원을 먼저 그린 후 위치와 치수를 구속한다.)
  ▸ 기하구속: 동심원(Concentricity) 구속

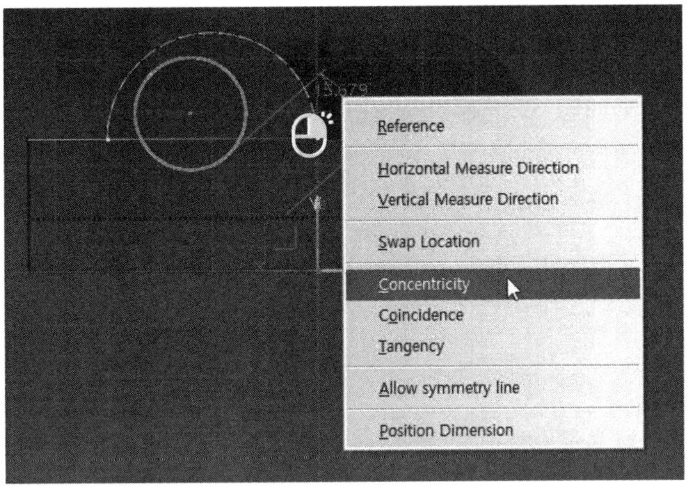

  ▸ 치수구속: D=20 mm

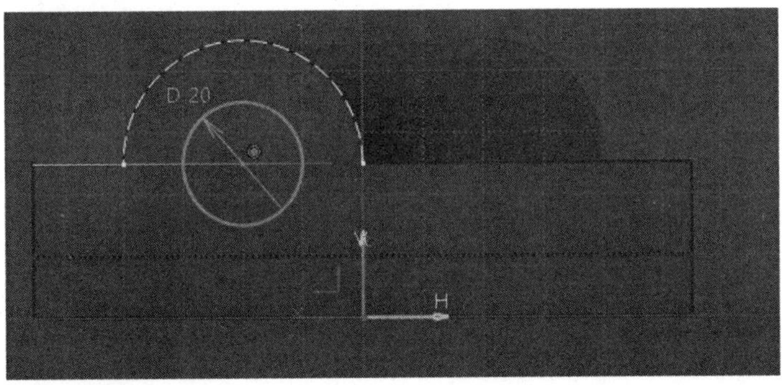

18. Exit Workbench( )명령을 클릭하여 스케치작업을 종료하고 파트디자인워크벤치 (Part Design Workbench)로 이동한다.

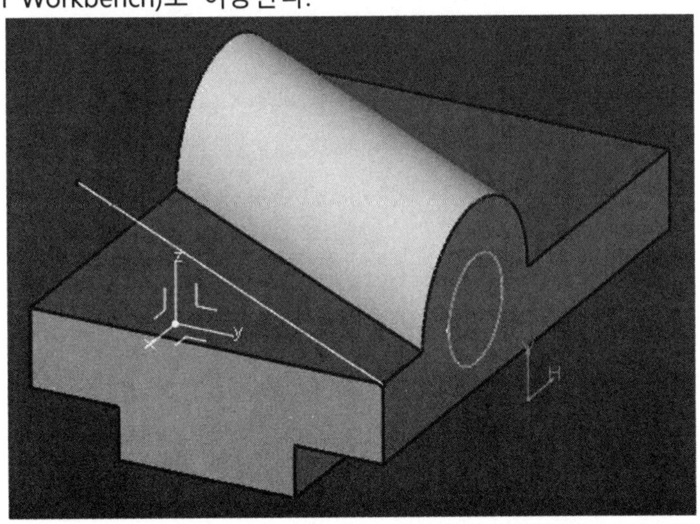

19. Pocket( )명령을 실행한다.

▸ Pocket을 생성하는 절차는 앞서 작업한 Pad의 생성과정과 동일하다.

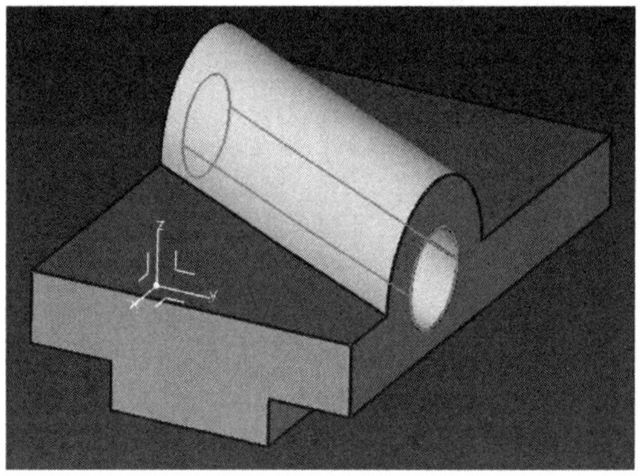

20. 솔리드모델의 윗면에 2개의 Hole을 만든다.

▸ Positioned Sketch( )명령을 실행하고 윗면을 선택한다.

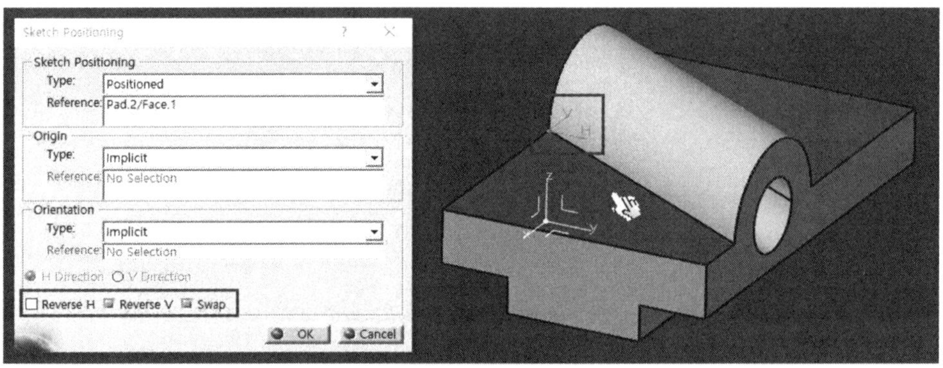

▸ 축의 방향(H축, V축)을 확인하고 OK 를 눌러 스케치로 진입한다.

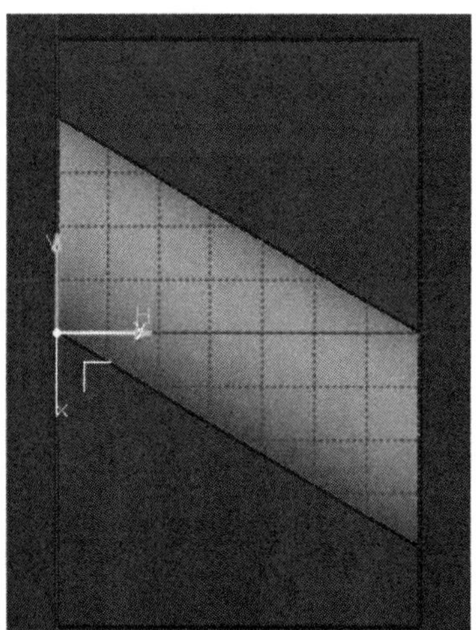

▸ Hole의 위치를 결정하기 위하여 중심선을 먼저 그리고 대칭구속한다.

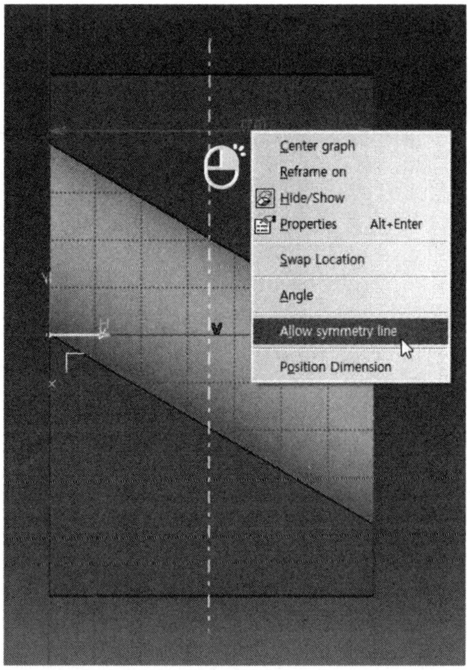

▸ 중심선 위에 원의 중심을 가지는 두 개의 원을 생성한다.

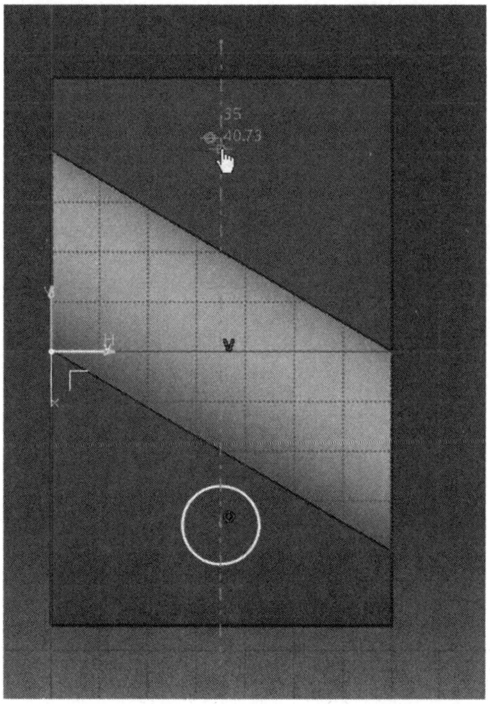

▸ 원의 위치와 치수를 구속한다.
① 기하구속: 두 원의 중심은 H축에 대칭이다.
② 치수구속: 두 원의 중심간 거리(L)는 80 mm, 직경(D)은 15 mm이다.

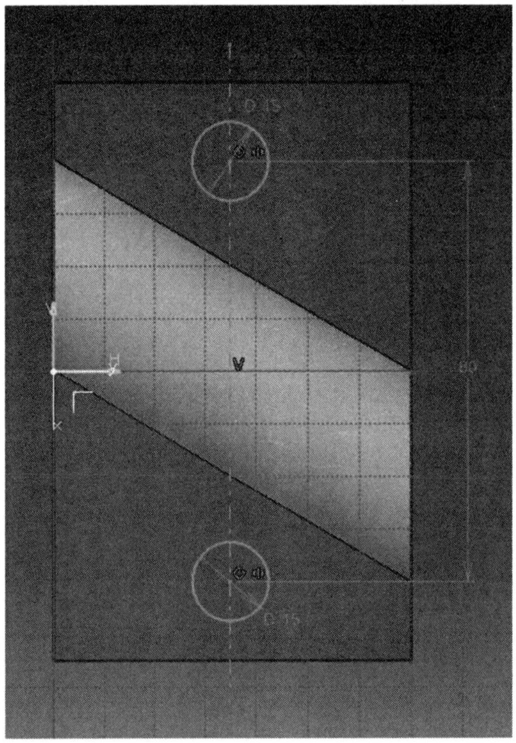

21. Exit Workbench( )명령을 클릭하여 스케치작업을 종료하고 파트디자인워크벤치 (Part Design Workbench)로 이동한다.

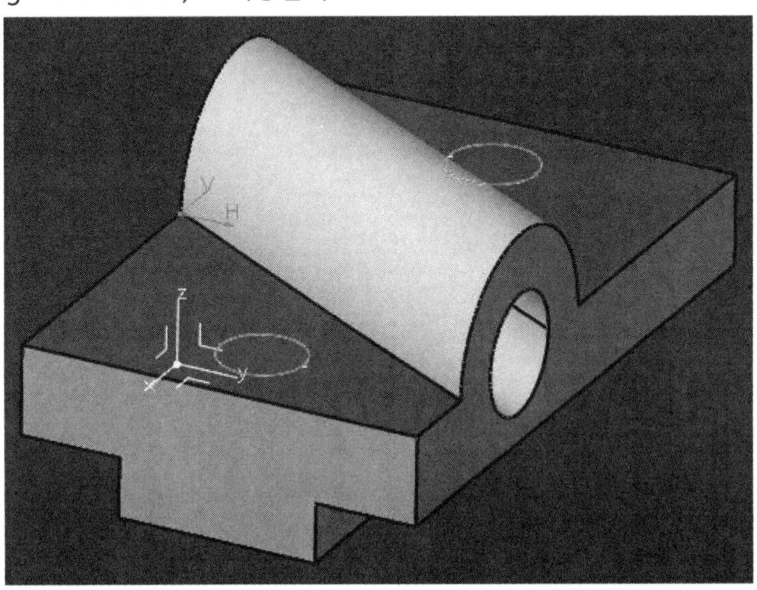

22. Pocket( )명령을 실행한다.
 ▸ First Limit: Type은 "Up to next"를 선택한다.

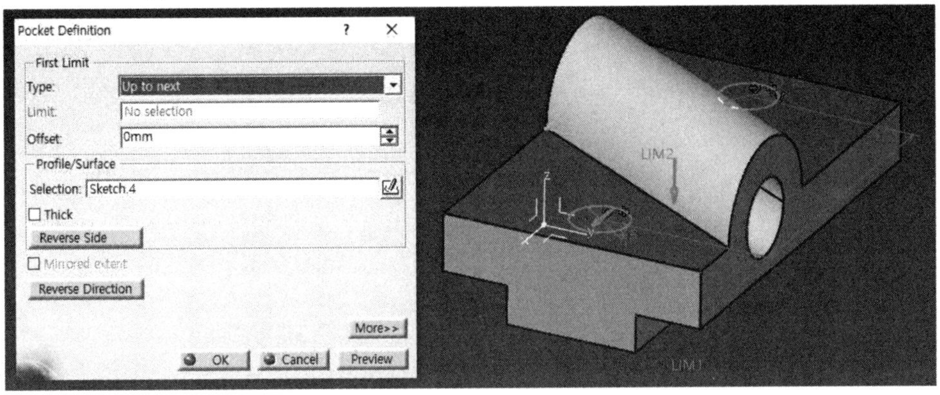

23. Preview 를 눌러 실행결과를 먼저 확인한 후 이상이 없으면 OK 를 눌러 Pocket명령을 완료한다.

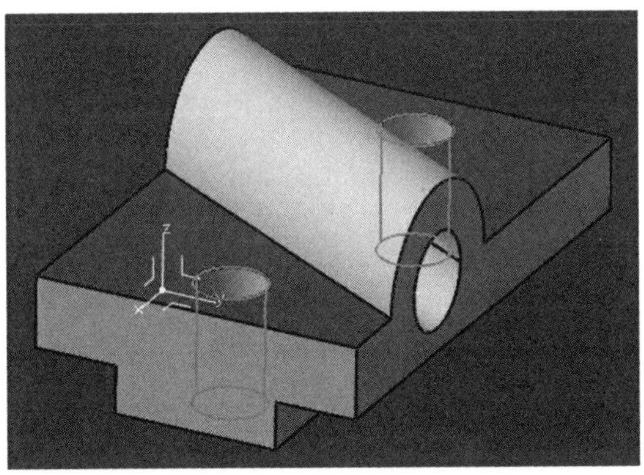

24. 윗면과 원통형상의 모서리부에 필렛(R=5mm)을 생성하면 모델링작업이 완료된다.
 ▸ Edge Fillet( )명령을 실행하고 양쪽 모서리를 선택한다.

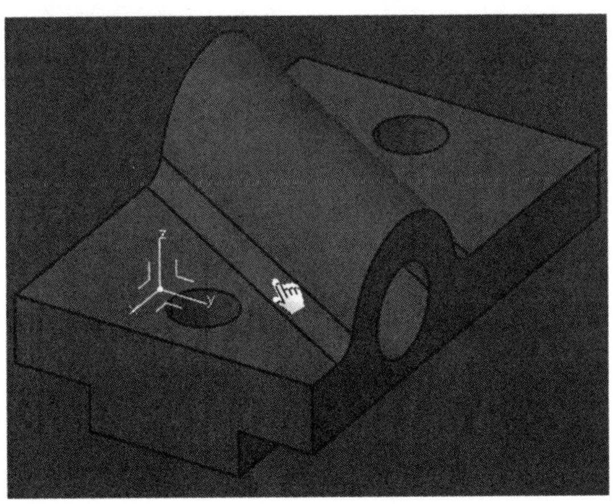

예제4

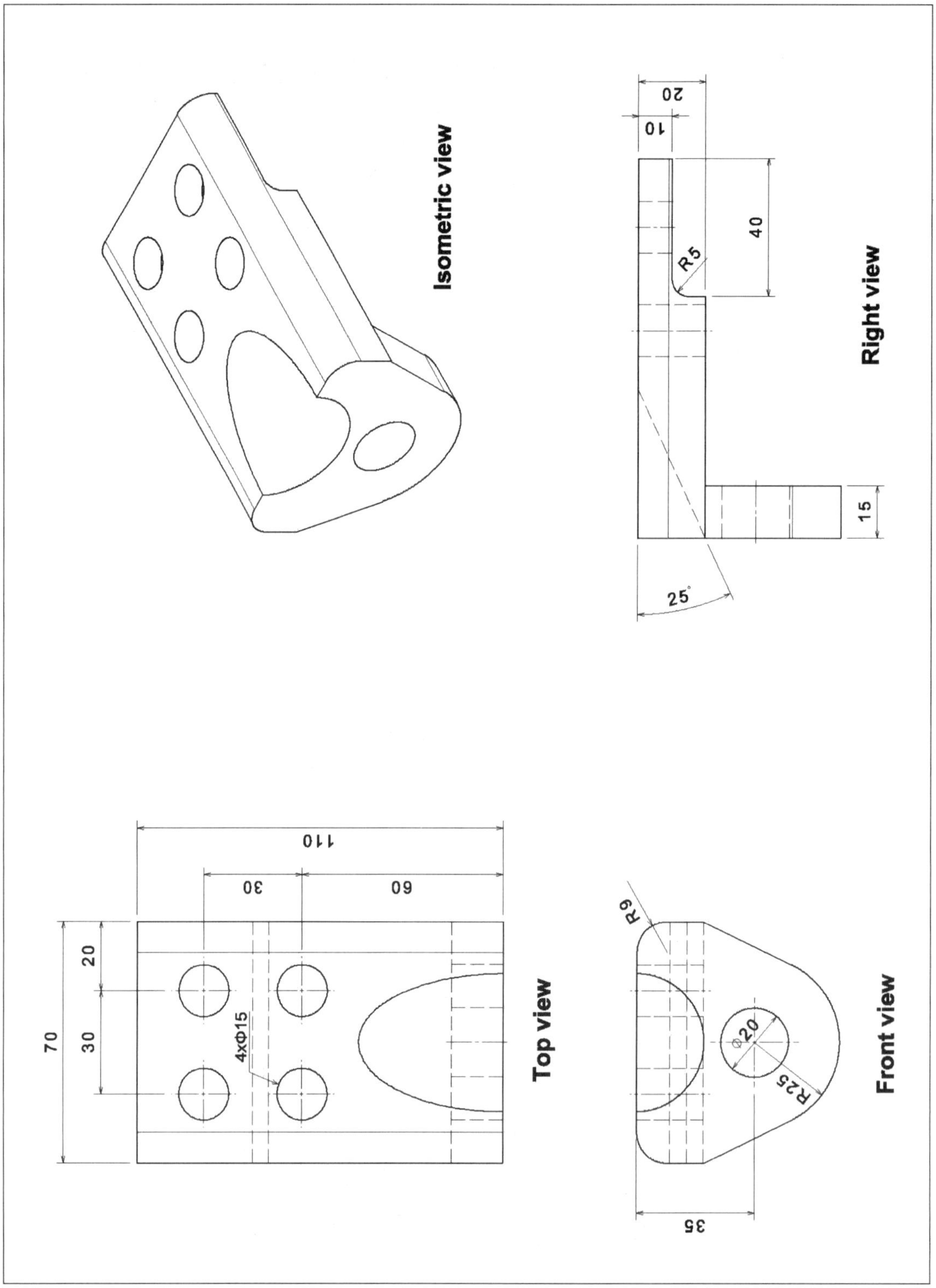
Isometric view
Right view
10
20
40
R5
15
25°
Top view
110
30
60
70
20
30
4xΦ15
Front view
R9
Φ20
R25
35

1. 우측면도(Right view)를 기준으로 모델링을 시작한다.
   - Positioned Sketch( )명령을 실행하고 x-z평면을 선택한다.
   - 축의 방향(H축, V축)을 확인하고 [OK]를 눌러 스케치로 진입한다.

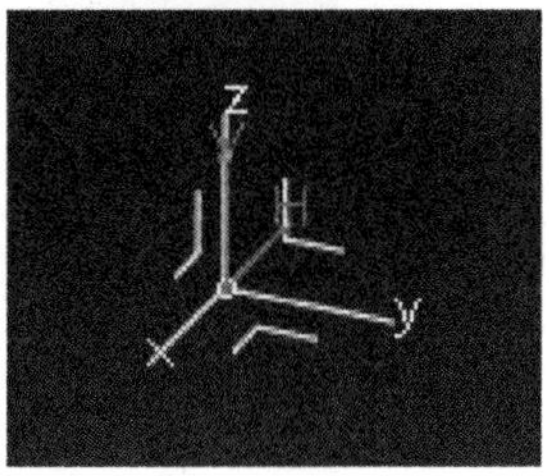

2. Profile( )명령을 실행하고 우측면도의 형상을 완성한다.
   - 대략적인 형상을 완성한다.

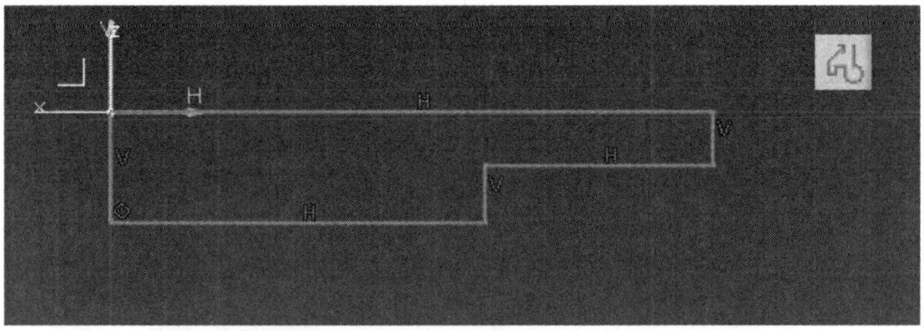

3. Profile에 치수를 부여하고 구속한다.

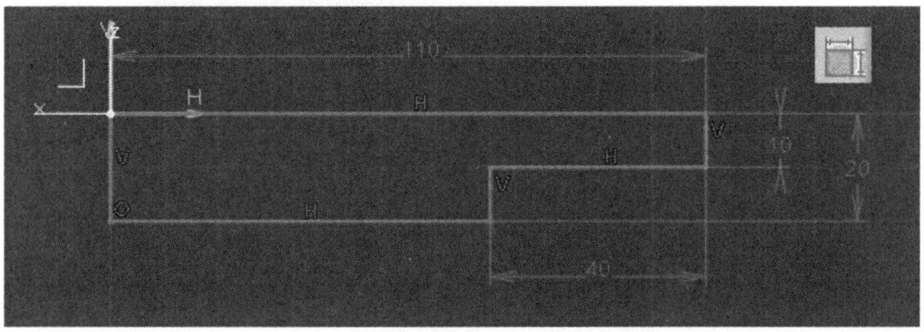

4. Exit Workbench( )명령을 클릭하여 스케치작업을 종료하고 파트디자인워크벤치(Part Design Workbench)로 이동한다.

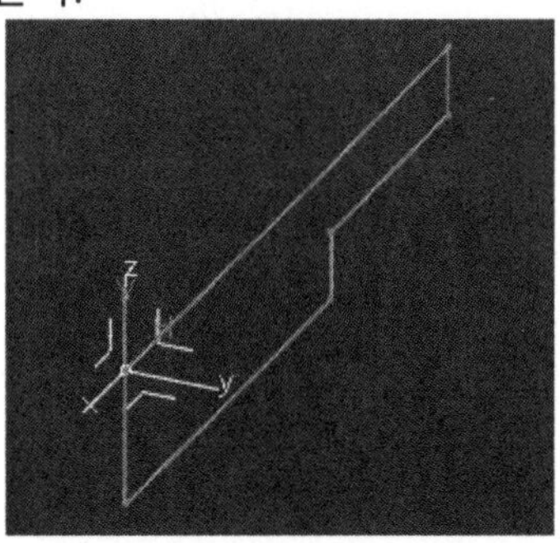

5. Pad( )명령을 실행한다.
   ▸ First Limit Length를 부여한다.(L=70 mm)

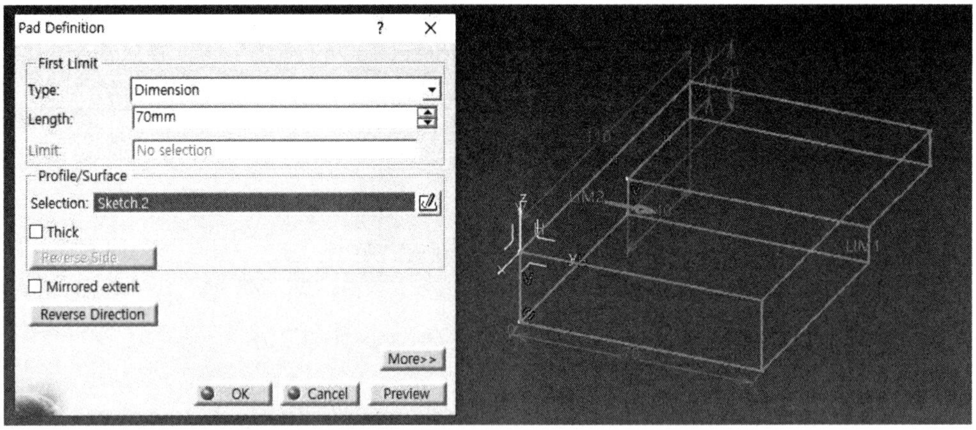

6. OK 를 눌러 모델링 작업을 완료한다.

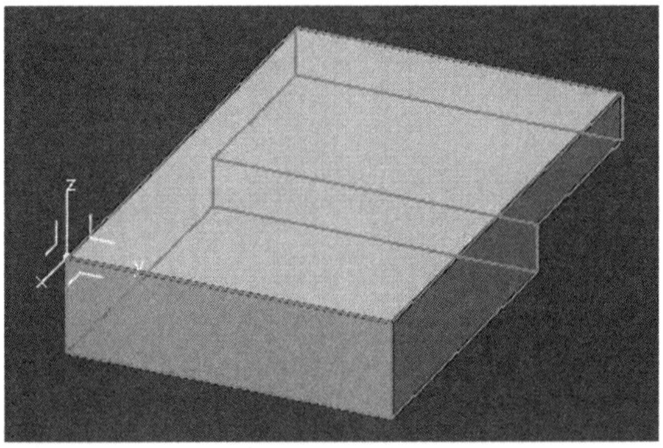

7. 솔리드모델의 전면에 정면도(Front view)형상을 생성한다.
   ▸ Positioned Sketch( )명령을 실행하고 솔리드모델의 정면을 선택한다.

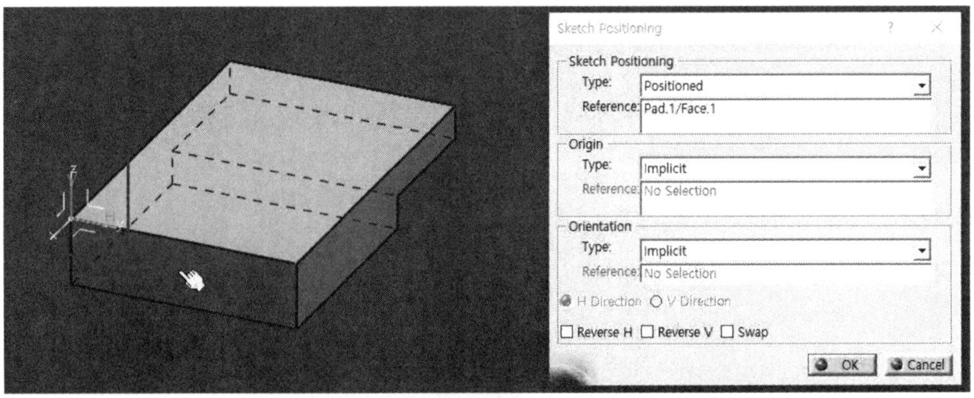

   ▸ 축의 방향(H축, V축)을 확인하고 OK 를 눌러 스케치로 진입한다.

8. 정면도의 형상을 생성한다.

- 먼저 솔리드모델의 경계를 Project 3D Elements( )명령을 이용하여 스케치평면으로 투영하다.
- 중심선을 그리고( ) 중심선에 좌/우 대칭구속조건( )을 부여한다.
- Profile( )명령으로 대략적인 형상을 완성한다.

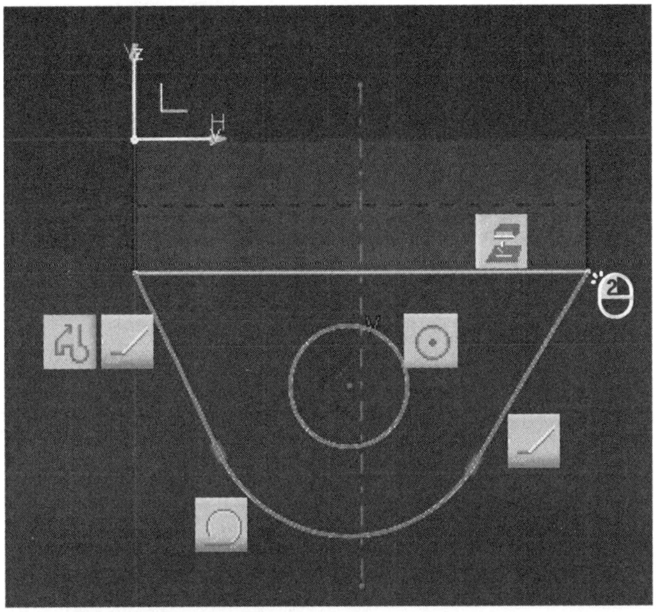

9. Profile을 완성하고 구속조건(치수,기하구속)을 부여하고 완전구속한다.

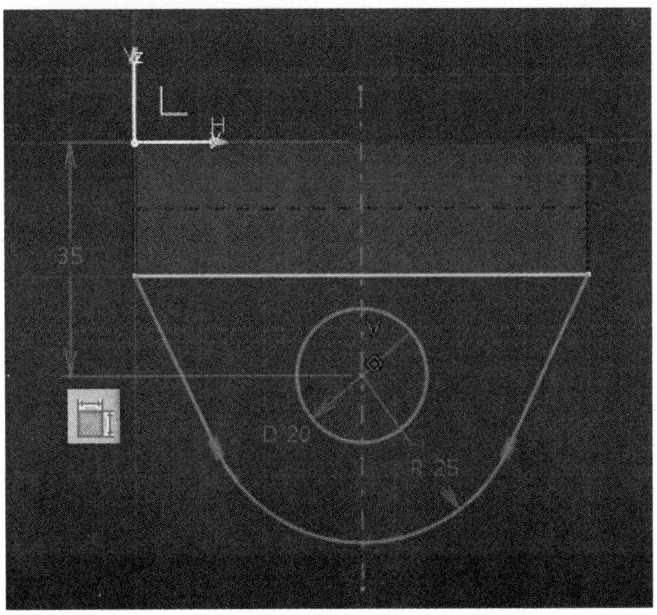

10. Exit Workbench( )명령을 클릭하여 스케치작업을 종료하고 파트디자인워크벤치(Part Design Workbench)로 이동한다.

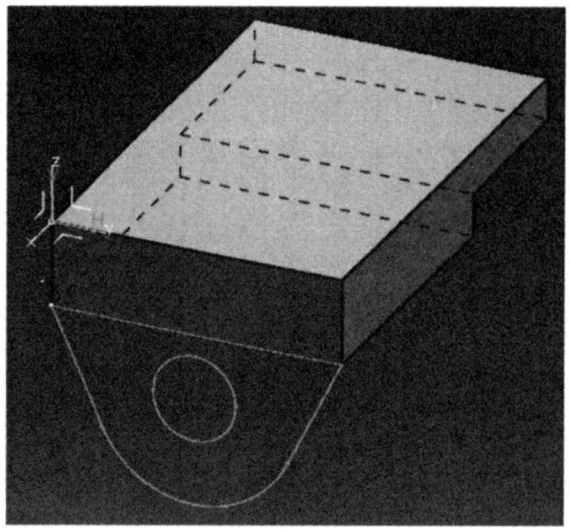

11. Pad( )명령을 실행한다.
- Pad의 생성방향을 확인한다.(화살표를 클릭하면 방향을 바꿀 수 있다.)
- First Limit Length를 부여한다.(L=15 mm)

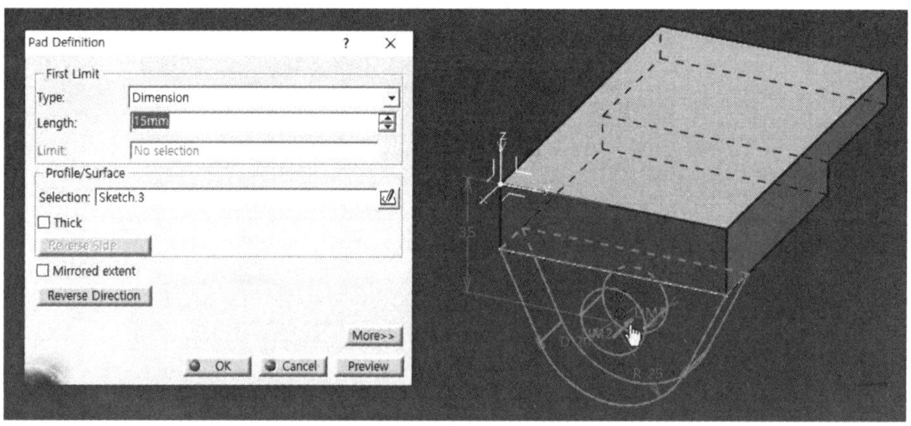

12. OK 를 눌러 모델링 작업을 완료한다.

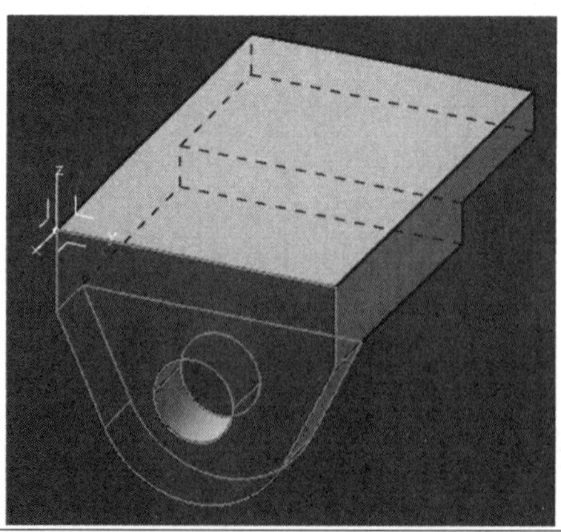

13. 솔리드모델의 정면에서 윗면 방향으로 비스듬하게 원형 홈이 형성되어 있다.
  1) 윗면에서 25° 기울어진 방향으로 Hole이 형성되어 있으므로 Reference Line이 필요하다.

▸ Reference Elements툴바에서 Line( )명령을 실행하여 솔리드모델의 우측면 상에 Reference Line을 생성한다.(Line의 길이보다 방향이 중요하다.)

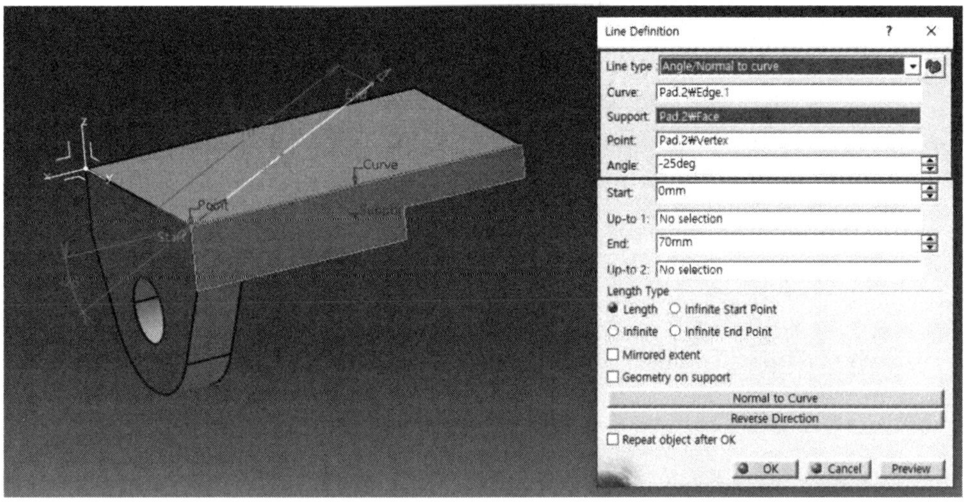

▸ Angle:-25° ☞Line의 방향과 각도를 확인하고 필요시 방향과 입력값을 변경한다.

  2) 솔리드모델에 원형 홈을 생성한다.

▸ Positioned Sketch( )명령을 실행하고 솔리드모델의 정면을 선택한다.

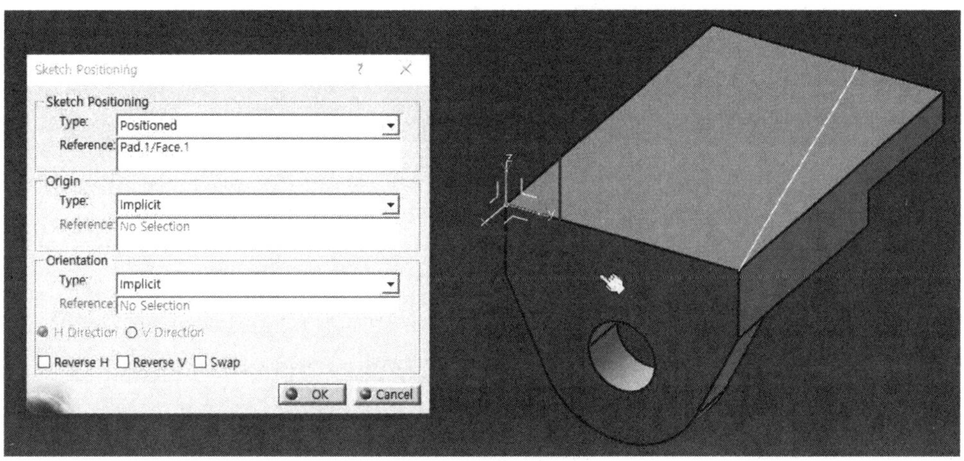

▸ 축의 방향(H축, V축)을 확인하고 OK 를 눌러 스케치로 진입한다.

14. 스케치 평면에 원을 생성하고 완전구속한다.

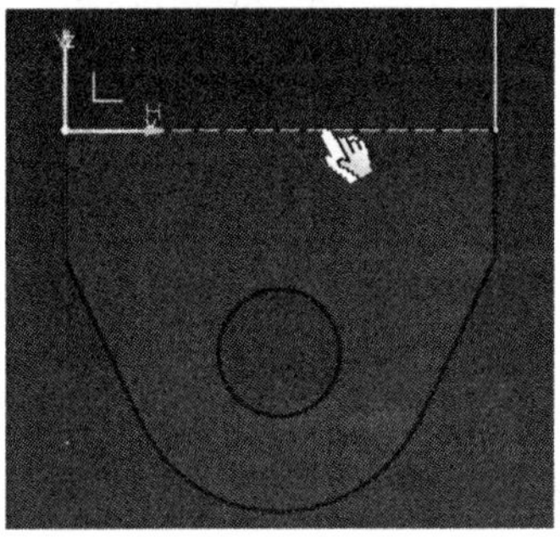

▸ 솔리드모델의 위쪽 경계선을 Project 3D Elements( )명령을 이용하여 스케치평면으로 투영합니다.(원의 중심이 위치한다.)

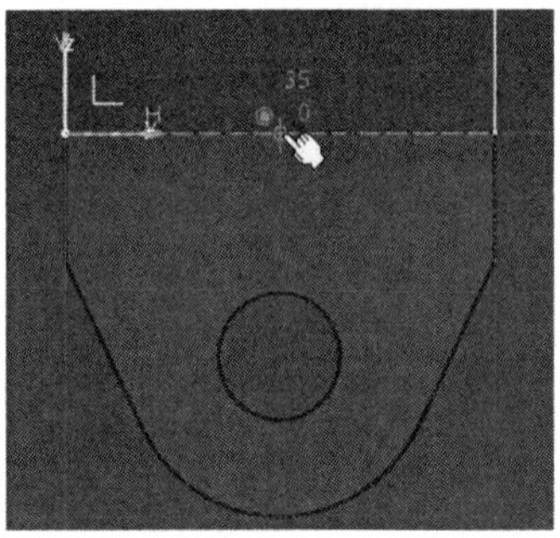

▸ Circle( )명령을 실행하고 투영한 경계선의 중앙에 원점을 지정한다.(커서를 움직이면 자동으로 경계선의 중점을 찾는다.)

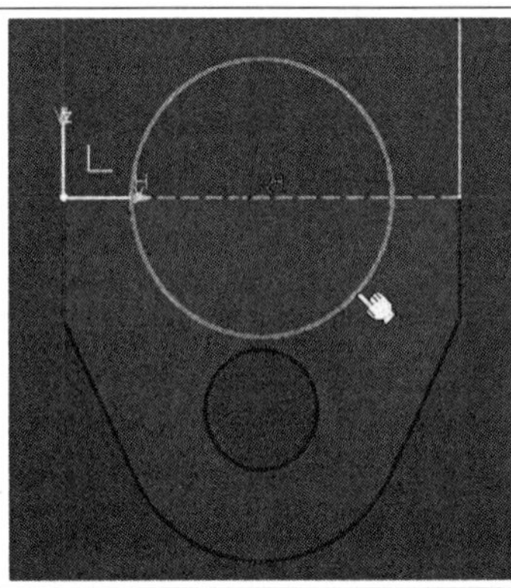

▸ 경계선의 중점에 원점이 있는 임의의 원을 그린다.

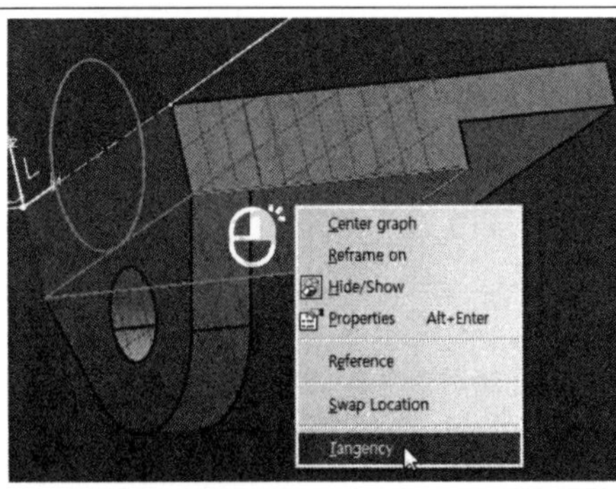

▸ Constraint( )명령을 실행하고 솔리드모델을 회전시켜 아래면과 원에 접선구속을 부여한다.

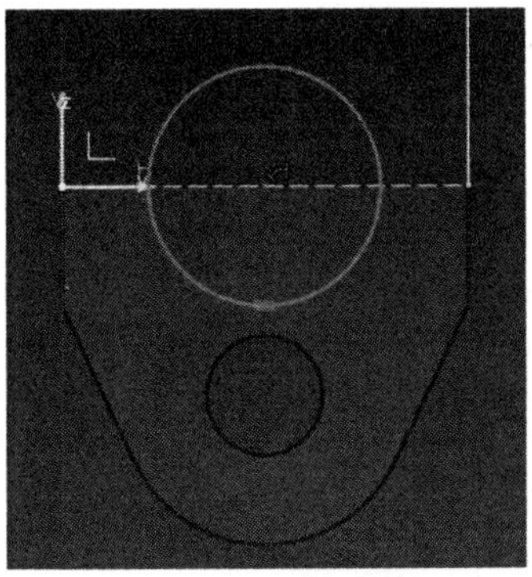

▸ Profile이 완성되었다.

15. Exit Workbench( )명령을 클릭하여 스케치작업을 종료하고 파트디자인워크벤치 (Part Design Workbench)로 이동한다.

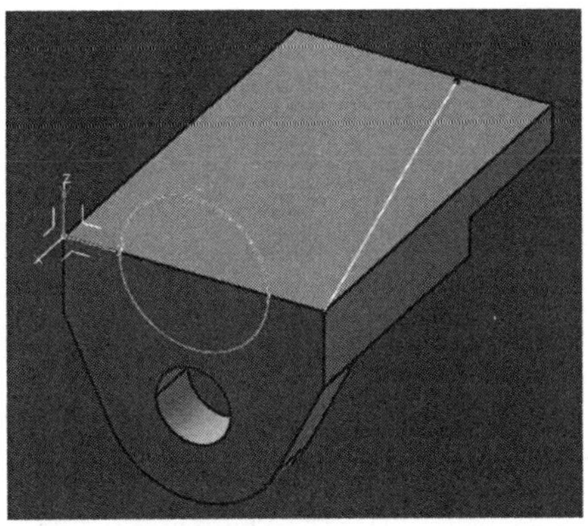

16. Pocket( )명령을 실행하고 Reference Line 방향으로 Pocket을 생성한다.
   ① □ Normal to profile을 끈다.
   ② Reference에 13번 단계에서 생성한 Reference Line을 선택한다.
   ③ Pocket의 생성방향이 지정한 Reference Line의 방향으로 바뀐다.
   ▸ First Limit: Type은 "Up to next"를 선택한다.

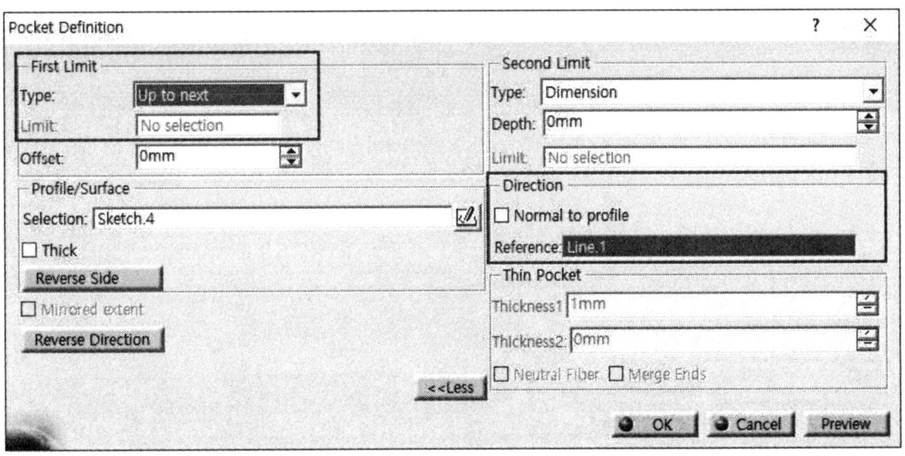

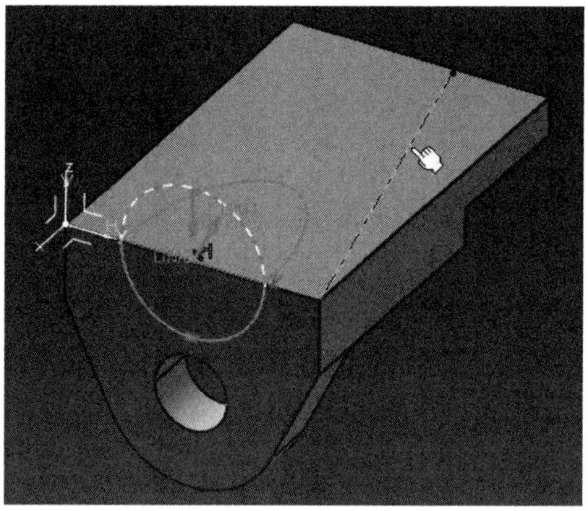

17. OK 를 눌러 모델링을 완성한다.

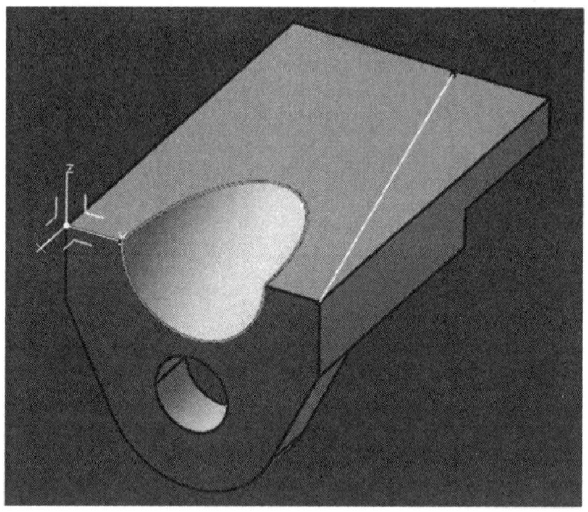

18. 솔리드모델 윗면에 4개의 홈을 생성한다.

- Positioned Sketch( )명령을 실행하고 솔리드모델의 윗면을 선택한다.
- 축의 방향(H축, V축)을 확인하고 OK 를 눌러 스케치로 진입한다.

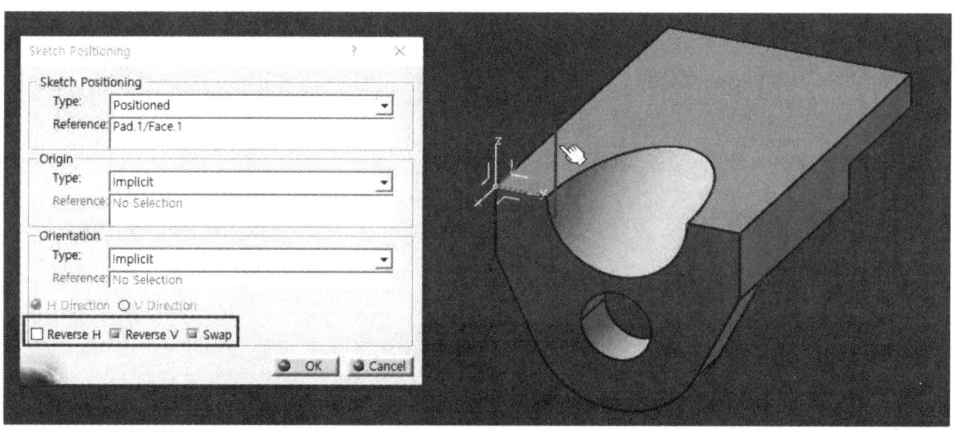

19. 스케치면에 원 하나를 생성하고 완전구속한다.

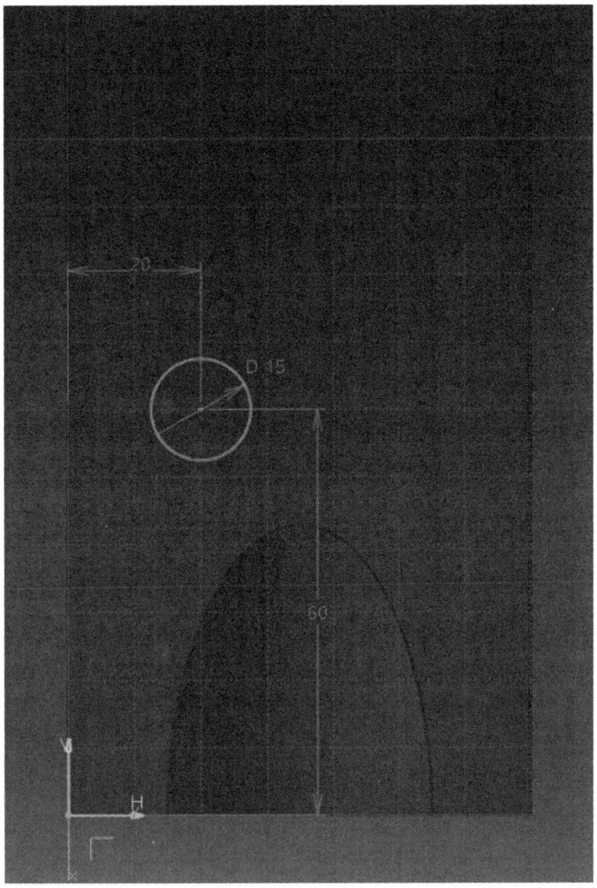

20. Exit Workbench( )명령을 클릭하여 스케치작업을 종료하고 파트디자인워크벤치(Part Design Workbench)로 이동한다.

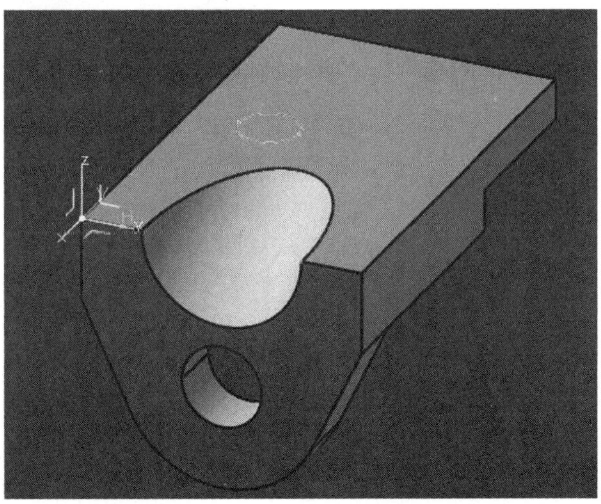

21. Pocket( )명령을 실행하고 솔리드모델의 윗면에 Hole을 생성한다.

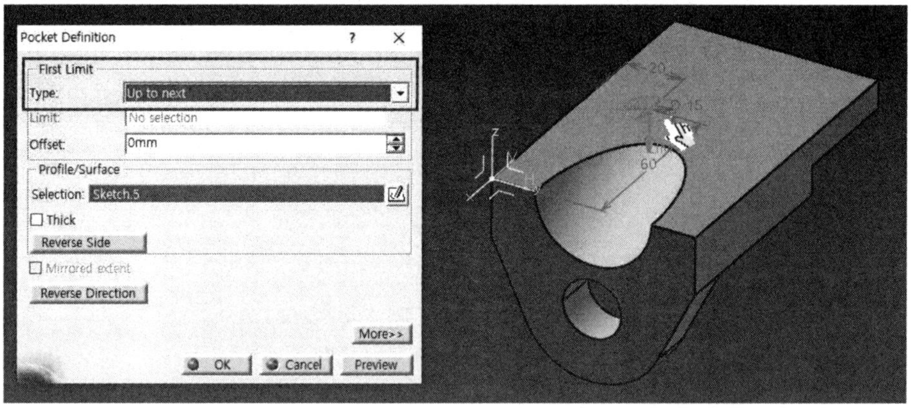

22. Pocket명령으로 생성한 Hole을 선택한 후 Pattern( )명령을 실행한다.

① First Direction Menu 설정

- Parameters: Instance(s) & Spacing
- Instance(s): 2
- Spacing: 30 mm
- References Direction옵션:
  - ▹ Reference element: 솔리드모델의 윗면을 선택한다.

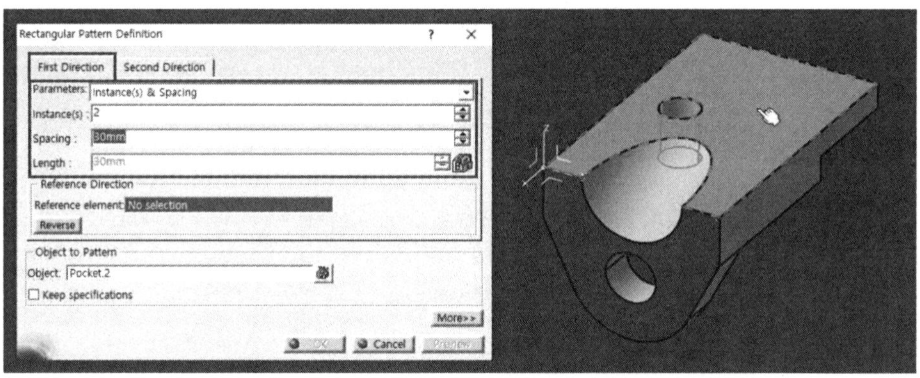

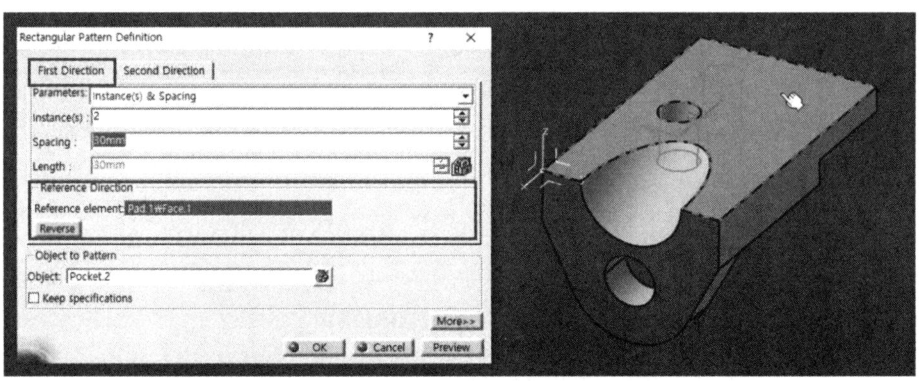

② Second Direction Menu 설정

- Parameters: Instance(s) & Spacing
- Instance(s): 2
- Spacing: 30 mm

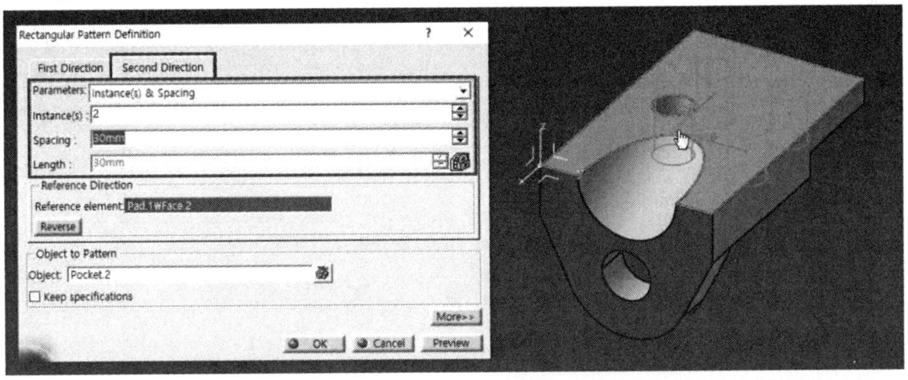

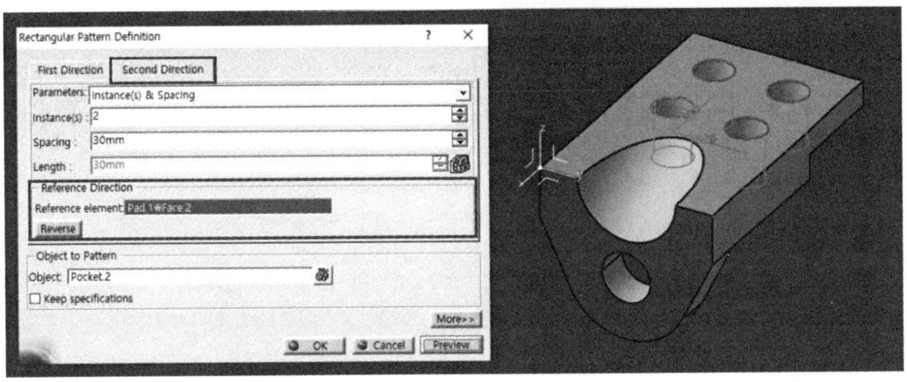

23. Preview 를 눌러 실행결과를 먼저 확인한 후 이상이 없으면 OK 를 눌러 Pattern명령을 완료한다.

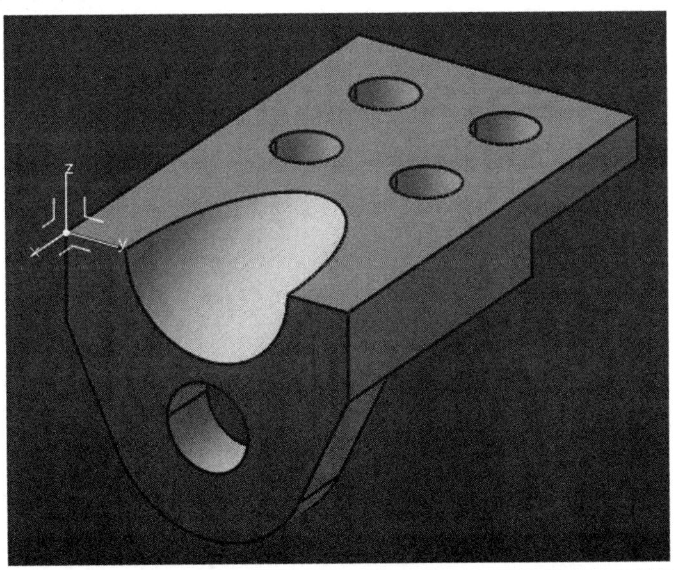

24. Edge Fillet( )명령을 실행한다.

▸ 솔리드모델의 윗면 모서리를 선택하고 필렛반경(R=9 mm)을 부여한다.

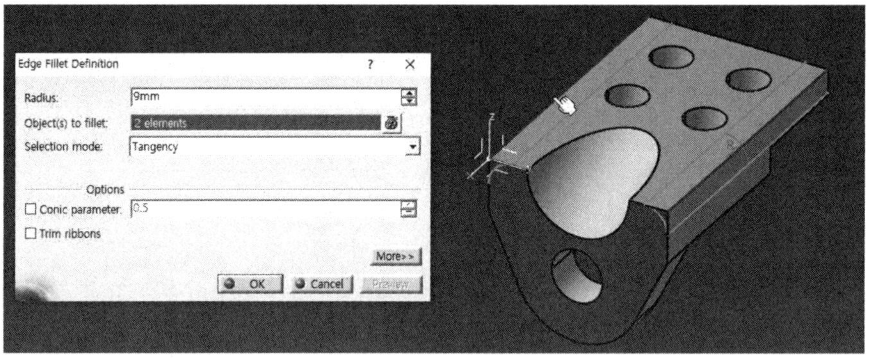

▸ 솔리드모델을 회전시켜 뒤쪽 중간 모서리를 선택한 후 필렛반경(R=5 mm)를 부여한다.

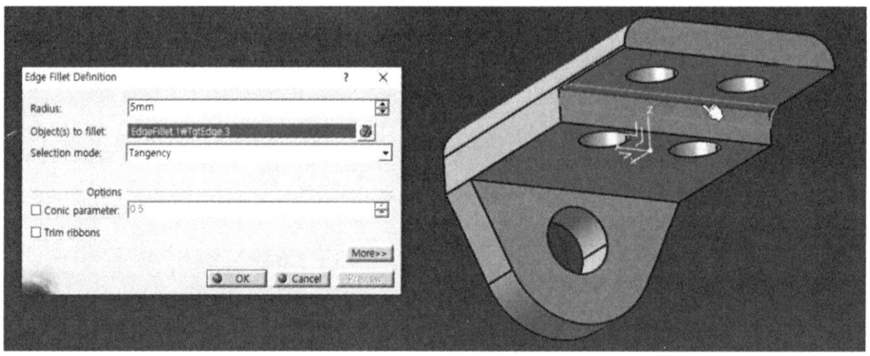

25. Preview 를 눌러 실행결과를 먼저 확인한 후 이상이 없으면 OK 를 눌러 모델링 작업을 완료한다.

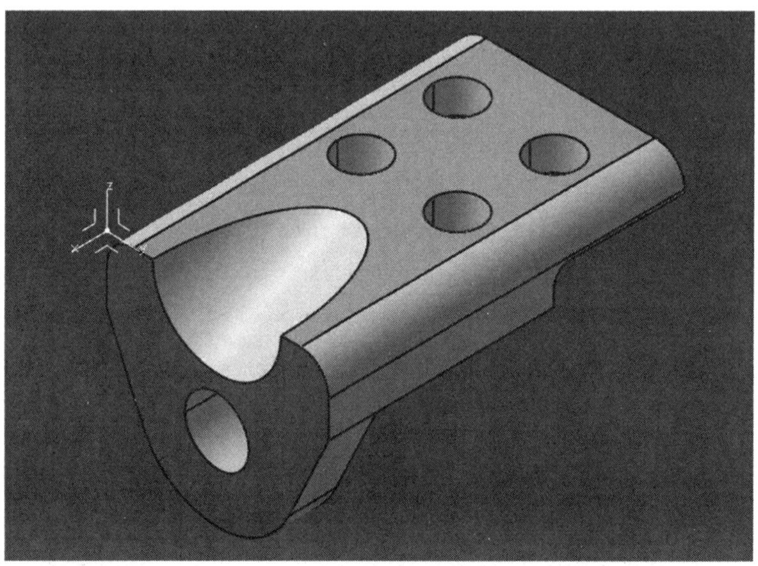

예제5

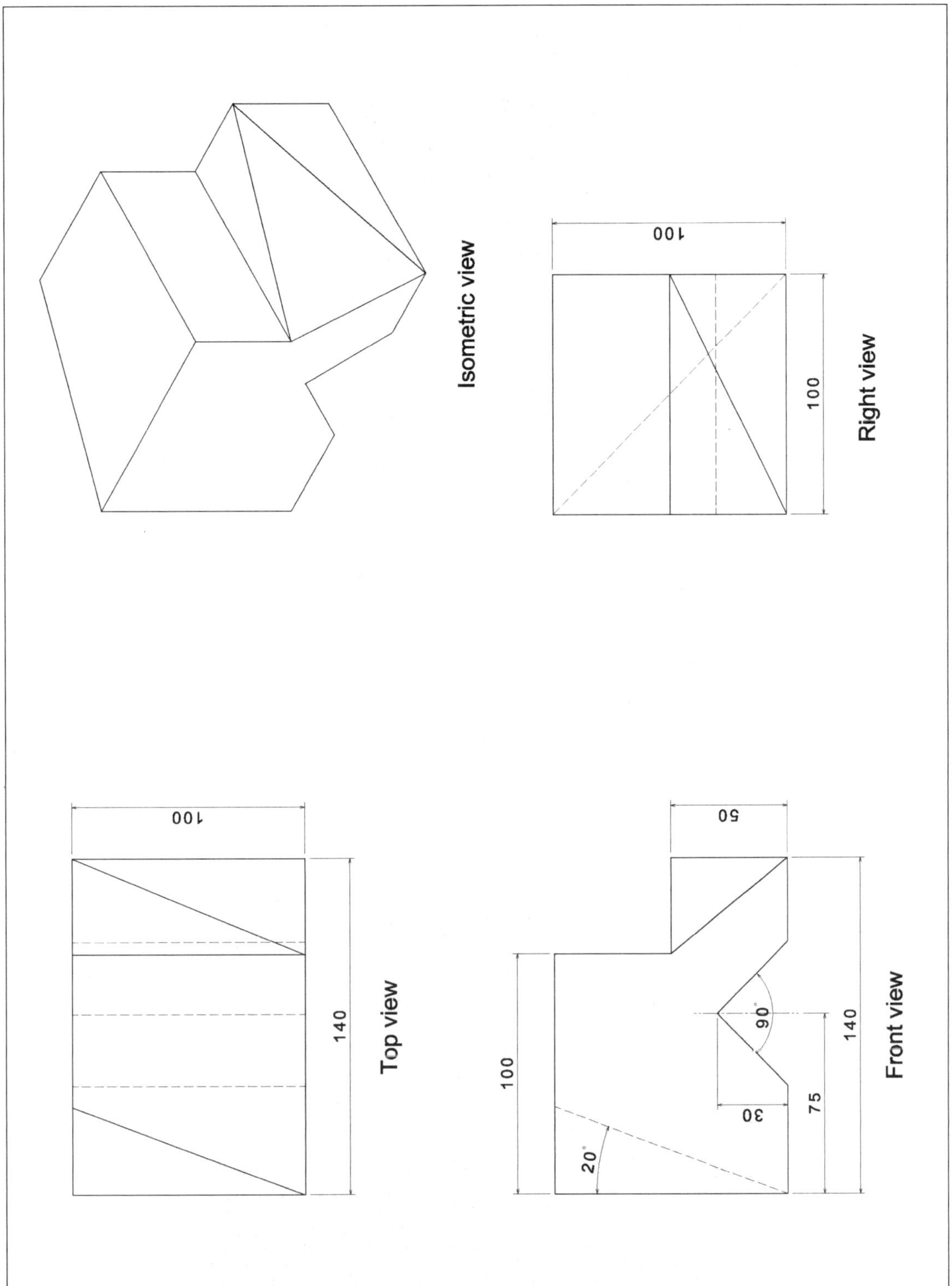
Isometric view
Right view
100
100
Top view
100
140
Front view
50
100
140
90°
75
30
20°

1. 정면도(Front view)를 기준으로 모델링을 시작한다.
   - Positioned Sketch()명령을 실행하고 y-z평면을 선택한다.
   - 축의 방향(H축, V축)을 확인하고 를 눌러 스케치로 진입한다.

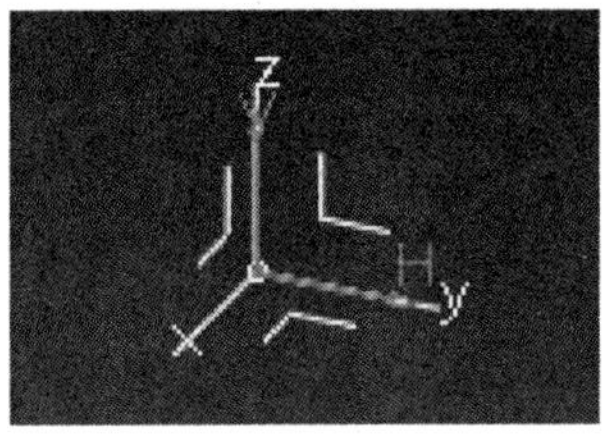

2. Profile()명령을 실행하고 정면도의 형상을 완성한다.
   - 대략적인 형상을 완성한다.

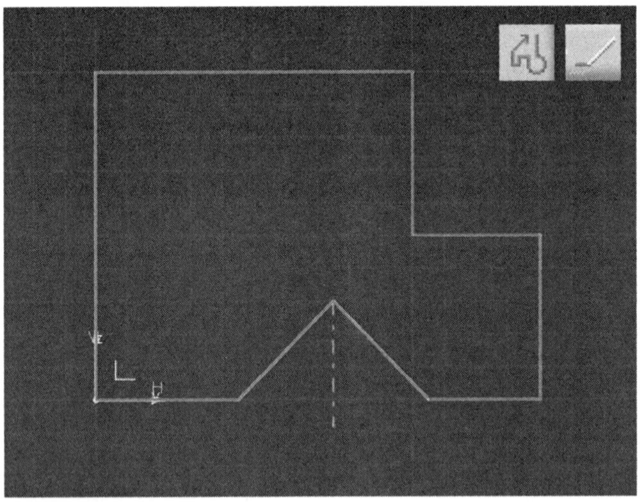

3. Profile에 치수를 부여하고 구속한다.

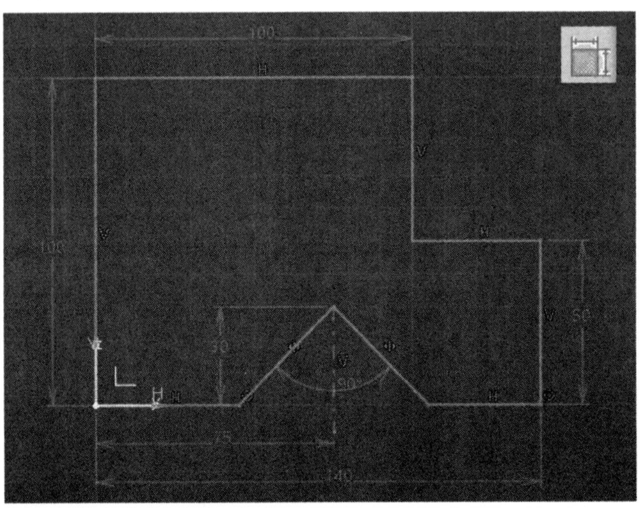

4. Exit Workbench( )명령을 클릭하여 스케치작업을 종료하고 파트디자인워크벤치(Part Design Workbench)로 이동한다.

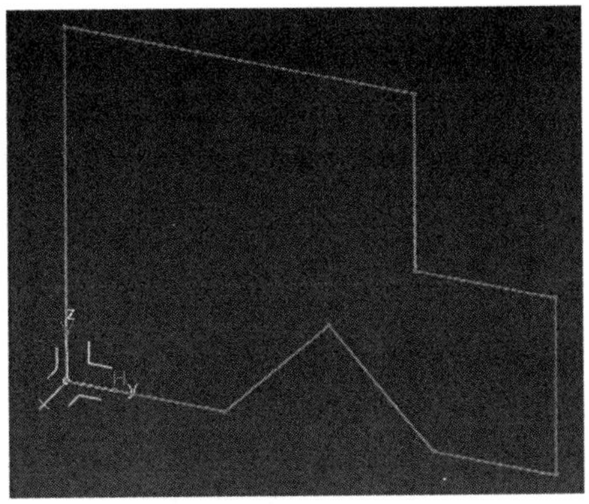

5. Pad( )명령을 실행한다.
   - Mirrored extent옵션을 선택하고 First Limit Length를 부여한다.(L=55 mm)

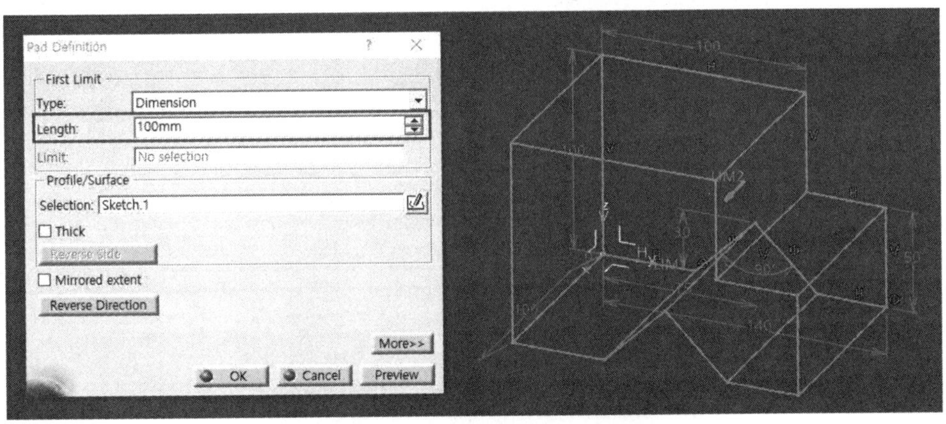

6. OK 를 눌러 모델링 작업을 완료한다.

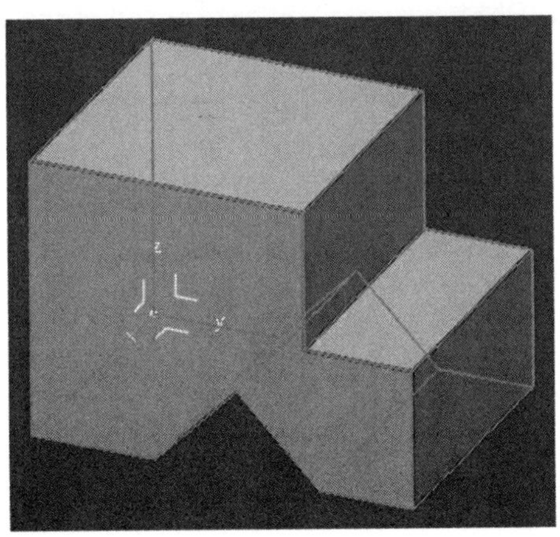

7. 이 솔리드모델은 우측면과 좌측면이 경사지게 깎여 있는 형태를 가지고 있다.

1) 우측면의 경사진 형상을 Pocket( )명령을 이용하여 완성한다.

① Positioned Sketch( )명령을 실행하고 정면을 선택한다.

② 축의 방향(H축, V축)을 확인하고 [OK]를 눌러 스케치로 진입한다.

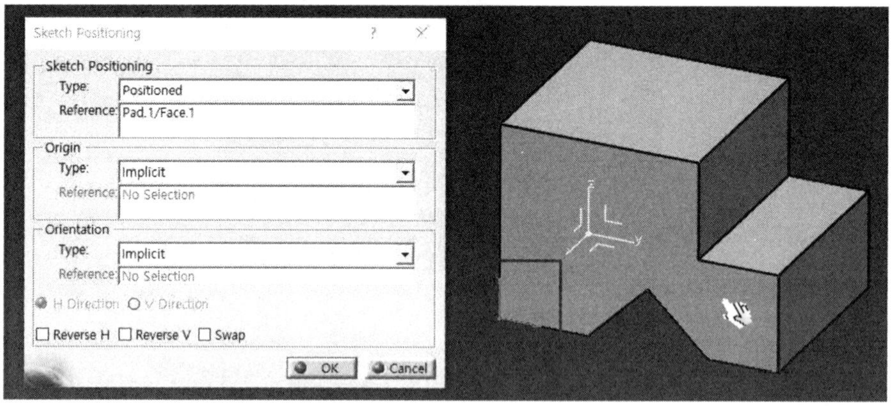

③ 삼각형의 형상을 만든다. 솔리드모델의 경계를 Project 3D Elements( )명령을 이용하여 스케치평면으로 투영하고 양끝단을 Line( )명령으로 연결한다.

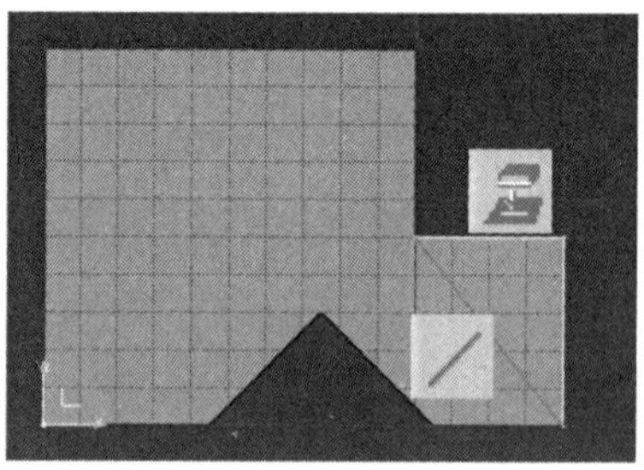

④ Exit Workbench( )명령을 클릭하여 스케치작업을 종료하고 파트디자인워크벤치(Part Design Workbench)로 이동한다.

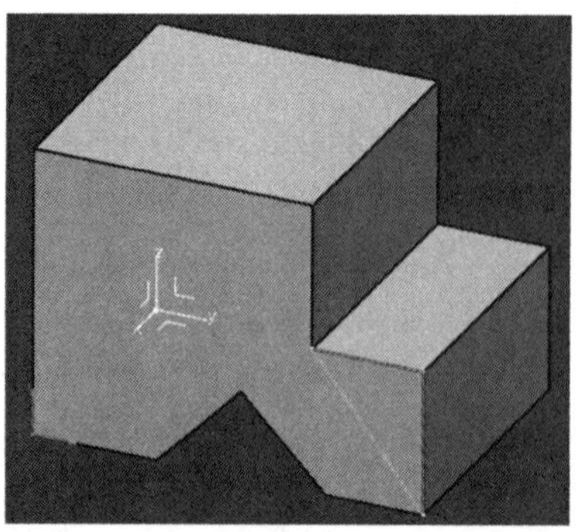

⑥ Reference Elements툴바에서 Line( )명령을 실행하여 솔리드모델의 우측 상단면에 Reference Line을 생성한다.

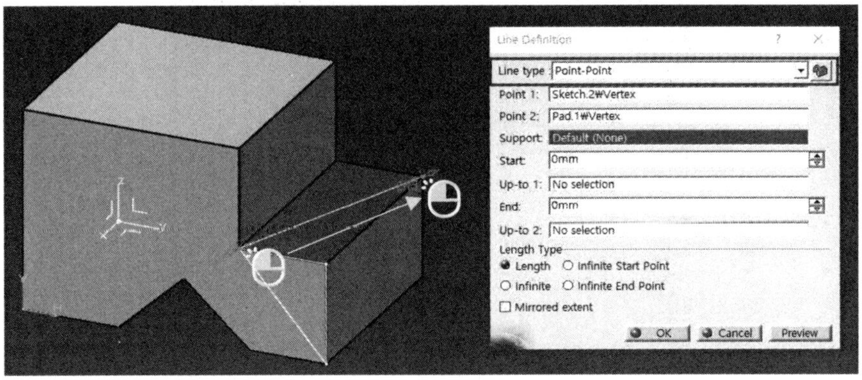

⑦ Pocket( )명령을 실행한다. Pocket의 방향은 위 단계에서 생성한 Reference Line이 된다.

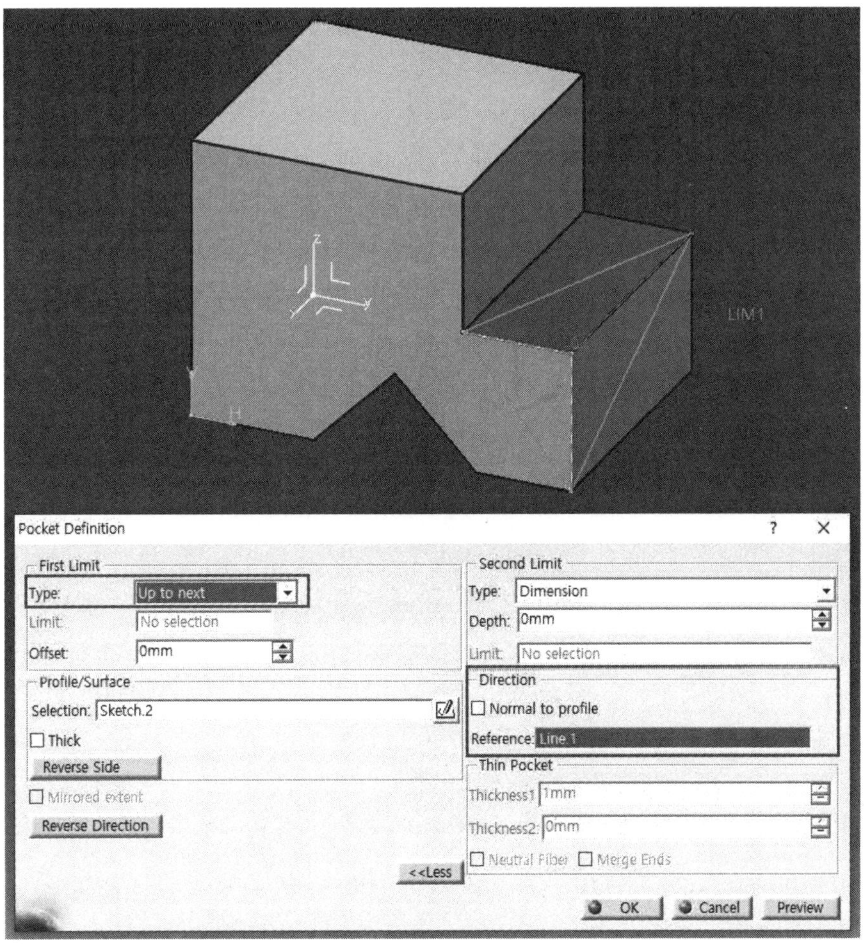

⑧ OK 를 눌러 모델링 작업을 완료한다.

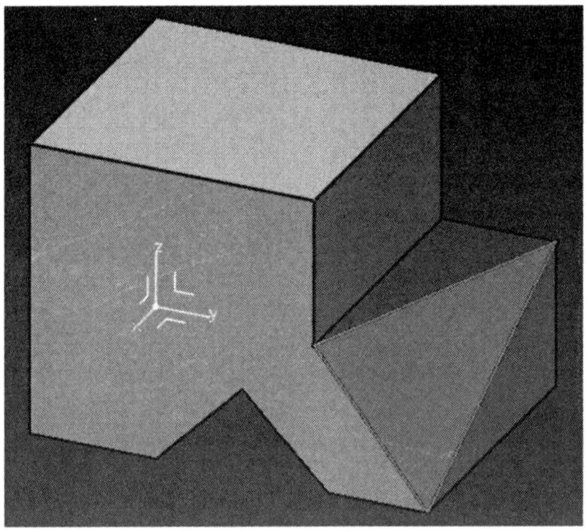

2) 좌측면의 경사진 형상을 Split( )명령을 이용하여 완성한다.

- 좌측면의 형상을 확인하면 공간상에 20°기울어진 형태로 잘려 있다.
- 이러한 형상의 경우 Split( )명령을 이용하면 간단하게 만들 수 있다.
- Split명령을 사용하기 위해서는 기준면(Plane)이 필요하다. 기준면은 Reference Elements 툴바의 Plane( )명령을 이용하여 만든다.
- 이 예제에서는 세 개의 점(Point)을 이용하여 기준면을 생성한다. 두 개의 Point는 솔리드모델의 꼭지점을 사용하고 나머지 하나의 Point는 스케치(Sketch)에서 생성한다.

① Point를 생성하기 위해 Positioned Sketch( )명령을 실행하고 솔리드모델을 회전시켜 뒷면을 선택한다.

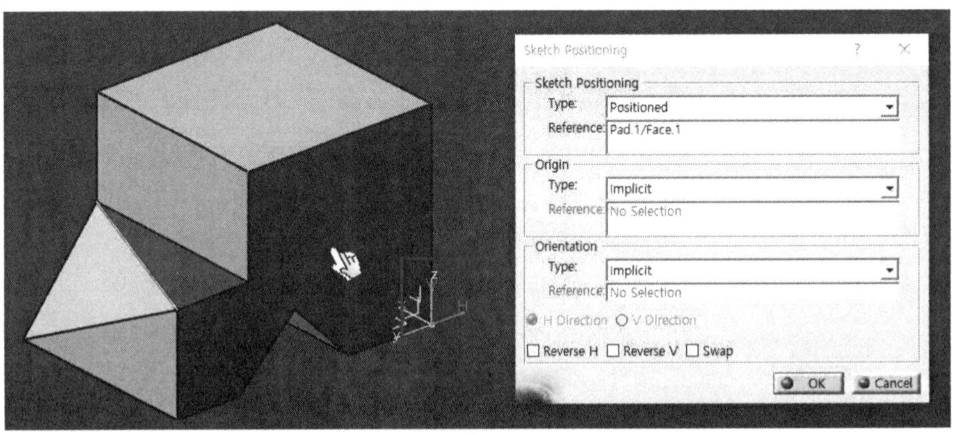

② 축의 방향(H축, V축)을 확인하고 OK 를 눌러 스케치로 진입한다.

③ Axis( )명령을 사용하여 원점으로부터 수직선(v축)에 대해 20° 기울어 진 보조선을 생성한다.

④ 교차점을 생성하기 위하여 솔리드모델의 경계를 Project 3D Elements( )명령을 이용하여 스케치 평면으로 투영한다.

▸ 투영한 Line요소는 스케치툴의 Construction Element( ) 옵션을 선택하여 보조선 속성을 부여한다.

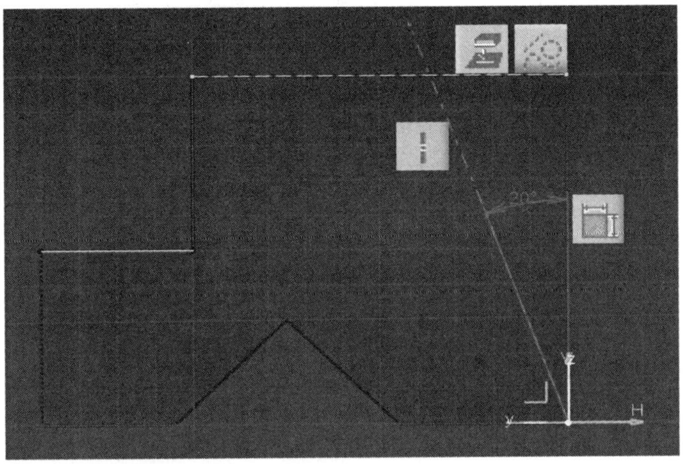

⑤I ntersection Point( )명령을 이용하여 두 Line의 교차점을 생성한다.(교차점은 Standard Element( ) 속성을 가져야 한다.)

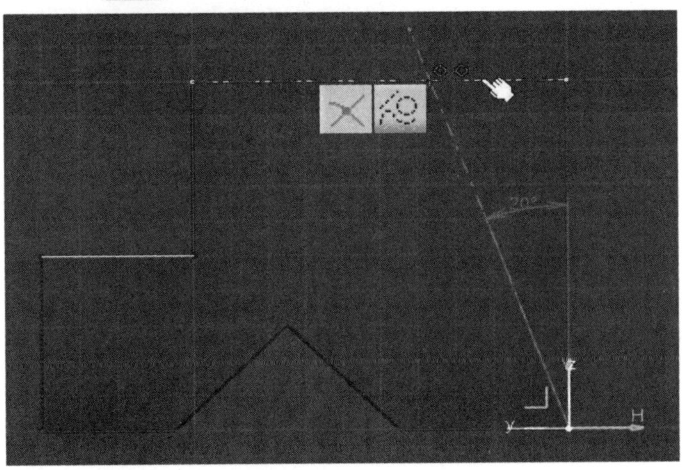

⑥ Exit Workbench( )명령을 클릭하여 스케치작업을 종료하고 파트디자인워크벤치(Part Design Workbench)로 이동한다.

▸ 상단부 경계에 Point가 생성되었다.

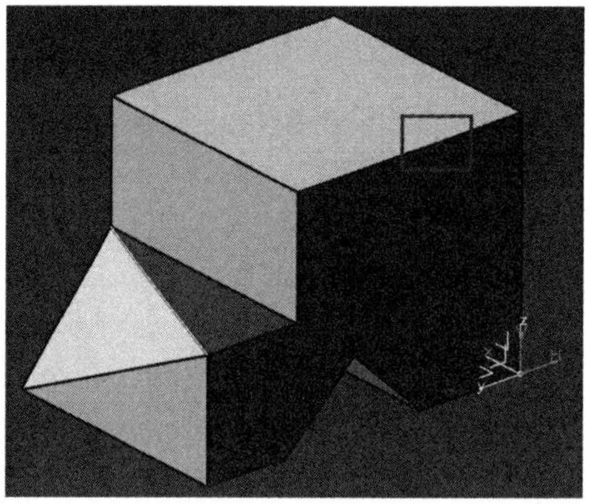

⑦ Split명령을 실행하기 위한 기준면을 Plane( )명령을 이용하여 만든다.

▸ Plane Type: Through three point를 선택하고 세 점을 선택한다.

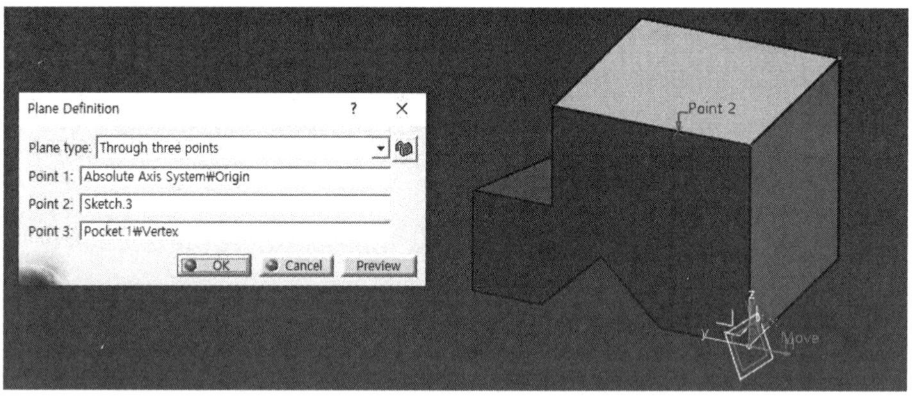

⑧ Split( )명령을 실행한다.

▸ 기준면(Plane)을 선택하고 OK 를 누른다.(화살표가 가리키는 방향의 솔리드 모델을 남긴다. 화살표를 클릭하면 방향을 바꿀 수 있다.)

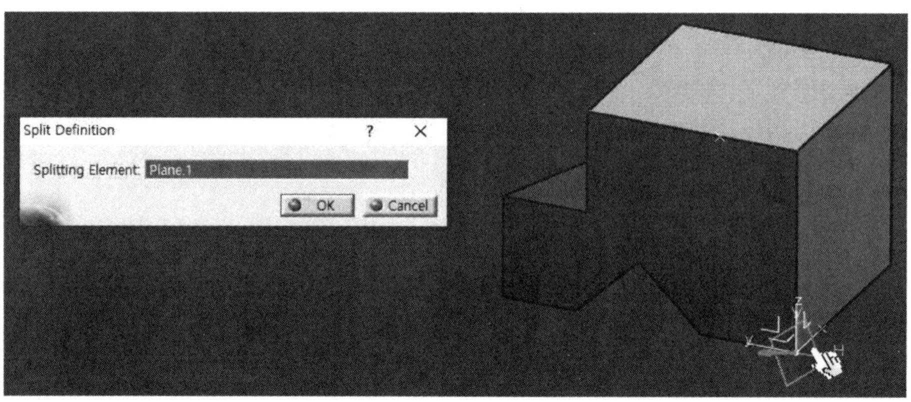

8. Split명령에 의해 잘린 형상이다. 좌측은 가려져 있지만 1)단계에서 Pocket명령에 의해 잘려진 형상이 존재한다.

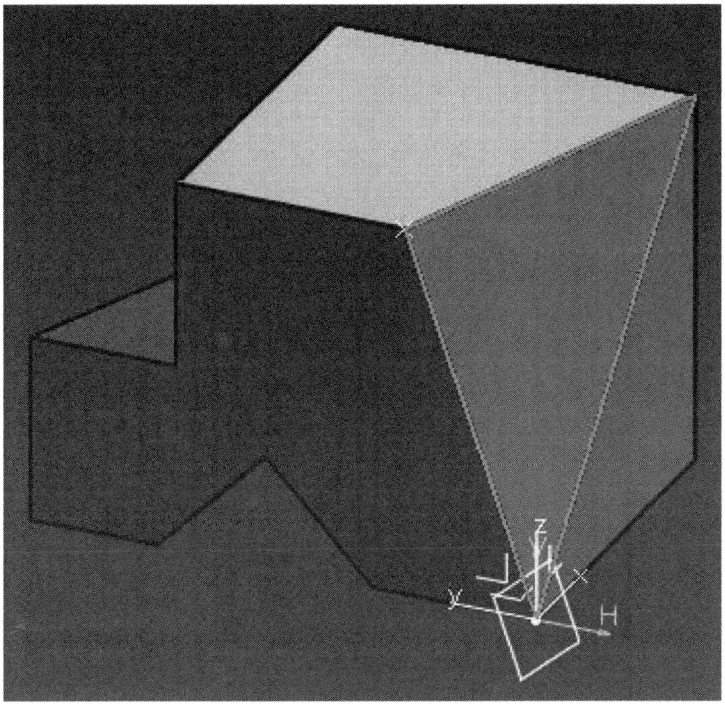

9. 우측과 좌측이 잘려진 솔리드모델이 완성되었다.

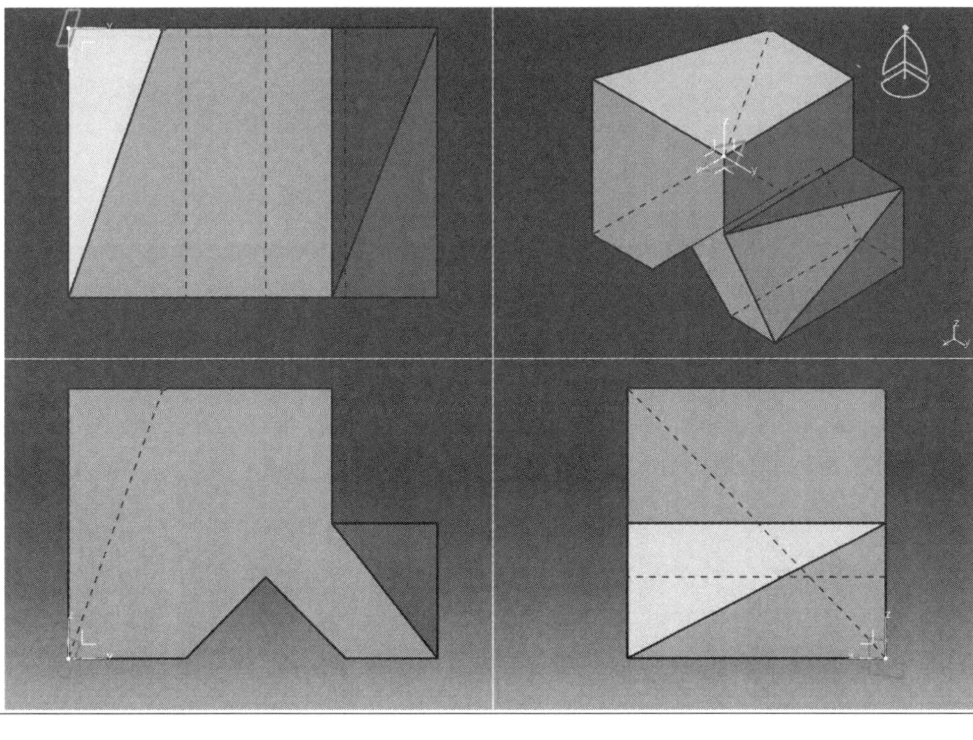

예제6

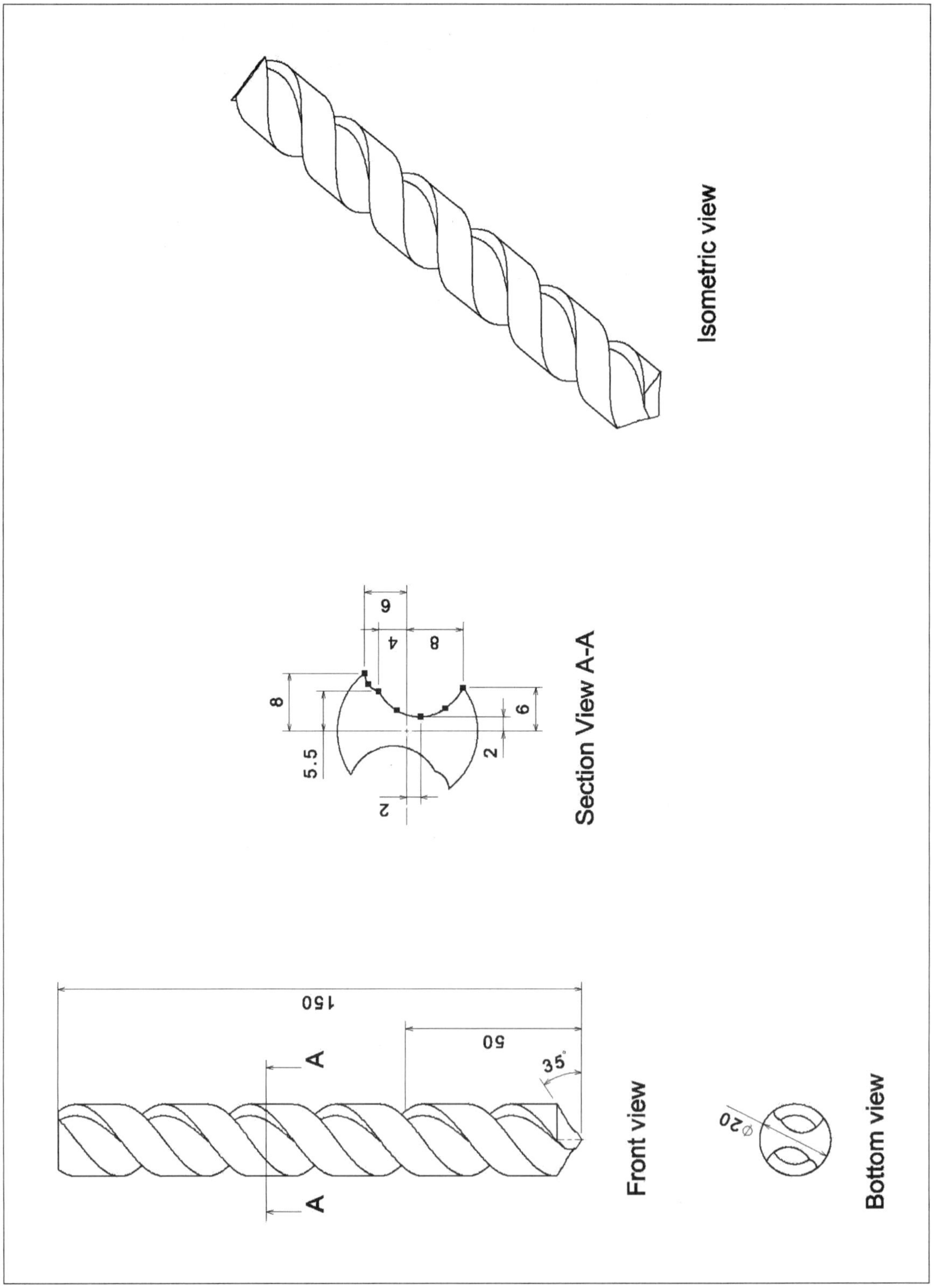
Isometric view
Section View A-A
6
4
8
8
5.5
6
2
2
150
50
35°
A
A
Front view
⌀20
Bottom view

1. 먼저 Section view A-A를 이용하여 드릴형상의 단면을 그린다.
   1) Positioned Sketch( )명령을 실행하고 x-y평면을 선택한다.
   2) 축의 방향(H축, V축)을 확인하고 [OK]를 눌러 스케치로 진입한다.

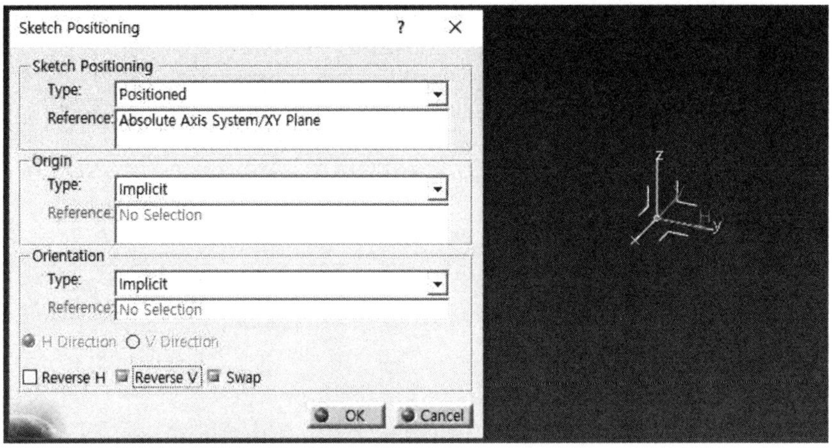

2. Circle( )명령과 Spline( )명령을 실행하고 단면 형상을 완성한다.
   1) 먼저 외곽원(D=20 mm)을 그린다.
   2) 드릴단면 형상을 그리기 위하여 Spline( )명령을 두 번 사용해야 한다.

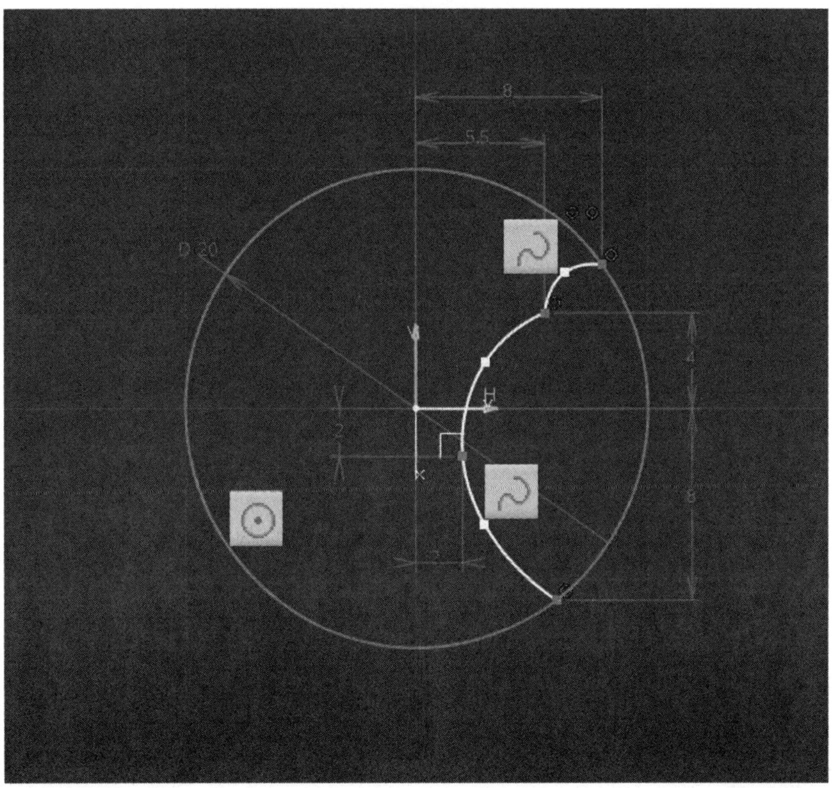

3) Rotate( )명령을 이용하여 우측단면 형상을 회전복사한다.

▸【Ctrl】key를 눌러 복사대상 profile(두개의 Spline)을 먼저 선택한 이후에 Rotate명령을 실행해야 한다.

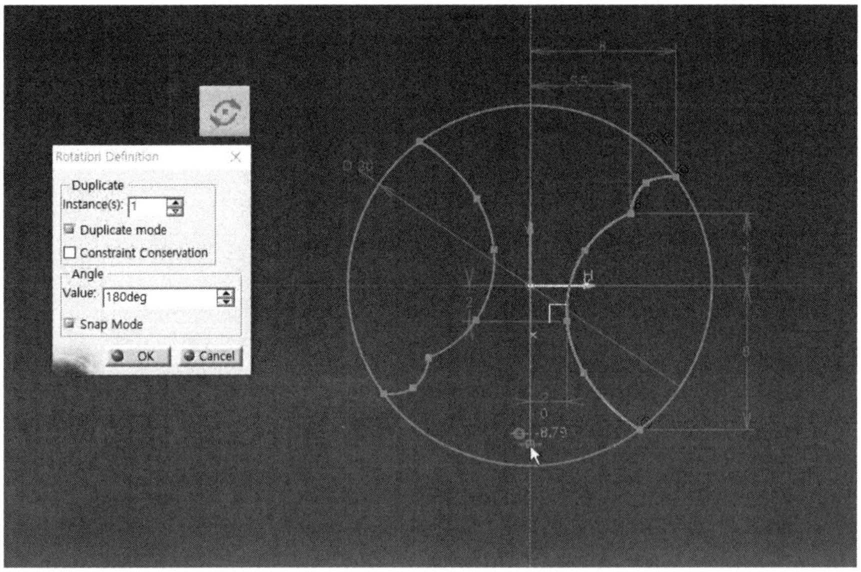

4) Quick Trim( )명령으로 단면형상을 완성한다.

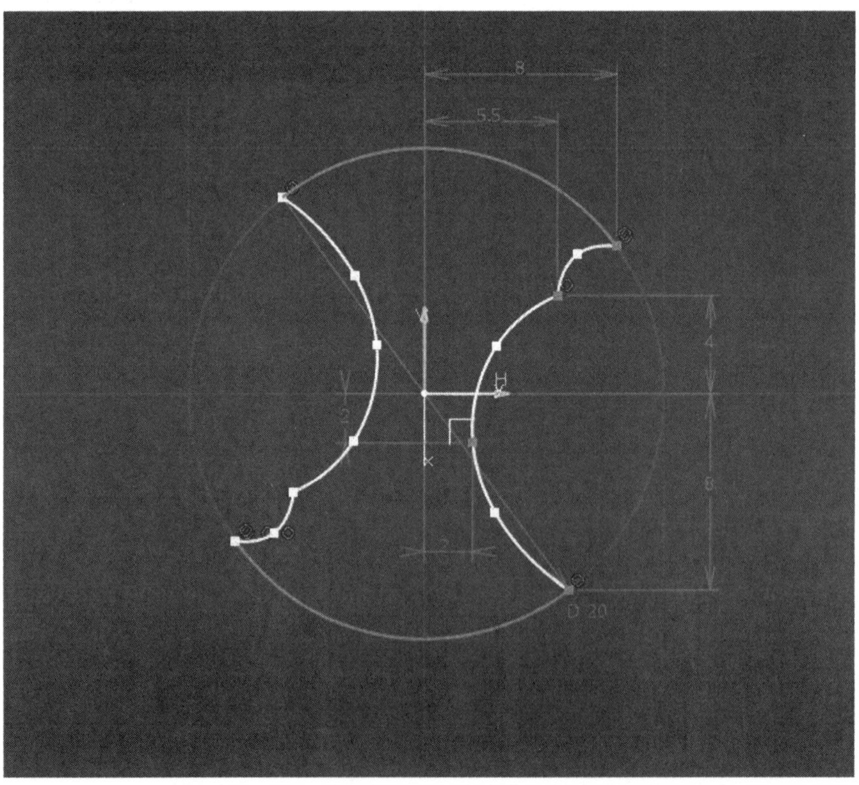

4) Exit Workbench( )명령을 클릭하여 스케치작업을 종료하고 파트디자인워크벤치(Part Design Workbench)로 이동한다.

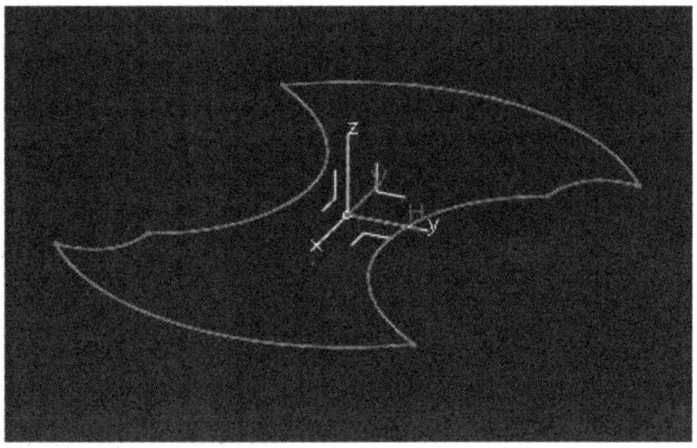

3. 기준면에 대해 150 mm Offset하여 가상의 평면(Plane)을 만들고 단면형상을 Offset한 평면에 투영한다.

1) Reference Element툴바의 Plane( )명령으로 Profile을 그릴 가상의 평면을 생성한다.

▸ Plane( )명령을 실행하고 x-y평면으로부터 150 mm Offset하여 가상의 평면을 만든다.

2) Positioned Sketch()명령을 실행하고 Offset한 평면을 선택한다.

▹ 축의 방향(H축, V축)을 확인하고 를 눌러 스케치로 진입한다.

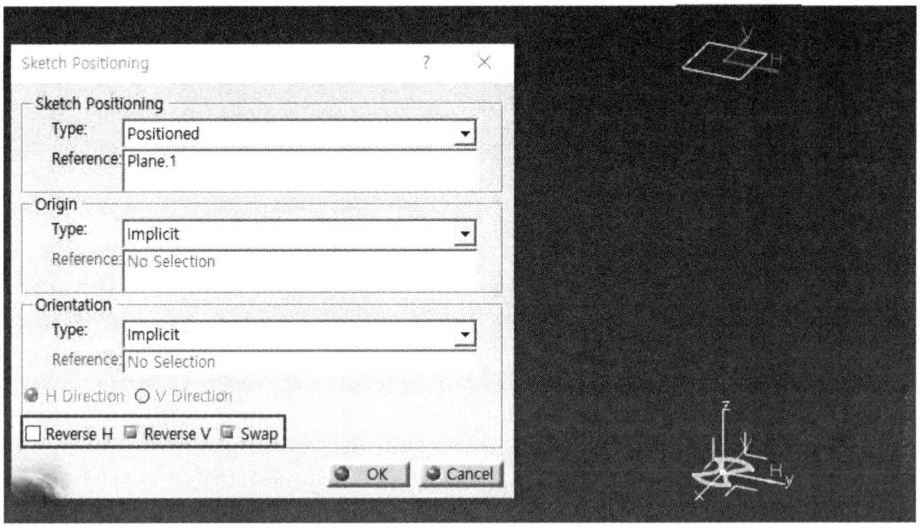

3) Project to 3D Elements()명령을 실행하고 기준면의 단면형상을 현재 스케치평명에 투영한다.

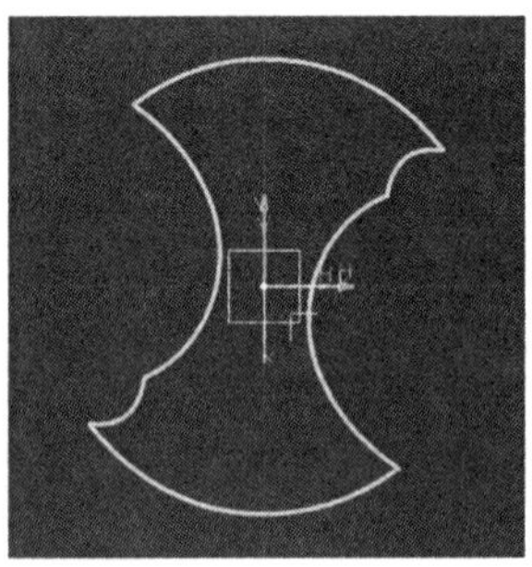

4) Exit Workbench()명령을 클릭하여 스케치작업을 종료하고 파트디자인워크벤치(Part Design Workbench)로 이동한다.

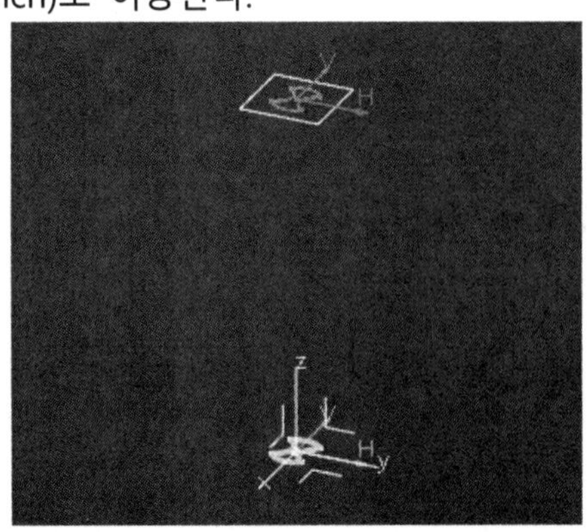

4. GSD 워크벤치에서 Helix( )명령으로 나선의 형상을 만든다.

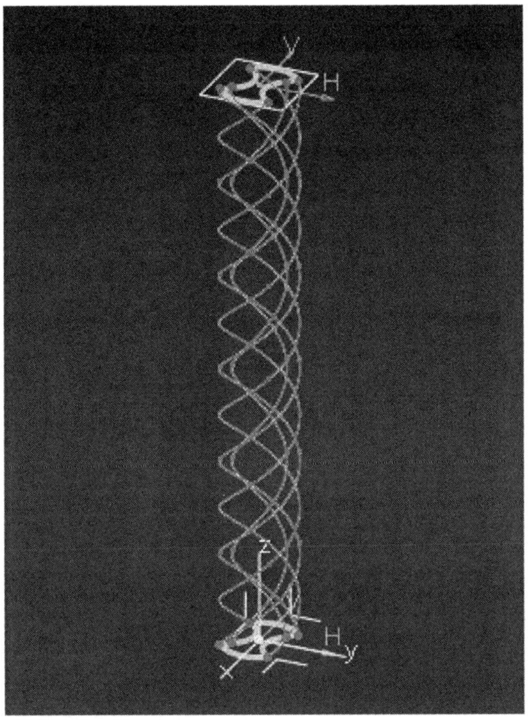

5. Multi-Sections Solid( )명령을 실행한다.
 ▸ 기준면의 단면형상과 Offset평면의 단면형상이 Helix curve를 Guide로 하여 솔리드모델을 만든다.(Closing Point의 위치와 방향을 일치시켜야 한다.)

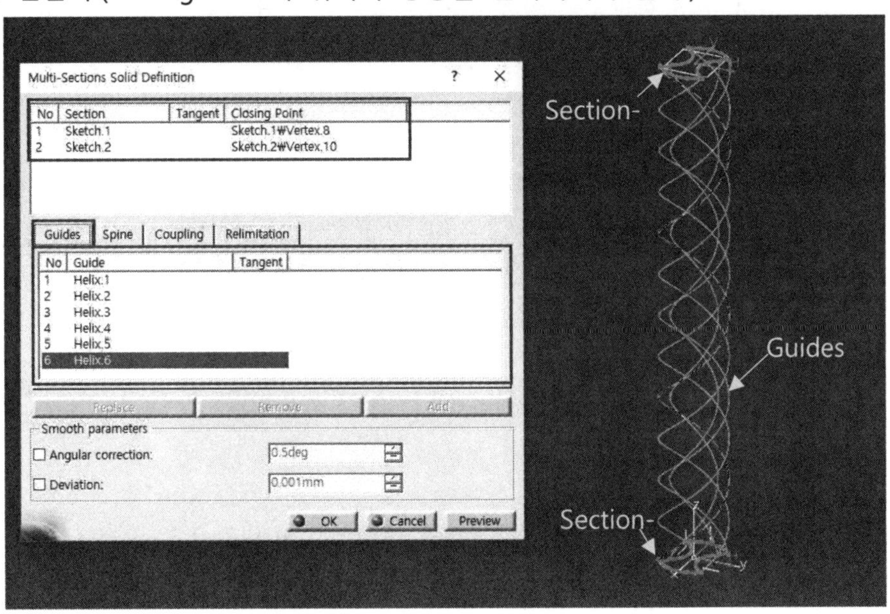

6. Preview 를 눌러 실행결과를 먼저 확인한 후 이상이 없으면 OK 를 클릭하여 모델링 작업을 완료한다.

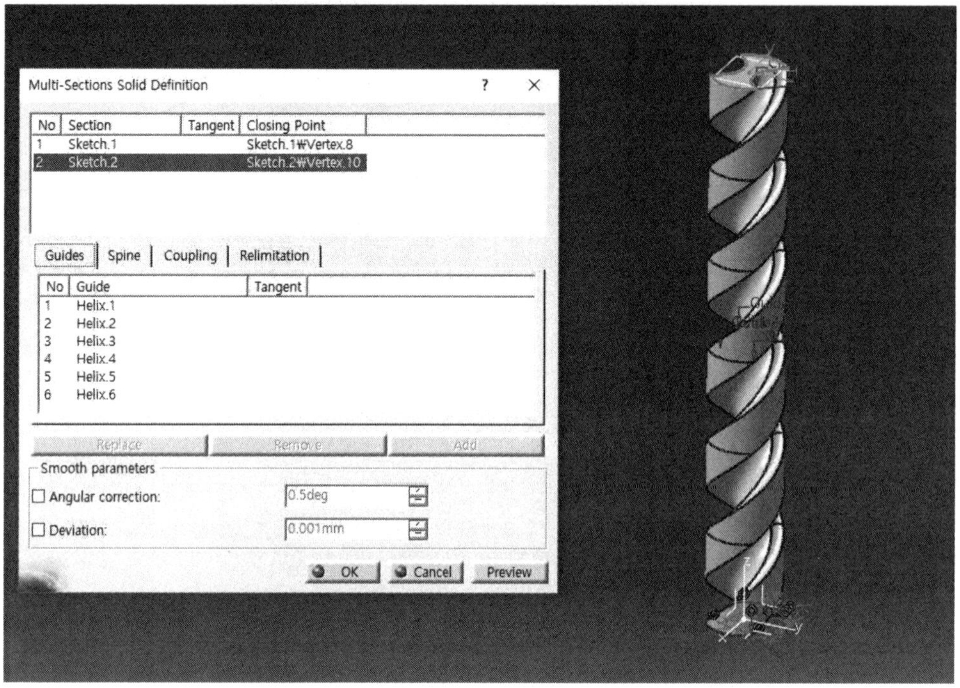

7. 드릴의 Tip부분 형상을 만든다.
 ▸ 정면도(Front view)를 참조하여 형상을 만든다.

 1) Positioned Sketch( )명령을 실행하고 y-z평면을 선택한다.

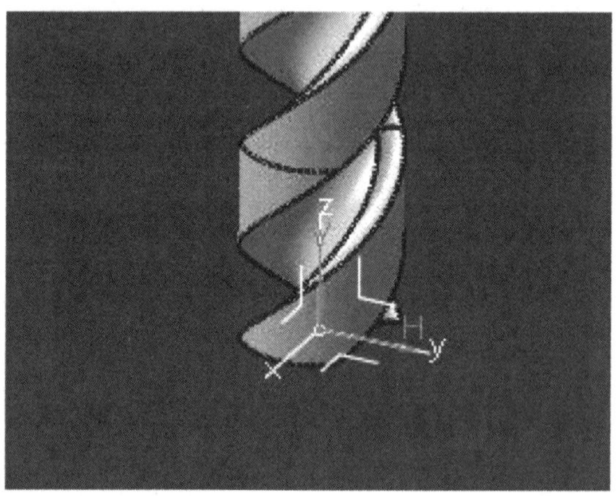

 2) 축의 방향(H축, V축)을 확인하고 OK 를 눌러 스케치로 진입한다.

3) Profile( )명령으로 정면도의 Tip부분 형상을 그리고 완전구속한다.

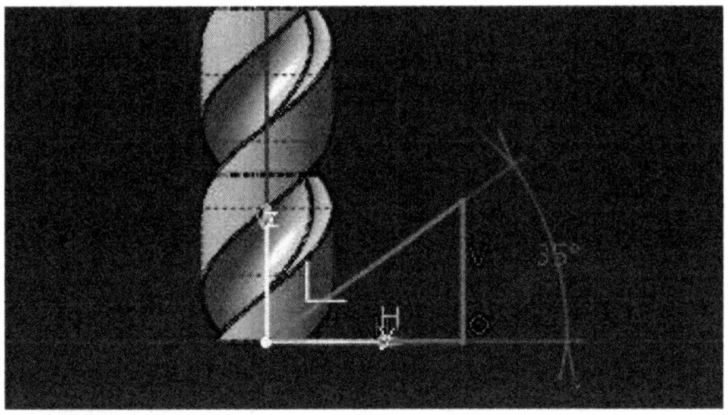

4) Exit Workbench( )명령을 클릭하여 스케치작업을 종료하고 파트디자인워크벤치 (Part Design Workbench)로 이동한다.

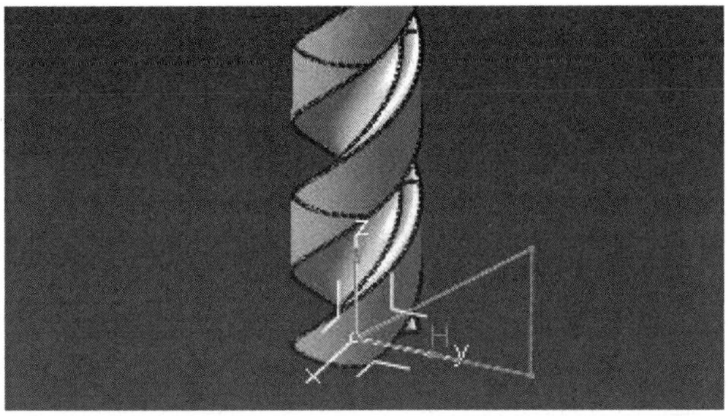

5) Groove( )명령을 실행하고 Tip형상을 만든다.

▸ z축을 회전의 중심축으로 Profile을 360°회전시켜 솔리드모델을 파낸다.

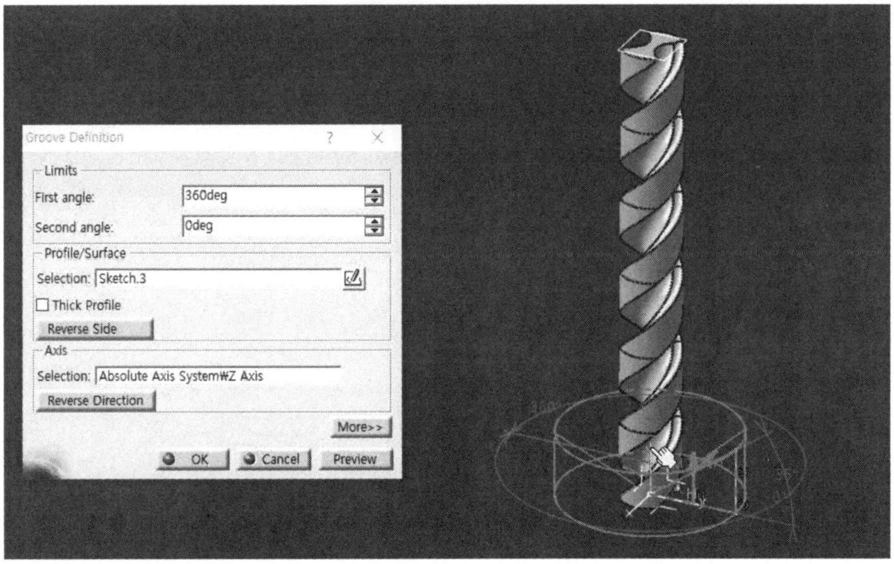

▸ Preview 를 눌러 실행결과를 확인한다.

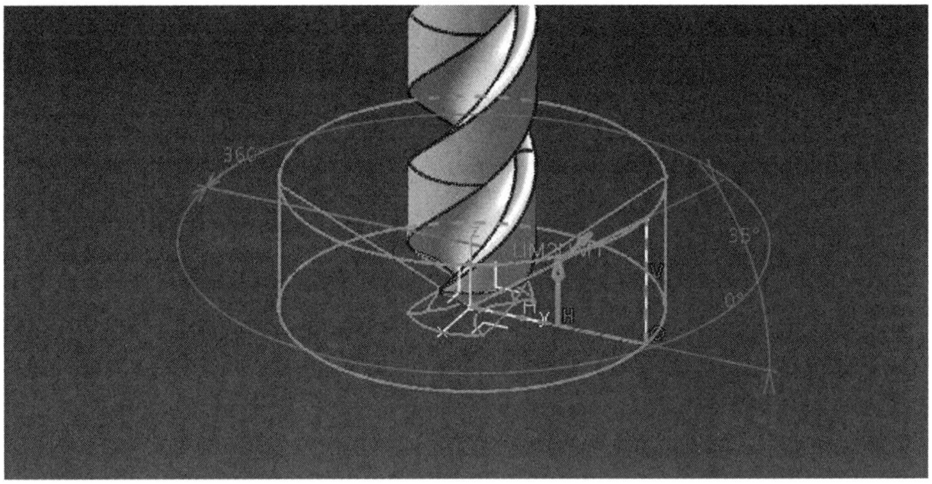

8. OK 를 눌러 모델링 작업을 완료한다.

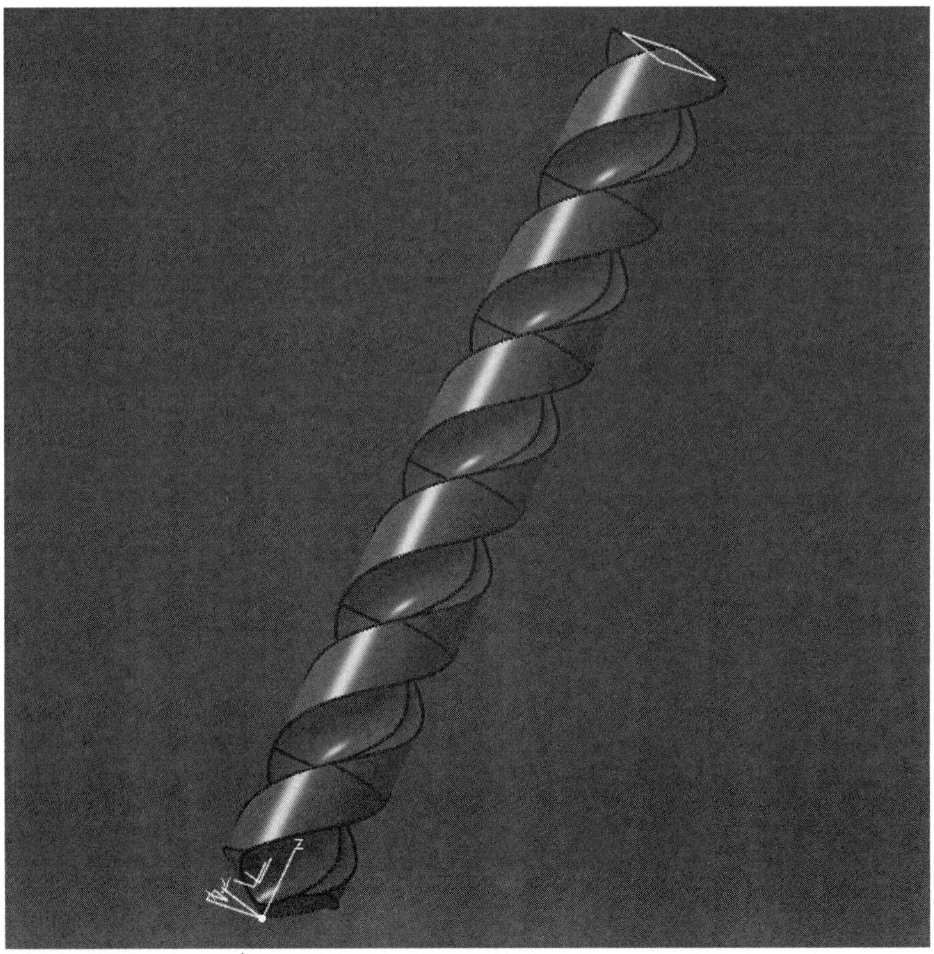

예제7

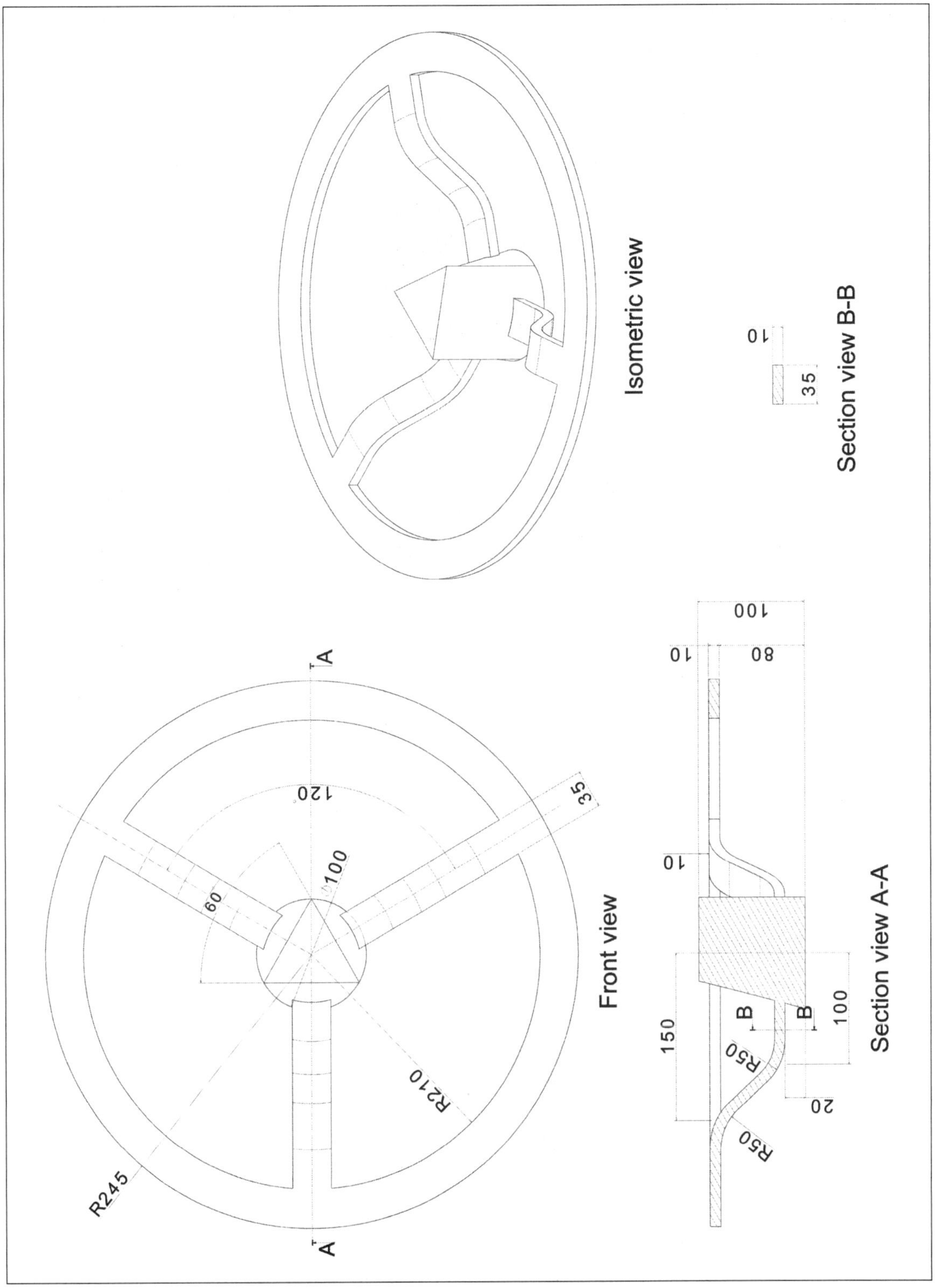
Isometric view
Section view B-B
10
35
Front view
Section view A-A
A
A
120
35
Ø100
60
R210
R245
100
10
80
10
150
B
B
100
R50
20
R50

1. 정면도(Front view)를 기준으로 모델링을 시작한다.
   원반형태의 모양을 먼저 만든다. 원반형태를 만들기 위하여 정면도에서 단면의 형상을 그린 후 z축을 중심으로 360° 회전시킨다.

   1) Positioned Sketch( )명령을 실행하고 y-z평면을 선택한다.

      ▸ 축의 방향(H축, V축)을 확인하고 OK 를 눌러 스케치로 진입한다.

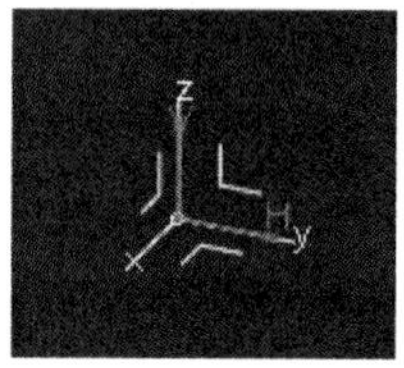

   2) Profile( )명령과 Corner( )명령을 이용하여 형상을 완성한다.
   3) Profile에 치수를 부여하고 구속한다.

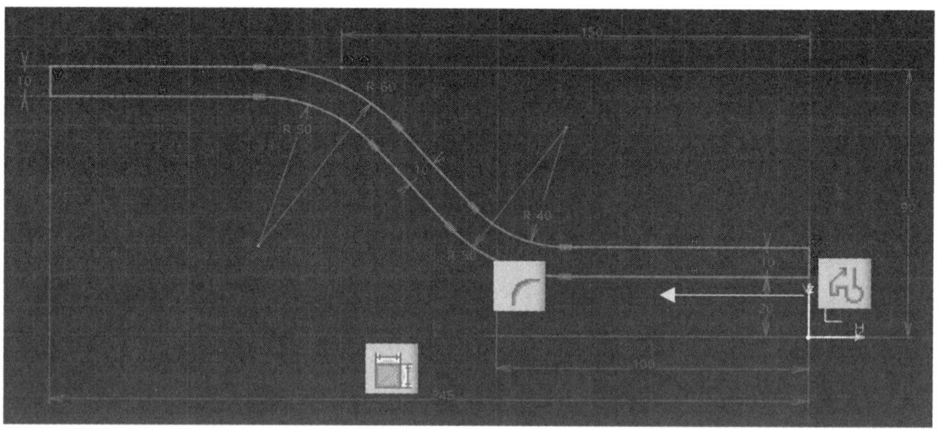

   4) Exit Workbench( )명령을 클릭하여 스케치작업을 종료하고 파트디자인워크벤치(Part Design Workbench)로 이동한다.

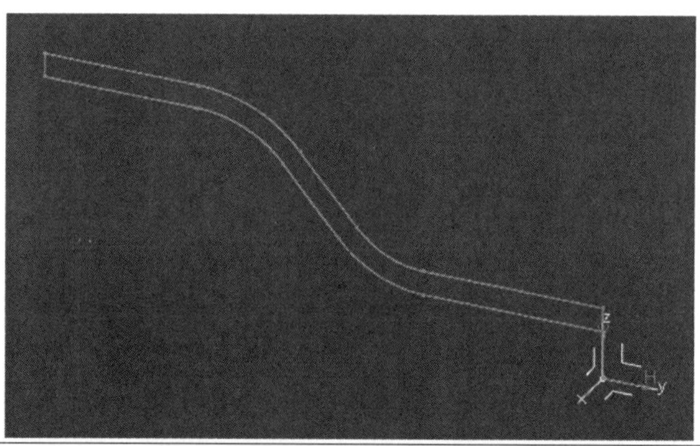

5) Rotate( )명령을 실행하고 z축을 중심축으로 Profile을 360°회전하여 솔리드모델을 만든다.

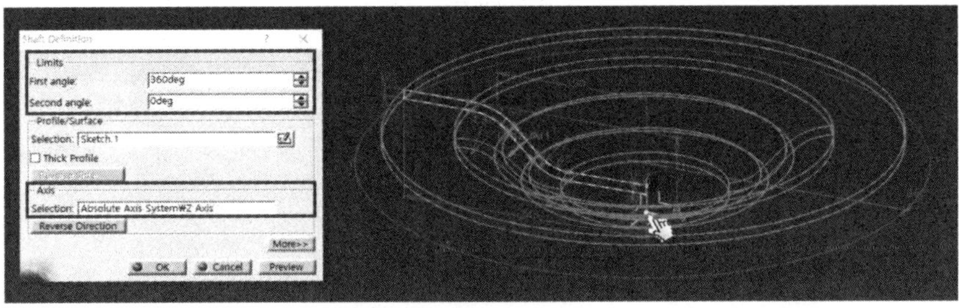

▸ Preview 를 눌러 실행결과를 먼저 확인한다.

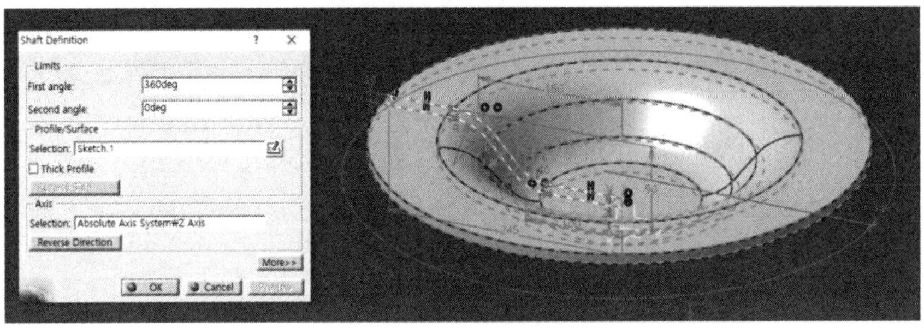

▸ OK 를 눌러 모델링 작업을 완료한다.

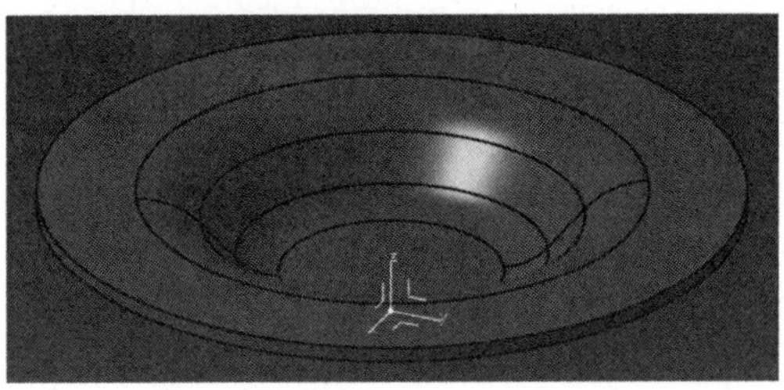

2. 솔리드모델에 3개의 홈을 만든다. 정면도(Front view)의 치수를 참조하여 홀의 형상을 만든다.

1) Positioned Sketch( )명령을 실행하고 x-y평면을 선택한다.

▸ 축의 방향(H축, V축)을 확인하고 OK 를 눌러 스케치로 진입한다.

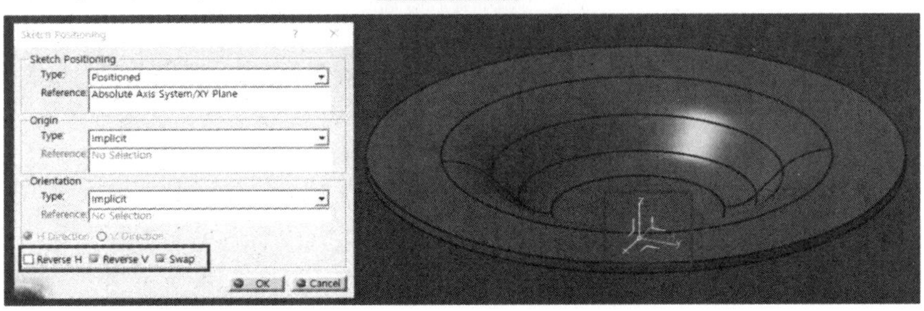

2) Profile 형상을 그리고 완전구속한다.

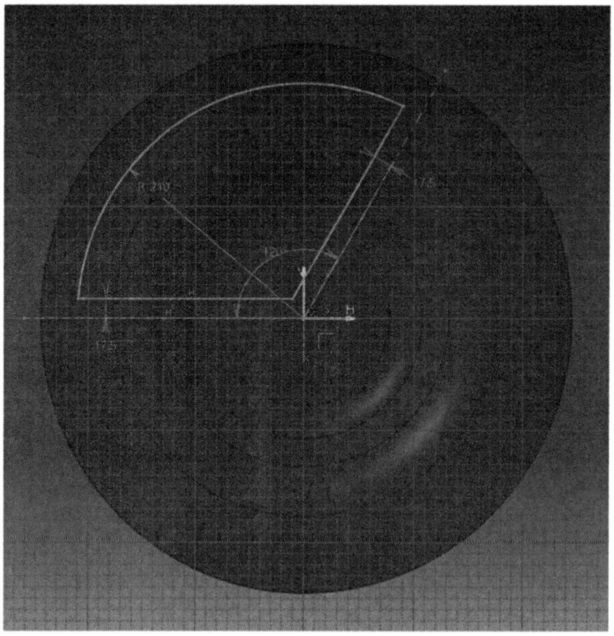

3) Exit Workbench( )명령을 클릭하여 스케치작업을 종료하고 파트디자인워크벤치 (Part Design Workbench)로 이동한다.

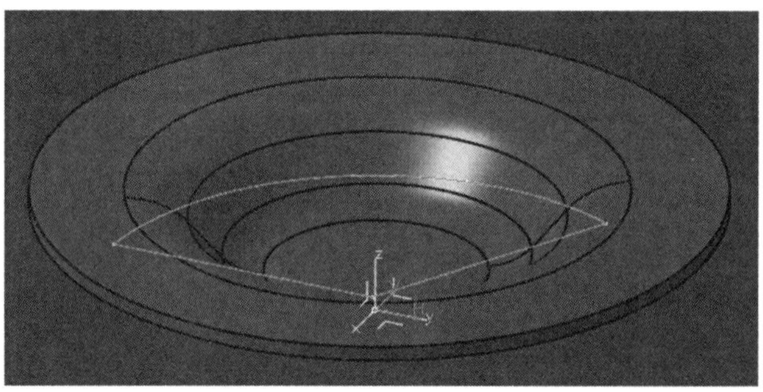

4) Pocket( )명령을 실행한다.

▸ First Limit Type: "Up to next" 선택

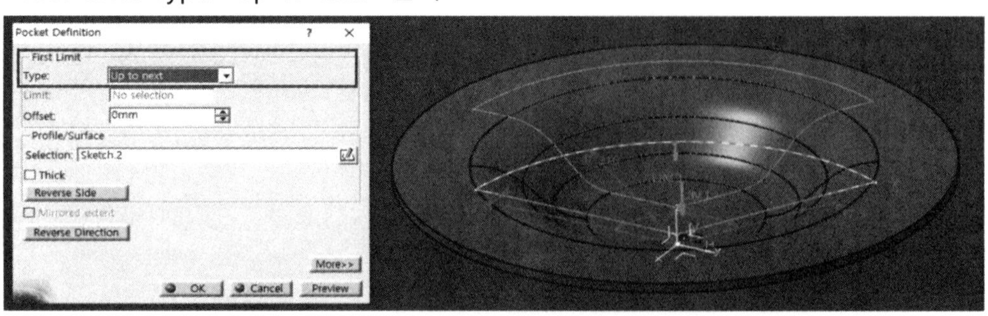

▸ Preview 를 눌러 실행결과를 확인하고 OK 를 눌러 모델링 작업을 완료한다.

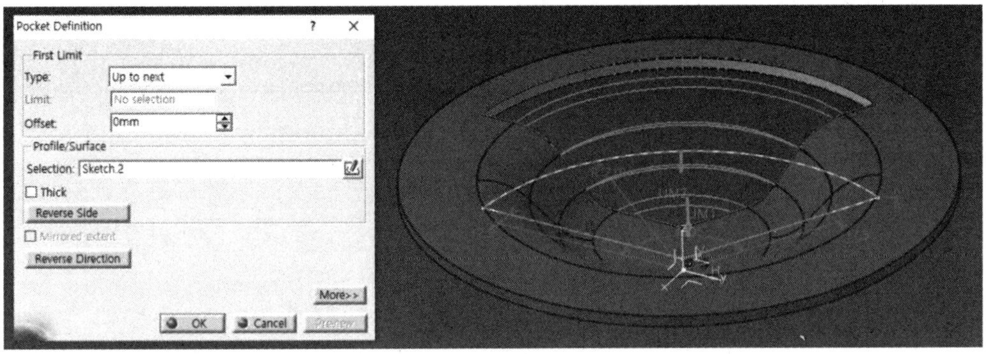

5) 원반형상의 솔리드모델에 세 개의 홈을 생성한다.

▸ 먼저 앞의 4)단계에서 생성한 홈 형상을 선택한다.

▸ Circular Pattern( )명령을 실행한다.

① Parameters: Instance(s) & angular spacing
② Instances: 3
③ Angular spacing: 120deg
④ Reference Direction: Z Axis

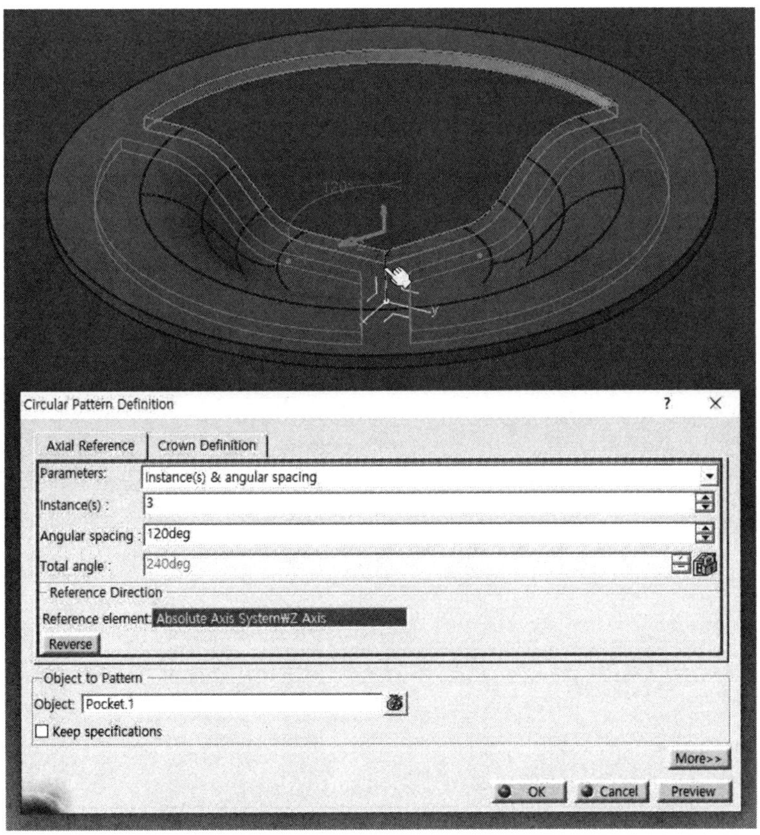

▸ Preview 를 눌러 실행결과를 확인한다.

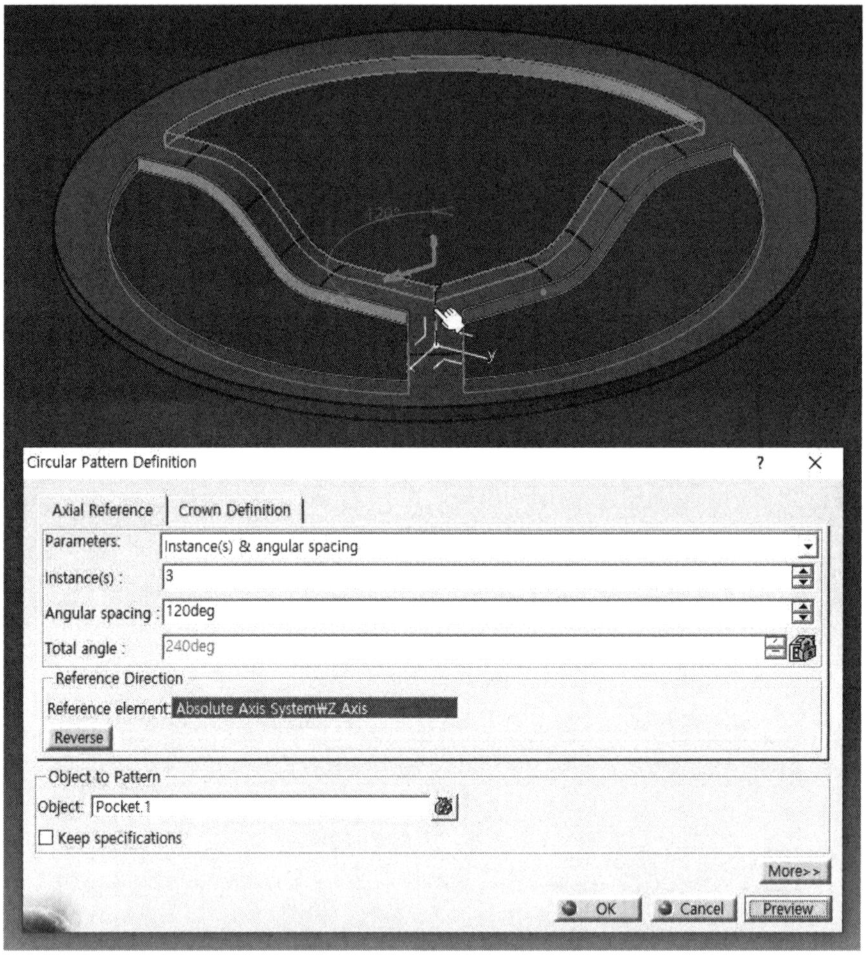

▸ OK 를 눌러 모델링 작업을 완료한다.

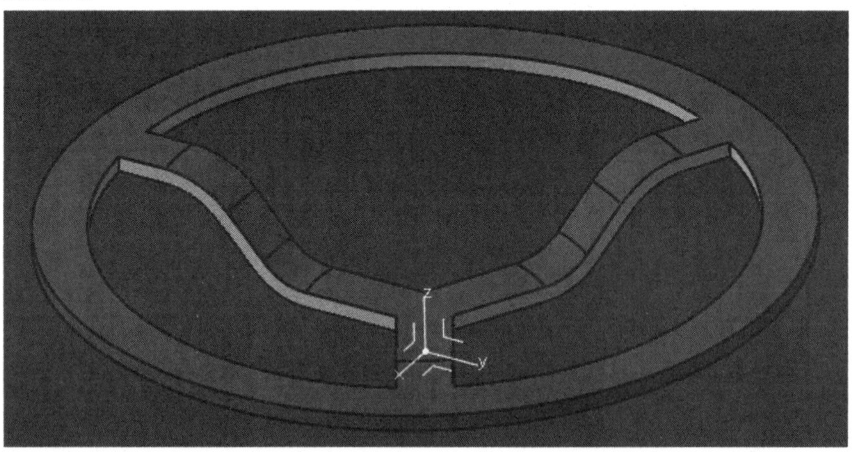

3. 솔리드모델 중앙부의 기둥형상을 만든다.

- 기둥형상의 밑면(원)과 윗면(삼각형)의 형상이 다르므로 Multi-Sections Solid( )명령을 사용한다.
- 기둥형상의 밑면 위치는 기준평면이다.(기준평면에 원을 그린다.)
- 기둥형상의 윗면 위치는 기준평면에서 z축 방향으로 100 mm offset되어 있다.(Offset된 가상의 평면에 삼각형을 그린다.)

1) 먼저 밑면 형상(기준평면, 원)을 그린다.

① Positioned Sketch( )명령을 실행하고 x-y평면을 선택한다.

▹ 축의 방향(H축, V축)을 확인하고 OK 를 눌러 스케치로 진입한다.

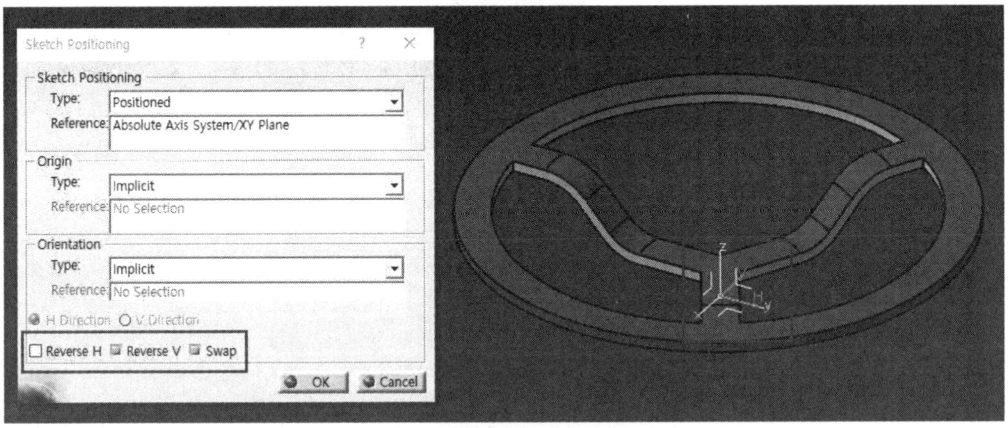

② 직경(D) 100 mm인 원을 그린다.

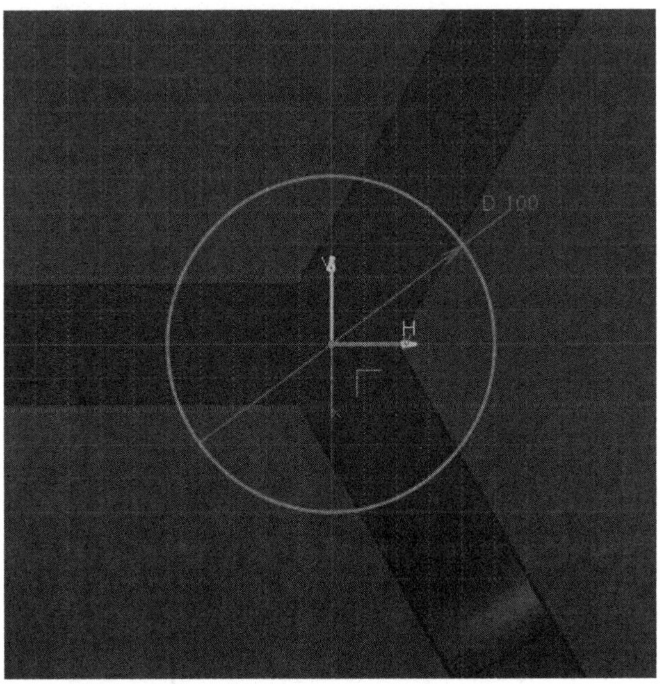

2) 윗면 형상을 그린다.

① 윗면 형상을 그리기 위하여 가상의 평면(Plane)을 생성한다.

▹ Reference Elements 툴바의 Plane( )명령을 실행하고 기준평면으로부터 100 mm Offset된 가상의 평면(Plane)을 생성한다.

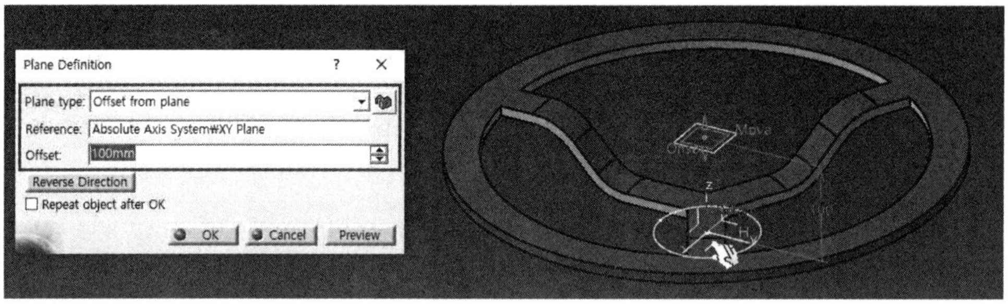

▹ Positioned Sketch( )명령을 실행하고 위에서 생성한 평면(Plane)을 선택한다.

▹ 축의 방향(H축, V축)을 확인하고 OK 를 눌러 스케치로 진입한다.

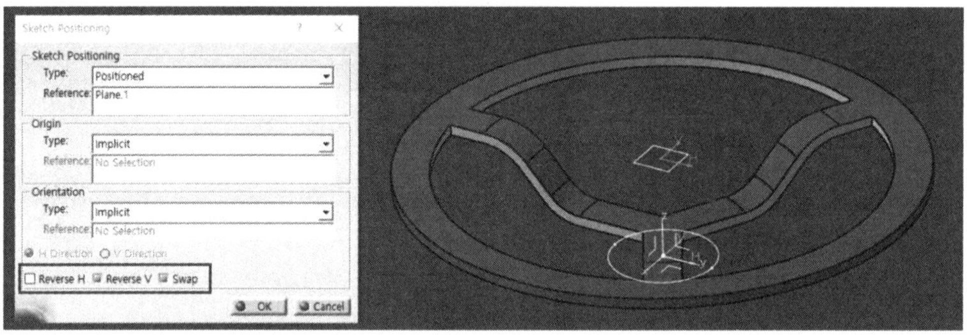

② Profile( )명령으로 삼각형을 그리고 구속조건을 부여하여 완전구속한다.

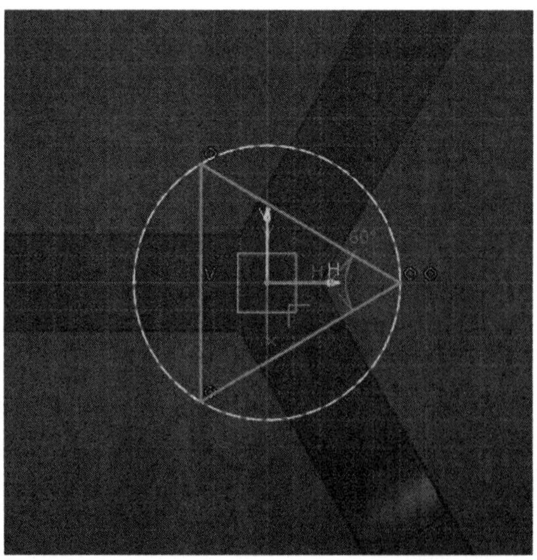

3) 밑면형상과 윗면형상을 Multi-sections solid( )명령으로 연결하여 중앙부 기둥형상을 만든다.

① 먼저 Reference Elements 툴바의 Point( )명령을 실행하고 밑면형상인 원에 윗면형상인 삼각형의 꼭지점을 투영한 Point를 생성한다. 이 Point는 밑면과 윗면형상이 Multi-sections solid명령으로 서로 연결되어 솔리드모델을 만들 때 'Closing Point"로 사용된다.

▹ Point type: "On curve"를 선택한다.
▹ 밑면 원을 먼저 선택하고 윗면 삼각형의 꼭지점 위에 커서를 둔다.

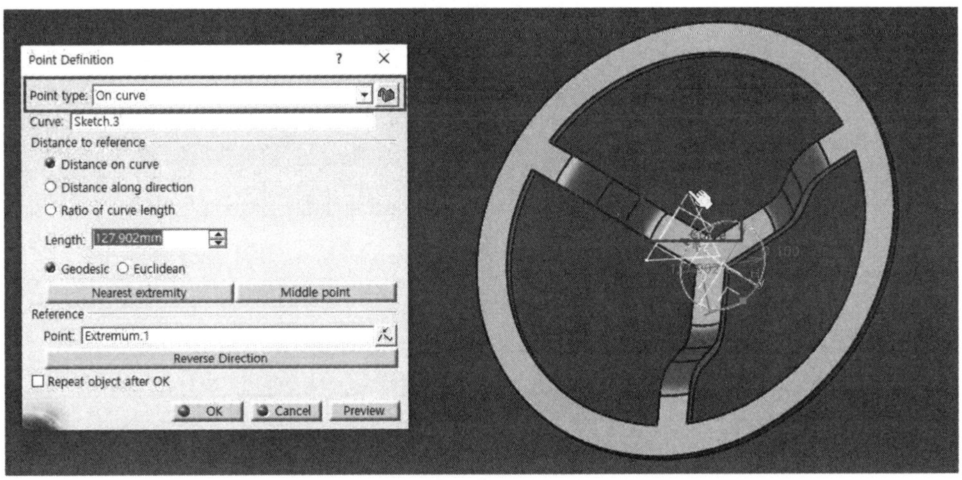

▹ 커서가 꼭지점을 찾으면 아래 그림처럼 일치구속이 부여되며, 밑면 원 위에 윗면 삼각형의 꼭지점을 투영한 Point가 생성된다.

② Multi-sections solid( )명령을 실행한다.

- ▹ 밑면 원을 선택한다.
- ▹ 앞서 생성한 Point를 선택하여 Closing Point로 지정한다.
- ▹ 윗면 삼각형을 선택한다.
- ▹ Closing Point를 밑면 원의 Closing Point와 일치시키고 화살표의 방향을 확인한 후 필요시 방향을 수정한다.(두 화살표의 방향은 서로 같아야 하며 반대방향인 경우 화살표를 클릭하여 방향을 바꿀 수 있다.)

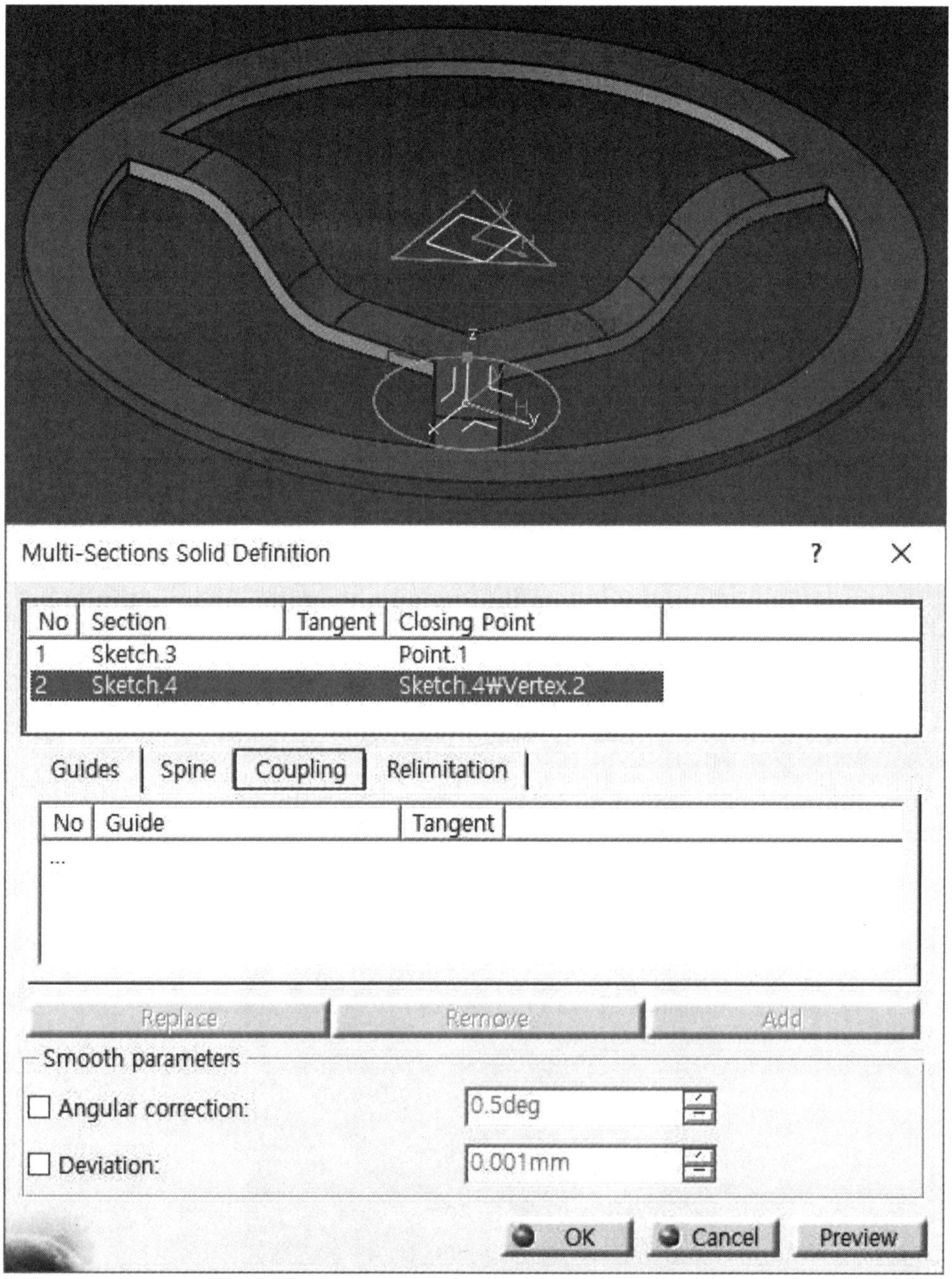

▹【Coupling 메뉴】에서 【Sections coupling 옵션】을 "Ratio"로 선택한다.

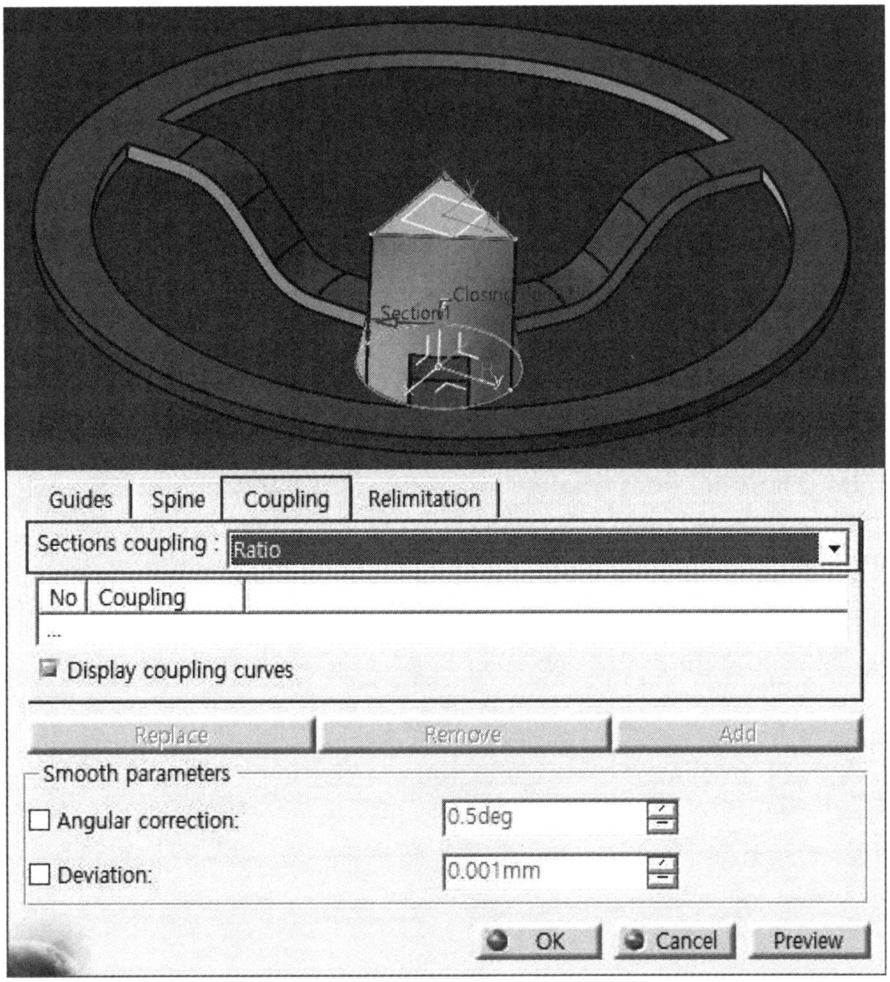

4. OK 를 눌러 모델링 작업을 완료한다.

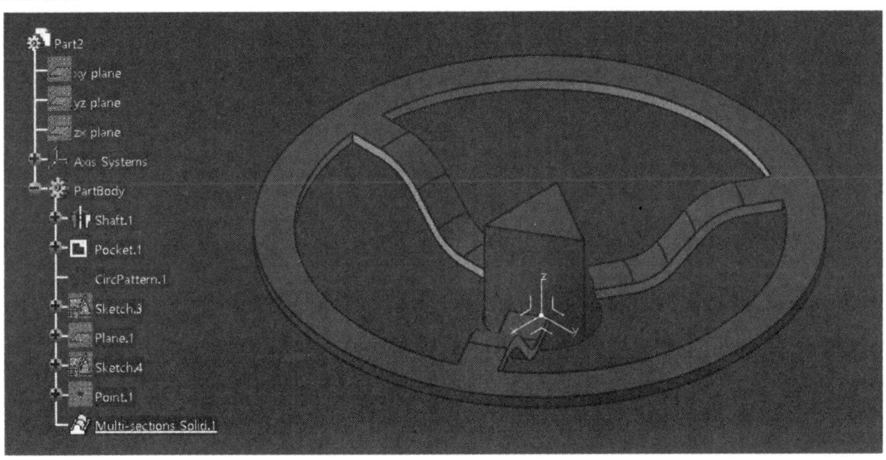

예제8

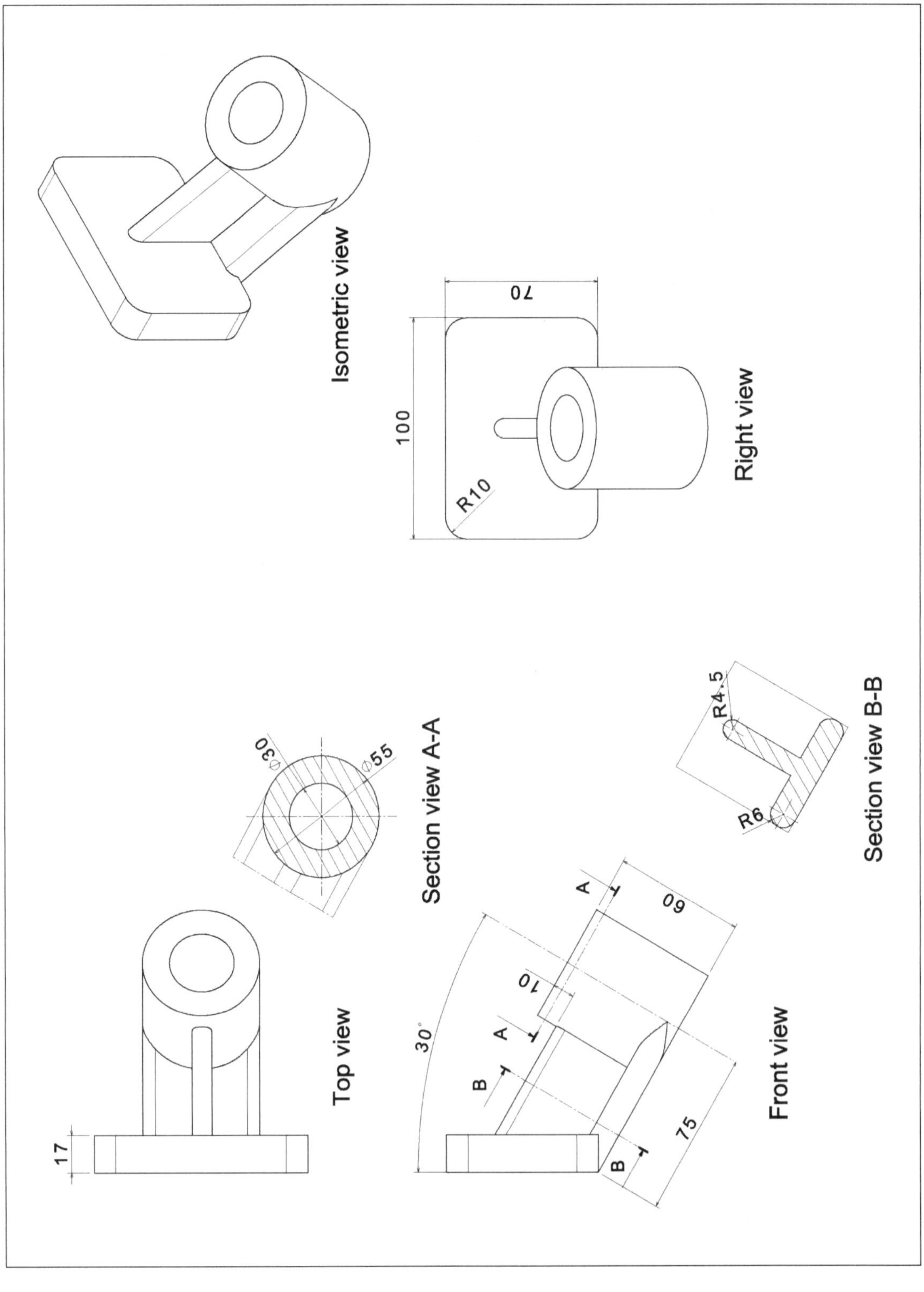
Isometric view
Right view
100
70
R10
Section view A-A
⌀30
⌀55
Section view B-B
R4.5
R6
Top view
17
Front view
30°
60
10
75
A
A
B
B

1. 우측면도(Right view)를 기준으로 모델링을 시작한다.

1) Positioned Sketch( )명령을 실행하고 x-z평면을 선택한다.

▸ 축의 방향(H축, V축)을 확인하고 OK 를 눌러 스케치로 진입한다.

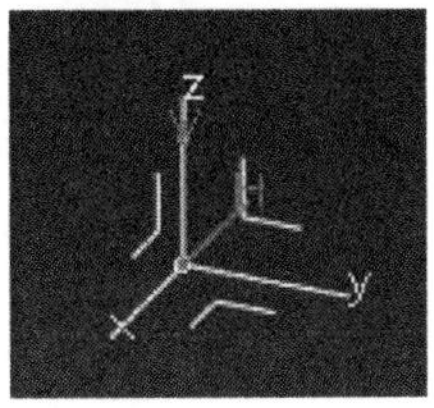

2) Rectangle( )명령으로 사각형을 그린다.(v축을 기준으로 좌우대칭구속한다.)

3) 치수구속을 부여하여 Profile을 완전구속( )한다.

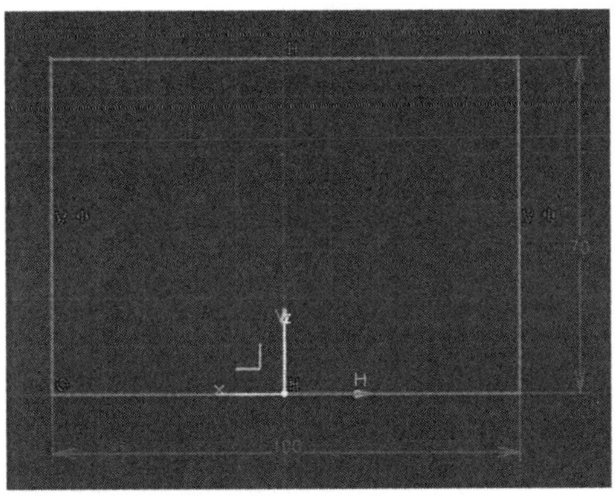

4) Exit Workbench( )명령을 클릭하여 스케치작업을 종료하고 파트디자인워크벤치(Part Design Workbench)로 이동한다.

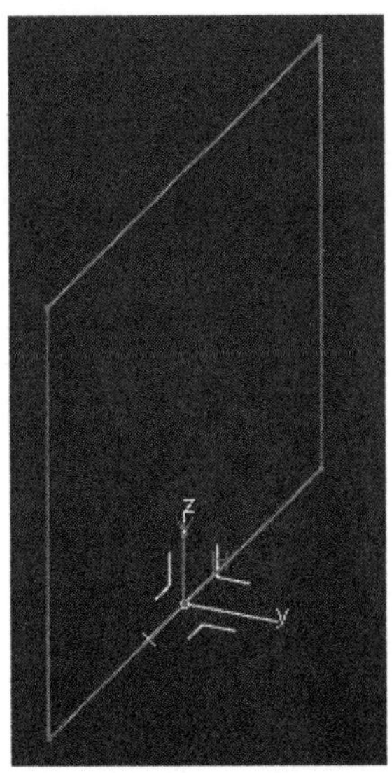

5) Pad( )명령을 실행하여 솔리드모델을 만든다.(L=17 mm)

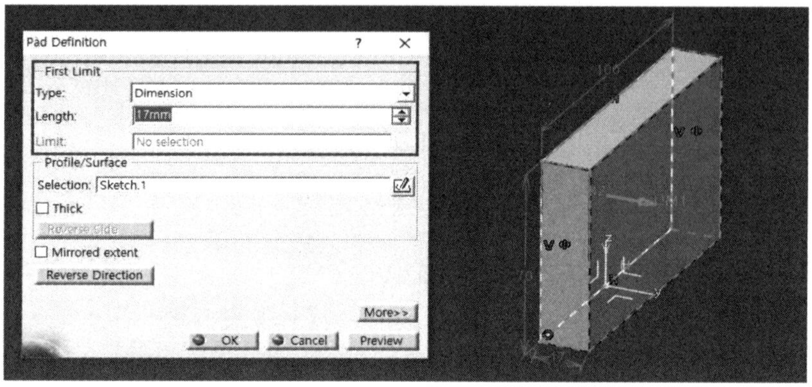

2. 생성한 솔리드모델과 우측의 원통모양 솔리드모델을 연결하는 "ㅗ"형상의 솔리드모델을 만든다.(Section view B-B를 참조한다.)
   1) "ㅗ"형상의 솔리드모델은 x-z평면에 대해 x축을 기준으로 30° 기울어 있는 동시에 원점으로부터 75 mm떨어진 위치에 있는 가상의 평면(Plane)상에 Profile을 그리고 Pad 명령을 이용하여 좌측 솔리드모델까지 돌출하여 만든다.
   2) Reference Element툴바의 Plane( )명령으로 Profile을 그릴 가상의 평면을 생성한다.

① 먼저 원점 좌표 상에 x축을 기준으로 30° 기울어 진 평면을 만든다.

② Plane( )명령을 실행한다.
- ▹ Plane type: Angle/Normal to plane
- ▹ Rotation axis: X Axis
- ▹ Reference: ZX Plane
- ▹ Angle: -30°

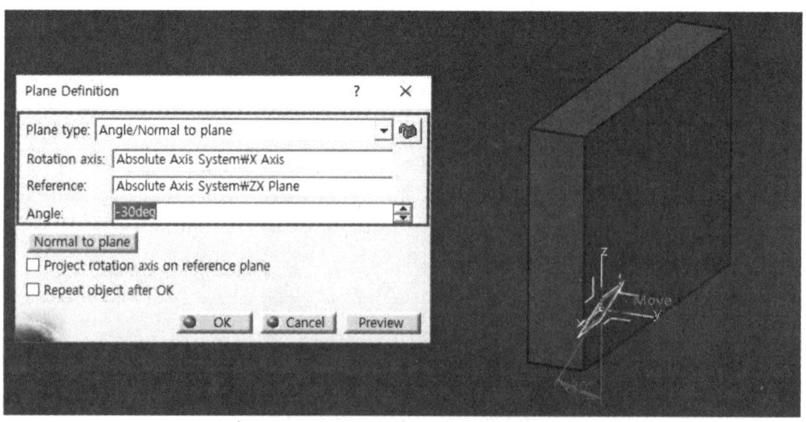

③ 이 평면으로부터 75 mm Offset하여 가상의 평면을 만든다.

④ Plane( )명령을 실행한다.
- ▹ Plane type: Offset from plane
- ▹ Reference: Plane.1
- ▹ Offset: 75 mm

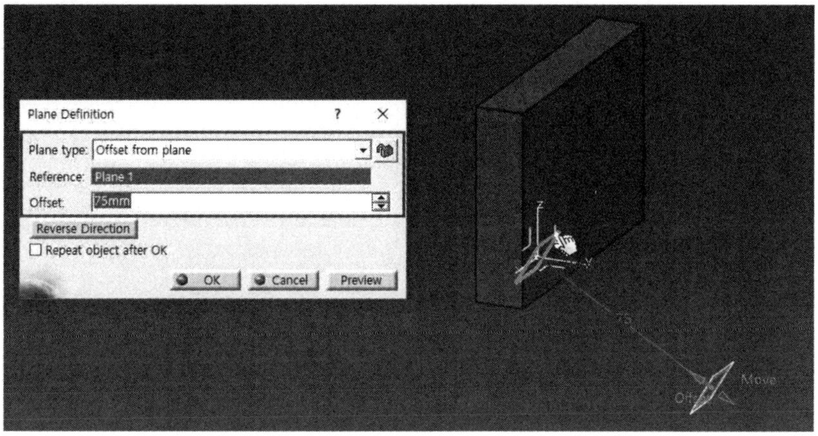

3) Positioned Sketch( )명령을 실행하고 Offset된 평면을 선택한다.
- ▸ 축의 방향(H축, V축)을 확인하고 OK 를 눌러 스케치로 진입한다.

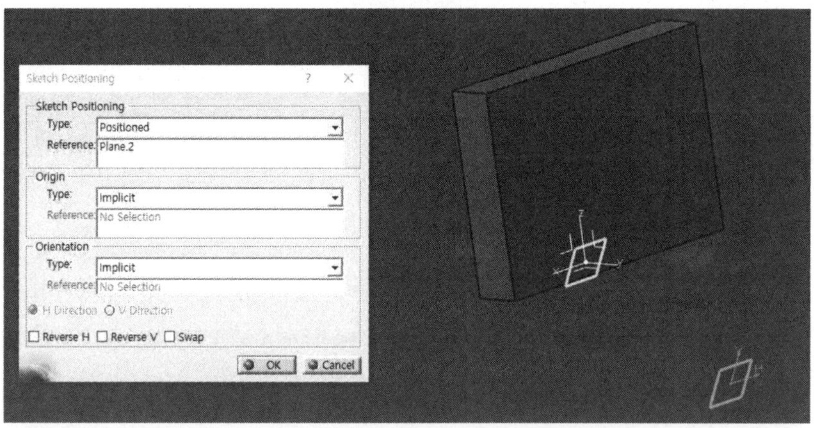

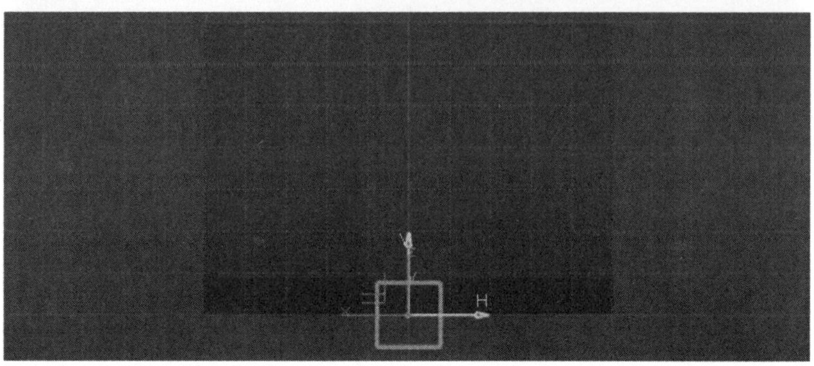

4) Profile( )명령으로 형상을 그린다.

5) 구속조건을 부여하여 Profile을 완전구속( )한다.

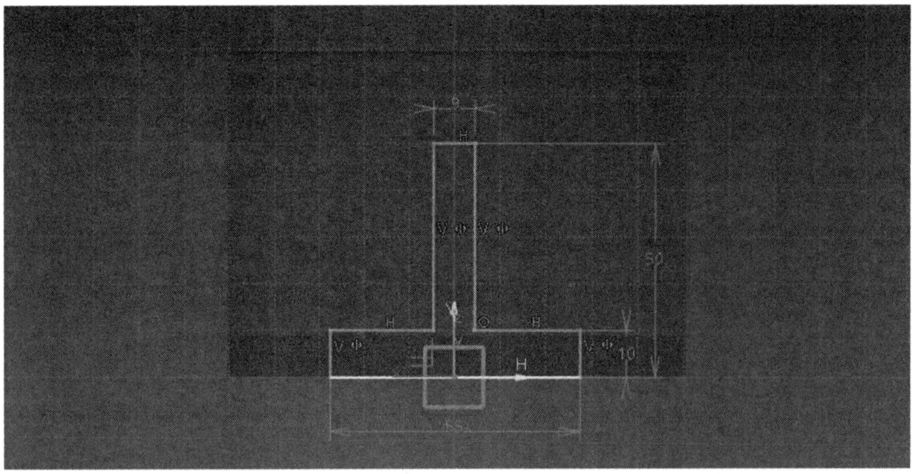

6) Exit Workbench( )명령을 클릭하여 스케치작업을 종료하고 파트디자인워크벤치 (Part Design Workbench)로 이동한다.

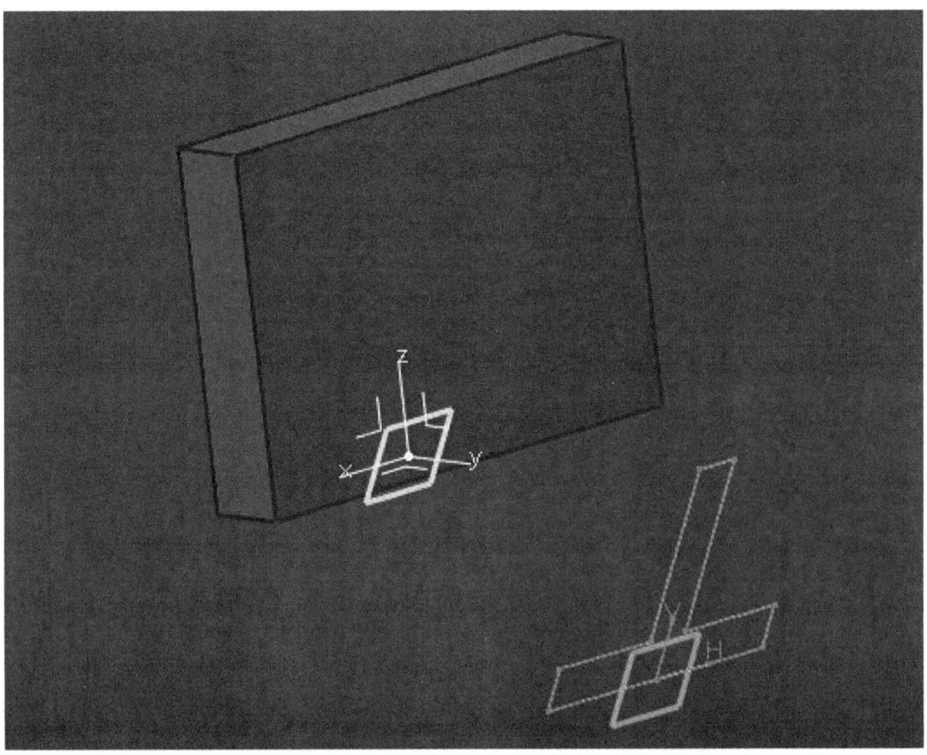

7) Pad( )명령을 실행하여 솔리드모델을 만든다.

▸ First Limit ▹ Type: Up to next

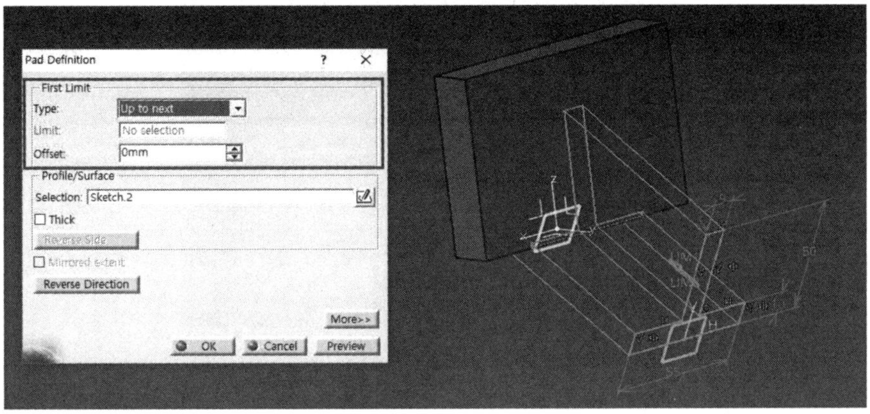

▸ Preview 를 눌러 실행결과를 확인하고 OK 를 눌러 모델링 작업을 완료한다.

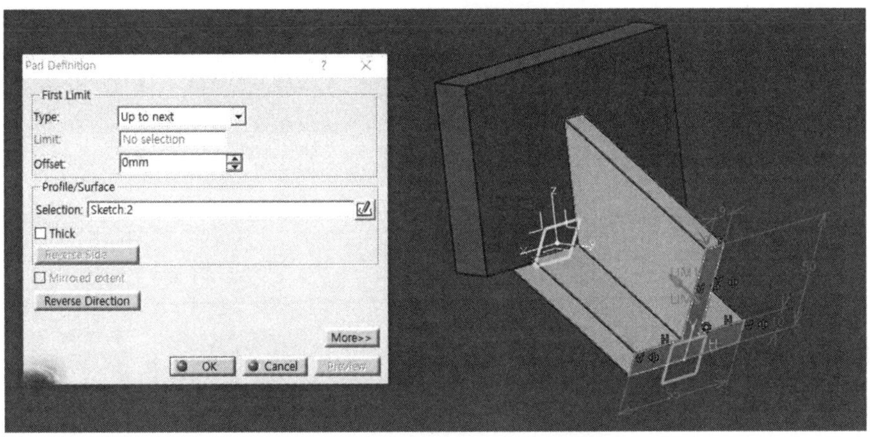

8) 생성한 솔리드모델의 가장자리에 Tritangent Fillet( )명령으로 필렛을 만든다.

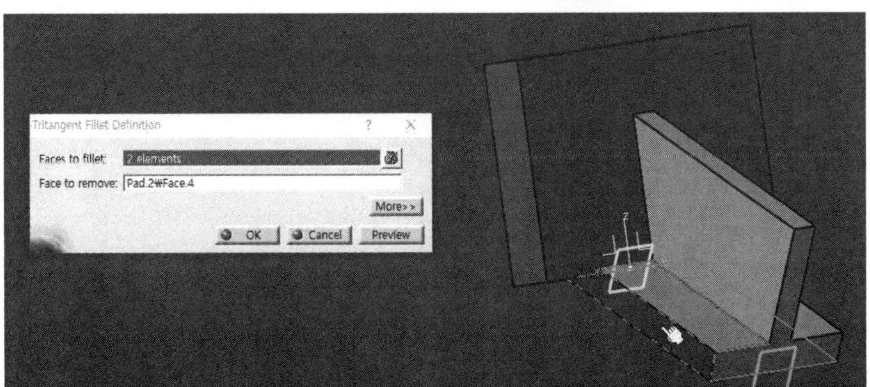

9) "ㅗ"형상의 솔리드모델을 완성한다.

3. 우측부의 기울어진 축을 가진 원통형상의 솔리드모델을 만든다.

1) Positioned Sketch( )명령을 실행하고 "ㅗ"형상 솔리드모델의 아랫면을 스케치평면으로 선택한다.(Section view A-A를 참조한다.)

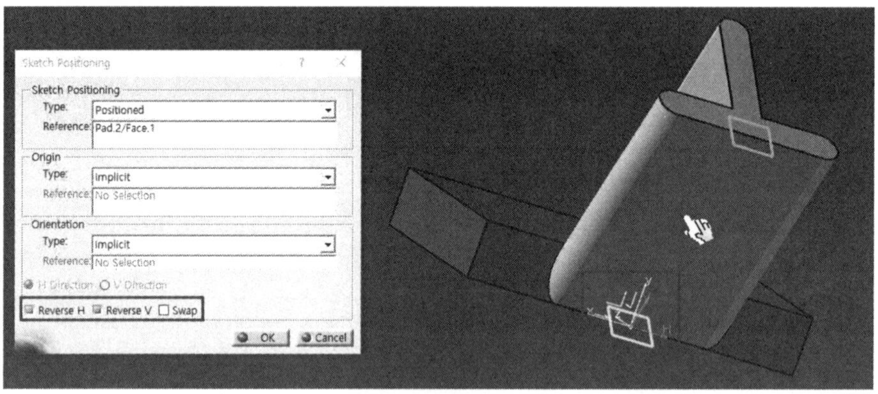

▸ 축의 방향(H축, V축)을 확인하고 [OK]를 눌러 스케치로 진입한다.

2) Circle( )명령으로 원을 그리고 완전구속한다.

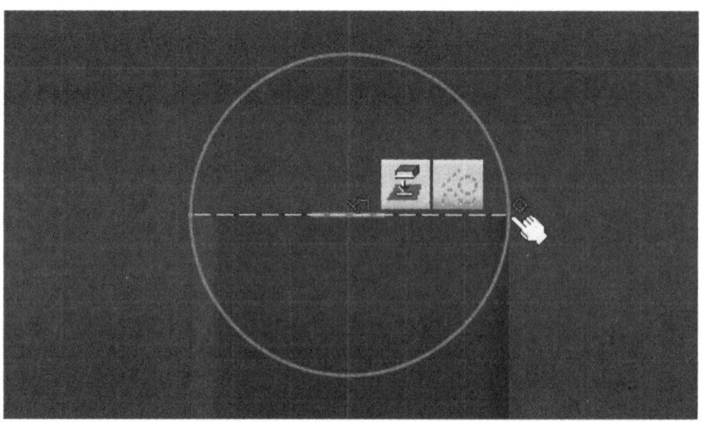

3) Exit Workbench( )명령을 클릭하여 스케치작업을 종료하고 파트디자인워크벤치(Part Design Workbench)로 이동한다.

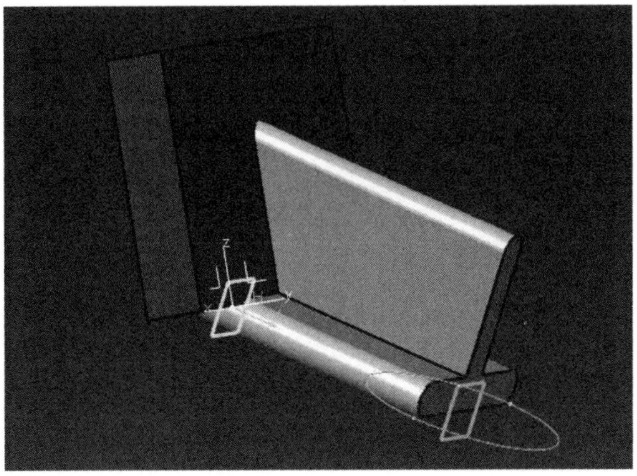

4) Pad( )명령을 실행하여 솔리드모델을 만든다.(L=60 mm)

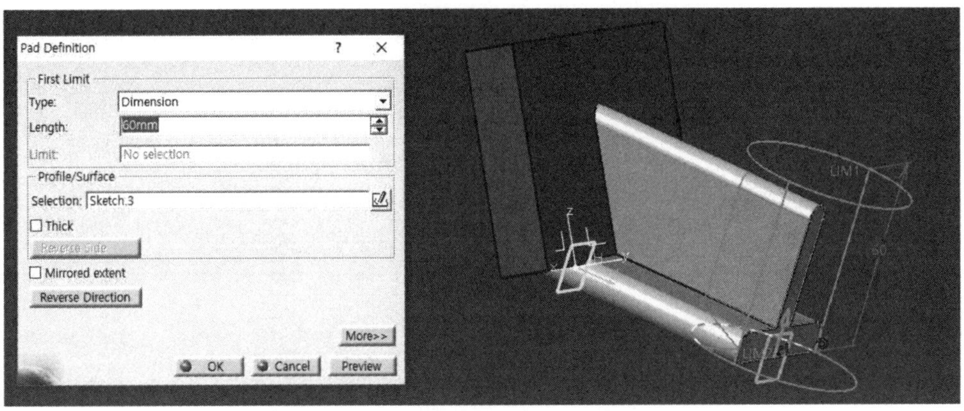

▸ OK 를 눌러 모델링 작업을 완료한다.

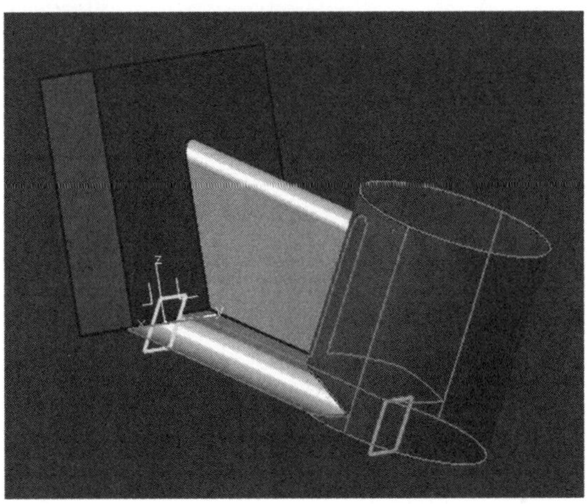

5) 원통형상을 관통하는 직경(D) 30 mm인 Hole을 만든다.

① Hole( )명령을 실행하고 원통의 윗면을 선택한다.

▹ Hole의 중심은 선택한 원통의 중심이 자동으로 선택된다.

② Extension 메뉴

▹ "Up To Next" 옵션 선택

③ Diameter: 30 mm

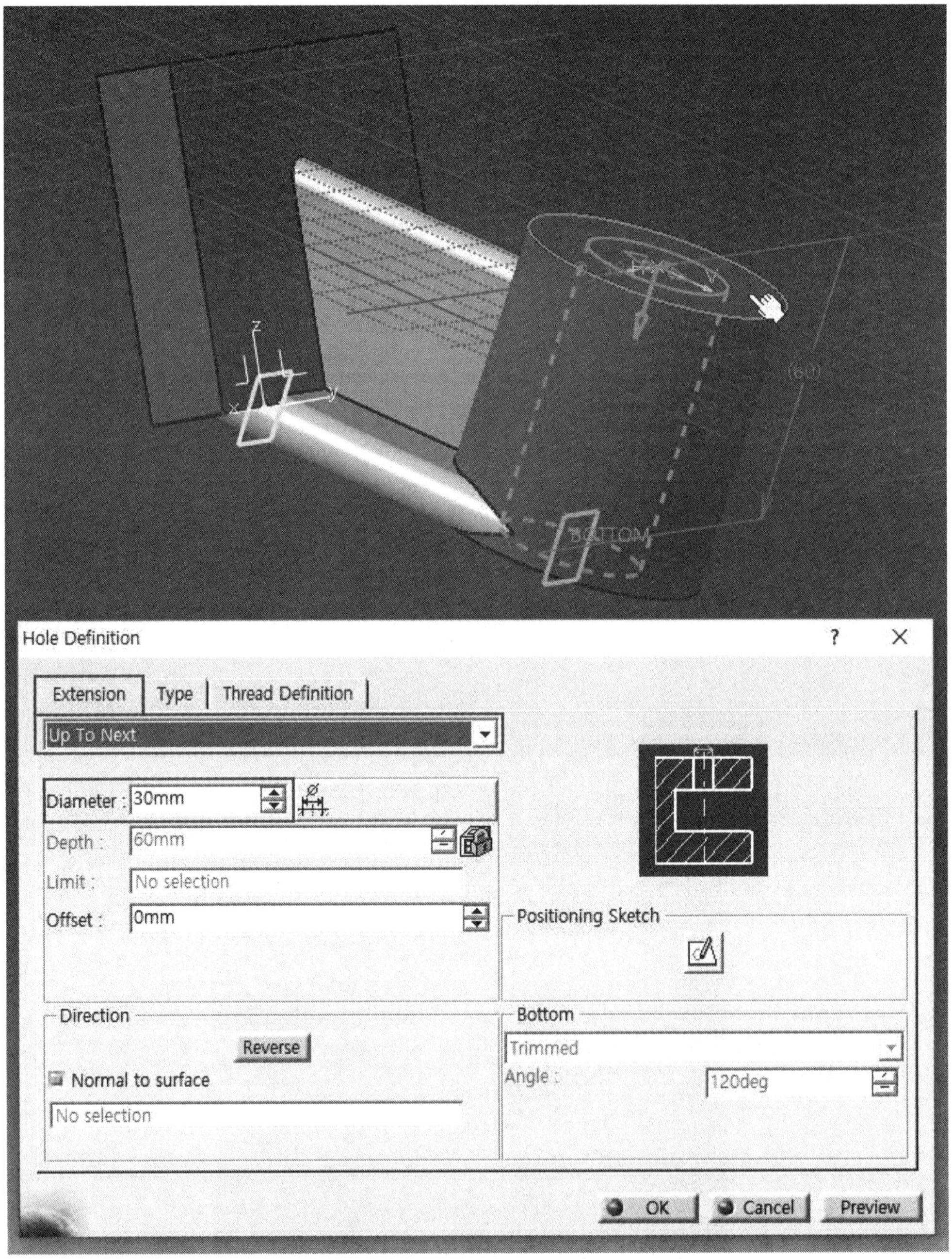

▸ OK 를 눌러 모델링 작업을 완료한다.

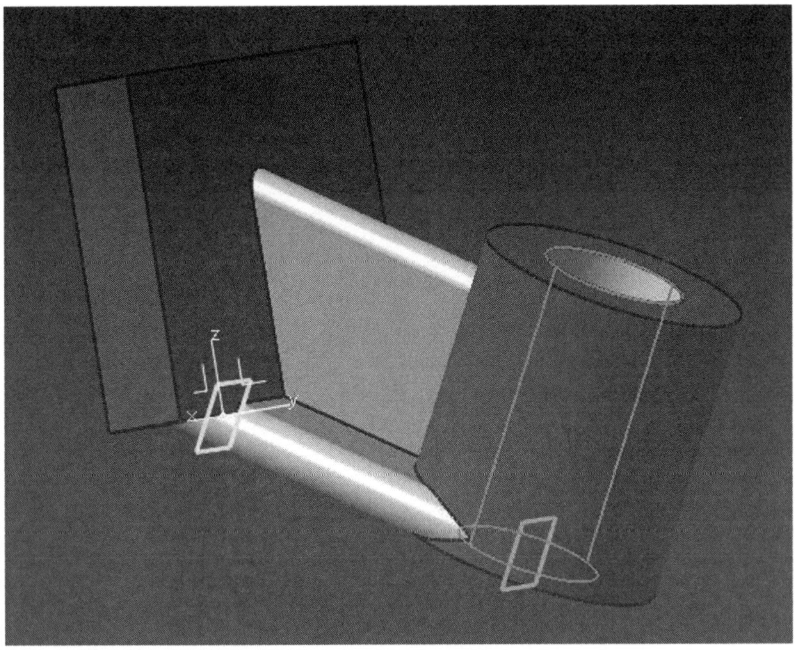

4. 솔리드모델의 모서리부에 Fillet을 만들고 모델링 작업을 완료한다.

▸ Edge Fillet( )명령을 실행하고 필렛(R=10 mm)을 만든다.

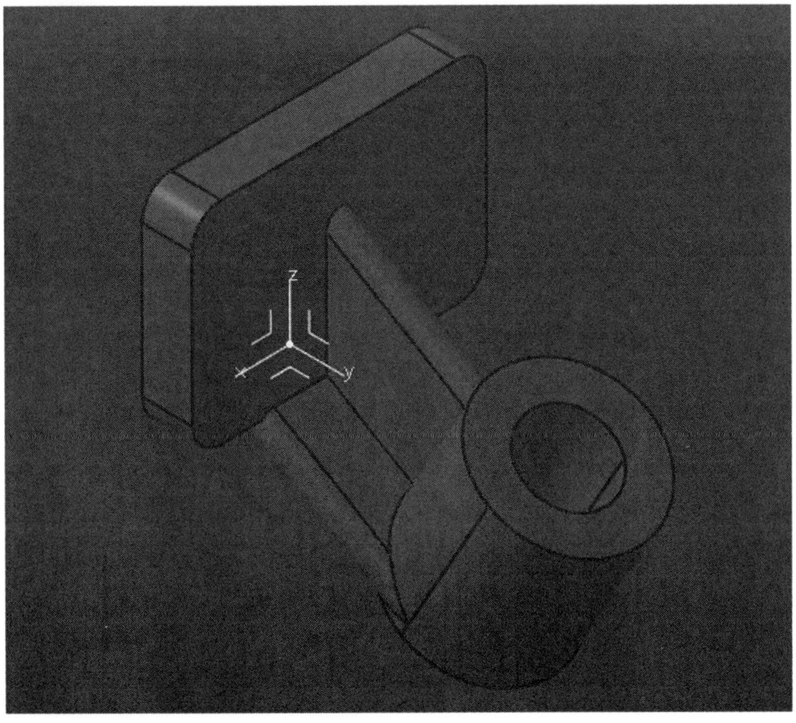

예제8

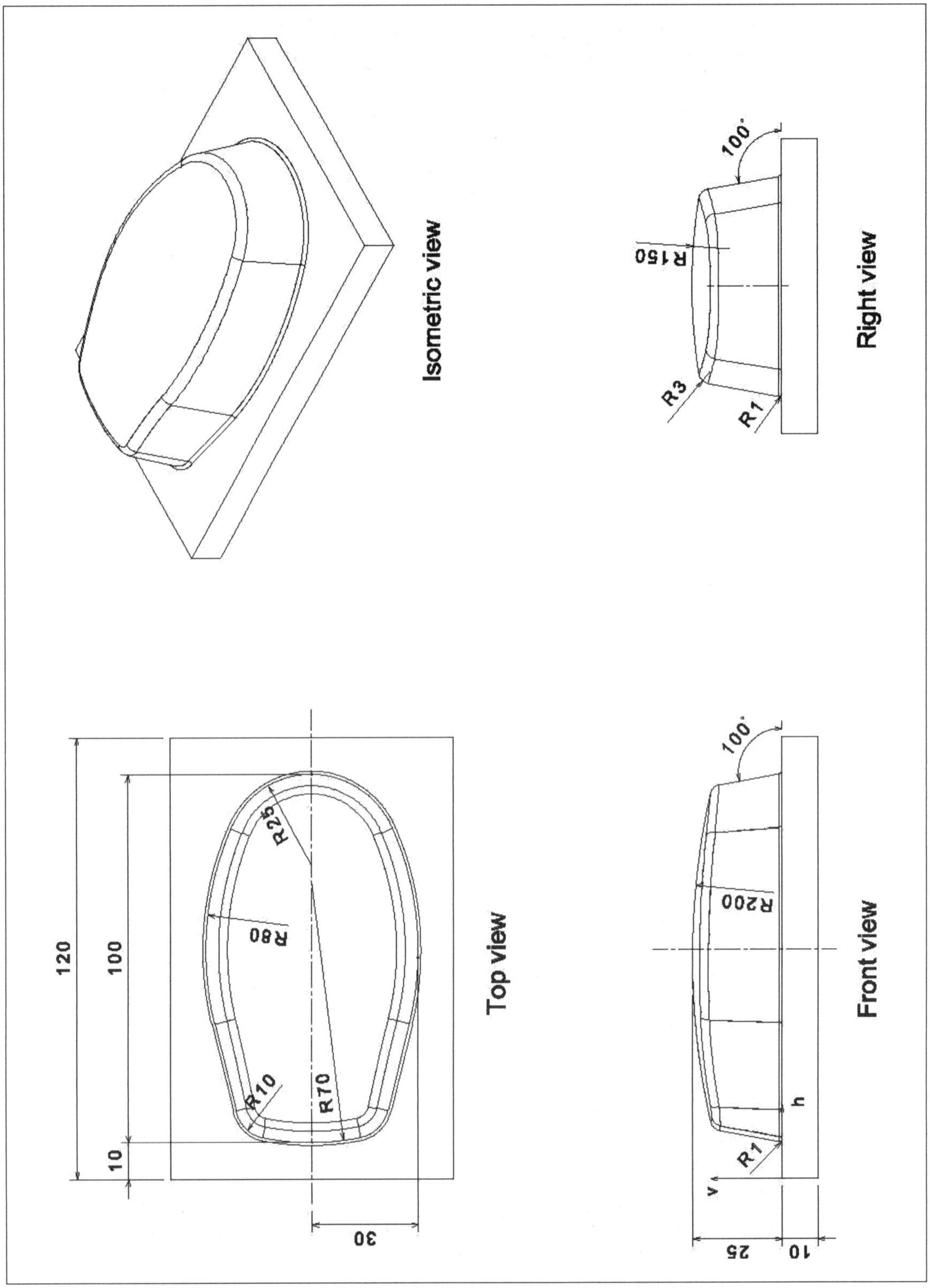
Isometric view
Right view
100°
R150
R3
R1
Top view
120
100
10
30
R25
R80
R10
R70
Front view
100°
R200
h
R1
v
25
10

1. 이 모델은 하부와 상부, 두 개의 Body로 나누어 작업하고 최종적으로 Boolean Operation (Assemble) 작업을 거쳐 완성 해보도록 하겠다.

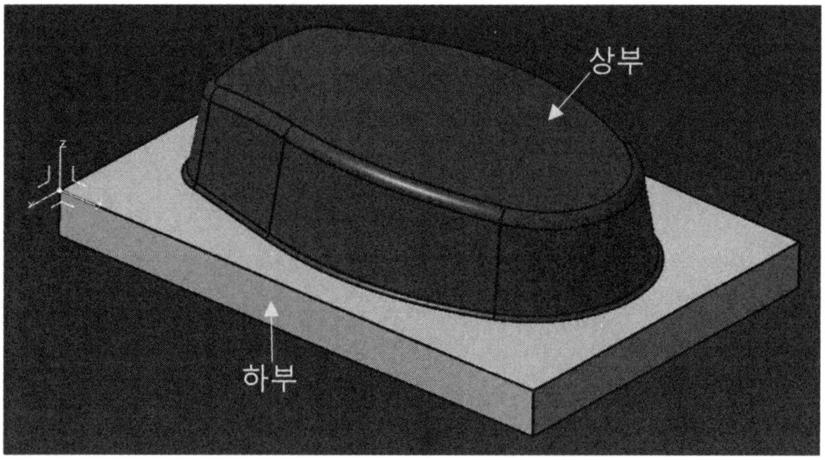

▶하판을 PartBody로 하고 본체를 별도의 Body로 하여 작업한다.
▶Main Menu Bar에서 Insert Menu를 클릭하고 새로운 Body를 추가한다.

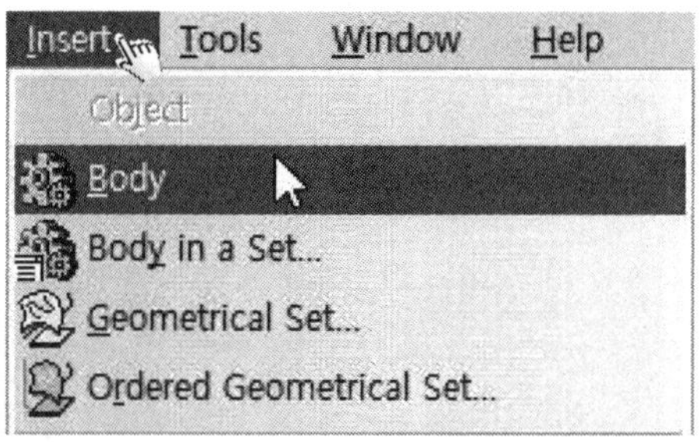

▶화면 좌측 Specification Tree에서 추가된 Body를 확인할 수 있다.

Body 추가전

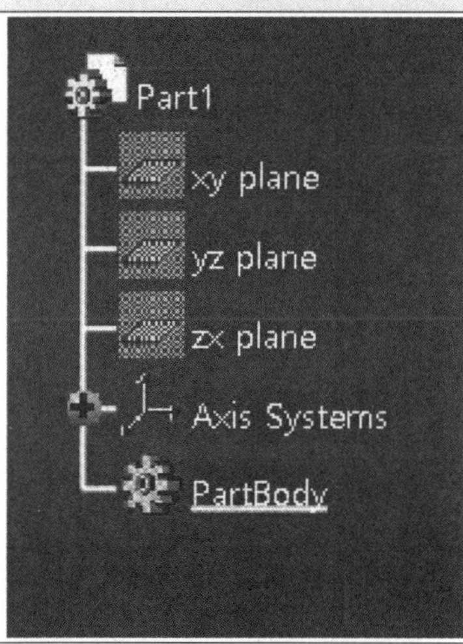

Body 추가 후

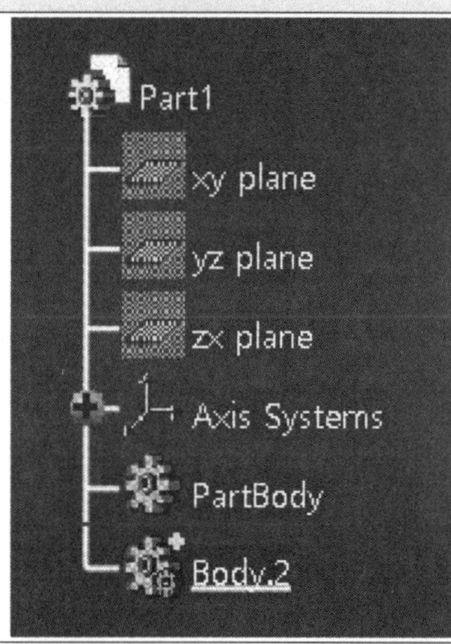

2. 먼저 하부형상을 만든다. 평면도(Top view)를 기준으로 모델링을 시작한다.
   1) 새로운 Body가 추가되어 있으므로 작업영역 지정을 해야 한다. 작업영역 지정은 Specification Tree에서 작업할 Body에 마우스를 두고 오른쪽 마우스버튼을 클릭하여 "Define in Work Object" 옵션을 선택하면 된다.
   ▸【PartBody】를 먼저 Work Object로 지정하여 작업합니다.(하부)

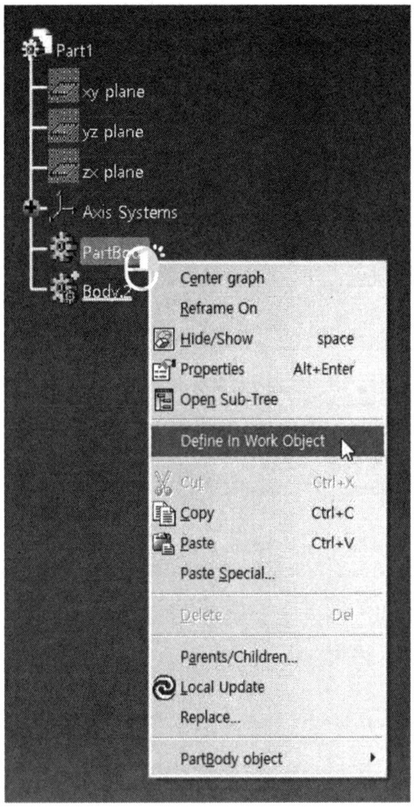

   2) Positioned Sketch()명령을 실행하고 x-y평면을 선택한다.
   ▸ 축의 방향(H축, V축)을 확인하고 를 눌러 스케치로 진입한다.

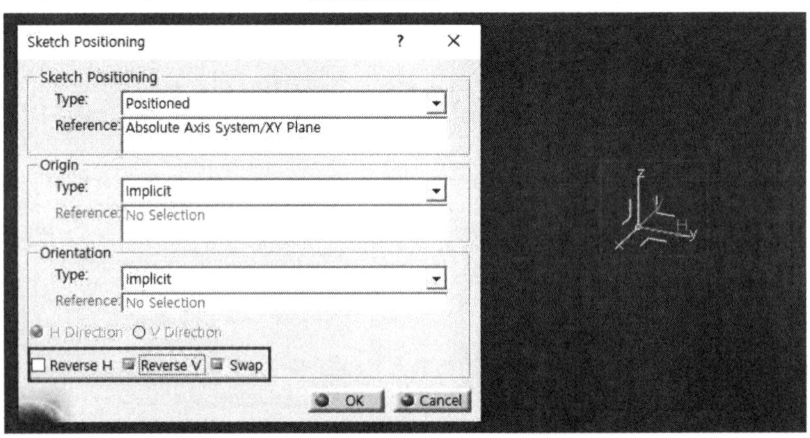

3) Rectangle( )명령을 실행하고 평면도에서 사각형의 형상을 완성한다.
▸ Profile에 치수를 부여하고 구속한다.

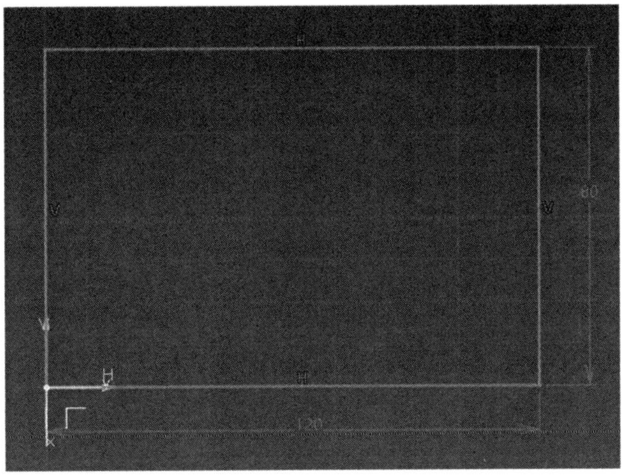

4) Exit Workbench( )명령을 클릭하여 스케치작업을 종료하고 파트디자인워크벤치 (Part Design Workbench)로 이동한다.

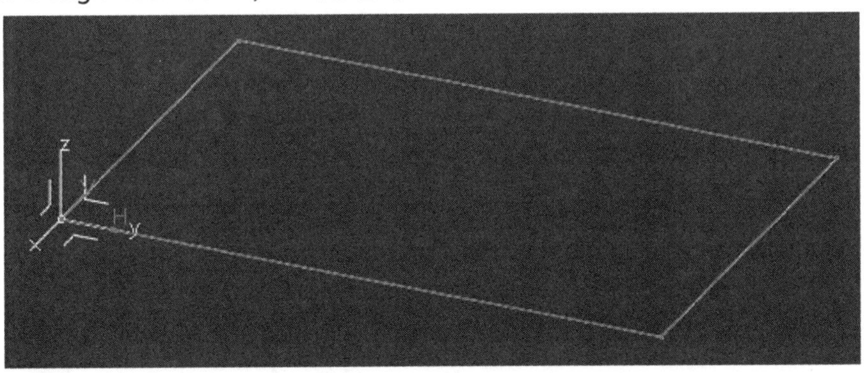

5) Pad( )명령을 실행하고 기준면에서 아랫방향으로 10 mm 돌출합니다.(화살표를 클릭하면 돌출방향을 바꿀 수 있다.)

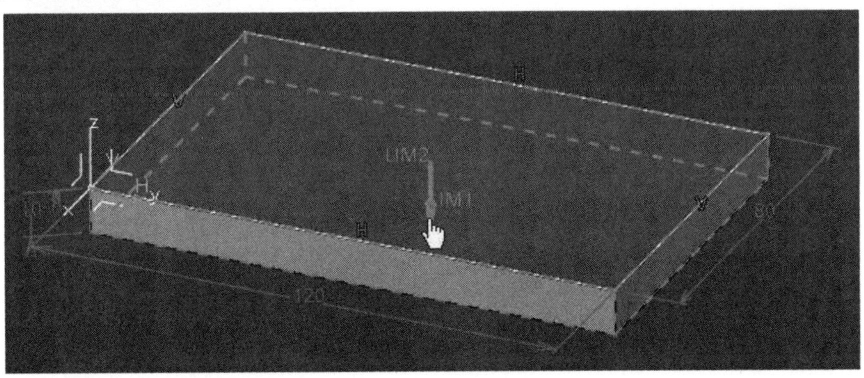

3. 상부형상을 만든다. 평면도(Top view)를 기준으로 모델링한다.
   - Specification Tree에서 작업할 Body(Body.2)에 마우스를 두고 오른쪽 마우스버튼을 클릭하여 "Define in Work Object" 옵션을 선택한다.

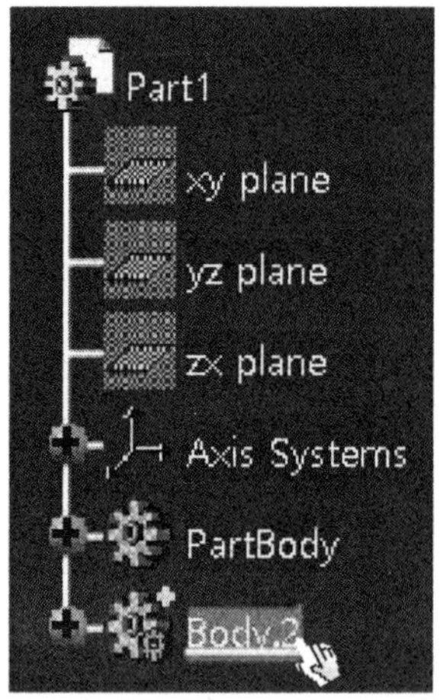

1) Positioned Sketch( )명령을 실행하고 x-y평면을 선택한다.
   - 축의 방향(H축, V축)을 확인하고 OK 를 눌러 스케치로 진입한다.

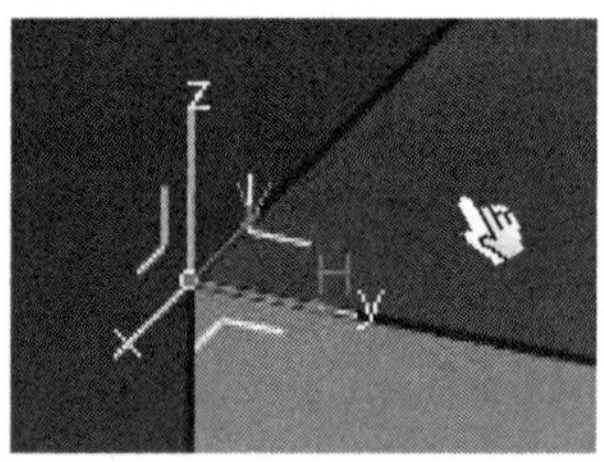

2) 평면도의 프로파일(Profile)을 완성한다. 구속조건을 부여하여 완전구속한다.

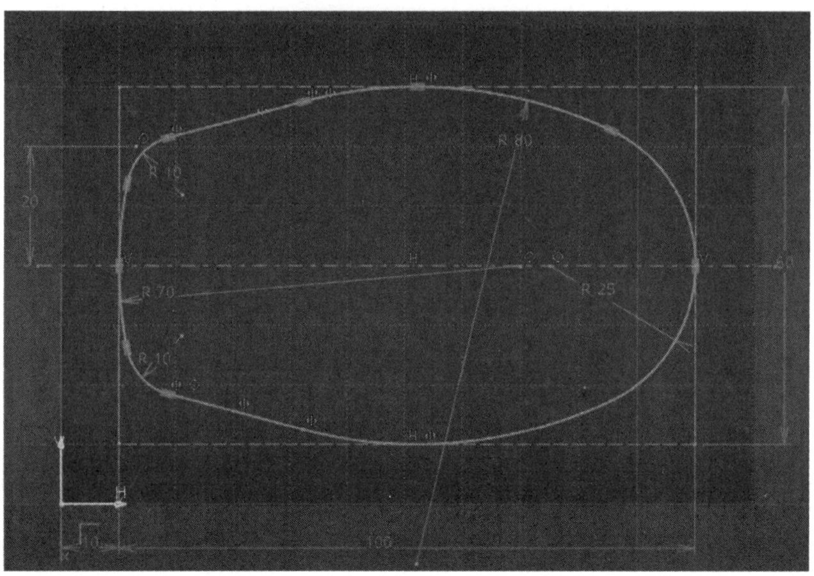

3) Exit Workbench( )명령을 클릭하여 스케치작업을 종료하고 파트디자인워크벤치(Part Design Workbench)로 이동한다.

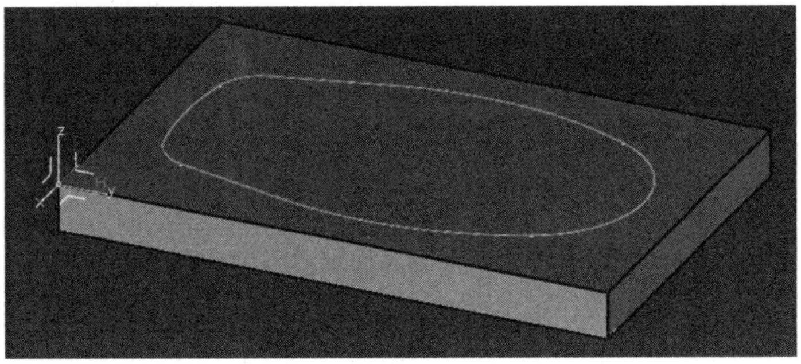

4) Pad명령( )을 실행하고 Profile을 30 mm 돌출시킨다.

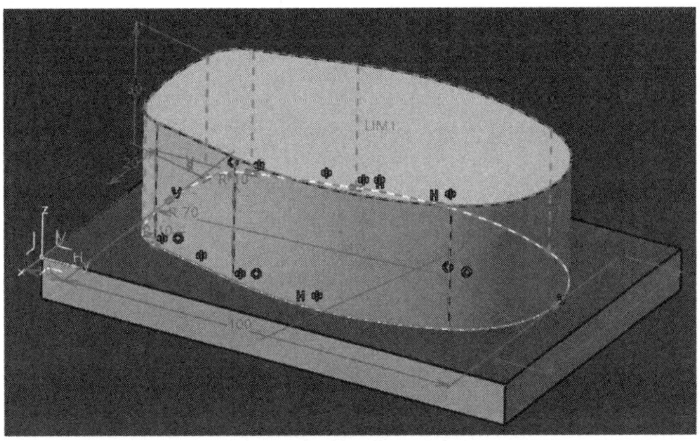

5) 지붕의 형상이 곡률을 가지고 있으므로 앞 단계에서 생성한 Profile을 Pad로 돌출한 후 지붕의 형상을 Slot( )명령으로 깎아낸다.

▸ 지붕의 곡률이 정면과 측면에서 서로 다르므로 솔리드모델의 중앙에 정면과 측면에서 바라본 호를 그리기 위하여 Reference Elements 툴바의 Plane( )명령을 실행하고 솔리드모델의 중앙에 가상의 평면(Plane)을 생성한다.

① y-z평면에서 40 mm Offset(정면)

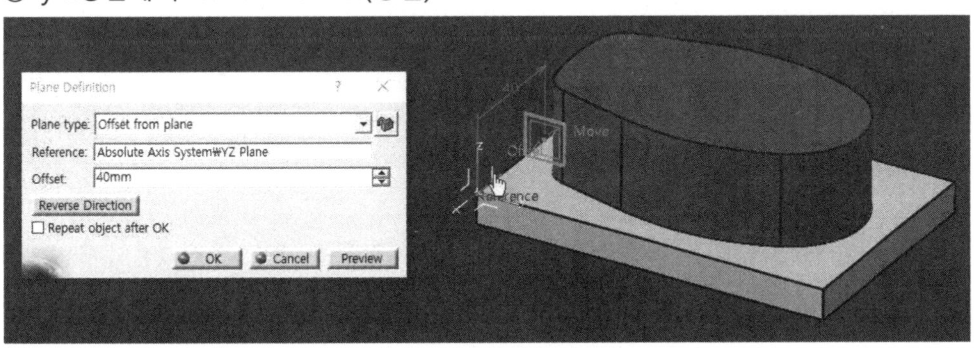

② x-z평면에서 60 mm Offset(측면)

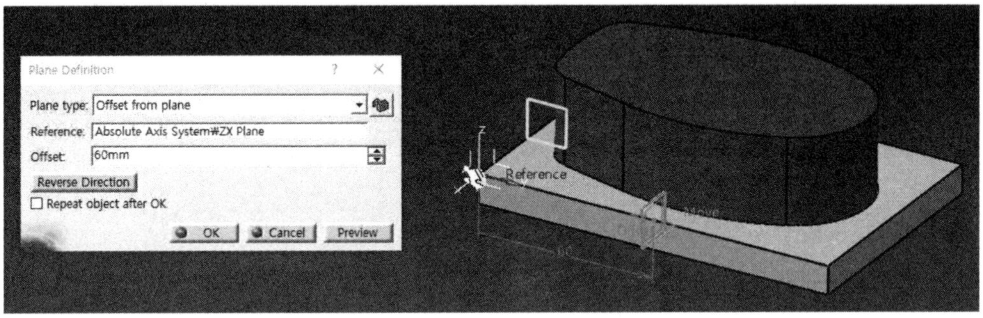

【Center curve 생성】

▸ 생성한 Plane위에 정면에서 바라본 방향의 지붕이 가지는 호(R=200 mm)를 생성한다.(정면도를 참조한다.)

① Positioned Sketch()명령을 실행하고 가상의 평면을 선택한다.(정면)

② 축의 방향(H축, V축)을 확인하고 

를 눌러 스케치로 진입한다.

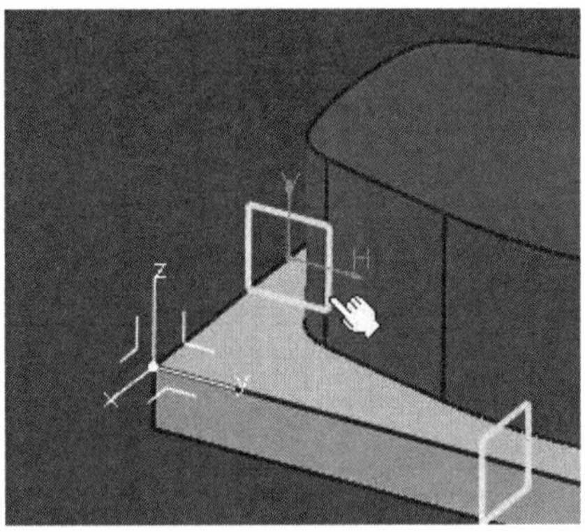

③ R=200 mm 호를 생성하고 구속조건을 부여하여 완전구속한다.

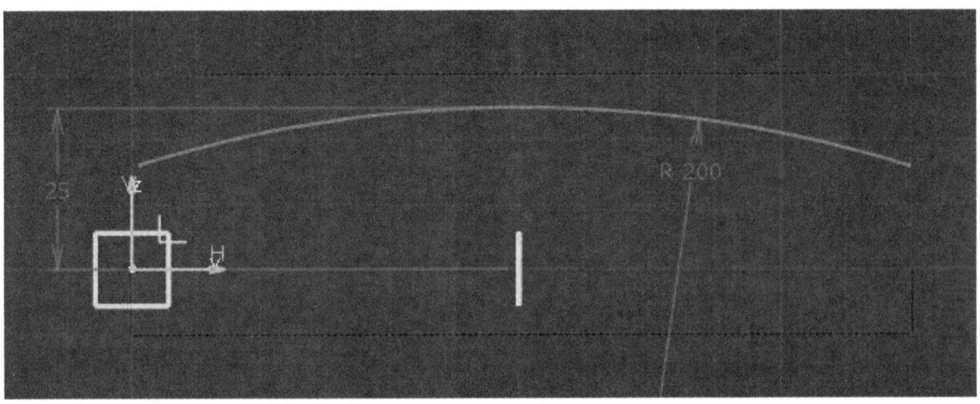

④ Exit Workbench()명령을 클릭하여 스케치작업을 종료하고 파트디자인워크벤치(Part Design Workbench)로 이동한다.

【Profile 생성】

▸ 생성한 Plane위에 우측면도를 참조하여 호(R=150 mm)를 가진 Profile을 만든다.

① Positioned Sketch( )명령을 실행하고 가상의 평면을 선택한다.(우측면)

② 축의 방향(H축, V축)을 확인하고 OK 를 눌러 스케치로 진입한다.

③ R=150 mm 호를 가진 Profile을 그리고 구속조건을 부여한다.

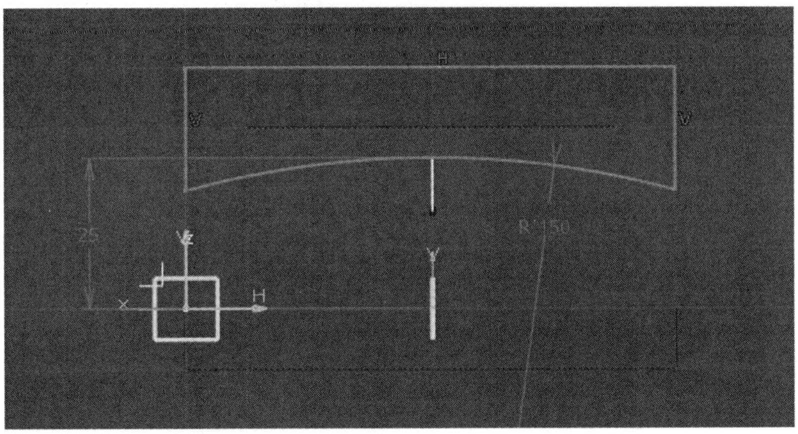

④ Exit Workbench( )명령을 클릭하여 스케치작업을 종료하고 파트디자인워크벤치 (Part Design Workbench)로 이동한다.

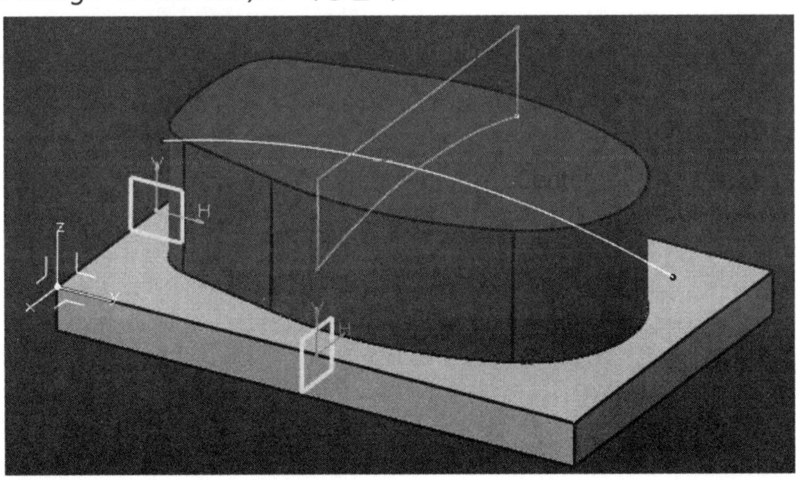

6) Slot()명령을 실행한다.

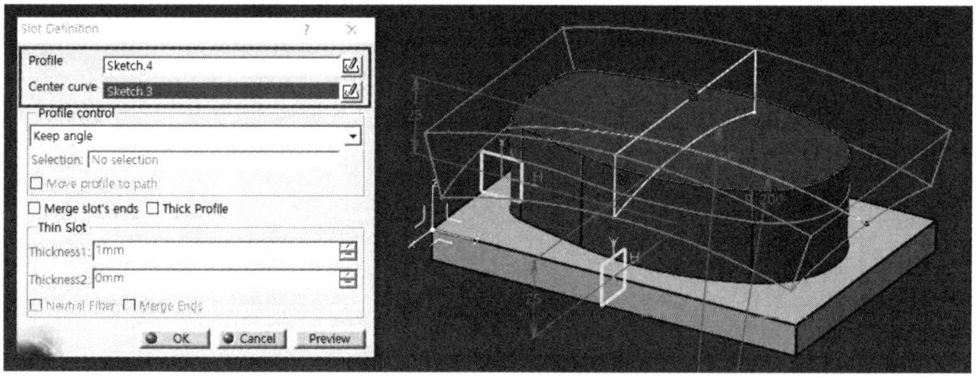

7) 를 눌러 실행결과를 먼저 확인한 후 이상이 없으면 를 눌러 모델링 작업을 완료한다.

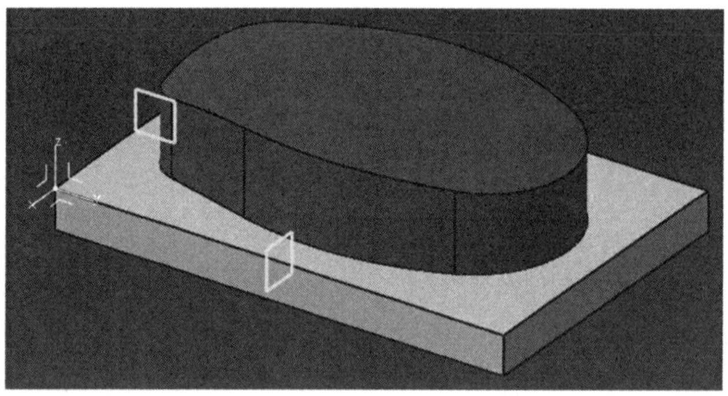

8) 상부의 대략적인 형상이 완성되었다. 이제 수직면(옆면)에 구배(각도=10°)를 부여한다.

- Draft()명령을 실행하여 상부모델의 옆면을 깎아낸다.

① 깎아낼 면을 선택한다.(Face to draft: 옆면)
② 구배를 입력한다.(Angle: 10°)
③ 구배 부여 기준면을 선택한다.(Neutral Element: x-y평면)
④ 구배의 방향을 확인한다.(구배의 방향은 화살표를 클릭하면 바꿀 수 있다.)

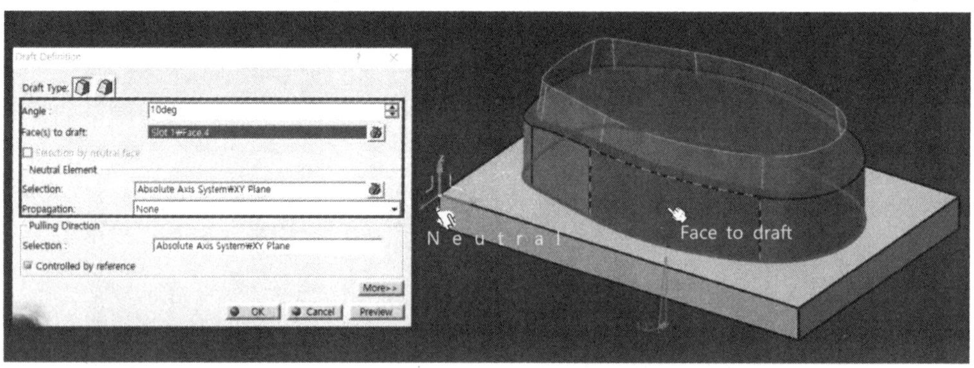

▸ Preview 를 눌러 실행결과를 먼저 확인한 후 이상이 없으면 OK 를 눌러 모델링 작업을 완료한다.

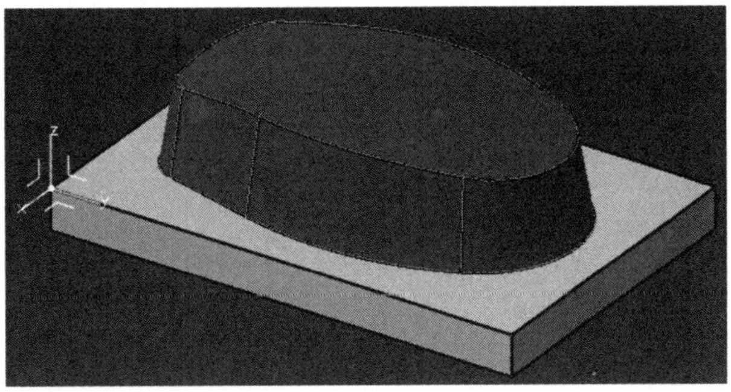

9) 상부의 모델링 작업이 완료되었다.

4. 하부와 상부의 모델링 작업이 완료되었으므로 이제 Boolean Operation으로 상부모델(Body.2)을 하부모델(PartBody)과 합친다.

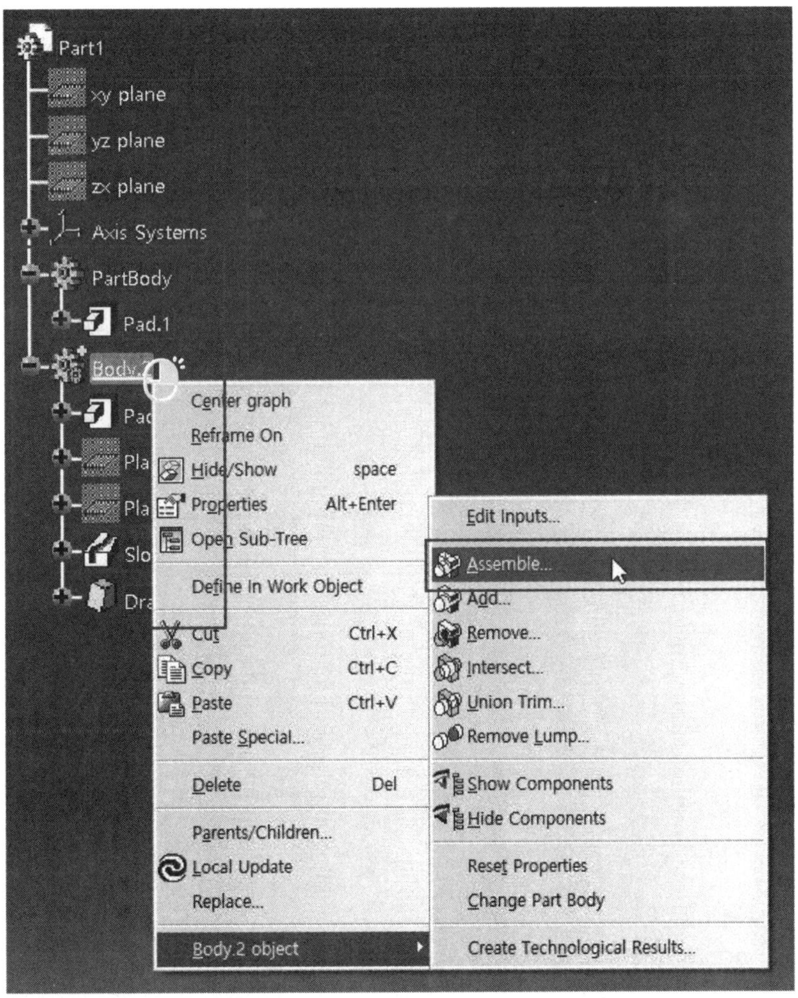

☞ Boolean Operation 후 【Body.2】는 【PartBody】내에서 "Assemble명령"에 의해 연결되어 저장된다.

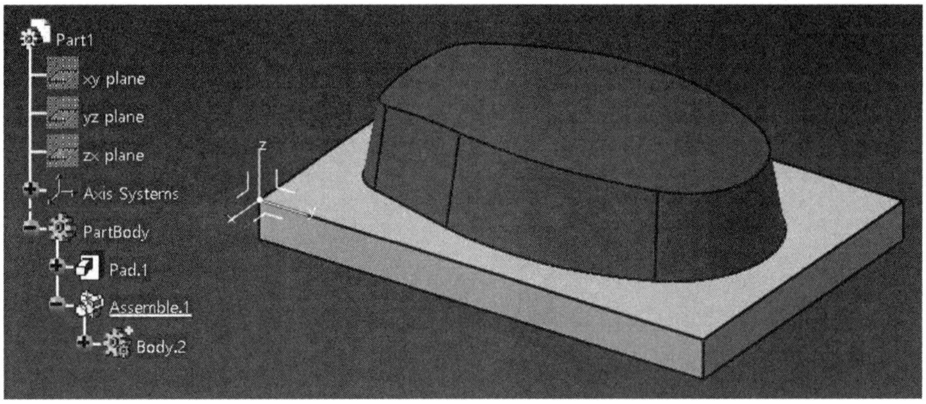

5. Edge Fillet( )명령을 실행하고 경계부분에 필렛을 생성한다.

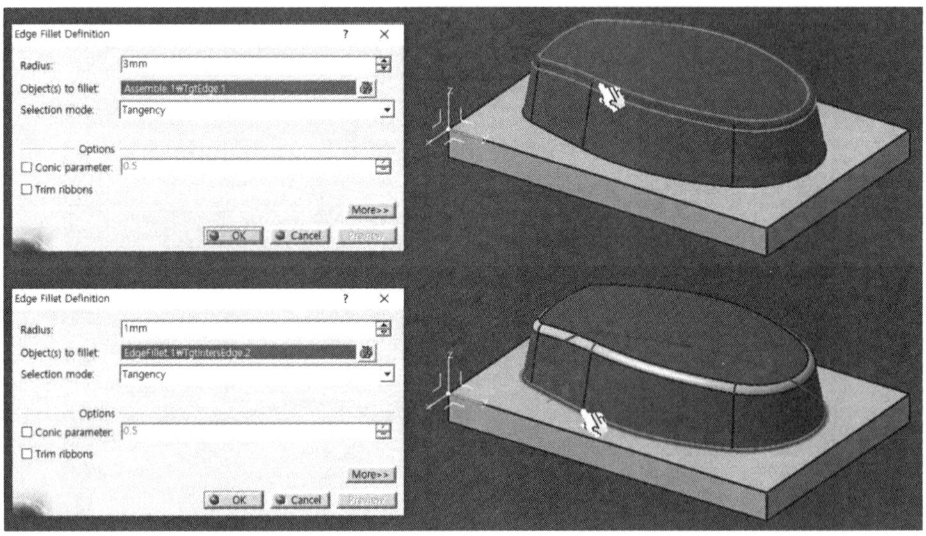

6. OK 를 눌러 모델링 작업을 완료한다.

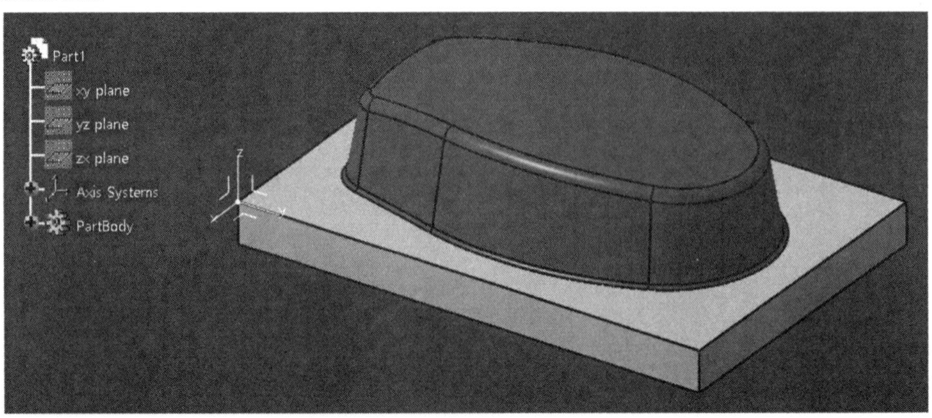

W+ CATIA V5 3차원 모델링 방법론
PART 1. SOLID MODELING

2019년 12월 20일 초판 인쇄
2019년 12월 29일 인쇄 발행

저 자 이권수
발 행 인 송기수
발 행 처 위즈덤플
편 집 처 위즈덤플
인 쇄 처 대명프린팅
등록번호 제 2015-000009 호
I S B N 979-11-89342-14-2(94560)
979-11-89342-13-5(세트)

주 소 서울 은평구 증산로 15길 69 2층
전 화 02-976-7898
팩 스 02-6468-7898
홈페이지 gsintervision.co.kr
E-Mail gsinter7@gmail.com

정 가 23,000원